國家高端智庫
中山大學粵港澳發展研究院
資助課題

一

課題負責人
王禹

課題組成員
（按姓氏拼音排序）
陳德鋒
崔天立
郭麗莎
黃　會
黃景禧
黃玉葉
盧志青
張異和

澳門基本法
案例彙編

1999-2019

王禹

主編

目錄

第四章 - 政治體制

第一節 - 行政長官

第二節 - 行政機關

第三節 - 立法機關

第六章 - 文化和社會事務

第七章 - 對外事務

第八章 - 本法的解釋和修改

第九章 - 附則

前言

　　澳門基本法賦予澳門特別行政區法院有權解釋基本法。澳門回歸後，澳門法院在審理案件的過程中引用澳門基本法條文和作出解釋，為正確處理案件、維護當事人合法權益和司法公正發揮了重要作用。然而，澳門回歸二十年來，澳門基本法方面一直缺乏一本《澳門基本法案例彙編》。本書對澳門特別行政區法院引用澳門基本法條文並作出解釋的案例進行收集、梳理和編輯，希望能有助於填補空白，為以後澳門基本法深入研究和基本法學科建設奠定資料基礎。

　　本書的內容編排是按照每一條文展開，在每一條文中收集與該條條文有關的法院案例，並根據該條條文產生的不同爭議點對裁判書進行分類歸納。澳門特別行政區有些案例是用葡文作出的，為盡可能地體現全貌，本書收入了部分葡文判決。本書收集的案例時間為 1999 年 12 月 20 日至 2019 年 12 月 19 日。

　　裁判書的前面部分寫有裁判書主題和裁判書摘要，是澳門特別行政區法院裁判書的通常做法和獨有特點。本書收入的裁判分為兩類，即裁判書摘要和裁判書全文。全文收入的裁判書僅限於終審法院作出的、屬於統一司法見解的裁判書、特區公報上全文公佈的裁判書或具有特別價值的裁判書。終審法院作出的其他案例則收入裁判書摘要。初級法院、行政法院和中級法院作出的案例只收入裁判書摘要。為方便查閱，本書還根據裁判書主題製作了索引。

　　本書原是國家高端智庫中山大學粵港澳發展研究院資助課題。參加本課題的成員還有陳德鋒、崔天立、郭麗莎、黃會、黃景禧、黃玉葉、盧志青、張異和。本書出版得到了有關部門和熱心人士的支持和鼓勵。在此一併表示感謝。

王禹

2020 年 11 月 2 日

序言

　　澳門，包括澳門半島、氹仔島和路環島，自古以來就是中國的領土，十六世紀中葉以後被葡萄牙逐步佔領。一九八七年四月十三日，中葡兩國政府簽署了關於澳門問題的聯合聲明，確認中華人民共和國政府於一九九九年十二月二十日恢復對澳門行使主權，從而實現了長期以來中國人民收回澳門的共同願望。

　　為了維護國家的統一和領土完整，有利於澳門的社會穩定和經濟發展，考慮到澳門的歷史和現實情況，國家決定，在對澳門恢復行使主權時，根據中華人民共和國憲法第三十一條的規定，設立澳門特別行政區，並按照“一個國家，兩種制度”的方針，不在澳門實行社會主義的制度和政策。國家對澳門的基本方針政策，已由中國政府在中葡聯合聲明中予以闡明。

　　根據中華人民共和國憲法，全國人民代表大會特制定中華人民共和國澳門特別行政區基本法，規定澳門特別行政區實行的制度，以保障國家對澳門的基本方針政策的實施。

第一章

總則

◎ 第一條

澳門特別行政區是中華人民共和國不可分離的部分。

◎ 第二條

中華人民共和國全國人民代表大會授權澳門特別行政區依照本法的規定實行高度自治，享有行政管理權、立法權、獨立的司法權和終審權。

◎ 第三條

澳門特別行政區的行政機關和立法機關由澳門特別行政區永久性居民依照本法有關規定組成。

◎ 第四條

澳門特別行政區依法保障澳門特別行政區居民和其他人的權利和自由。

◎ 第五條

澳門特別行政區不實行社會主義的制度和政策，保持原有的資本主義制度和生活方式，五十年不變。

◎ 第六條

澳門特別行政區以法律保護私有財產權。

01

以不法行為取得的財產，是否受基本法第六條的保護？

第六條
澳門特別行政區以法律
保護私有財產權。

中級法院第 777/2014 號案裁判書摘要（二審）

終審法院第 73/2015 號案裁判書摘要（三審）

■ 中級法院第 777/2014 號案裁判書摘要（二審）

案件編號：777/2014

案件類別：刑事訴訟程序的上訴

上訴人：檢察院、輔助人 A

被上訴人：嫌犯 B

合議庭裁判書日期：2015 年 7 月 23 日

主題：訴訟詐騙、評價證據、經驗法則、爭議事實、未證事實的未證原因、法律見解、法律審、《民法典》第 342 條、《民事訴訟法典》第 385 條、惡意訴訟人、《刑法典》第 211 條、罪刑法定原則、在民事起訴狀內掩飾真實事實、詭計、民事被告、辯駁權、《民事訴訟法典》第 389 條第 1 款 a 項、《民事訴訟法典》第 51 條、確定的利害關係人、不確定的利害關係人、不動產所有權的取得時效、以隱秘手段取得的佔有、興訴人、佔有的公然性質、《民事訴訟法典》第 80 條、訴訟代理人在訴訟書狀中對事實之陳述、不把眾多商販列為被告、不正當得利意圖、損失、《民事訴訟法典》第 653 條 f 項、《民事訴訟法典》第 655 條、相當巨額詐騙罪、量刑、《刑法典》第 103 條第 2 款、宣告犯罪所得土地為國有土地、《澳門特別行政區基本法》第 6 條、《澳門特別行政區基本法》第 7 條、《土地法》、第 10/2013 號法律第 3 條第 1 款、《民法典》第 1234 條、《民法典》第 1232 條、澳門特別行政區、拆除倘有建造之物、善意第三人、受詐騙行為所害的小販、民事索償

法官：陳廣勝（裁判書製作法官）、譚曉華和蔡武彬

　　一、根據《刑事訴訟法典》第 114 條的規定，評價證據係按經驗法則及有權限實體之自由心證為之，但法律另有規定者除外。換言之，法官在對構成訴訟標的的具爭議事實，在事實審層面上作出認定或不認定時，除了法律對評價證據方面另有事先規定的情況，最終仍須按照經驗法則去分析、評價案中的所有證據材料，從而判斷哪些事實屬實、哪些不屬實。當法官對事實審的最終判斷結果尤其違反了人們日常生活的經驗法則時，便是在審議證據上犯下明顯錯誤。

二、凡須由法庭調查的案中爭議事實，應全屬"事實"，而非對事實的斷言、結論甚或法律斷言。

三、從原審判決書可見，原審庭很著重從眾多指控事實中篩選出被其視為本屬或帶有法律判斷、事實判斷、甚或結論性判斷的指控事實，然後將之視為毋須予以認定的事實。原審庭這做法是很正面的，但並不代表所指的未證事實的未證原因均屬恰當。

四、首先，第2、第3、第6、第7、第9、第12、第13、第14、第20、第26和第29點未證事實的未證原因是"無法證明"。上訴庭相信在一般人眼中，根據經驗法則，原審庭所持的這個解釋並非明顯不合理。但原審庭認為無法證明第12點未證事實所述情事，這在邏輯角度來說，並不等於原審庭已查明嫌犯曾實際使用或利用過涉案土地、曾在該土地上從事任何商業活動、曾在該土地上存放過諸如建築材料或其他物品。舉一反三，無法證明第7、第13和第14點未證事實所述情事，也並不意味原審庭已查明與此三點相關的指控事實相反的事實。

五、就第17、第19、第22、第23（下半部分）、第24、第25、第27、第28、第30和第31點未證事實的未證原因，上訴庭認為並非屬"無法證明"的審議證據範疇，而是原審庭基於自己的法律見解，把這十點指控事實列為未證事實。

六、至於其餘的第1、第4、第5、第8、第10、第11、第15、第16、第18、第21和第23（首半部分）點未證事實之所以被原審庭列為未證事實，是因為原審庭表明視它們為無需被認定、或屬推定性結論、或屬法律性質的推定結論之指控情事。上訴庭認為原審庭對這些指控事實的性質的界定並無不妥，但這並不必然意味原審庭有關開釋詐騙罪的法律審結果為準確者。

七、據上，與檢察院和輔助人在上訴狀內所主張者相反，原審庭在事實審的審理工作並無帶有任何真正涉及在審議證據方面明顯出錯的毛病。

八、由於原審庭實質上是基於其所持的法律見解，而不認同檢察院在起訴狀內發表的很多結論性或法律性斷言，繼而最終裁定嫌犯未曾犯下被控的詐騙罪行，所以上訴庭得在原審已查明的既證事實的基礎上（但這並不妨礙本屬一般證據法範疇的《民法典》第342條條文所指的法庭可從已知的事實去推斷出未知的事實之情況），分析既證案情及從中作出事實推論、結論，從而在法律審層面上，對嫌犯是否犯下原被控的詐騙罪名這問題作出裁判。

九、在法律審層面來說，上訴庭認為依照《民法典》第8條的釋法原則，有關把"訴訟詐騙"視為仍得以詐騙罪去論處的法律見解是合理的。這是因為即使《民事訴訟法典》第385條及續後各條文對惡意訴訟人的定義和懲處作出相關規定，但這並不能排除訴訟詐騙行為在刑法層面的可被懲處性。在現實生活中，某一行為同時觸及民事和刑事（甚至紀律）的法律責任之例子亦屢見不鮮。如某一具體訴訟的興訴人真的被證實作出了完全符合《刑法典》第211條所規定的詐騙罪罪狀所指的行為時，那麼根據《刑法典》第1條第1款的罪刑法定原則，便應可被刑事追究和懲處，儘管其人從未在相關訴訟程序內被裁定為屬惡意訴訟人亦然。

十、故訴訟詐騙是可被刑事論處的，當行為人尤其有提及虛假事實或掩飾真實事實時，便屬使用了詭計的情況。

十一、嫌犯當初的物權案起訴狀把"不確定的利害關係人"列為被告，並不等於已把嫌犯已知存在的眾多商販具體列為被告。這是因為根據《民事訴訟法典》第 389 條第 1 款 a 項的規定，既然當初作為民事原告的嫌犯已知悉有眾多小販在涉案地段上從事商業活動，他應把眾多小販具體逐一列為被告，以使彼等行使該法典第 403 條第 1 款所賦予的辯駁權，而《民事訴訟法典》第 51 條所指的不確定的利害關係人的答辯制度並非為已確定的利害關係人而設。

十二、嫌犯當年向初級法院提起的民事訴訟，在法律上是涉及"不動產所有權的取得時效"之訴，亦即被人們日常俗稱為"和平佔有"（不動產業權）之訴訟。

十三、"取得時效"係指佔有人對涉及所有權（及其他用益物權）之佔有持續一定期間後，即可取得與其行為相對應之權利，但法律另有規定者除外（尤見《民法典》第 1212 條的定義）。

十四、而通過上述"和平佔有"的俗稱，即使不懂法律的人士，也能體會到此種訴訟如要勝訴，佔有必須是以和平方式為之。的確，《民法典》就"不動產之取得時效"事宜另外特別作出了規定：如佔有是以強暴或隱秘之手段取得，則"取得時效"之期間僅自強暴手段終止或佔有轉為公然之時起計（見《民法典》第 1222 條和第 1225 條第 1 款 ）。

十五、如興訴人未能證明其佔有的公然性質、和平性質，其訴求是難以勝訴的。故一般人均可想像到，愈少人出來就興訴人所主張的佔有的公然性質、和平性質提出質疑，興訴人的訴求的勝訴機會就愈高。

十六、根據原審獲證事實：嫌犯自 1977 年 10 月 17 日與一私人簽訂購買土地合約後，便知悉眾多小販在有關土地上從事商業活動，但是嫌犯沒有將其購買土地的事實告知商販們。而為了取得土地的所有權，嫌犯於 2000 年 12 月 15 日，透過其聘用及授權的律師向初級法院遞交民事起訴狀，請求法院以"取得時效"或"和平佔有"為由，宣告嫌犯為上述土地的所有權人，但上述民事起訴狀並沒有把嫌犯知悉的在上述土地經營多年的相關攤販列為被告，更在其起訴事實內，載明諸如當時的土地出賣人於 1978 年 8 月 10 日收取了全部價金、原告隨即作出像該房地產主人一樣的行為、當著所有人面前如主人一樣以其認為最佳的方式處置該土地、全部人都認同他是該房地產的主人、其從未遭任何反駁和反對、其是以本人之名義從未間斷地行使佔有超過二十二年等陳述。當時受理該宗民事案的法庭根據起訴狀內的被告名單和通訊地址發出傳喚信，其內載明收件的被告如不答辯，法庭則視其承認原告在起訴狀內所述之事實。法庭最終作出有利嫌犯的判決，宣告其為有關土地的所有權人。嫌犯於 2004 年 9 月 17 日獲得上述判決且在判決轉為確定後，沒有即時前往上述俗稱"桃花崗"的地段向其明知在該地段長期經營的本地居民攤販宣佈其為地段的所有權人。至 2009 年 10 月，亦即成功獲得地段所有權登記的五年期間過後才往該地段，向經營攤販的本地居民宣佈其為地段之業主，並要求該等攤販不得繼續擺賣經營。

十七、根據《民事訴訟法典》第 80 條的規定，訴訟代理人在訴訟書狀中對事實所作之陳述，對其代理之當事人是有約束力的，但在他方當事人未接受有關陳述時，已作出更正或撤回者則除外。

十八、既然嫌犯在其當初於本案提交的答辯書內未曾具體主張過（更遑論依照《民法典》第 335 條第 2 款有關舉證責任的規定去證明）上述《民事訴訟法典》第 80 條條文後半部分所指的情況，便不得以一切訴訟事宜均由律師代理進行、其不懂法律等為由，在不把眾多商販具體列為被告一事上，推卸其本人應有的責任了。換言之，嫌犯當時所授權的律師在民事訴訟書狀中對事實所作之陳述，便等同於是由嫌犯本人所作之陳述。

十九、至於嫌犯是否具有不正當得利意圖，從原審既證事實來看，已是昭然若揭。雖然嫌犯有權向法庭提起俗稱"和平佔有"土地的物權訴訟，但其起訴狀未有遵照《民事訴訟法典》第 389 條第 1 款 a 項的規定，把其已知的眾多已確定的利害關係人（即眾多在有關地段上經營多年的本地居民商販）同時列為被告，這當然導致法官不會傳喚上述眾多本地商販以就"和平佔有"土地業權訴求行使法定辯駁權，並最終對嫌犯發出有利他的物權判決。

二十、這與嫌犯如當初有把眾多小販具體列為被告是完全兩碼事：倘經眾多本地居民商販在上述案件於傳喚期內以本人之名義行使辯駁權後，法庭最後仍判嫌犯勝訴，則他透過訴訟而獲判的土地所有權當然是他正當得來的利益。但他當時卻選擇不把眾多商販具體列為被告，使他們無從以自身之名義行使辯駁權，那麼嫌犯透過訴訟而最終獲判得來的土地所有權便是其本人不當得來的利益。

二十一、關於損失方面，即使眾多商販真的從未就案中地段取得過任何物權性質的權利，但嫌犯的"和平佔有"土地的勝訴判決所賦予其的土地所有權已導致眾多商販不得如原先多年般，在該地段上繼續擺賣經營下去。

二十二、由於當時未被具體列為"和平佔有"案的被告之眾多商販，均是嫌犯在提起該宗民事訴訟之前已知的在有關地段上經營多年的攤販，所以從原審這既證情事，上訴庭得根據經驗法則，在按照《民法典》第 342 條所容許的情況下，推論出上述眾多商販已在多年的經營下積累了各自的客源，如彼等不得如原先多年般在該地段上繼續擺賣經營下去，而是須搬離原處、在另處繼續經營，他們在新的經營地方便不能輕易維持到原來的生意額。這屬一般人均會明瞭的常理。就連嫌犯本人在本刑事案一審庭審上，也曾聲稱其本人感相關小販生活不易、其曾協助勸說相關小販搬離"桃花崗"地段，在八名小販之中，已有四名小販接受補償搬遷。由此亦可知（見《刑事訴訟法典》第 339 條第 2 款的規定），眾多小販在不得如原先多年般在該地段上繼續擺賣經營下去的事宜上，一定是有財產性的損失，否則嫌犯也無須"協助勸說相關小販搬離"、被勸服搬離的小販亦不用接受補償了。

二十三、儘管原審既證事實並無指出眾多小販的人數具體為何，但"眾多"小販意即"很多"小販，更何況嫌犯在一審庭審上所作的上述陳述也足以印證起碼有八名小販。

二十四、從原審既證案情，上訴庭根據經驗法則也可合理推斷，在有關地段上經營多年的眾多商販（至少有八名商販）倘不得如原先多年般在該處繼續擺賣經營下去，則眾人（至少八人）因遷離、往別處繼續經營及多年客源不能輕易得以維持的關係，而所蒙受的金錢上損失，互相加起來之後的總和一定超過澳門幣十五萬元，即使未能同時推斷出此總和損失金額究竟是澳門幣十五萬元以上的哪一個具體金額亦然。

二十五、由於嫌犯在明知有眾多小販在該地段經營多年之情況下，沒有把他們具體列為被告，使他們無從以自身之名義去行使法定的辯駁權，嫌犯此舉已等於使用了詭計、掩飾有關存在著眾多身份已確定的利害關係人的事實，使法官就這事實產生錯誤認知，致使法官作出了對嫌犯有利、但卻損害到眾多商販在該土地的營商金錢利益的民事判決。

二十六、另從原審獲證事實所描述的、嫌犯有關在獲得對其有利的民事判決且在判決確定後，沒有即時前往有關地段向其明知在該地段長期以攤販形式經營的本澳居民宣佈其為土地的所有權人、甚至在五年後才向在該地段經營的攤販宣佈其為地段之業主或所有權人，並在此時方要求該等攤販不得在該地段繼續擺賣經營的舉措，上訴庭也可合理推斷，嫌犯是想把其透過該宗民事訴訟而獲判得來的土地所有人身份，變為永不可被翻案的既成事實（見《民事訴訟法典》第 653 條 f 項和第 655 條的規定）。

二十七、而之後他以澳門幣六千一百多萬元作價把地段轉售予一置業有限公司的行徑則反映出他不當得來的物權權利的金錢價值亦不菲，即使根據原審庭的心證，未能準確查明他因賣地而獲利的具體金錢價值為何亦然。

二十八、綜上，上訴庭已可在法律審層面，認定嫌犯是在直接故意下實施了一項相當巨額的詐騙既遂罪，因為上訴庭認為他確實意圖為自己不正當得利（亦即不正當地取得涉案地段的業權），在當年的民事起訴狀內尤其聲稱"全部人都認同他是該房地產的主人"、"從未遭任何反駁和反對"，但卻不把其已知在該地段上經營多年的攤販具體逐一列為民事被告，反而實質上掩飾了有關存在眾多身份已確定的攤販的事實，使人（即當時審理嫌犯提出的民事訴訟的法官）在某事實方面（亦即就案中是否存在眾多確定的利害關係人的事實）產生錯誤，而令該人（法官）作出造成別人（即眾多小販）之財產利益有所損失之行為（亦即作出了有利嫌犯的民事判決），且眾多小販所蒙受的財產性利益損失金額之總和是至少高於澳門幣十五萬元。

二十九、故上訴庭直接改判嫌犯是以正犯身份直接故意實施了一項《刑法典》第 211 條第 4 款 a 項所指的相當巨額詐騙既遂罪。而儘管未能判斷出案中受害的眾多商販的具體財產性損失的金額為何，但只要能斷定他們所蒙受的財產性損失在互相加起來之後的總和為至少高於澳門幣十五萬元時，這便已符合相當巨額的法定定義。

三十、雖然嫌犯在一審庭審上曾聲稱其本人感相關小販生活不易，但上訴庭認為未能由嫌犯此點陳述或原審的既證情事，推斷出案中任一小販倘不得如原先多年般在有關地段繼續擺賣經營下去，便在經濟上陷於困境，故不能認定本案案情也符合《刑法典》第 211 條第 4 款 c 項所指的入罪情節。

三十一、如此，檢察院和輔助人在上訴狀內提出的改判嫌犯詐騙罪罪成的請求均成立。

三十二、至於量刑方面，上訴庭經綜合衡量已於上文認定的案情，特別是考慮到雖然嫌犯之前並無犯罪紀錄，但其訴訟詐騙事實的不法性程度不屬輕微（因其詐騙行為是針對審理物權案的法官為之、且其意圖不當得來的土地業權利益被其作價澳門幣六千一百多萬元）、犯罪故意程度亦高（因其是以直接故意去實施詐騙）、其在一審庭審時所採取的實質上並不認罪的態度足以反映出其對詐騙行徑毫無悔意（即使他依法並無義務去承認被控的事實亦然），以及本澳極須防止他人重蹈嫌犯如此詐騙土地業權的覆轍，根據《刑法典》第 40 條第 1、第 2 款和第 65 條第 1、第 2 款的量刑準則，決定對嫌犯處以四年徒刑。

三十三、在本個案中，涉案的土地（詳見初級法院前第二庭第 CAO-025-00-2 號民事案 2004 年 9 月 17 日判決書主文所列明的土地）是嫌犯經實施詐騙罪而直接得來的，因此上訴庭根據經與《澳門特別行政區基本法》第 7 條和現行《土地法》即第 10/2013 號法律第 3 條第 1 款首半部分就土地類別的法律規定適當配合下的《刑法典》第 103 條第 2 款的規定，把該土地宣告為國有土地，即使該土地所有權已於 2012 年 7 月被嫌犯轉售予一置業有限公司亦然。

三十四、澳門特別行政區因而自本上訴判決轉為確定之後，便能代表國家就上述歸為國有的土地，行使法律賦予的一切權能（尤其是見《民法典》第 1235 條第 1 款、第 1238 條第 2 款、第 1239 條及現行《土地法》第 9 條第 1 款第 1 項、第 193 條、第 208 條第 1 款和第 211 條等規定），包括例如對該國有土地的公產或私產用途作出界定、辦理土地權利登記、拆除別人在該地段倘有建造之物並向建造者或定作人追收拆建費用，或命令建造者或定作人自行負責拆除之。

三十五、任何善意第三人如認為自身正當權利因法庭是次有關土地所有權的宣告令而受損，得透過法定途徑自行視乎情況向嫌犯或倘有建造者或定作人索償（見《刑法典》第 103 條第 2 款有關不影響善意第三人之權利的規定）。由於是次宣告令並非涉及《民法典》第 1234 條所指的"財產因公用或私用而被徵收"的範疇，所以澳門特別行政區毋須向任何人作出賠償。是次宣告令也符合了《民法典》第 1232 條所指的"法律規定之情況"，因此無從抵觸《澳門特別行政區基本法》第 6 條的規定。

三十六、在本個案內受嫌犯詐騙行為所害的小販們得透過民事訴訟，向嫌犯追討自己所受、但仍未獲賠償的具體財產性損失的賠償金。

▮ 終審法院第 73/2015 號案裁判書摘要（三審）

案件編號：73/2015
案件類別：刑事訴訟程序上訴
上訴人：被告丁文禮和甲
被上訴人：檢察院和輔助人乙
裁判日期：2017 年 3 月 2 日
主題：時效取得之訴、被告正當性、持有人、賠償
法官：利馬（裁判書製作法官）、宋敏莉和岑浩輝

　　一、在因時效取得之訴中，具有原告正當性的是希望能夠獲宣告取得某項物權的權利人，而具有被告正當性的則是那些明示或默示主張擁有同一權利的人，其中包括物業登記上顯示取得該權利的人。

　　二、在因時效取得不動產所有權之訴中，承租人、借用人或單純的持有人都不具有被告的正當性。

　　三、土地的單純持有人或臨時佔用人原則上無權因必須清空土地而獲得賠償。

◎ 第七條

澳門特別行政區境內的土地和自然資源,除在澳門特別行政區成立前已依法確認的私有土地外,屬於國家所有,由澳門特別行政區政府負責管理、使用、開發、出租或批給個人、法人使用或開發,其收入全部歸澳門特別行政區政府支配。

01

在特區成立之後，可否產生新的私有土地？可否以時效取得方式取得國有土地的利用權又或其上已建的房屋的所有權？

02

"紗紙契"是否為取得不動產所有權的有效憑證？

中級法院第 189/2010 號案、第 190/2010 號案、第 543/2010 號案裁判書摘要（一審）

中級法院第 970/2010 號案裁判書摘要（一審）

中級法院第 971/2010 號案裁判書摘要（一審）

中級法院第 296/2011 號案裁判書摘要（一審）

終審法院第 34/2008 號案裁判書全文（三審）

終審法院第 2/2013 號案裁判書摘要（二審）

03

第七條
澳門特別行政區境內的土地和自然資源，除在澳門特別行政區成立前已依法確認的私有土地外，屬於國家所有，由澳門特別行政區政府負責管理、使用、開發、出租或批給個人、法人使用或開發，其收入全部歸澳門特別行政區政府支配。

如於澳門地區透過公證書以永久租賃的方式將土地的利用權批給予個人，且在物業登記局內作出登記，即使其出租權（佃底權）人為現澳門特別行政區，《基本法》第七條並不妨礙可以以時效取得方式取得其利用權。

終審法院第 41/2007 號案裁判書全文（三審）

▨ 中級法院第 245/2004 號案裁判書摘要（二審）

（譯本）
案件編號：245/2004
案件類別：民事及勞動訴訟程序的上訴
原告：乙組織
被告：甲組織
合議庭裁判書日期：2005 年 7 月 14 日
主題：原告的代表、國有土地、無主土地、私有財產、利用權、取得時效、依法確認、《基本法》、《土地法》、惡意訴訟人
法官：趙約翰（裁判書製作法官）、蔡武彬和賴健雄

一、在《基本法》開始生效後，《基本法》第 7 條規定除屬於私人的支配的土地外，所有土地為本地區財產，不可能再發生《土地法》第 5 條第 4 款所指的因時效或任何其他形式而取得利用權的情況。

二、澳門特別行政區的成立通過《基本法》使得憲法制度經歷了實質變更，澳門特別行政區的法律等規範性文件均不得抵觸《基本法》，而回歸前的澳門原有的法律如抵觸《基本法》，原則上不能被保留在澳門特別行政區實施。

三、澳門特別行政區成立時，澳門原有法律除由全國人民代表大會常務委員會宣佈為同本法抵觸者外，採用為澳門特別行政區法律，如以後發現有的法律與本法抵觸，可依照本法規定和法定程序修改或停止生效。

四、在《基本法》開始生效前，原告提起訴訟請求宣告其所有權，或宣告其為相關房地產利用權的所有人，此時不可以簡單地使用法律在時間上的適用規則或法律在時間上的接續以對適用法律進行修改，也就是說，如果不適用《基本法》則沒有其他解決辦法。

五、澳門原有司法體系的過渡，同樣遵遁有條件過渡的原則。原有的司法制度，包括各種司法程序、訴訟文件，都必須符合《基本法》。

六、所以該過渡可能會損害某些法律狀況的確定性和安全性，但這在澳門政治制度轉變中又不可避免。

七、《土地法》第 5 條第 2 款作出了明確違反《基本法》的規定，因此其不再適用。

八、為使澳門土地納入《基本法》第七條第一部分規定的例外情況，應於一九九九年十二月二十日前辦理和完成確認私有財產的程序。

九、另一方面，倘留意《基本法》中文文本的同一規定，不難得出以下結論："澳門特別行政區境內的土地和自然資源，除在澳門特別行政區成立前已依法確認的私有土地外，屬於國家所有"，這正如以上所述一樣。

十、《基本法》有關國家對於在澳門特別行政區成立前沒有被依法確認為私有財產的所有

本地區土地的所有權作了明確規定，該依法確認不僅指根據當時生效的法律作出確認，還應指透過法定方式進行。

十一、惡意訴訟人不僅指的是提出明知缺少依據的主張或反對，也指有意識地變更事實真相或隱瞞關鍵事實及以明顯應受譴責的方式使用程序或訴訟措施，以達到違法目的或妨礙訴訟程序或阻止真相被發現。

十二、不應就惡意訴訟審查當事人的行為，因為屬於職業道德和對對方當事人的辯護人的尊重範疇。

■ 中級法院第 316/2004 號案裁判書摘要（二審）

（譯本）
案件編號：316/2004
案件類別：民事及勞動訴訟程序的上訴
原告：甲
被告：丙、丁或其身份不明之繼承人，戊和己的身份不明之繼承人，不確定的利害關係人以及澳門特別行政區
合議庭裁判書日期：2005 年 2 月 17 日
主題：《基本法》第 7 條、《土地法》、土地所有權、藉時效取得利用權
法官：趙約翰（裁判書製作法官）、蔡武彬和賴健雄

在《基本法》生效後開始運作的新憲制性法律框架下，《基本法》第 7 條規定所有的土地轉為屬於國家所有，但納入屬於私產範圍之私人財產的土地則除外，保留了《土地法》地 5 條第 4 款所指的藉時效取得利用權或其以任何的其他方式設定的可能。

■ 中級法院第 323/2005 號案裁判書摘要（二審）

（譯本）
案件編號：323/2005
案件類別：民事及勞動訴訟程序的上訴
上訴人：甲
被上訴人：丙、丁或其身份不明之繼承人，戊和己的身份不明之繼承人，不確定的利害關係人以及澳門特別行政區

合議庭裁判書日期：2006 年 2 月 23 日

主題：《基本法》第 7 條、《土地法》、土地所有權、利用權之取得時效

法官：趙約翰（裁判書製作法官）、蔡武彬和賴健雄

一、《基本法》第 7 條規定，除在澳門特別行政區成立前屬於私有的土地外，全部土地屬於國家所有。在隨著《基本法》之生效而運作的新的憲法性框架下，不再可能透過《土地法》第 5 條第 4 款所指的時效取得，來取得土地的所有權或者利用權，或以其他任何方式創設之。

二、憑時效取得不能根據法律本身導致有關權利之取得，必須透過司法途徑或非司法途徑主張之，也就是說必須有第三人催告，即《民法典》第 296 條規定的所謂面對他人之主張。

▊ 中級法院第 279/2006 號案裁判書摘要（二審）

（譯本）

案件編號：279/2006

案件類別：民事及勞動訴訟程序的上訴

上訴人：（A）、（B）、（C）和（D）

被上訴人：澳門特別行政區和不確定利害關係人

合議庭裁判書日期：2006 年 7 月 13 日

主題：所有權、利用權的取得時效、《澳門特別行政區基本法》第 7 條

法官：司徒民正（裁判書製作法官）、陳廣勝和賴健雄

《澳門特別行政區基本法》第 7 條規定，"澳門特別行政區境內的土地和自然資源，除在澳門特別行政區成立前已依法確認的私有土地外，屬於國家所有，由澳門特別行政區政府負責管理、使用、開發、出租或批給個人、法人使用或開發，其收入全部歸澳門特別行政區政府支配"。

▊ 中級法院第 438/2007 號案裁判書摘要（二審）

Processo nº 438/2007

(Autos de Recurso Civil e Laboral)

Recorrente: Associação de Beneficência do Hospital Kiang Wu

Recorridos: Herdeiros incertos de A e outros interessados incertos

Data: 14 de Abril de 2011

- Sem o registo da titularidade do prédio, a simples existência do registo da hipoteca não pode implicar necessariamente a existência de um direito de propriedade validamente constituído.

- Não foi feita prova de o terreno em causa ter a natureza de propriedade privada, ou o seu domínio útil ter integrado naquele regime,o mesmo não é passível de aquisição por usucapião face ao disposto do artº 7º da Lei Básica da RAEM.

■ 中級法院第 37/2009 號案裁判書摘要（二審）

Recurso n.º 37/2009
Recurso em processo civil e laboral
Recorrente: A
Objecto do recurso: Despacho que indeferiu liminarmente a p.i.
Data: 16 de Dezembro de 2010
Assuntos: Usucapião, Artigo 7º da Lei Básica, Propriedade privada, Mera posse
Juízes: Choi Mou Pan (Relator), José Maria Dias Azedo, Lai Kin Hong

1. No novo quadro constitucional operado a partir da entrada em vigor da Lei Básica que prevê, no artigo 7º, que todos os terrenos passam a ser propriedade do Estado, com excepção dos que já anteriormente integravam o domínio privado pertencente aos particulares, deixa de ser possível a aquisição por usucapião da propriedade ou do domínio útil a que se refere o artigo 5º, n.º 4 da Lei de Terras ou a sua constituição por qualquer outra forma.

2. Sobre o prédio em causa está inscrito a mera posse a favor de um particular nunca poderia conduzir a entender que o mesmo prédio está legal e definitivamente reconhecido como propriedade privada, podendo, portanto, ser objecto da usucapião.

■ 中級法院第 88/2009 號案裁判書摘要（一審）

Processo n° 88/2009

(Autos de recurso contencioso)

Recorrentes: A e B

Entidade recorrida: Chefe do Executivo da RAEM

Data: 21/Novembro/2013

Assunto: Desocupação de terreno sem titularidade registada

Juízes: Tong Hio Fong (Relator), Lai Kin Hong, João A. G. Gil de Oliveira

- Demonstrada não está qualquer aquisição válida do terreno pelo administrado, nem qualquer pressuposto que legitime a sua posse, por força do disposto no artigo 7º da Lei Básica da RAEM, o acto que ordenou a desocupação de terreno não está viciado.

■ 中級法院第 340/2009 號案裁判書摘要（二審）

Processo n° 340/2009

(Autos de Recurso Civil e Laboral)

Recorrente: A (A Autora)

Recorridos: Ministério Público e Interessados Incertos (Os Réus)

Data: 15 de Setembro de 2011

Assuntos: Aquisição por usucapião, Artº 7º da Lei Básica

Juízes: Ho Wai Neng (Relator), José Cândido de Pinho, Lai Kin Hong

- Não foi feita prova de o terreno em causa ter a natureza de propriedade privada, ou o seu domínio útil ter integrado naquele regime, o mesmo não é passível de aquisição por usucapião face ao disposto do artº 7º da Lei Básica da RAEM.

■ 中級法院第 662/2009 號案裁判書摘要（二審）

Processo n.º 662/2009

(Recurso Cível)

Recorrentes: Recurso Final - A - Desenvolvimento Predial, S. A. Recurso Subordinardo e

Interlocutório - Agência de Transporte de Passageiros B, Lda.
Recorridas: Recurso Final - Agência de Transporte de Passageiros B, Lda. Agência Comercial C, Lda. Hotel D, Lda. Clube Nocturno E, Lda. Recurso Subordinardo - A - Desenvolvimento Predial, S. A.
Data: 27/Maio/2010
Assuntos: Concessão por arrendamento de um terreno (A), Domínio Público Hídrico, Posse e detenção, Direito de superfície, Aplicação de leis revogadas após o estabelecimento da RAEM, Falta de fundamentação da sentença, Privação do uso da coisa; indemnização, Honorários; condenação no pagamento pela contra parte
Juízes: João A. G. Gil de Oliveira (Relator), Lai Kin Hong, Choi Mou Pan

1. Os terrenos pertencentes ao domínio público hídrico podem ser objecto de uso privativo nas modalidades de concessão por arrendamento ou de uso ou ocupação a título precário.

2. As pontes cais integram-se no domínio público hídrico e não são susceptíveis de sobre elas se constituir um qualquer direito real.

3. Se todos os actos materiais praticados pela Ré, ao longo dos anos e na dominalidade da ponte-cais n° XXX, foram praticados completamente em consonância, e, aliás, dentro dos limites da licença de ocupação, não se pode deixar de concluir que a Ré, enquanto ocupando o terreno, não é mais do que um detentor, que detém todo o prédio, ora a ponte-cais n.º XXX, apenas em nome do então Território e da R.A.E.M. (art. 1177° do C. Civil).

4. Mesmo que a Ré tivesse a posse correspondente ao direito de superfície, certo é que este se toma insusceptível de ser adquirido por via de usucapião, depois da entrada em vigor da Lei Básica.

5. Após o estabelecimento da R.A.E.M, a Lei 6/86/M, de 26 de Julho), Lei do Domínio Público Hídrico não foi adoptada como lei da R.A.E.M. por contrariar a Lei Básica, nos termos do art. 3°, n.º 3 da Lei n.º 1 1/1999 e do seu anexo II. Todavia, enquanto não for elaborada nova legislação, pode a R.A.E.M. tratar as questões neles reguladas de acordo com os princípios contidos na Lei Básica, tendo por referência as práticas anteriores.

6. Mas mesmo que se trate de bens do domínio privado da RAEM, tais terrenos podem legalmente ser objecto duma concessão, nos termos genéricos da Lei de Terras.

7. A nulidade da sentença por falta de fundamento de facto e direito só se verifica na ausência total de fundamentação; se se tiver por deficiente ou incompleta não há nulidade.

8. Se uma dada questão de indemnização não foi suscitada pelas partes, nem se trata de uma matéria de que o tribunal possa conhecer *ex oficio*, uma vez que o tribunal *a quo* a apreciou, a sentença final padece de nulidade face ao disposto no art. 571º, n.º 1, al. d) do CPC.

9. Quando as partes põem ao tribunal determinada questão, socorrem-se, a cada passo, de várias razões ou fundamentos para fazer valer o seu ponto de vista. O que importa é que o Tribunal decida a questão posta, não lhe incumbe apreciar todos os fundamentos ou razões em que elas se apoiam para sustentar a sua pretensão.

10. Deve ser ressarcido pelas Rés o dano resultante da sua ocupação ilegítima e recusa da entrega da coisa, tendo impedido o aproveitamento do projecto à concessionária conforma planeado.

11. Em princípio as despesas com o advogado não constituem um dano emergente da acção geradora da responsabilidade civil da parte contrária, assumindo uma natureza própria e específica, tratada autonomamente pelo legislador em diferentes sedes.

12. Se a lei e o próprio contrato atribuem competência exclusiva ao Chefe do Executivo sobre o poder de declaração de caducidade da concessão, o Tribunal não pode conhecer dela, nem pode declará-la, por isto quivaler a surpação do poder que compete ao Chefe do Executivo.

中級法院第 209/2010 號案裁判書摘要（一審）

Processo n° 209/2010
(Recurso contencioso)
Recorrente: A (A)
Recorrido: Chefe do Executivo da RAEM
Data: 24/Novembro/2011
Assuntos: Desocupação de terreno, Tutela possessória
Juízes: João A. G. Gil de Oliveira (Relator), Ho Wai Neng, José Cândido de Pinho

Se o administrado não possui qualquer justo e legítimo título em que funde direito real ou mantenha posse que possa opor à Administração, que pretende reaver o terreno que se mostra ocupado, terreno esse que se comprova não ter entrado definitivamente no domínio da propriedade privada à data do estabelecimento da RAEM, por força do estabelecido no artigo 7º da Lei Básica, o recurso em que se pede a anulação do acto que ordenou a desocupação está votado ao fracasso.

■ 中級法院第 695/2010 號案裁判書摘要（二審）

Processo nº 695/2010
(Autos de Recurso Civil e Laboral)
Recorrente: A (A Autora)
Recorridos: Ministério Público e Interessados Incertos (Réus)
Data: 15 de Dezembro de 2011
Assuntos: Posse, Aquisição por usucapião, Artº 7º da Lei Básica
Juízes: Ho Wai Neng, José Cândido de Pinho, Lai Kin Hong

- A posse é o poder que se manifesta quando alguém actua por forma correspondente ao exercício do direito de propriedade (ou de outro direito real), nos termos do artigo 1175.º do Código Civil.

- Mas a posse do direito de propriedade não é o direito de propriedade.

- Daí que não é possível reconhecer a titularidade do direito de propriedade, com a prova da mera posse.

- Não foi feita prova de o terreno em causa ter a natureza de propriedade privada, ou o seu domínio útil ter integrado naquele regime, o mesmo não é passível de aquisição por usucapião face ao disposto do artº 7º da Lei Básica da RAEM.

■ 中級法院第 740/2010 號案裁判書摘要（一審）

Processo nº 740/2010
(Autos de Recurso Contencioso)
Recorrente: A
Entidade recorrida: O Chefe do Executivo da RAEM
Data: 17 de Novembro de 2011

Assuntos: Ocupação do terreno, Usucapião do terreno sem titularidade registada
Juízes: Ho Wai Neng (Relator), José Cândido de Pinho, Lai Kin Hong

- Quer no âmbito do Diploma Legislativo nº 651, de 03/02/1940, quer do Diploma Legislativo nº1679, de21/08/1963, quer da Lei nº 6/80/M, de 05/07/1980, a ocupação do terreno é sempre documentada por licença.

- A usucapião do domínio útil dos terrenos sem titularidade registada já não é legalmente permitida face ao disposto do artº 7º da Lei Básica da RAEM, a não ser que o domínio útil do mesmo tenha transitado para o regime da propriedade privada antes da entrada em vigor do citado diploma legal.

■ 中級法院第 806/2010 號案裁判書摘要（一審）

案件編號：806/2010
案件類別：司法上訴
上訴人：A
被上訴實體：澳門特別行政區行政長官
日期：2011 年 11 月 24 日
關鍵詞：澳門無主土地的所有權、《基本法》第 7 條、時效取得
法官：何偉寧（裁判書製作法官）、簡德道和賴健雄

根據澳門《基本法》第 7 條的規定，澳門特別行政區境內的土地和自然資源，除在澳門特別行政區成立前已依法確認的私有土地外，屬於國家所有，由澳門特別行政區政府負責管理、使用、開發、出租或批給個人、法人使用或開發，其收入全部歸澳門特別行政區政府支配。

回歸後由於《基本法》第 7 條之規定，法律上已不容許透過取得時效而獲得無主土地的物權或佃面權。

■ 中級法院第 464/2011 號案裁判書摘要（一審）

Processo nº 464/2011
(Autos de Recurso Contencioso)

Recorrente: A

Entidade recorrida: O Chefe do Executivo da RAEM

Data: 26 de Abril de 2012

Assuntos: Notificação, Ocupação do terreno, Usucapião do terreno sem titularidade registada

Juízes: Ho Wai Neng (Relator), José Cândido de Pinho, Lai Kin Hong

- A notificação é uma das formas de publicidade a par da publicação, daí que não é um elemento constitutivo do acto administrativo a notificar. Tem uma função meramente instrumental, ou seja, *"é um instrumento de que a Administração se serve para fazer chegar ao destinatário determinado acto administrativo. Portanto, não cria relações jurídicas nem interfere com a validade ou a perfeição do acto"*.

- Quer no âmbito do Diploma Legislativo n° 651, de 03/02/1940, quer do Diploma Legislativo n° 1679, de 21/08/1963, quer da Lei n° 6/80/M, de 05/07/1980, a ocupação do terreno é sempre documentada por licença.

- A usucapião do domínio útil dos terrenos sem titularidade registada já não é legalmente permitida face ao disposto do art° 7° da Lei Básica da RAEM, a não ser que o domínio útil do mesmo tenha sido transitado para o regime da propriedade privada antes da entrada em vigor do 464/2011 2 citado diploma legal

中級法院第 625/2011 號案裁判書摘要（二審）

Processo n.º 625/2011

(Recurso cível)

Recorrentes: A (também conhecida por AA), B, C, D, E e, F

Recorridos: G, H, Ministério Público, Interessados Incertos

Data : 16/Fevereiro/2012

Assuntos: Terras; regime dos terrenos na RAEM, Jurisprudência do TUI sobre os direitos de terrenos após o estabelecimento da RAEM, Usucapião; requisitos; no C. de Seabra; CC66 e CC99, Invocação; sua necessidade; constituição *ipso jure* e mediante invocação, Domínio útil; posse, Reconhecimento do direito real; quando se verifica, Artigo 7° da Lei Básica

Juízes: João A. G. Gil de Oliveira (Relator), Ho Wai Neng, José Cândido de Pinho

1. Quanto ao domínio útil, antes do estabelecimento da RAEM, era possível a particular adquirir o domínio útil do terreno por usucapião ao abrigo do n° 4 do artigos

da Lei de Terras e o art. 2.º da Lei n.º 2/94/M. No entanto, após a vigência da Lei Básica, esse meio tornou-se impossível dado que viola o princípio de que a propriedade de terrenos cabe ao Estado consagrado no art. 7º da Lei Básica.

2. Pelo contrário, se o direito da propriedade ou o domínio útil do terreno já foi reconhecido a favor de particulares antes do estabelecimento da RAEM, um particular pode adquirir a propriedade ou o domínio útil do terreno por meio de usucapião e é protegido pela Lei Básica.

3. Nos termos primitivos do artigo 8º da LT não era permitida a aquisição por usucapião dos terrenos do domínio público ou do domínio privado da RAEM.

4. Anteriormente, nos casos em que existiam prédios urbanos sem título de aquisição ou sem o indício de concessão por aforamento, que é a prova do pagamento do foro, dá-se valor à posse por particular, por mais de vinte anos, mas só para ter o efeito legal de usucapião do domínio útil.

5. A proibição da constituição de novas enfiteuses introduzida pelo DL n.º 39/99/M refere-se tão-somente aos bens do domínio privado dos particulares, sendo que relativamente ao bens do domínio privado da RAEM, a LT continua a permitir a regulação - note-se que se diz *regulação* e não *constituição* - das pretéritas concessões por enfiteuse ou aforamento.

6. Ao abrigo da LT, foi reconhecido no passado o direito dos particulares possuidores pedirem a declaração de ter sobre tais prédios a titularidade do domínio útil, quando se tratasse de prédios urbanos, mesmo quando essa posse fosse exercida sem título de aquisição ou registo, ou sem prova do pagamento do foro, desde que a duração da sua posse fosse superior a trinta anos no domínio do Código de Seabra e vinte anos no âmbito do CC de 66.

7. Os solos e recursos naturais são propriedade do Estado, competindo ao Governo da Região Administrativa Especial de Macau a responsabilidade pela gestão, uso, desenvolvimento, arrendamento ou concessão das terras do Estado. As pessoas singulares ou colectivas só podem, na qualidade de arrendatárias ou concessionárias das terras do Estado, ter direitos ao uso ou desenvolvimento das mesmas, o que reforça a ideia da manutenção da titularidade dos terrenos nas mãos do Estado, salvo os terrenos já considerados como da propriedade privada antes de 20 de Dezembro de 1999.

8. Quando se invoca o direito de propriedade ou de outro direito real numa acção em

que se invoca a aquisição originária - meio mais fidedigno de comprovar a propriedade -, a existência do direito depende da prova da sua aquisição por usucapião, o que só através da acção se definirá, mas tal não se pode confundir com a natureza constitutiva da acção que só em casos limitadíssimos se verifica, sendo nesses casos a sentença a fazer nascer o direito.

9. A aquisição por usucapião é originária, o que significa que o direito se funda apenas na posse e não deriva de qualquer direito na titularidade de outrem, sendo tal posse a medida do direito prescrito, *quantum possessum tantum praescriptum*.

10. No âmbito do CC66, bem como no de 99 - não já assim n C. de Seabra, em que a usucapião operava *ipso jure* - mesmo que exista uma **posse** reconhecida até judicialmente - como é o caso -, embora exista o **decurso do tempo** indispensável, se não ocorre uma **invocação** (de natureza substantiva, o que difere da invocação adjectiva do direito que se pretende ver reconhecido), anterior à Lei Básica, de modo a ter-se o direito por reconhecido, não é possível declarar que o direito real, seja de propriedade *stricto sensu*, seja de domínio útil, se mostra reconhecido.

▌中級法院第 381/2012 號案裁判書摘要（一審）

案件編號：381/2012
案件類別：司法上訴
司法上訴人：A 有限公司
被上訴實體：澳門特別行政區行政長官
日期：2013 年 12 月 12 日
關鍵詞：澳門無主土地的所有權、《基本法》第 7 條、基本權利及利益、適度原則
法官：何偉寧（裁判書製作法官）、簡德道和唐曉峰

根據澳門《基本法》第 7 條的規定，澳門特別行政區境內的土地和自然資源，除在澳門特別行政區成立前已依法確認的私有土地外，屬於國家所有，由澳門特別行政區政府負責管理、使用、開發、出租或批給個人、法人使用或開發，其收入全部歸澳門特別行政區政府支配。

倘司法上訴人非法佔用特區公有土地，在沒有行政當局發出的工程准照下在有關土地上僭建非法建築物，並在有關當局已發出暫停工程令的情況下仍繼續施工直至完成有關建築，其行為損害澳門的公共利益、公共秩序及法律的尊嚴，而被訴實體命令其須騰空有關土地及山

坡，拆卸和遷離有關土地上的僭建物、移走其上存有的所有物件、物料及設備，並將土地歸還澳門特別行政區政府而無權取得任何賠償之決定沒有侵犯其基本權利及利益，亦沒有違反任何適度原則。

■ 中級法院第 535/2013 號案裁判書摘要（二審）

Processo nº 535/2013
(Autos de Recurso Civil e Laboral)
Recorrentes: A (1º Réu), B (2º Réu)
Recorrido: C (Autor)
Data: 14 de Novembro de 2013
Assuntos: Prazo da apresentação da motivação do recurso, Impugnação da decisão da matéria de facto, Reapreciação da prova gravida, Usucapião
Juízes: Ho Wai Neng (Relator), José Cândido de Pinho, Lai Kin Hong

- Desde que o recorrente tenha pedido cópia da gravação da audiência de julgamento para preparar a sua motivação de recurso e formulado posteriormente o pedido da reapreciação da prova gravada no recurso, independentemente deste último pedido estar correcto ou não, goza sempre do alargamento do prazo da apresentação da motivação do recurso.

- A factualidade considerada assente e provada na sentença anterior, que não foi objecto de impugnação, adquiriu assim a autoridade do caso julgado nos termos do artº 574º e seguintes do CPCM, jamais podendo ser objecto de impugnação do recurso posterior.

- A impugnação dos factos sujeitos à repetição do julgamento apenas pode ser feita com base na renovada prova produzida e gravada, não sendo possível impugnar a nova decisão de facto com base na reapreciação da prova gravada dos depoimentos prestados na audiência de julgamento anulada.

- Não é possível adquirir a propriedade plena de um prédio se domínio directo do mesmo se encontra registado a favor da RAEM, sob pena de violar o artº 7º da Lei Básica.

終審法院第 32/2005 號案裁判書全文（三審）

案件編號：32/2005
案件類別：民事上訴
會議日期：2006 年 7 月 5 日
上訴人：甲，又名甲一
被上訴人：乙、澳門特別行政區、不確定利害關係人
主要法律問題：澳門原有法律制度和司法程序的過渡、特區土地所有權和利用權的歸屬
法官：朱健（裁判書製作法官）、利馬和岑浩輝

| 摘 要

　　澳門原有的法律制度，包括司法制度，都遵從有條件過渡原則，以符合基本法為標準，選擇性地過渡到澳門特別行政區。

　　這不是一般情況下的法律更替，而是整個法律體系的原則性變更。因此不能以一般的法律交替標準，在新的特區法律體系裡適用違反其原則的舊有法律。

　　澳門原有司法體系的過渡，同樣遵遁有條件過渡的原則（回歸法第 10 條）。原有的司法制度，包括各種司法程序、訴訟文件，都必須符合基本法、回歸法和其他適用法規，特別是司法組織綱要法（第 9/1999 號法律），才能得到延續。

　　由於澳門原有法律制度和司法制度的有條件過渡，不能以一般的法律交替原則來處理特區成立時仍然待決的訴訟案件，而是必須以不抵觸基本法為前提繼續審理這些案件。

　　基本法第 7 條確立了澳門特別行政區境內的土地和自然資源屬國家所有、由特區政府管理的原則，同時繼續承認在特區成立前已依法確認的擁有私有土地的權利。

　　因此，在特區成立之後不能產生新的私有土地。

　　如果利害關係人在特區成立之後才提起確定其擁有土地所有權的訴訟，由於在特區成立前未經依法確認屬私人的土地，在特區成立後均屬國家所有，顯然該訴訟請求不符合基本法第 7 條的規定。

　　若有關訴訟在特區成立之前已經提起，但到特區成立時仍未有確定裁判，有關利害關係人的請求就違反了基本法第 7 條的規定，同樣不能成立。

　　法院不能在特區成立後，也就是基本法生效之後，違反該法第 7 條的規定作出確認私有土地的裁判。

　　在長期租借批給土地中的利用權和永佃權中的一樣，雖然不是一個完整的土地所有權，但基於其特性及權利的範圍，利用權實際上成為一種私人擁有特區土地的形式，即私人與國家分拆土地的所有權，這與基本法第 7 條確立的土地所有權為國家擁有的原則相衝突。

利用權只有在特區成立前已獲依法確認才符合基本法第 7 條規定的例外情況，在特區成立後繼續由私人擁有。

裁判書製作法官

朱健

澳門特別行政區終審法院裁判

民事上訴

第 32 / 2005 號

上訴人：甲，又名甲一

被上訴人：乙

澳門特別行政區

不確定利害關係人

一、概述

甲，又名甲一，向前普通管轄法院提起了通常宣告案，請求宣告其擁有〔地址〕所在土地的所有權，或起碼宣告其擁有該土地的利用權。

經審理，初級法院裁定原告擁有該土地的利用權。

被告乙對此判決向中級法院提起上訴，要求撤銷該判決，駁回原告的起訴，甚至駁回其請求，並裁定原告為惡意訴訟人。而作為被上訴方的原告除要求裁定上訴人敗訴以外，還請求擴大上訴的範圍，宣告其為上述土地的所有人，以及裁定上訴人為惡意訴訟人。

中級法院在第 245/2004 號案件作出裁判，以原告的請求明顯抵觸基本法第 7 條的規定為由，裁定上訴人部分勝訴，撤銷了初級法院的判決，另駁回上訴雙方分別要求裁定對方為惡意訴訟人的請求。

甲，又名甲一，不服該裁判，現向終審法院提起上訴，在其理由陳述中提出了如下結論：

"1. 本上訴是對附表決落敗聲明的中級法院合議庭裁判的上訴，該裁判裁定由被告方乙，即原上訴人所提出的上訴部分勝訴，並廢止一審判決所作的原告勝訴的決定。

2. 根據現行民事訴訟法典第 638 條規定 —— 對中級法院在表決時一致確認第一審所作裁判的合議庭裁判，不論確認第一審裁判時是否基於其他依據，均不得提起上訴 —— 本上訴之標的僅限於質疑裁判中駁回起訴狀內提出的附加請求部分的決定，該附加請求為：為所有法律效力，尤其是登記效力，宣告原告為由〔地址〕之中央建築組成的房地產的利用權的唯一擁有者。

3. 從審理該案後所認定的事實可見，原告人證明了其附加請求的理據，而該請求正是本上訴所要處理的。同樣得出把〔地址〕之建築所在地宣佈為無主地的要求是不具理據的。

4. 確實，案中的房地產不屬於本地區私產範圍，也不能因該房地產沒有登記在澳門物業登記局內就根據土地法第 7 條（這根本不適用於本案）規定將之宣佈為無主地，並因此而不得因時效而取得。

5. 考慮到真正適用於本案情況的法律，就原告人以時效取得該房地產利用權而言具重要性的是，原告提出並證明其自 1926 年開始，就像真正擁有所有權一樣佔有〔地址〕，而該房地產自建成以來超過 450 年，一直被佔有以及被認為是私人財產。

6. 作為取得該利用權的基本要素是原告一直維持對〔地址〕的佔有。

7. 從已獲認定的事實可見，上訴人對〔地址〕一直以來都實施一系列事實上的權力和行為，這些權力或行為有些是獨立進行的，另一些則具連續性，它們相當於體現佔有關係的實質享用行為。

8. 從獲認定的事實也同時看到，原告人從過去到現在一直以自己擁有〔地址〕所有權的信念去作為，也就是說，以使其獲得業權的信念去作出行為。

9. 原告擁有〔地址〕的佔有權，因為自 1926 年建成至今，原告對該不動產享有事實上的控制權，體現在像擁有與該事實上的控制對應著的權力，即與所有權一樣，對它行使實質上的權力。

10. 原告人一直以來對案中不動產所行使的佔有是善意、和平和公開的 —— 根據 1966 年民法典第 1259 條、第 1260 條、第 1261 條和第 1262 條規定，該等條文與現行民法典第 1183 條、第 1184 條、第 1185 條和第 1186 條相一致。

11. 具有上述列舉特點的佔有的行使原則上允許原告以取得時效（俗稱和平佔有）提出獲得〔地址〕的所有權。但是，基於明顯缺乏作為取得該權利理據的憑證，上述情況就會被排除。這樣，就必須求助於經 1994 年 7 月 4 日公佈的第 2/94/M 號法律補充的土地法（1980 年 7 月 5 日公佈的第 6/80/M 號法律）第 5 條第 4 款；下面將會看到，其適用沒有被澳門特別行政區基本法所排除。

12. 土地法第 5 條第 4 款允許原告基於已證明的佔有，根據 1966 年民法典第 1287 條至第 1289 條和第 1296 條（即現行民法典第 1212 條至第 1214 條和第 1221 條），以及經 1994 年 7 月 4 日公佈的第 2/94/M 號法律修改的土地法第 5 條第 3 款和第 4 款規定，提出以時效取得〔地址〕的利用權。

13. 沒有對〔地址〕進行登記（在物業登記局內沒有紀錄）。對於都市房地產，如果不具備取得憑證或登記，或沒有繳納地租的證據，當私人的佔有超過二十年（如本案出現的情況）

時，法律推定長期租借該都市房地產。同時確定根據 1980 年 7 月 5 日公佈的第 6/80/M 號法律（土地法）第 5 條第 4 款規定，能夠以時效取得利用權。

14. 毫無疑問，本案純屬私法關係的範疇，在此關係中，上訴人擁有並繼續擁有上述房地產，在所有人面前以和平、連續的方式，像擁有所有權那樣作出行為，並在此期間內，為人們所認可。因此，考慮到土地法第 5 條第 3 款和第 4 款規定，透過取得時效機制，取得與其所作出的行為相對應的權利，即取得有關房地產的利用權。

15. 關於該房地產，沒有取得憑證，也不存在長期租借迹像，為以時效取得其利用權的法律效果來講，應著重的是私人的佔有超過二十年。這是經 1994 年 7 月 4 日公佈的第 2/94/M 號法律修改的、所提到的法律第 5 條第 4 款這一實體法律所規定的解決辦法，其中規定了對由私人以公開、和平和不間斷地佔有都市房地產超過二十年的，推定為本地區長期租借，同時也明確規定可以根據民法規定，以時效取得相關的利用權。

16. 當房地產具備有該等特點時，正是法律本身假設其被長期租借，接受以時效取得其利用權，而不是出租權。為此，要求有關私人證明其佔有該等房地產超過二十年的一段時期，而這就是本案所出現的情況。

17. '為合法地把土地認定為無主土地，（……）僅因土地沒有確定性地進入私有財產範圍或公有範圍是不足夠的，（……）還必需的是，土地還沒有以確定方式被分派任何公共或私人用途。至於這種賦予 —— 僅此即足夠將之排除在無主土地範圍之外 —— 法律沒有要求任何憑證，也沒有規定任何特別的外在形式。顯然地，只要存在一種事實上的用途分派、一種實際上的利用，一種把土地實際用於任何公共或私人用途（好好注意，是任何一種用途！）就滿足了要求。這種事實上的房地產用途分派（或實際上的使用），使該房地產脫離了無主土地的範圍，自然地根據其被利用的私人或公共性質，納入私有財產或公有財產範圍' —— Antunes Varela，以時效取得澳門地區的房地產，載於《Revista de Legislação e Jurisprudência》，第 127 年度，第 3838 期，第 8 頁。

18. 此外，必須提出的是案中的房地產所屬區域均有上蓋建築，因此完全被所連結的上蓋建築覆蓋（參見對疑點 1 的回答），因此，由於適用 1994 年 7 月 4 日公佈的第 2/94/M 號法律第 2 條第 1 款，毫無疑問原告起碼有權取得案中整個房地產的利用權。

19. 原告一直不間斷地以公開、和平的方式，並在公眾面前、沒有任何反對以及自認為該房地產的主人和合法業權人的情況下，享用上述房地產超過七十七年。根據上面提到的法律規範，這種佔有賦予原告以時效取得案中房地產的權利。

20. '更不要說現在澳門特別行政區生效的土地制度阻止對原告權利的承認。

（……）

沒有對〔地址〕進行登記（在物業登記局內沒有紀錄）。對於都市房地產，如果不具備取得憑證或登記，或沒有繳納地租的證據，當私人的佔有超過二十年（如本案出現的情況）時，法律推定長期租借該都市房地產。同時確定根據 1980 年 7 月 5 日公佈的第 6/80/M 號法律（土地法）第 5 條第 4 款規定，能夠以時效取得利用權。

（……）

毫無疑問，本案純屬私法關係的範疇，在此關係中，原告擁有並繼續擁有上述房地產，在所有人面前以和平、連續的方式，像擁有物權那樣作出行為，並在此期間內，為人們所認可，因此，透過取得時效機制，取得與其所作出的行為相對應的權利（……）。

21. 當提出對本案適用基本法第 7 條，特別是總結認為，自該法開始生效後，土地法第 5 條第 4 款所提到的以時效取得利用權已變為不可能時，被上訴合議庭裁判的這種理解是錯誤地適用了實體法。

22. 與被上訴裁判所持論點相反，基本法第 7 條所針對的對象不是都市房地產，而僅僅是土地。

23. 關於這方面，法律字面上不存在任何疑問。具體到這方面，基本法的立法者希望維持並尊重原澳門的有效的法制。因此，不可以混淆都市房地產與無主土地的概念，即使給予後者這一法律表述非常寬廣的含義。確實，宣稱立法者用了‘土地’一詞其實想說的是‘不動產’，就不可能不違反民法典第 9 條第 3 款的規定。

24. 司法機關多次被要求就以時效方式取得國家私有領域都市房地產問題進行審議，而事實是一致及共同地得出結論，認為這種取得方式是可行的。可以里斯本中級法院於 1978 年 2 月 8 日所作的合議庭裁判作舉例說明：‘在葡萄牙法律中，物的公開性來自於法律：是一個由成文法規定的特點。對納入國家私有領域的不動產可以通過時效取得’（載於《BMJ》第 276 期，第 314 頁）。這種理解不但一致地被司法見解所認同，而且理論界亦如此，參見 MarceloCaetano 有見地的論述：‘根據私法的一般規定以及行政法中所規定的特殊情況，無論是取得權利的時效，還是終結權利的時效，都可以是有利或不利於行政當局’，載於《Manuel de Direito Administrativo》，第一卷。

25. 土地法第 5 條第 4 款根本沒有違反基本法第 7 條的規定，因為對不具有任何取得憑證或登記、或沒有支付地租證據的房地產，推定由澳門特別行政區給予永久租借批給，不會使佔有該等房地產超過二十年的佔有人變成擁有該等房地產的所有權。

26. 如上所述，法律作出了一項推定，即澳門特別行政區政府變成該不動產的業權人，由此假定其永久租借予佔有超過二十年的佔有人。

27. 原告以時效方式取得的是都市房地產的利用權，而不是出租權即擁有該土地，這是假設由澳門特別行政區政府擁有。這一切符合基本法第 7 條的規定，該規定剛好是：‘澳門特別行政區境內的土地和自然資源屬於國家所有（……）’—— 澳門特別行政區政府 ——‘負責管理、使用、開發、出租或批給個人、法人（……）’。

28. 在被上訴的合議庭裁判中，存在一個明顯的矛盾。這就是，一方面認為基本法第 7 條

'對從 1999 年 12 月 20 日起不受任何限制地賦予給國家的最重要的物權，即所有權，禁止作出限制或分割；但卻又得出結論認為該法規 '只允許將屬於澳門特別行政區的土地進行出租或批給'。

29. 澳門特別行政區基本法在其第 7 條允許將屬於澳門政府的土地進行永久租借批給，這種理解不但被司法見解、法學理論所接受，而且檢察院亦贊同。

30. 自 1999 年 12 月以來，澳門法院審理了數十宗訴訟案件，當中被審議的請求都和本案類似，都是要求宣告因佔有超過二十年而由私人取得既沒有登記，又沒有支付地租證據的都市房地產的利用權，但也從來沒有提出基本法第 7 條的適用或由於該條文而導致土地法第 5 條第 4 款被默示廢止的問題。

31. 因此，被上訴的合議庭裁判不單不正確，而且與法院和行政當局本身自基本法生效即澳門特別行政區成立以來的做法完全不一致和不協調。把對類似個案一直作出的法律處理也在本案中進行，才是在本案實現公正，否則使那些求助於法院的人們的合法期望落空。

32. 對本案適用基本法第 7 條是錯誤的，同樣，不適用經 1994 年 7 月 4 日公佈的第 2/94/M 號法律修改的土地法第 5 條第 4 款，也是不正確的。

33. 從本案所呈現的情況明顯可見，基本法第 7 條已不能阻止原告所要達致的效果，甚至支持這種效果的實現。

34. 表決落敗聲明第 1 至 13 頁的內容構成了本上訴的理據，為所有法律效力，尤其是民事訴訟法典第 639 條所指的效力，把它視為上訴理據的一部分。

35. 在本案中，原告於基本法生效前提起訴訟，請求宣告其擁有所指房地產的所有權，或補充請求宣告其擁有該房地產的利用權，可以對其適用上面闡述的結論嗎？

36. 通過分析兩個問題來對此作出回答：法律在時間上的適用和本案涉及的訴訟的性質。

37. 關於上面提到的第一個問題：'第 12 條沒有提供答案，沒有提出一個指引性的標準，這個標準應從理論上予以確定。本人認為準確的標準應由前面就偶然性和持續性法律狀況所作的區別來確定。後一情況是第 12 條第 2 款第二部分所指的連續或定期行使權利的情況，由於存續期的長或短，該等法律狀況就將來而言，不受舊法規範而進入到新法律管轄範圍，自新的法律生效開始，業權人或監護人或財產管理人等的權力內容是由新的法律去規定'。

38. 面對這種情況，應採用的解釋是：基於權利的設置取決於事實發生時有效之法律原則，先前已給確定的物權的內容將由新法予以規範。其實，基本法本身在其第 7 條也把 '在澳門特別行政區成立前已依法確認的私有土地' 規定為例外情況。

39. 至於土地被認定為私人所有的時間，從基本法來看，僅涉及至 1999 年 12 月 19 日對澳門特別行政區的土地已設定的私有所有權。

40. 有必要知道的是，什麼是因取得時效而創設物權的事實？是佔有以及純時間的推移，還是判決，使權利在法律秩序中產生？

41. 在這類訴訟中，希望被承認的是因佔有以及時間的推移而取得的物權，這些是創設權利的核心要件（現在我們只列出這些）並導致其取得權利，因此毫無疑問，我們認為這種訴訟不具創設性質，所作出的判決僅僅是承認權利的存在而已。

42. 由此可見，當請求承認因透過時效而取得一物權時，不是由判決在現存法律秩序內作出任何改變，而僅僅是確認利害關係人取得希望獲其他人承認的權利，以及可能甚至進行登記。同時，可以不通過任何訴訟就達到此目的，只要對其權利進行公證證明即可，僅憑此點即足以證明不是由判決去賦予權利，或者起碼不是只有透過這種途徑才能進行確認。

43. 對以時效取得物權進行確認的司法或司法外行為僅具證明性，因為所援引的取得時效具有追溯至佔有開始那天的效力（民法典第 1213 條）。為了進一步支持這一論點，還要補充的是，因時效而取得是一種原始取得，這就意味著權利僅來源於佔有，而不是源於任何其他人所持有的權利，該佔有是以時效取得的權利的度量，佔有多少就以時效取得多少。

44. 從這些原則出發，我們就已具備條件去分析正在審理中的案件，以便得出結論，認為不一定是判決才能作為所請求權利的創設性因素。

45. 一般來說，根據民法典第 1217 條，對取得時效適用時效的規則，因此導致一個直接影響到本案的重要後果：取得時效並不能僅僅因為法律規定就取得有關權利，這是因為基於民法典第 296 條規定，它必須通過司法或司法外途徑提出來，這等於說必須出現向第三者提出要求，即所謂向他人提出主張，無論該主張是透過訴訟傳喚，還是在公證證明情況下透過公告公開。

46. 公開性是物權特點之一，因為隱蔽性佔有沒有意義。因此，對於基本法第 7 條所提到的尊重先前已確立的私人所有權狀況，現在要審理的關於確定有意義的時刻問題的根本要素就是有需要提出權利主張。判決不是決定要素，為時效取得而行使有效佔有所經過的時間也不是決定要素，已取得權利的物業登記更不是（登記行為不具創設權利性質，除非那些不屬於類似本案正在審理的例外情況），而必定是通過提起訴訟，並預留必需的時間以便進行必然具有請求效力的傳喚，應以確認基本法生效亦不禁止的權利的訴訟手段的適時性來衡量。

47. 根據這一理解可以總結出，如果訴訟在基本法生效前數月的 1999 年 5 月提起，考慮到該訴訟的性質以及實現該原始取得的要件，沒有理由對本案適用基本法所宣示的禁止性事實，而該法本身就承認那些先前已確立的法律狀況。

48. 被上訴之合議庭裁判對本案錯誤地適用了基本法第 7 條，同時也沒有正確地解釋該條文，因為從上面轉錄的精闢論述可見，上述法規保障和承認本案中所涉的原始取得的效力。"

請求裁定上訴勝訴，撤銷被上訴的合議庭裁判，裁定其在起訴狀中作出的補充請求，即宣告其擁有相關土地的利用權的請求成立。

被上訴人乙在其回應中總結如下：

"1. 當基本法開始生效之日，本案中所提出的以時效取得的利用權還沒有被宣告／承認，故對其不適用該法第 7 條中承認所有權的例外規定。

2. 無論如何，本案中所涉及的都市房地產地籍圖顯示，該房地產超出了第 2/94/M 號法律第 2 條第 1 款規定的範圍，因此，不能作為土地法第 5 條第 4 款規定的時效取得的標的。"

要求駁回本上訴，維持被上訴之合議庭裁判。

檢察院代表被上訴人澳門特別行政區和不確定利害關係人作出此下回應：

"1. 原告對撤銷第一審判決的合議庭裁判提出上訴，而第一審判決是裁定其訴訟勝訴的。

但我們認為其上訴不具理據。

而且事實上，我們不能不贊同被上訴裁判中的精闢論述。

然而，我們首先試圖為此概述一下歷史沿革。

2. 從土地法（1980 年 7 月 5 日公佈的第 6/80/M 號法律）第 5、6、7、8 條和其他法規的規範來看，私人在沒有證明存在取得權利的憑證下，是否可以宣告他們因佔有而以時效取得土地的所有權，對此問題高等法院自 1993 年 4 月成立後，即存在不同的看法。

該法院於 1993 年 9 月 22 日、1994 年 9 月 28 日以及 1994 年 12 月 7 日，分別在第 1、197 和 213 號案件中，作出了否定性裁判。

同時，該法院於 1993 年 7 月 9 日和 1995 年 3 月 29 日分別在第 31 和 235 號案件中，則作出意思相反的決定。

透過於 1995 年 10 月 18 日在第 295 號案件中所作的具強制力的合議庭裁判，上述第一種論點佔多數並作出如下內容的統一司法見解：'在針對澳門地區提起的承認土地私有財產權的訴訟中，由原告證明存在取得該權利的憑證。'

然而，對於出租權屬於本地區的房地產，可通過時效取得其已屬私人所有的利用權，從來沒有產生疑問（參見：1993 年 7 月 14 日、1993 年 9 月 22 日和 1993 年 10 月 13 日分別在第 16、36 和 67 號案件中的裁判）。

3. 面對司法見解在此問題上的分歧，考慮到許多私人長期以來佔有了土地和不動產，但又因不具有取得權利的憑證而不能使該等情況規範化，最後對土地法增訂了第 5 條第 4 款，即：'倘有關都市房地產無取得文件或其紀錄或繳付地租的證據時且由私人佔有達二十年以上者，推定為向本地區長期租借，而有關利用權按民法規定可藉時效取得。'

這樣，上述私人的情況便得以解決，因為新的法律規定允許那些原來請求承認其所有權而被判敗訴的人士提起新的訴訟，請求以時效取得利用權。另一方面，為以時效取得利用權的效力，批准由行使其所提出的佔有起始的時候開始計算（根據 1994 年 7 月 4 日公佈的第 2/94/M 號法律第 3 條）。

必須提醒的是，透過經 9/1999 號法律修改的在 1999 年 10 月 8 日公佈的第 55/99/M 號法令第 2 條第 6 款 b 項規定，上述合議庭裁判對各法院具強制力。

另一方面，根據高等法院於 1996 年 2 月 13 日在第 413 號案件中所作的合議庭裁判，上述具強制力的合議庭裁判同樣適用於都市房地產，而不僅僅適用於純土地。

4. 基本法第 7 條規定：

'澳門特別行政區境內的土地和自然資源，除在澳門特別行政區成立前已依法確認的私有土地外，屬於國家所有，由澳門特別行政區政府負責管理、使用、開發、出租或批給個人、法人使用或開發，其收入全部歸澳門特別行政區政府支配。'

問題的根本在於對這一規定的解釋。

確實，這一規定不能不意味著除了那些在澳門特別行政區成立前，已依法具確定性地建立由私人擁有所有權的土地，所有位於澳門的土地均屬國家所有（如土地法第 5 條第 1 款所述）。

重要的是，在 1999 年 12 月 19 日，本案中涉及的土地沒有被承認其為私人所有，也沒有顯示出基本法把那些在該日仍取決於待決案件的情況作例外處理。

因此，土地法第 5 條第 4 款必須被認為由現在分析的規範所廢止。既然除了那些在澳門特別行政區成立前已被承認為私人所有的之外，所有的土地均為國家所有，那麼，就不能在 1999 年 12 月 19 日之後，取得土地的利用權，因為這一較小的物權與國家所有不相融。

關於案中的土地，由於沒有登記於原告名下，她也沒有於 1999 年 12 月 19 日前獲得一承認其取得所有權或利用權的確定性判決，所以就沒有在澳門特別行政區成立前，按照法律確定性地建立一個由私人擁有的所有權。

同時肯定的是，原告不能提出任何期望得不到實現的情況，事實上基本法於 1993 年 3 月 31 日被通過和頒佈，且已在澳被廣泛宣傳，而土地法第 5 條第 4 款則是在 1994 年 7 月 4 日增訂的。

而本案於 1999 年 9 月 15 日提起，自然不能期望其在三個月內審結。

最後，基本法中所提到的是土地，而本案涉及的房地產是由都市建築組成的，此點也毫不重要。

這是因為上訴人不能只取得建築物的使用權而沒有取得有關土地的所有權或利用權。

5. 綜上所述，上訴人的陳述結論不成立。

因此，應維持被上訴的裁判。"

經助審法官檢閱。

二、理據

（一）初級法院和中級法院認定了如下事實：

"沒有爭議的事實：

——原告是一個組織（列明事實表 A）。

　　——該組織僅以一般稱之為‘甲’，又以‘甲一’更為人知的佛教堂創辦人之後人為成員，該佛教堂設於澳門某居民區超過 450 年（列明事實表 B）。

　　——該原告之組織章程由 XXXX 年 X 月 X 日第 XX-X 號訓令核准並公佈於 XXXX 年 X 月 XX 日第 X 期《澳門政府公報》，登記於澳門身份證明局，編號為 XXX（列明事實表 C）。

　　——本案所涉及的〔地址〕之中央建築所在的房地產顯示於地圖繪製暨地籍局所發出之地籍內（列明事實表 D）。

　　——該不動產位於〔地址（1）〕，沒有門牌號（列明事實表 E）。

　　擁有下列界線：

　　東北 —— 鄰近〔地址（1）〕之土地（登記編號：XXXXX）；

　　東南 —— 鄰近〔地址（1）〕之土地（登記編號：XXXXX 和 XXXXX）；

　　西南 —— 鄰近〔地址（2）〕之土地（登記編號：XXXXX 和 XXXXX）；

　　西北 ——〔地址（2）〕X 號（登記編號：XXXX），X-X 號（登記編號：XXXXX），XX 號（登記編號：XXXXX）及 XX 號（登記編號：XXXX），鄰近〔地址（3）〕及〔地址（2）〕之土地，（於物業登記局被推定沒有登記），鄰近〔地址（3）〕之土地（登記編號：XXXXX）及鄰近〔地址（2）〕的未命名小巷（列明事實表 F）。

　　——該不動產在澳門物業登記局沒有登記（列明事實表 G）。

　　——在財政局都市房地產紀錄內沒有登記（列明事實表 H）。

　　——考慮到本案所涉及房地產所享有的宗教聲望、建築設計的美觀以及歷史 — 文化價值，多次被澳門政府官方列為文物建築，其中最後一次為透過在 XXXX 年 XX 月 X 日公佈的第 XX/XX/M 號法令進行（列明事實表 I）。

　　調查基礎內容之事實

　　——該房地產的總面積為 XXXX 平方米，其上全為建築物，因此完全被與之相連的建築所覆蓋（對疑點 1 的回答）。

　　——起初，該房地產由所提到的教堂或廟的創辦人在超過四個半世紀前，透過不能指明的合同為教堂或廟購置的（對疑點 2 的回答）。

　　——自那時起，該房地產一直由該位於澳門的教堂的創辦人，以及其後人擁有，並一直認為房地產屬於他們所有（對疑點 3 的回答）。

　　——因此，當原告以協會形式把該教堂或廟的存在合法化，即變為一個恰好由該教堂創辦人的後人所組成的協會的時候，這些創辦人即把該房地產贈予原告（對疑點 4 的回答）。

　　——從那時至今，原告一直被許多人認為是該廟的合法‘所有人’（對疑點 5 的回答）。

　　——自那時始，原告一直於所提到的房地產內設置其實際會址，在其內並由此出發，從事宗教以及慈善活動直到今天（對疑點 6 的回答）。

——自那時起直到今天，一直自認為是合法所有人並在眾人面前，自資在其內進行認為必需和合適的工程，尤其是建設、維修、保養以及修繕（對疑點 7 的回答）。

——為拜祭其教派的佛和菩薩，由該會成員對其內的廳堂和祭壇進行重建、持續性的清潔以及經常性的維修和保養，從事各種宗教儀式，宣傳其教義，以及為信眾和參觀人士提供上述提到的拜祭和宗教典禮和佛教教育（對疑點 8 的回答）。

——對設於其內的、為拜祭先人的地方（保管和展示許多去世者細小照片之處）進行持續的維修和保養，該地方由原告用於提供予死者之後人和信眾進行拜祭活動，以及所有在精神領域方面的佛教活動（對疑點 9 的回答）。

——對設於其內的食堂進行了全面的改建和持續維修，以便由原告向參觀團隊，尤其是信眾和貧困者在宗教活動後提供膳食（對疑點 10 的回答）。

——對附設於其內的寢室、客廳和所有住房進行徹底的翻新、定期維修以及持續清潔，以便生活於廟內的協會成員 —— 和尚 —— 使用，讓他們可以在不受干擾的情況下每日進行他們奉獻一生的佛教活動（對疑點 11 的回答）。

——建造某些單間房以及對設於其內的所有房間定期進行維修，以便由原告用於收藏各種對宗教活動、慈善活動和救助必需或有用的各種用具、法器和設備（對疑點 12 的回答）。

——對各種天柵、天窗和上蓋進行建造、定期維修、更換和保養，建造和定期維修各種門或堂廳、空間、廳及上述提到附設和單間房的分隔門，以及各種分隔無數細小走廊的門等（對疑點 13 的回答）。

——對廟主建築的上蓋和牆壁進行修葺和定期維修、保養，而其內交織各種上述提到的祭堂、單間房、廳、附屬空間和走廊等（對疑點 14 的回答）。

——對由原告使用的房地產內分佈的各種宗教紀念塔進行修復和持續維修，以便進行各種宗教儀式，從燒香到向佛像或各種菩薩像進行直接拜祭（對疑點 15 的回答）。

——對入口前地的空地進行部分重建、持續維修和保養、清潔等，由原告使用，以便在廟主樓處提供一個寬廣入口，讓其所有會員、信眾、參觀者、窮人和有需要的人士進出，同時在舉行宗教活動時，讓大量聚集的拜祭菩薩的信眾有秩序地進入並進行拜祭活動（對疑點 16 的回答）。

——同時，至少直至 1980 年代，對分隔案中房地產與外部聯繫的圍牆進行保養和定期粉刷（對疑點 17 的回答）。

——原告從不支付租金（對疑點 18 的回答）。

——自該房地產建成及在那時進行的贈與以來，原告對其行使事實上的權力（對疑點 19 的回答）。

——此點被參拜菩薩的佛教信眾、或不屬於佛教徒，但因該廟具有的巨大意義和美觀而進行參觀的大部分人士所認同（對疑點 20 的回答）。

　　—該房地產正是由市民和澳門政府本身以‘甲一’命名和為人所知（對疑點 21 的回答）。

　　—自 1926 年該房地產建成，原告即以受贈為憑，對其行使佔有，並以眾所周知、沒有暴力、無人反對、不間斷的方式進行，同時也自認不侵害他人的權利，該佔有之行使從那時起一直以擁有相應的所有權的主觀意志進行（對疑點 22 的回答）。

　　—因此，原告自 1926 年即佔有案中房地產（對疑點 23 的回答）。

　　—該佔有一直維持至今，並以和平、公開和連續方式進行（對疑點 24 的回答）。

　　—案中房地產被建造、一直被佔有及被認為屬私人財產超過 450 年（對疑點 26 的回答）。

　　—該房地產被建築物覆蓋的面積為 1935 平方米，沒有上蓋的面積為 1929 平方米，臨時棚屋覆蓋的面積為 38 平方米，制瓦棚屋覆蓋的面積為 660 平方米（對疑點 27 的回答）。

　　—該房地產在不能確定，但很久以前由不知名人士所建，而一直由和尚住持管理（對疑點 28 和 29 的回答）。

　　—該等和尚負責進行建造工程和擴建廟宇（對疑點 30 的回答）。

　　—在中華民國（1936）‘平治’年間，因日久失修，該廟呈現出很衰敗的情形，因此，由和尚丙對之重建至現今的佈局（對疑點 31 的回答）。

　　—自從一般稱為甲，但以甲一為人所知的佛教堂設立至今，一直由該廟和尚所組成的乙推動進行所有拜祭儀式和宗教活動，並負責實施所有必需和/或合適的普通、特別以及修葺的工程。

　　（一）對廳堂和祭壇進行維修，（二）維護用於拜祭先人的空間，（三）修葺所有附設，從屬和住房，（四）對屋頂、天窗和上蓋進行維修，（五）對主樓的牆壁、上蓋進行維修，（六）重建基礎衛生設施，以及（七）粉刷和鞏固廟宇的外牆（對疑點 32 和 33 的回答）。

　　—在住持和尚的職能中，直至今天，仍維持管理廟宇的職責（對疑點 34 的回答）。

　　—自數世紀以來到今天，由歷任住持所帶領的和尚本身對該廟以上面敘述的方式進行管理，同時負責在那安排、舉行各種保存佛教的宗教紀念儀式和活動（對疑點 35 的回答）。

　　—由於廟宇的和尚在廟內，或從廟出發負責監督和/或舉辦所有具宗教、慈善、娛樂或文化性質的活動（對疑點 36 的回答）。

　　—廟宇一直由以住持為代表的和尚進行管理，該等住持分別為：丁（XXXX-XXXX-XXXX-XXXX），戊（XXXX-XXXX-XXXX-XXXX），己（XXXX-XXXX-XXXX-XXXX），庚（XXXX-XXXX-XXXX-XXXX），辛（XXXX-XXXX-XXXX-XXXX），壬（XXXX-XXXX-XXXX-XXXX），癸（XXXX-XXXX-XXXX-XXXX），甲甲（XXXX-XXXX-XXXX-XXXX），甲乙（XXXX-XXXX-XXXX-XXXX），甲丙（XXXX-XXXX），甲丁（XXXX-XXXX-XXXX-XXXX），甲戊（XXXX-XXXX-XXXX-XXXX），甲己（XXXX-XXXX-XXXX-XXXX）及現在的甲庚（XXXX-XXXX-XXXX-XXXX），他一直是廟宇的‘負責管理者’（對疑點 40 和 41

的回答）"。

（二）需審理的問題

上訴人除了根據土地法（1980 年 7 月 5 日公佈的第 6/80/M 號法律）第 5 條第 4 款提出以時效取得利用權外，認為該條款沒有違反基本法第 7 條的規定，原因是對沒有任何取得憑證或登記，或沒有繳付地租證明的土地，推定由澳門特區長期租借，但不能令佔有屬於特區政府土地的人變成擁有所有權。另一方面，又認為以時效為依據確認物權的訴訟不具創設性。由於本訴訟是在基本法生效前提起的，所以不適用其第 7 條的禁止性規範。

由於本訴訟在特區成立前提起，當中涉及基本法明文規定的特區土地所屬問題，因此，我們首先要解決的是一個澳門原有司法程序過渡到澳門特別行政區，以及基本法的實施對該訴訟的影響等問題。

（三）特區成立和基本法的實施對澳門原有法律制度和司法程序的影響

澳門原有的法律制度，包括司法制度，都遵從有條件過渡原則，選擇性地過渡到澳門特別行政區。特區的成立和新的法律制度的構建，必然對澳門原有法律秩序中的權利義務產生影響。對此問題，終審法院已在 2001 年 9 月 26 日對第 7/2001 號案件所作裁判 [1] 中作過闡述：

中華人民共和國澳門特別行政區基本法（以下簡稱基本法）第 11 條規定了特區基本制度的依據：

"根據中華人民共和國憲法第三十一條，澳門特別行政區的制度和政策，包括社會、經濟制度，有關保障居民的基本權利和自由的制度，行政管理、立法和司法方面的制度，以及有關政策，均以本法的規定為依據。

澳門特別行政區的任何法律、法令、行政法規和其他規範性文件均不得同本法相抵觸。"

關於澳門原有法律的過渡，基本法第 8 條規定：

"澳門原有的法律、法令、行政法規和其他規範性文件，除同本法相抵觸或經澳門特別行政區的立法機關或其他有關機關依照法定程序作出修改者外，予以保留。"

這裡體現了 "澳門特別行政區的制度和政策以基本法為依據和原在澳門生效的法律的有條件過渡這兩個原則"。

"澳門原有法律要能被採納為澳門特別行政區的法律，並繼續生效，必須符合中華人民共和國對澳門恢復行使主權之後澳門的地位，同時符合基本法的規定，不能與之相抵觸。因此，這不是一種完全的、無條件的法律過渡，而是以基本法為標準，有條件、有選擇性的法律過渡。原澳門的法律體系與現在的澳門特別行政區的法律體系存在原則性的差異，這是在適用法律，特別是澳門原有法律時必須注意的。"

如果沒有澳門回歸，澳門的政治地位沒有改變，法律體系沒有發生根本的變化，那麼我

---

1 見《澳門特別行政區終審法院裁判匯編—2001》，第 98 至 122 頁。

們現在面對的就只是單純的適用法律的交替問題，就應該保持法律適用的連續性。

"但不能回避的是，1999 年 12 月 20 日澳門特別行政區成立了，在同一日開始實施的中華人民共和國澳門特別行政區基本法和回歸法對澳門的原有法律制度作了原則性的改變，使其適應澳門特別行政區新的政治地位。在法律基本不變的原則下，澳門原有的法律體系以基本法為標準，有條件、有選擇性地過渡到澳門特別行政區法律體系。這不是一般情況下的法律更替，而是整個法律體系的原則性變更，不符合新法律體系原則的舊有法律不被採納、不能再繼續適用。在一個法律體系裡，不能接受一個違反其原則的新法律事實的出現。因此不能以一般的法律交替為理由，在新的法律體系裡適用違反其原則的舊有法律。"

回歸法第 10 條規定：

"在不抵觸澳門特別行政區基本法、本法及其他可適用法規的前提下，一九九九年十二月二十日前的司法程序、訴訟文件及司法制度包括本地編制的確定性委任的司法官已取得的權利予以延續。"

"澳門原有司法體系的過渡，同樣遵循有條件過渡的原則。原有的司法制度，包括各種司法程序、訴訟文件，都必須符合基本法、回歸法和其他適用法規，特別是司法組織綱要法（第 9/1999 號法律），才能得到延續。這體現了基本法在特區法律體系裡的憲法性地位，以及基本法作為特區各種制度和政策的依據這一原則。"

由於澳門原有法律制度和司法制度的有條件過渡，不能以一般的法律交替原則來處理特區成立時仍然待決的訴訟案件，而是必須以不抵觸基本法為前提繼續審理這些案件。

這種罕有的法律體系的根本性過渡和改變可能會損害某些法律狀況的確定性和安全性，但這是澳門政治地位改變所不能避免的。

正如在 2000 年特區終審法院開始運作不久，即根據司法組織綱要法的規定，終止了多個以違反葡萄牙共和國憲法為理由的上訴程序[2]。隨後又在上述第 7/2001 號案件中，裁定不能執行一個由原高等法院作出的抵觸基本法的裁判。

（四）關於土地所有權的歸屬

上訴人是在 1999 年 9 月 15 日向原普通管轄法院提起本訴訟，請求宣告其通過時效取得一幅位於澳門半島的土地的所有權或利用權。

同年 12 月 20 日，即該訴訟提起約三個月之後，基本法開始生效。

該法第 7 條規定：

"澳門特別行政區境內的土地和自然資源，除在澳門特別行政區成立前已依法確認的私有土地外，屬於國家所有，由澳門特別行政區政府負責管理、使用、開發、出租或批給個人、法

---

2   參閱終審法院在第 1/2000、2/2000、4/2000 和 8/2000 號案件中所作的裁判，《澳門特別行政區終審法院裁判匯編—2000》，第 155 至 171 頁。

人使用或開發，其收入全部歸澳門特別行政區政府支配。"

由此可見，基本法確立了特區境內的土地和自然資源屬國家所有、由特區政府管理的原則。但考慮到尊重和保護澳門原有的少部分私有土地，在此原則之下允許例外情況，即繼續承認原來的擁有私有土地的權利。

但這例外情況有一條件，即該私有土地須"在澳門特別行政區成立前已依法確認"。

由於特區成立之後，特區範圍內的所有土地，除了在特區成立之前已獲依法確認屬於私人的之外，均屬國家所有。因此，在特區成立之後不能產生新的私有土地，否則，就違反了基本法第 7 條的規定。

如果利害關係人在特區成立之後才提起確定其擁有土地所有權的訴訟，由於在特區成立前未經依法確認屬私人的土地在特區成立後均屬國家所有，顯然該訴訟請求不符合基本法第 7 條的規定。

即使如本案一樣，有關訴訟在特區成立之前已經提起，但到特區成立時仍未有確定裁判，也就是說仍未獲得依法確認，有關利害關係人的請求就違反了基本法第 7 條的規定，同樣不能成立。

兩種情況的內在原因是相同的，既然土地的私有屬性在特區成立前沒有得到依法確認，不管在理論上認為這種訴訟具有創設權利還是宣告權利的性質，在特區成立後就再也不能獲得確認，否則就違反了基本法第 7 條規定的特區土地國有原則。法院不能在特區成立後，也就是基本法生效之後，違反該法規作出確認私有土地的裁判。

與本案有關的土地在物業登記局及財政局均沒有登記記錄，提起本訴訟時亦沒有已獲確定的土地擁有者，儘管上訴人是在澳門回歸前三個多月提起了本訴訟，希望藉此取得有關土地的所有權，但上訴人在回歸之前，乃至今天仍未得到確認其所有權的終局裁判，即其土地所有權沒有在特區成立之前獲依法確認，所以上訴人不可能通過本訴訟取得有關土地的所有權。

（五）關於利用權的歸屬

在本上訴中，上訴人即原告所希望法院確認的是其補充請求，即宣告其對有關土地所擁有的是利用權。

對於一塊之前沒有確定為私人擁有所有權或利用權的土地，現在通過司法裁判裁定該土地的利用權為私人所有是否符合基本法第 7 條的規定？

所謂利用權是永佃權（enfiteuse）的一個組成部分。永佃權是一種古老的土地物權形式，一經設定就具有永久性，沒有期間的限制（1966 年葡萄牙民法典第 1492 條第 1 款）。它實際上是把土地所有權分成出租權（domínio directo，又稱田底權）和利用權（domínio útil，又稱田面權）兩部分（該法典第 1491 條第 1 款）。

擁有出租權的稱為房地產主，他有權收取地租（上述法典第 1499 條 a 項）。擁有利用權的是佃戶或永久租借人，他有權像自己的財產一樣使用該土地及獲取其利益，並可設定和取消地役權和地上權，更可以在符合法定條件的情況下一次性清繳地租免除以後繳付的義務，即相當於取得完全的土地所有權（上述法典第 1501 條 a、b、f 項和第 1511 條）。

儘管在 1999 年頒佈的現行民法典中已經再沒有規定永佃權，而且規定此法典生效之後，對屬私產範圍內的私人財產設定的任何永佃權均屬無效，但原有的永佃權則仍然有效。第 39/99/M 號法令第 25 條第 2 款就規定，在該法典生效前對上述私人財產已設定的永佃權仍適用 1966 年民法典所規定的制度，直至有關權利消失為止。

該法令第 3 條第 2 款 b 項還規定，按照土地法第 45 條第 1 款，作為補充適用於以長期租借方式批出土地（concessão por aforamento）的有關永佃權的規定仍然生效。

以長期租借方式批出土地是土地法規定的一種處置公共土地的方式。

土地法第 45 條規定了該方式的法律制度：

“一、以長期租借方式的批出，受本法律及補足法規、以及有關合同的條款等約束，而一切遺漏事宜悉依適用的民法規定處理。

二、既不容許轉讓長期租借，亦不准許地租贖回。”

對於獲得以長期租借方式批給土地的承批人而言，他有權根據 1966 年民法典第 1501 條 a 項的規定以及批給合同的條款使用有關土地並獲取其利益，只是沒有“地租贖回”，即換取土地的完全所有權的權利。

上訴人希望通過時效取得本案有關土地的利用權。

土地法第 5 條規定（其中第 3 款和第 4 款由第 2/94/M 號法律增訂）：

“第五條

（私有財產）

一、土地係由非公法人之他人確定設立一項所有權者，一概視為受私有產權制度約束。

二、政府將劃定公產土地相鄰的私有財產土地界限。

三、為澳門特別行政區長期租借批給對象的都市房地產的利用權，按民法規定，得透過時效取得。

四、倘有關都市房地產無取得文件或其紀錄或繳付地租的證據時且由私人佔有達二十年以上者，推定為向澳門特別行政區長期租借，而有關利用權按民法規定可藉時效取得。”

根據本條第 4 款通過時效取得土地的利用權，就可推定該土地由特區長期租借，這意味國家只能擁有該土地的出租權，與通過租賃方式獲批給土地的形式存在本質上的差異。和永佃權中的利用權一樣，雖然不是一個完整的土地所有權，但基於其特性及權利的範圍，利用權實際上成為一種私人擁有特區土地的形式，即私人與國家分拆土地的所有權，這與基本法第 7 條確立的土地所有權為國家擁有的原則相衝突。

與前述關於取得特區土地所有權的情況一樣，利用權只有在特區成立前已獲依法確認才符合基本法第 7 條規定的例外情況，在特區成立後繼續由私人擁有。如果在特區成立之前，土地的利用權未得到依法確認，即使旨在確認私人擁有土地利用權的訴訟是在特區成立之前提起，在特區成立之後就再也不能通過司法裁判確認私人擁有特區土地的利用權。

值得補充的是，基本法早於 1993 年 3 月 31 日獲通過並公佈，在草擬期間曾在澳門作廣泛諮詢，又在頒佈後不斷宣傳，上訴人應該知悉基本法規定的內容。因此，上訴人在特區成立前三個多月才提起訴訟，不存在對勝訴的合理期望。

由於抵觸基本法第 7 條的規定，上訴人的請求明顯不成立。

上訴人的原訴訟敗訴是由於基本法的生效，屬不可對其歸責的例外事實，而案中也沒有顯示原告因本訴訟而得益，因此考慮到適度原則，本訴訟不科處訴訟費用。

（六）總結

1. 澳門原有的法律制度和司法程序，是以符合基本法為標準，有條件和選擇性地過渡到澳門特別行政區；

2. 因此，法院不能以一般的法律交替原則來繼續審理特區成立時仍待決的案件；

3. 在特區成立前未獲依法確認為私有的特區土地，在特區成立後均屬國家所有；

4. 特區成立後，不能通過司法裁判確認這些土地的所有權或利用權為私有，無論有關訴訟是在特區成立之前還是之後提起的。

三、決定

綜上所述，合議庭裁定上訴人敗訴。

本訴訟不科處訴訟費用。

法官：朱健

Viriato Manuel Pinheiro de Lima（利馬）

岑浩輝

2006 年 7 月 5 日

終審法院第 17/2010 號案裁判書全文（三審）

案件編號：17/2010

案件類別：民事事宜的司法裁判上訴

上訴人：甲

被上訴人：檢察院和不確定利害關係人

裁判日期：2010 年 5 月 20 日

主題：《基本法》第 7 條、佔有、佔有之登記、時效取得、《土地法》、高等法院 1995 年 10 月 18 日（第

295 號案件）和 1997 年 4 月 23 日（第 614 號案件）之具強制力的判例、具約束力的司法見解

法官：利馬（裁判書製作法官）、岑浩輝和朱健

| 摘 要

一、如果在澳門特別行政區成立之日，時效取得之期間還沒成就，即使在成立之日以前已作出佔有之登記，《基本法》第 7 條也禁止承認已由私人佔有的房地產的所有權。

二、高等法院 1995 年 10 月 18 日（第 295 號案件）之具強制力的判例裁定：“在針對澳門地區而提起之承認土地私有財產權之訴中，應由原告負責證明存有取得權利之形式憑證” 以及 1997 年 4 月 23 日（第 614 號案件）之具強制力的判例裁定：“在承認土地私有財產權之訴訟中，即使在該土地上已蓋有都市性房地產，仍應由原告負責證明存有取得該土地權利之形式憑證”，根據 10 月 8 日第 55/99/M 號法令第 2 條第 6 款 b 項規定，該等裁判依然是對澳門特別行政區各法院具約束力的司法見解。

裁判書製作法官

利馬

澳門特別行政區終審法院
合議庭裁判

一、概述

甲針對**檢察院和不確定利害關係人**提起通常宣告之訴，請求宣告其為〔地址（1）〕、澳門物業登記局城市房屋登記編號 XXXXX 之城市物業的唯一所有人，有關單純佔有登記在原告名下。

尊敬的初級法院合議庭主席裁定訴訟理由不成立，駁回針對被告的請求。

原告提起上訴，**中級法院**駁回上訴。

不服判決，原告向本**終審法院**提起上訴，請求撤銷被上訴之合議庭裁判。

為此，提出下列有用的**結論**：

─ 從已獲認定的事實可見，位於〔地址（1）〕之房地產在澳門物業登記局已經作了登記，單純佔有登記在原告名下，另 1995 年 11 月 6 日作出的判決承認原告為該房地產唯一合法的佔有人。

─ 佔有就推定佔有人擁有與現行行為相同之權利 ──《民法典》第 1193 條 ── 及透過此推定承認上訴人為物權之持有人，只要沒有相反之證據，但這在本案中未有看到。

—不是通過登記或判決就可以說對某物最終設置了一項所有權，因此正如眾所周知，這類行為不具有創設的性質。

—所有權在自對欲得到承認之權利的公開主張時形成，也就是說，自其持有人宣告"*我是該權利的擁有者，我現在公開宣佈及欲得到承認*"之時形成，在本案中，這一主張隨上訴人提起承認有關佔有之訴而發生。

—《基本法》第 7 條對某一早先存在的私人財產權（這裡用的意思是廣義的，包括多種物權的情況）的承認不構成障礙。

—在作出正如已經裁定的那樣決定時，中級法院不僅違反了《基本法》第 7 條規定，還違反了 7 月 5 日第 6/80/M 號法律（《土地法》）第 1、第 5 和第 8 條規定，以及《民法典》第 1175、1183、1184、1185、1186、1187 條第 1 款 a 項、1120、1212、1213 和第 1241 條規定。

二、事實

由第一審和第二審法院所認定的事實如下：

原告為登記在澳門身份證明局第 XXX 號、經 1989 年 5 月 15 日第 20 期《政府公報》刊登的澳門第一公證署於 1989 年 4 月 24 日繕立並登錄於該署第 XXX-X 冊第 XX 頁之公證書而成立的一宗親會（已認定事實 A 項）。

相關物業位於〔地址（1）〕，面積為 29 平方米，具體位置北臨順成圍，南臨新勝街，東鄰〔地址（2）〕樓宇，西鄰〔地址（3）〕（已認定事實 B 項）。

該物業在財政局聖安多尼堂區城市物業登記編號為 XXXXX，登記在原告名下，登記價值為 2,260 澳門元（已認定事實 C 項）。

該物業在澳門物業登記局登記編號為 XXXXX，並經第 FXXL 冊第 XXX 頁第 XXXX 號所作之登錄，單純佔有已登記在原告名下（已認定事實 D 項）。

經 1995 年 11 月 16 日轉為確定的 1995 年 11 月 6 日作出之判決，承認現原告為〔地址（1）〕物業的唯一和合法之佔有人（已認定事實 E 項）。

自 1995 年 11 月 16 日起，原告一直承擔 B 項所指物業的維修費用，尤其是管道工程、電路設施之費用，並支付相關物業稅（對調查基礎表疑點 1 的回答）。

對該物業具有支配權，尤其是將其出租和收取相關之租金（對調查基礎表疑點 2 的回答）。

從來沒有向任何人交付過任何租金（對調查基礎表疑點 3 的回答）。

也從來沒有任何人向原告要求繳納租金（對調查基礎表疑點 4 的答回答）。

這一切以連續（對調查基礎表疑點 5 的回答）、不間斷（對調查基礎表疑點 6 的回答）、和平（對調查基礎表疑點 7 的回答）和善意（對調查基礎表疑點 8 的回答）之方式，在公眾面前（對調查基礎表疑點 9 的回答）且沒有任何反對（對調查基礎表疑點 10 的回答）的情況下以真正所有人的身份進行的（對調查基礎表疑點 11 的回答）。

三、法律

1. 要解決的問題

要解決的問題是要知道，如果在澳門特別行政區成立之日以時效取得之期間還沒有成就，是否可以通過 1999 年 12 月 19 日後（具體指 2008 年 5 月 23 日）提起的司法訴訟程序以時效取得方式取得某一都市不動產的所有權 —— 就該不動產不存在此所有權（或任何其他物權）之取得登記，僅以 1995 年 11 月 6 日的判決作為憑據將單純佔有登記於私人（現原告）名下。

2. 被上訴合議庭裁判之宣示及原告（上訴人）之立場

中級法院（以一票落敗）認為《基本法》第 7 條禁止承認原告對本案所指房地產的所有權。

而該條法律規定如下：

"澳門特別行政區境內的土地和自然資源，除在澳門特別行政區成立前已依法確認的私有土地外，屬於國家所有……"

原告認為，既然該房地產之佔有自 1995 年開始已經登記在她名下，那就絲毫不影響宣告她是該房地產的所有人，因為"所有權自對欲得到承認之權利的公開主張時形成，也就是說，自其持有人宣告‘我是該權利的擁有者，我現在公開宣佈及欲得到承認相關權利’時形成，在本案中的這一主張隨上訴人提起確認有關佔有之訴而發生"。

3. 澳門的土地制度及終審法院的司法見解

關於澳門的土地制度和對《基本法》第 7 條規定的解釋和適用，本終審法院曾經三次就不同的問題對其作過論述。

2006 年 7 月 5 日在第 32/2005 號案件的合議庭裁判中涉及的情況是，某一自然人希望以時效取得為理據，承認其對不動產的所有權，但他既沒有取得該不動產的憑據，而該不動產也沒有在物業登記局登記。作為補充，原告請求根據《土地法》第 5 條第 4 款規定承認其為利用權的持有人。

上述訴訟中的原告及其先人們已經佔有該房地產近 450 年，但是該佔有沒有登記。

本法院決定，只要有關確認私有不動產所有權的裁決在特區成立之日前仍未轉為確定，《基本法》第 7 條就禁止承認特區成立以前未獲確定為私有財產的不動產擁有所有權，即使有關確認該權利的訴訟在特區成立前（至 1999 年 12 月 19 日）提起亦然。

同一裁判決定，同一規範（《基本法》第 7 條）同樣不容許承認對不動產擁有利用權，除非該利用權在特區成立前已被確定為由私人擁有。

另一方面，作為對前一段闡述的補充，終審法院在 **2008 年 1 月 16 日在第 41/2007 號上訴案件作出的合議庭裁判**中判決如下：

如於澳門地區透過公證書以永久租賃的方式將土地之利用權批給予個人，且在物業登記局內作出登記，即使其出租權（田底權）人為現澳門特別行政區，《基本法》第 7 條並不妨礙可以以時效取得方式取得其利用權。

《土地法》（7 月 5 日第 6/80/M 號法律）第 5 條第 4 款和 7 月 4 日第 2/94/M 號法律第 2 條的規定並不適用於擁有取得的正式憑據及作出登記的房地產。

2008 年 10 月 22 日在第 34/2008 號上訴案件作出**的合議庭裁判**中裁定，《基本法》第 7 條規定禁止對天主教宗教組織 —— 即包括在乙的 —— 依據 1952 年 6 月 28 日《澳門政府公報》公佈的 1941 年 4 月 5 日第 31207 號法令核准的《傳教機構章程》第 56 條規定以其名義擁有未取得憑證、也未在物業登記局登記的房地產之所有權的確認，如果有關訴訟 —— 欲表明在澳門公佈上述章程之日已經擁有相關佔有及請求承認相關權利 —— 是在澳門特別行政區成立後提起的。

該訴訟中的原告對所指房地產的佔有始於 1940 年，但未作登記。

4. 本案之情況和終審法院的司法見解・佔有・所有權之確認

就本法院的相關司法見解，對我們更感興趣的是第一和第三則合議庭裁判，因為在某些部分與本上訴案的情況明顯相似。

第二則合議庭裁判代表的情況完全不同，因為意圖透過時效方式取得的利用權已經在物業局登記在私人名下。提出的唯一疑問為田底權是屬於澳門特別行政區的。終審法院認為不妨礙透過時效方式取得利用權。

然而，在 2006 年 7 月 5 日和 2008 年 10 月 22 日的合議庭裁判中，原告們對相關房地產所有權的佔有，其中之一已經有幾百年，而另一個案中也長達幾十年。

本案原告對相關房地產自 1995 年 11 月 16 日起佔有，即不到 15 年。

與另外兩個案的唯一區別是，為了確認相關佔有提起了民事訴訟（1999 年前），並獲勝訴且作了相關的佔有之登記。

在另外兩則訴訟中，雖然原告們對相關房地產佔有的時間遠遠長於本案原告，但沒有請求法院宣告該等佔有，因此也沒有作登記。

在 2006 年 7 月 5 日和 2008 年 10 月 22 日的合議庭裁判中，我們認為，根據《基本法》第 7 條規定，為著取得房地產所有權之效力，只要在澳門特別行政區成立前還沒有透過為此提起的訴訟獲得對該所有權的確認，原告們擁有對該等房地產的佔有並不重要。

所以我們認為，對相關物以所有權之名義佔有不等於承認對相關地段的所有權。

這一結論似乎是再明顯不過。

根據《民法典》第 1175 條規定，佔有係指一人以相當於行使所有權（或其他物權）之方式行事時所表現之管領力。而當佔有具備某些確定的特點及持續某一段時期，可導致以時效制度的方式取得所有權（或其他的物權）。

但是對所有權的佔有並非就是所有權。

透過時效方式取得不動產之所有權，對利害關係人來講最快也只能在 5 年後（佔有屬善意，由登記之日起計算持續 5 年）（《民法典》第 1220 條和第 1221 條）。

原告之觀點，即時效取得之判決不是創設性質的，而屬於宣告性質的，不具有希望從該判決中得出的效果。

同樣，與前面聯繫起來看，在強調主張其意圖得到權利方面，其認為對該房地產的權利隨其意圖確認該權利之主張的提出開始誕生，以及相關主張隨佔有登記之訴的提起而發生。這一觀點存在某些誤解。

關於主張，法律和原告們所提到的主張是指時效取得必須由當事人提出，這很易理解。因為時效取得不會只因對某物的佔有達到一定的期限而自動實現，需要相關利害關係人為要受益此制度而作出某一行為（第 296 條，經《民法典》第 1217 條和第 1213 條規定適用）。一如時效一樣，"時效取得不是自動的，而是取決於具備所有法律要件的佔有人對此利益的意願之表示"[1]。

那麼，原告絕對不可能在自 1995 年 11 月 16 日計起滿 5 年之前，即 2000 年 11 月 16 日之前經時效取得之方式取得所有權。

顯而易見，經時效方式取得只能在為取得此權利所必需的期間過後才能主張，儘管相關的效力追溯至佔有開始之時（《民法典》第 1213 條和第 1242 條 c 項）。那才是有關權利取得的時間點。

顯然，認為時效取得之主張隨提起請求宣告存在佔有之訴而出現（1995 年）是完全沒有道理的，那時僅僅是開始計算為實現時效取得所必需之期間。

所以，對以時效方式取得的那個主張只在提起本訴訟時出現，即 2008 年。

而《基本法》第 7 條規定非常明確：土地屬於國家所有，在特區 1999 年 12 月 20 日成立前已經依法確認的私有土地除外。

這一法律規定必須含有一定內容。

根據 2006 年 7 月 5 日的合議庭裁判，如果沒有宣告取得相關權利的判決，在 1999 年 12 月 19 日，以時效方式取得之期間已經成就對取得所有權之效力來說並不重要。

本案中，以時效取得方式取得的最短的期間甚至在 1999 年 12 月 19 日也還沒有成就。

如此，我們不怎麼理解原告就《基本法》第 7 點解釋的觀點。在這觀點中，如果法律的規定不妨礙在 1999 年 12 月 19 日時以時效取得房地產所需的最短的期間還沒有成就的時效取得的話，那它妨礙什麼？只妨礙對自該日起佔有才開始的以時效方式取得房地產所有權？甚或

---

1 JOSÉ OLIVEIRA ASCENSÃO 著：《*Direito Civil-Reais*》，科英布拉出版社，第五版，1993 年，第 300 頁。

連這都不妨礙？

5. 上訴人之論點・自佔有衍生的推定

同樣，提出《民法典》第 1193 條第 1 款 "推定佔有人擁有本權，但存在有利於他人之推定且推定所依據之登記係在佔有開始前作出者除外" 的主張，這無論如何均不能導致正如所支持的對原告所有權的 "本權的承認"。

但是，怎麼可能就憑單純佔有的證據承認對所有權的持有，卻還絲毫不符合時效取得所規定的要件？

*佔有推定*的範疇比較受限制，特別是在實際情況方面，許多時候難以證明相關所有權，尤其就動產來說是如此[2]。現在涉及的是，"純粹為了社會關係方面的安全性要求和它對法律關係中的影響，在法律上產生保護表像的必要性。如果任何時候都可以調查每一個人獲授予權利的憑證，將成為擾亂法律生活的危害因素，從而增加爭端。同樣，要求對所有財物保留證明取得相關權利的憑證，這對於尤其是現代生活中的法律交易的快捷性和現實情況幾乎是行不通的"[3]。如果某本書的所有人投訴該書被盜，肯定沒有任何人要他證明諸如購買、捐贈、時效取得等憑證和相關之取得，只要能證明以所有權的名義佔有該物就足夠了。這一佔有推定了所有權本身。

6. 高等法院 1995 年 10 月 18 日所作之具強制力的判例

為對其有利，上訴人引用了 MENEZES CORDEIRO 和 ANTUNES VARELA 就《土地法》第 5、6 和第 8 條的解釋在司法上的爭議，於上世紀 90 年代分別作出的一份意見書和一篇在研討會上發表過的文章。

在 2008 年 1 月 16 日第 41/2007 號上訴案的合議庭裁判中，我們就澳門土地的簡要歷史作了回顧，其中提到，根據《土地法》第 5、6、7 和第 8 條以及其他法律中的規範，當個人不能證明擁有取得權利的正式憑據時，是否可以宣告個人以佔有為依據，經時效取得土地的所有權，對此澳門高等法院的司法見解自其 1993 年 4 月成立之日起就有分歧。

1996 年 6 月 3 日《政府公報》第一組公佈的高等法院 1995 年 10 月 18 日具強制力的判例（第 295 號案件）結束了司法和學說方面的爭論。根據 10 月 8 日第 55/99/M 號法令第 2 條第 6 款 b 項規定，該裁判依然是對澳門特別行政區各法院具約束力的司法見解，其裁定："在針對澳門地區而提起之承認土地私有財產權之訴中，應由原告負責證明存有取得權利之形式憑證"。

同一法院 1997 年 4 月 23 日所作的具強制力的判例（第 614 號案件）（1998 年 9 月 14 日

---

2   PIRES DE LIMA 和 ANTUNES VARELA 合著：《*Codigo Civil Anotado*》，科英布拉出版社，1987 年，第三卷，第二版，第 35 頁。

3   LUIS CARVALHO FERNANDES 著：《*Lições de Direitos Reais*》，里斯本，Quid Juris 出版社，第二版，1997 年，第 271 頁。

《政府公報》第一組公佈）作了補充，其中指出"在承認土地私有財產權之訴訟中，即使在該土地上已蓋有都市性房地產，仍應由原告負責證明存有取得該土地權利之形式憑證"。

而 MENEZES CORDEIRO 和 ANTUNES VARELA 的兩篇文章所支持的論點沒有被前面提到的 1995 年 10 月 18 日具強制力的判例所贊同，因此對我們現在所面對的案件沒有太大意義。

但是，上訴人忘記了一點：**即使《基本法》第 7 條不適用於本案具體情況**，但根據經 10 月 8 日第 55/99/M 號法令第 2 條第 6 款 b 項之規定的《民事訴訟法典》第 652-C 條，**高等法院 1995 年 10 月 18 日和 1997 年 4 月 23 日作出的具強制力的判例現僅作為統一司法見解的合議庭裁判，也不允許本案勝訴**，因為儘管在 2008 年 5 月 23 日本訴訟提起時相關時效方式取得的期間已成就，**但原告沒有證明存在正式取得之憑證**。

顯然，這是毋庸爭論的，即使在 1999 年 12 月 19 日前及在《政府公報》公佈了 1995 年 10 月 18 日的具強制力的判例後，本訴訟也永遠不可能勝訴，即使經時效方式取得所有權的期間已成就亦然，更何況本案中期間根本還沒過。在這方面，根據經 7 月 4 日第 2/94/M 號法律修改的《土地法》第 5 條第 4 款的規定，原告連經時效方式取得利用權的可能都沒有，因為其不是該樓宇超過 20 年的佔有人，這是那條規範所要求的。

不管怎樣，可以認定，根據本終審法院以前的司法見解，認為如果在澳門特別行政區成立之日，時效取得之期間還沒成就，即使先前已作出佔有之登記，《基本法》第 7 條也禁止承認已由私人佔有的房地產的所有權。

四、決定

綜上所述，駁回上訴。

訴訟費用由原告負擔。

2010 年 5 月 20 日，於澳門。

法官：利馬（裁判書製作法官）—岑浩輝—朱健

▋ 終審法院第 71/2010 號案裁判書摘要（二審）

案件編號：71/2010
案件類別：行政事宜司法裁判的上訴
上訴人：甲及乙
被上訴人：行政長官

裁判日期：2011 年 2 月 16 日

主題：土地、《基本法》第 7 條、土地的所有權

法官：利馬（裁判書製作法官）、岑浩輝和朱健

　　一、根據《基本法》第 7 條的規定，在澳門特別行政區成立前未獲確認為私有財產的土地，不能以時效取得的方式取得土地的所有權。

終審法院第 12/2012 號案裁判書摘要（二審）

案件編號：12/2012

案件類別：對行政司法裁判的上訴

上訴人：甲

被上訴人：澳門特別行政區行政長官

會議日期：2012 年 5 月 30 日

主題：土地的所有權、《澳門特別行政區基本法》第 7 條、被上訴裁判之無效

法官：宋敏莉（裁判書製作法官）、岑浩輝和利馬

　　一、《基本法》第 7 條不允許對在澳門特別行政區成立前沒有獲得確認為私有財產的不動產的所有權作出確認。

　　二、在特區成立之後不能產生新的私有土地，否則，就違反了《基本法》第 7 條的規定。

　　三、根據卷宗內所認定的事實，上訴人提出的請求是沒有理據的，因為現所涉及的土地的所有權在特區成立前並沒有獲確認在任何私人名下，而《基本法》第 7 條規定土地屬國家所有，因此不允許現在來作出有關確認。

　　四、由於沒有出現所持理據與所作決定不相容以及法院沒有詳細說明作為裁判理由之事實依據及法律依據的情況，因此不存在上訴人提出的、屬於澳門《民事訴訟法典》第 571 條第 1 款 b 項和 c 項所規定的無效情況。

終審法院第 113/2014 號案裁判書摘要（三審）

案件編號：113/2014

案件類別：民事訴訟程序上訴

上訴人：甲及乙
被上訴人：檢察院
主題：永佃權、利用權、澳門地區的永久租賃、《基本法》第 7 條
裁判日期：2015 年 4 月 15 日
法官：利馬（裁判書製作法官）、宋敏莉和岑浩輝

　　對一個以宣告通過時效取得澳門地區以永久租賃方式批出的不動產的利用權為標的的訴訟，若想取得勝訴，原告必須按照《基本法》第 7 條的規定證明該土地的利用權在澳門特別行政區成立前已依法確認為私人所有，並為此提出和證明相關事實。

中級法院第 189/2010 號案、第 190/2010 號案、第 543/2010 號案裁判書摘要（一審）

案件編號：189/2010、190/2010、543/2010
案件類別：司法上訴
上訴人：A
被上訴人：行政長官
合議庭裁判日期：2011 年 11 月 24 日
主題：私有土地、國有土地
法官：賴健雄（裁判書製作法官）、蔡武彬和趙約翰

　　隨著《澳門特別行政區基本法》生效，根據其第七條的規定，一切在澳門特別行政區成立前未依法獲確認的土地均一概屬中華人民共和國國家所有並由特別行政區政府負責管理其使用和開發。

中級法院第 970/2010 號案裁判書摘要（一審）

Processo nº 970/2010
(Autos de Recurso Contencioso)
Recorrente: A, Lda.
Entidade recorrida: O Chefe do Executivo da RAEM
Data: 24 de Novembro de 2011

- Nunca surgiu a regulamentação jurídica dos terrenos de "Sá Chi Kai".

- Entretanto, o legislador, através da Lei nº 2/94/M, de 4 Julho, aditou o nº 4 para o artº 5º da Lei de Terras, estabelecendo que *não havendo título de aquisição ou registo deste, ou prova do pagamento de foro, relativo a prédio urbano, a sua posse por particular, há mais de vinte anos, faz presumir o seu aforamento pelo Território e que o respective domínio útil é adquirível por usucapião nos termos da lei civil.*"

- Com isto, evidencia a intenção legislativa no sentido de que os terrenos sem titularidade registada pertencem ao então Território de Macau, sem prejuízo da possibilidade da aquisição do domínio útil dos mesmos por usucapião.

- Ou seja, afastou, duma forma implícita ou indirecta, a propriedade privada dos terrenos com base no papel de seda.

- Mais tarde, com a entrada em vigor da Lei Básica da RAEM, a usucapião do domínio útil dos terrenos sem titularidade registada deixou de ser legalmente permitida face ao disposto do artº 7º do citado diploma legal, nos termos do qual *"Os solos e os recursos naturais na Região Administrativa Especial de Macau são propriedade do Estado, salvo os terrenos que sejam reconhecidos, de acordo com a lei, como propriedade privada, antes do estabelecimento da Região Administrativa Especial de Macau".*

■ 中級法院第 971/2010 號案裁判書摘要（一審）

Processo n.º 971/2010

(Recurso contencioso)

Recorrente: A - Sociedade de Desenvolvimento e Fomento Predial, Limitada.

Entidade recorrida: Chefe do Executivo da R.A.E.M.

Data: 15/Dezembro/2011

Assuntos: Terras; usucapião, Desocupação de parcelas de terrenos de Coloane

Juízes: João A. G. Gil de Oliveira (Relator), Ho Wai Neng, José Cândido de Pinho

De acordo com a Jurisprudência do TUI, depois do estabelecimento da RAEM, face ao disposto no artigo 7º da Lei Básica, não é possível constituir novas situações de propriedade privada que até aí não estivessem reconhecidas como tal.

■ 中級法院第 296/2011 號案裁判書摘要（一審）

Proc. nº 296/2011

(recurso contencioso)

Recorrente: A

Entidade recorrida: Ex. mo Chefe do Executivo, Director dos Serviços de Solos Obras Públicas e Transportes

Data do acórdão: 19 de Julho de 2012

Descritores: Art. 7º da Lei Básica, Ocupação de terrenos, Papel de seda

Juízes: José Cândido de Pinho (Relator), Lai Kin Hong, Choi Mou Pan

I- Depois do estabelecimento da RAEM, face ao disposto no artigo 7º da Lei Básica, não é possível constituir novas situações de propriedade privada que até aí não estivessem reconhecidas como tal.

II- Os papéis de seda, ou "Sá Chi Kai", não são títulos válidos para adquirir a propriedade privada se o terreno não tiver sido registado (art. 5º, nº4, das Lei de Terras, alterado pela Lei nº 2/94/M, de 4/07) e se não tiver sido reconhecido como propriedade privada antes do estabelecimento daRAEM (art. 7º da Lei Básica).

■ 終審法院第 34/2008 號案裁判書全文（三審）

案件編號：34/2008

案件類別：民事事宜的司法裁判上訴

上訴人：甲

被上訴人：檢察院及不確定利害關係人

裁判日期：2008 年 10 月 22 日

主題：土地、時效取得、《基本法》第 7 條和第 128 條、天主教會、第 31207 號法令第 56 條

法官：利馬（裁判書製作法官）、岑浩輝和朱健

| 摘 要

一、如為證明《海外傳教機構章程》在澳門公佈之日對有關房地產之佔有及請求承認其對有關房地產之所有權的訴訟在澳門特別行政區成立後提起,《基本法》第 7 條禁止承認那些構成澳門教區的天主教宗教組織依據在 1952 年 6 月 28 日在《澳門政府公報》公佈的 1941 年 4 月 5 日第 31207 號法令核准的《海外傳教機構章程》對以其名義擁有的房地產的所有權。

二、《基本法》第 128 條承認宗教組織依法享有財產的取得、使用、處置和繼承的權利以及保護其原有財產權益與同一法律第 7 條沒有矛盾。

裁判書製作法官

利馬

澳門特別行政區終審法院
合議庭裁判

一、概述

甲針對**檢察院**及**不確定利害關係人**提起通常宣告之訴,請求宣告其為澳門〔堂區（1）〕〔地址（1）〕XX 號物業的所有人,該物業過去的門牌是 X 號及 X-X 號,在澳門物業登記局沒有紀錄,面積 56.10 平方米,地籍圖劃界更正為 60 平方米,因為按照 1952 年 6 月 28 日《澳門政府公報》內公佈的 1941 年 4 月 5 日第 31207 號法令第 56 條的規定而取得該房地產。

初級法院合議庭主席裁定上述訴訟不成立,駁回針對被告所提出的請求。

中級法院裁定原告所提出的上訴理由不成立。

上訴人不服,向**終審法院**提起上訴,請求廢止被上訴裁判。

為此,提出下列有用之**結論**:

在上述訴訟中,上訴人請求宣告其為澳門〔堂區（1）〕〔地址（1）〕XX 號物業的所有人,該物業過去的門牌是 X 號及 X-X 號,在物業登記局沒有紀錄,但登記在房地產紀錄編號第 XXXXX-XX 號內,位於〔堂區（1）〕面積 56.10 平方米,其後經第 XXXX/XXXX 號地籍圖劃界更正為 60 平方米,因為上述權利被在 1952 年 6 月 23 日第 26 期《澳門政府公報》內公佈的 1941 年 4 月 5 日第 31207 號法令第 56 條所確認。

上述物業是甲或其團體以其本身的名義自第 31207 號法令公佈之日起持有的(以其團體的名義在財政局的房地產紀錄內登記及指明,根據財政局存檔的租賃合同相關的卷宗內登記的佔有和證明以及房地產紀錄證明,有關佔有最少是自 1940 年 3 月 27 日開始,即一個在訴訟提起日以前超過 60 年的佔有），因此上述物業已被該法令確認為原告或其教會機關的完全私有財產（"因為在該法規當日已擁有"），如其機關消滅則歸原告所有，一如本案的情況一樣（第 31207 號法令第 56 條中段部分）。

因此，這是一個關於所有權的案件，這一所有權被 1952 年的特別法律明確地確認為甲的完全（沒有被分割）私有財產權，該特別法律是在《基本法》之前規定關於 1952 年同日所持有物業的所有權，因此，成為《基本法》第 128 條最後一款所維持和保護的及《基本法》第 7 條所載情況的例外所有權。

由於這一房地產是由遠早於 1999 年的法令確認為甲的完全私有財產權，因此，被上訴判決及合議庭裁判認為按照《土地法》及《基本法》第 7 條的規定這一房地產屬於澳門特別行政區的做法是不對的。

之所以說它不對是因為，《基本法》第 7 條宣佈屬澳門特別行政區所有的只是那些在《基本法》生效以前從未被當時的法律或法律行為確認為私人所有權的房地產或土地。本案不屬此類情況，不取決於是否有登記，甚至不取決於是否有做物業登記的手續（在本案中，指司法宣告和將有關的司法宣告的判決送交登記局），因為物業登記以前或現在都不是創設權利之要件，亦非強制性的。

事實上，1952 年 6 月 28 日第 26 期《政府公報》內刊登的 1952 年 6 月 28 日第 4 號《立法條例》命令在澳門適用及生效的第 31207 號法令第 56 條規定："自本法令公佈之日起，由教區、傳教區、天主教傳教會或宗教團體在殖民地以其名義佔有的所有財產均被視為其完全所有，如屬不動產，可在相關的登記局作登記。"而在本案卷宗內，清楚、肯定和有大量資料證明及顯示有關物業現在及在當日都是以甲及其傳教會的名義佔有的。

同時亦違反了《基本法》第 128 條最後一款的規定，其內規定："宗教組織依法享有財產的取得、使用、處置、繼承以及接受捐獻的權利。宗教組織在財產方面的原有權益依法受到保護。"（見原文）。可見《基本法》沒有廢止亦無排除第 31207 號法令第 56 條以往確認的財產方面的權益，因此，必須廢止被上訴合議庭裁判，並宣告上訴人為完全所有權人。

二、事實

第一審及第二審法院認定的事實如下：

有關房地產位於澳門〔堂區（1）〕〔地址（1）〕XX 號，該房地產過去的門牌是 X 號及 X-X 號，以乙的名義登記在房地產紀錄編號第 XXXXX 號內，面積 56.10 平方米（認定事實表 A 項）。

上述房地產記載於第 XXXX/XXXX 號地籍圖的附件內，面積為 60 平方米（認定事實表 B 項）。

上述房地產沒有在物業登記局內登記（認定事實表 C 項）。

上述房地產的邊界如下（認定事實表 D 項）：

—東北面，〔地址（2）〕XX 號，〔地址（1）〕XX 號及〔地址（2）〕；

—東南面，〔地址（3）〕XX 號 X；

—西南面，〔地址（4）〕XX 至 XX 號 X；

—西北面，〔地址（1）〕。

由於在丙及丁於 1986 年 9 月 11 日消滅，因此，原屬於這些教會的財產變為屬原告所有（認定事實表 E 項）。

透過 1940 年 3 月 27 的合同，丁將有關房地產租給戊（認定事實表 F 項）。

透過 1982 年 6 月 30 日的合同，丙將有關房地產的地下租給己（認定事實表 G 項）。

透過 1982 年 6 月 30 日的合同，丙將房地產的一樓租給庚（認定事實表 H 項）。

辛同時亦使用丁的名稱（對疑問表 1 的回答）。

辛和丁均屬於或組成丙（對疑問表 2 的回答）。

辛及其財產均屬於丙（對疑問表 3 的回答）。

辛及丙均屬於原告（對疑問表 3A 的回答）。

原告可自由地處置這兩個實體，例如組建、更改及消滅這兩個實體（對疑問表 3B 的回答）。

原告可自由地處置這兩個實體的財產（對疑問表 3C 的回答）。

辛獲得已認定事實表 A）所指的房地產已有 60 餘年（對疑問表 4 的回答）。

沒有亦不知道關於上述事實的備忘錄或文件紀錄（對疑問表 5 的回答）。

自那個時候起，丙開始使用、收益及處置上述房地產，儼如該房地產的主人一樣（對疑問表 6 的回答）。

透過 1980 年 12 月 31 日的合同，丙將上述房地產的地下租給己（對疑問表 8 的回答）。

透過 1980 年 12 月 31 日的合同，丙將上述房地產的一樓租給庚（對疑問表 9 的回答）。

自 1986 年 9 月 11 日起，原告便開始以業主的身份使用、收益和處置上述房地產（對疑問表 12 的回答）。

在 1990 年 1 月 12 日的 M/4A 的聲明書內，原告自稱是同一房地產的業權人（對疑問表 13 的回答）。

以上述身份向財政局申報將有關房地產租予壬，以便繳納房屋稅（對疑問表 14 的回答）。

原告及上述宗教組織一直都有收取承租人的租金（對疑問表 15 的回答）。

承租人亦一直有向原告及有關宗教組織繳交租金（對疑問表 16 的回答）。

相信原告及有關宗教組織為上述房地產的業主（對疑問表 17 的回答）。

原告一直以該房地產業主的意識管理有關房地產（對疑問表 18 的回答）。

原告的行為是以公開、和平及連續不斷的方式實行的（對疑問表 19 的回答）。

以上行為所有人都能看到的（對疑問表 20 的回答）。

三、法律

1. 要解決的問題

要解決的根本問題是想知道，《基本法》第 7 條是否禁止在 2005 年提起的訴訟中承認由甲（和／或由其所繼承的宗教組織）以其名義自 1940 年起佔有的都市房地產的財產權。

2. 被上訴裁判所作之宣示及原告（上訴人）之立場

中級法院（以一票落敗）認為《基本法》第 7 條禁止承認原告對案中房產的財產權。

該規範規定：

"澳門特別行政區境內的土地和自然資源，除在澳門特別行政區成立前已依法確認的私有土地外，屬於國家所有……"

原告認為根本不妨礙宣佈其為有關房產的所有人，因為在其看來，案中房產已由在《基本法》生效前和特區成立前的 1952 年 6 月 28 日公佈於《澳門政府公報》中的第 31207 號法令承認屬其財產。

3. 在澳門的土地制度及終審法院的司法見解

關於在澳門的土地制度以及對《基本法》第 7 條的解釋和適用，本終審法院有機會在兩個案件作出了宣示，其中涉及不同的問題。

於 **2006 年 7 月 5 日**在第 32/2005 號案件所作**裁判**中涉及的情況是，一自然人希望以時效取得為理據，承認其對不動產的所有權，他沒有取得該不動產的憑據，而該不動產也沒有在物業登記局內登記。作為補充，原告請求根據《土地法》第 5 條第 4 款規定承認其為利用權的持有人。

法院決定，《基本法》第 7 條禁止承認對特區成立以前未獲確定為私有財產的不動產擁有所有權，即使有關確認該權利的訴訟在特區成立前（至 1999 年 12 月 19 日）提起，而只要有關確認該權利的裁決在成立之日前仍未轉為確定亦然。

同一裁判決定，該規範（《基本法》第 7 條）同樣不容許承認對不動產擁有利用權，除非該利用權在特區成立前已被確定為由私人擁有。

另外，作為對上段宣示的補充，於 **2008 年 1 月 16 日**在第 41/2007 號上訴案中所作的**裁判**決定如下：

——如於澳門地區透過公證書以永久租賃的方式將土地之利用權批給予個人，且在物業登記局內作出登記，即使其出租權（田底權）人為現澳門特別行政區，《基本法》第 7 條並不妨礙可以以時效取得方式取得其利用權。

——《土地法》第 5 條第 4 款（7 月 5 日第 6/80/M 號法律）和 7 月 4 日第 2/94/M 號法律第 2 條的規定並不適用於擁有取得的形式憑據及作出登記的房產。

4. 第 31207 號法令第 56 條所提到的權利

那麼讓我們分析案中的情況，其中特別之處是原告並非以**時效取得**作為承認其對都市房地產所有權的理據，相反其請求以**第 31207 號法令第 56 條已承認了該權利**作為理據。

第 31207 號法令核准了《海外傳教機構章程》且於 1952 年 6 月 28 日《澳門政府公報》內公佈。

所提到的法規確保天主教會在葡萄牙海外屬地自由行使其職權，賦予她履行其權力的行為能力而不受任何阻礙（第 1 條）。

確保天主教傳教會（教會組織）有設立及領導學校、神學院、學前教育機構、救護站和醫院的可能性（第 2 和第 3 條）。

為可以完成其使命，政府資助這些天主教組織（第 47 條至 51 條），承認其不動產性質方面的權利，免費向其提供土地以便發展（第 52 條）。

此外並在這一框架內，《海外傳教機構章程》第 56 條規定：

"自本法令公佈之日起，由教區、傳教區、天主教傳教會或宗教團體在殖民地以其名義持有的所有財產均被視為其完全所有，如屬不動產，可在相關的登記局作登記⋯⋯"。

對那時的葡萄牙海外天主教組織根據該第 56 條的規定可以將它們持有的不動產進行登記的程序途徑產生某些疑問。

肯定的是，必須在法院或在公證處透過公證證明去進行某些顯示其佔有不動產的證據活動（參閱《公證法典》第 120 條及續後各條）。

而現原告也應感覺到了這些疑問和困難。

正因如此，針對案中的房地產 —— 在物業登記局內沒有作出登記 —— 於 1997 年 7 月 24 日以簽署了以時效取得的公證證明書並向物業登記局申請登記其所取得的房地產的利用權。

由於登記局局長拒絕其登記，於是根據當時生效的《物業登記法典》第 248 條及續後各條提起司法上訴。

被法官駁回上訴後，向高等法院提出上訴，於 1998 年 11 月 28 日在第 945 號上訴案內作出的合議庭裁判以下列理據駁回其上訴：

—《土地法》並沒有廢止第 31207 號法令第 56 條；

— 根據《土地法》第 5 條第 4 款及 7 月 4 日第 2/94/M 法律第 4 條和第 7 條規定，取得利用權的承認只可以透過司法途徑而不是申請人所作出的公證證明來進行。

我們於上所作的原告嘗試在登記上規範案中之房地產情況的描述之目的為，一方面，指出原告一直並不肯定其通過本訴訟想獲得承認的權利。

因而在其於 1997 年所作的規範嘗試中，並沒有以第 31207 號法令第 56 條之權利的名義來提出，也不希望承認其對不動產的完全所有權，相反，只要求承認其取得利用權，同時以時效取得而不是該法規作為其請求的依據。

在 1998 年，高等法院認為所提到的第 31207 號法令第 56 條仍然有效。

儘管涉及本案之房地產，但該（原高等法院的）宣示對本院沒有約束力，因為一如理論界及司法見解所主張的，除了那些不包括本案情況的其他例外，轉為確定是針對決定而言，並不包括裁判之理據。

不管如何，為著原告所提出的針對本案之不動產的權利的效力，我們對澳門特別行政區成立前有關第 31207 號法令第 56 條之效力問題無需表述我們的立場。

即使第 56 條在 1999 年 12 月 19 日前生效，肯定的是，與原告所認為的相反，光靠該條文本身不能承認原告對案中之房地產的財產權。

一如所有法律規範的性質那樣，該條文具有普遍及抽象之特徵，並不承認任何具體個案的財產權利。

一如前述，肯定必須一個司法或公證行為去證明在澳門公佈經第 31207 號法令核准的《海外傳教機構章程》之日，原告以其本身之名義佔有所提到之不動產。

原告直至特區成立之前，完全有可能去作出這一證明，但一如所提到的高等法院於 1998 年 11 月 28 日所作裁判決定的，也許原告沒有挑選恰當的程序途徑。

只是透過在 2005 年提起的訴訟來做，在訴訟中請求宣告其為本案中房地產的所有權持有人。這太晚了，因為《基本法》第 7 條明確規定：“澳門特別行政區境內的土地和自然資源，除在澳門特別行政區成立前已依法確認的私有土地外，屬於國家所有……”。

那麼一如所見，案中之不動產在特區成立前沒有被確認為私產，因此本訴訟注定不會成立。

《基本法》第 128 條承認宗教組織依法享有財產的取得、使用、處置和繼承的權利以及保護其原有財產權益與現正在討論的問題無關，也與同一法律第 7 條不存在矛盾。

<u>在特區成立前</u>，原告未能獲得承認其對案中房地產的所有權，故不是原有權利或利益的特有者，在過去和現在，這一直是關鍵問題。

上訴不能勝訴。

四、決定

綜上所述，駁回上訴。

訴訟費用由原告承擔。

2008 年 10 月 22 日，於澳門。

法官：利馬（裁判書製作法官）— 岑浩輝 — 朱健

終審法院第 2/2013 號案裁判書摘要（二審）

案件編號：2/2013
案件類別：對行政司法裁判的上訴
上訴人：甲
被上訴人：行政長官和土地工務運輸局局長
裁判日期：2013 年 2 月 6 日
主題：土地、《基本法》第 7 條、土地所有權、*紗紙契*、建築物、國家
法官：利馬（裁判書製作法官）、宋敏莉和岑浩輝

　　一、根據《基本法》第 7 條的規定，在澳門特別行政區成立前未獲確認為私有財產的土地，不能以時效取得的方式取得土地的所有權。

　　二、*紗紙契*並不是取得不動產所有權的有效憑證。

　　三、只要在澳門特別行政區成立之前有關的國家土地還沒有被確認為私有財產，那麼之後便不能再承認在該等土地上所修建的建築物的所有權。

終審法院第 41/2007 號案裁判書全文（三審）

案件編號：41/2007
案件類別：民事事宜的司法裁判上訴
上訴人：甲及妻乙
被上訴人：丙和丁不為人所知的繼承人、不確定的利害關係人和檢察院
裁判日期：2008 年 1 月 16 日
主題：永佃權、利用權、取得憑據、登記、私有財產、《基本法》、共同佔有、《土地法》第 5 條第 4 款、第 2/94/M 號法律第 2 條
法官：利馬（裁判書製作法官）、岑浩輝和朱健

| 摘　要

　　一、如於澳門地區透過公證書以永久租賃的方式將土地之利用權批給予個人，且在物業登記局內作出登記，即使其出租權（田底權）人為現澳門特別行政區，《基本法》第 7 條並不妨礙可以以時效取得方式取得其利用權。

　　二、共同佔有一動產或不動產是可能的。

　　三、《土地法》第 5 條第 4 款（7 月 5 日第 6/80/M 號法律）和 7 月 4 日第 2/94/M 號法律

第 2 條的規定並不適用於擁有取得的形式憑據及作出登記的房產。

裁判書製作法官

利馬

澳門特別行政區終審法院
合議庭裁判

一、概述

甲及妻子乙對丙和丁的不為人所知的繼承人、不確定利害關係人及檢察院提起了普通宣告案，請求宣告他們為標示於澳門物業登記局 X-XX 冊第 XXX 頁第 XXXX 號、位於路環打攬前地未分割的農地房產的三分之二的利用權持有人，該農地房產北側毗連安老院，南側毗連打攬路，東側為一塊租借地，西側毗連打攬前地。

尊敬的初級法院合議庭主席裁定訴訟敗訴，並駁回其請求。

原告提起的上訴被**中級法院**駁回。

原告不服，向本**終審法院**提起上訴，請求廢止被上訴之合議庭裁判。

為此，在其理由陳述中提出了如下有意義的**結論**：

本案純屬私人關係範疇的案件，其中上訴人過去擁有、並繼續像所有權人一樣在世人面前一直以和平及持續的方式擁有上述房產。該事實長期以來被大家公認，並透過時效機制取得與事實相符的權利，本案僅僅為了恢復登記的連續性。

另一方面，根據第 6/80/M 號法律第 5 條第 4 款的規定，"倘有關都市房地產無取得文件或其紀錄或繳付地租的證據時且由私人佔有達 20 年以上者，推定為向本地區長期租借，而有關利用權按民法規定可藉時效取得"。

尊敬的助審法官在其表決落敗聲明中也很正確地說明："這裡的時效取得僅僅是為了恢復登記的連續性，對明顯已長久存在的私有性質的權利範疇沒有任何影響。"

凡屬私有產權制度的土地均受私法及一般民法的約束。

除了應有的尊重外，從澳門特別行政區成立以來所形成的新的司法見解來看，正如被中級法院裁定予以維持的被上訴的一審法院判決所要達到的那樣，無須在法律上花多大的力氣即能理解，對《基本法》第 7 條所作的具追溯力的解釋，本身就顯示了對那時仍有效的那些原則和規則的中斷及缺乏尊重，尤其是對那些在私法範疇已形成和已鞏固的權利的中斷和缺乏尊重，對《基本法》的規定置之不理，從而使對土地作出徵用而無須支付適當的補償合法化。

上訴人同意在本上訴案件中沒有贊同獲勝的合議庭裁判的助審法官在其表決落敗聲明中

表達的兩點理由："首先，從長期租借設立及國家基於滿足私人利益而對土地的利用權作出批給的那一刻開始，與利用權相關的物權的設置就具有私人性質，受私有產權制度約束，且具有永久或傾向永久的性質。（⋯⋯）然後，其次，本人認為所作的解釋沒有考慮維護《基本法》的規定，即對在該法實施之日已經依法確認的私有權狀況的尊重。關於我們現審議的本案則毫無疑問，不僅因為存在長期租借合同，還因為具有來自於登記和對私人財產的設立、存在和所有權等諸多因素帶來的沒有被排除的推定。（⋯⋯）在這裡，取得時效僅僅為了恢復登記的連續性。對明顯已長久存在的私有性質的權利範疇沒有任何影響（⋯⋯）。"

基此，上述合議庭裁判被認為違反了澳門《民法典》第 1175 條，第 1184 條、第 1185 條、第 1187 條 a）項、第 1193 條、第 1212 條、《土地法》第 5 條及《基本法》第 7 條、第 8 條和第 103 條的規定。

二、事實

下列事實為經一審法院和二審法院認定的事實：

該位於（路環）打纜前地沒有門牌號的農地房產標示於澳門物業登記局 X-XX 冊第 XXX 頁第 XXXX 號，面積為 XXXX 平方米，位於（路環）聖方濟各堂區（第 1 號文件）（*第 1 條事實*）。

擁有下列界線（*第 2 條事實*）：

◆ **沒有門牌號**—打纜前地；北—鄰近安老院（登記編號：XXXX）；**南**—鄰近打纜路；**東**—鄰近租借地（登記編號：XXXX）；**西**—鄰近打纜前地（第 1 號文件）

但是，該樓宇在房地產紀錄內沒有登記（第 2 號文件）（*第 3 條事實*）。

在前面提到的澳門物業登記局的證明中沒有顯示其載於房地產紀錄的價值（第 1 號文件）（*第 4 條事實*）。

根據澳門物業登記局 X-X 冊第 XXX 頁第 XXXX 號的登記，該樓宇的出租權（田底權）以澳門地區的名義登錄（第 1 號文件）（*第 6 條事實*）。

而在該登記中，上述樓宇的利用權以丙，戊和華籍婦人丁所組成的民間社團的名義登錄（第 1 號文件）（*第 7 條事實*）。

根據財政局於 1916 年 6 月 12 日批准給予長期租借的公證書，上述土地標示於澳門物業登記局 X-XX 冊第 XXX 頁第 XXXX 號，其利用權從 1916 年 6 月 12 日開始以丙、戊和華籍婦人丁所組成的民間社團名義登錄於 X-X 冊第 XXX 背頁第 XXXX 號（第 1 號文件）（*第 8 條事實*）。

上述於澳門物業登記局第 X-X 冊第 XXX 背頁第 XXXX 號登錄的農地房產係以丙、戊和華籍婦人丁名義、以共同和等額登記（第 1 號文件）（*第 9 條事實*）。

以丙、戊和丁名義登錄於澳門物業登記局第 XXXX 號位於路環島的該土地在相關的地租登記簿冊 X/XX 以第 XXX 號登錄（第 3 號文件）（*第 10 條事實*）。

　　與上述不動產相關的長期租借合同於 1916 年 6 月 12 日在當時的財政局簽署，乙方立約人為：丙，已婚；戊，已婚；和丁，己之遺孀（第 4 及第 5 號文件）（*第 11 條事實*）。

　　官方在 1916 年 6 月 12 日簽定了長期租借公證書，允許租借人丙、戊和華籍婦人丁以他們的名義就上述土地的利用權於澳門物業登記局登記（第 1 號文件）（*第 12 條事實*）。

　　前面提到的己在 1916 年 2 月 3 日去世，這一點曾在長期租借合同中提及（第 4 號及第 5 號文件）（*第 13 條事實*）。

　　至少從 1982 年開始至庚去世，園藝種植業一直是在"辛"公司名下經營（第 7 號文件）（見卷宗 89 至 96 頁）（*第 18 條事實*）。

　　該公司在相關土地上興建了一座一層高的平房（地下連閣樓）（*第 19 條事實*）。

　　該平房即為今天打纜前地 XX 號的建築物（*第 20 條事實*）。

　　原告父親庚支付了應繳納的稅捐和稅款，堅信不損害別人，並公開、和平及連續佔有這農地房產 2/3 未分割的部分（第 7 至 12 號文件）（*第 24 條事實*）。

　　與此同時，該標示於澳門物業登記局 X-XX 冊第 XXX 頁第 XXXX 號的農地房產的當時另一共同所有人為戊，其妻子為壬（*第 29 條事實*）。

　　該名人士也是前述土地的菜農（*第 30 條事實*）。

　　上述夫妻二人在 1941 年年中先後在澳門路環島去世，沒有留下任何遺囑及其他表示自己最後意願的任何安排（第 13 號文件）（*第 32 條事實*）。

　　根據前澳門普通管轄法院第一庭 / 第四科於 1996 年 7 月 10 日對第 XXX/XX 號繼承人身份證明之特別程序案件作出載於卷宗第 XXX 至 XXX 背頁的合議庭裁判，下列人士為去世的戊所佔份額的唯一和全面的繼承人：

　　癸，與甲甲以分別財產制度結婚，澳門出生，葡萄牙籍，居於〔地址（1）〕；

　　甲乙，與甲丙以分別財產制度結婚，澳門出生，居於〔地址（2）〕；

　　甲丁，與甲戊以取得共同財產制度結婚，澳門出生，葡萄牙籍，居於〔地址（3）〕；

　　甲己，未婚，成年人，海島市政廳公務員，澳門出生，居於〔地址（2）〕；

　　甲庚，與甲辛以取得共同財產制度結婚，澳門出生，葡萄牙籍，居於〔地址（1）〕；

　　甲壬，未婚，成年人，澳門出生，葡萄牙籍，居於〔地址（1）〕；

　　甲癸，未婚，成年人，葡萄牙籍，居於〔地址（4）〕；及

　　乙甲 1，又名乙甲 2，未婚，成年人，澳門出生，葡萄牙籍，居住〔地址（5）〕（第 13 號和第 1 號文件）（*第 33 條事實*）。

　　在宣告上述各人為死去戊的唯一和全面的繼承人時，同樣授予他們繼承其（戊）遺留下來標示於澳門物業登記局 X-XX 冊第 XXX 頁第 XXXX 號的不動產的權利（第 13 號和第 1 號文件）（*第 34 條事實*）。

以上各人均為戊及其妻壬，即他們各人的外祖父母的唯一繼承人（第13號文件）（第35條事實）。

戊和壬於1941年年中先後在路環去世，沒有留下任何遺囑及其他表示自己最後意願的任何安排（第13號文件）（第36條事實）。

現在，原告是上述整個農用房產的唯一耕種者（第42條事實）。

另一方面，根據涉案的1916年6月12日簽署的土地長期租借公證書，乙方簽署人丙和戊是已婚人士（但沒有說明與誰結婚），與華籍婦人丁，即己的遺孀組成一民間社團（第4號和第5號文件）（第48條事實）。

1916年2月3日、即上述土地長期租借公證書簽署前不久，丁成為己的遺孀（第4號和第5號文件）（第49條事實）。

1983年，該住宅引進了電力設施（第14號文件）（第61條事實）。

庚於1989年3月15日在中國珠海去世（第15號文件）（第63條事實）。

原告攜妻子和3個兒子搬進已故父親在上述土地上建造的樓宇，並從庚去世當年開始將其變為他們家庭與外界社會交往的住所（第16號至第19號文件）（第64條事實）。

1970年，原告父親庚在原告丈夫（在本案中同屬原告）的協助下，在上述土地開了一口水井，為蔬菜花卉種植及自身家居提供用水（第67條事實）。

1983年，庚還為其上述住所配備了電力設施（第14號文件）（第68條事實）。

2001年，原告丈夫應民政總署的要求，在其住所鋪設了自來水管道（第69條事實）。

以"辛"公司的名稱，在此從事花卉種植業務（第71條事實）。

並支付經營花卉種植業務的營業稅（第18號至第20號文件）（第73條事實）。

自當年（1989）開始，原告以其名義擁有該部分的土地（第74條事實）。

原告一直按照自己的意願支配著這塊土地（第75條事實）。

他們使這塊土地所有人的身份得到公眾認同，特別是他們的鄰居（第76條事實）。

這一切均無人反對，在世人面前，他們認為他們就是該部分土地的所有人（第77條事實）。

他們確信自己的行為無論是過去還是現在均不對任何人造成損害（第78條事實）。

原告一直以來擁有該塊土地，支付應繳的稅捐和稅項，並為修葺工程承擔必要的開支（第16號至第20號文件）（第79條事實）。

然而，他們現在仍繼續耕耘該塊土地，經營同樣的花卉種植業務（第20號文件）（第81條事實）。

原告從未向任何人繳納過地租（第21號文件）（第85條事實）。

也從未有人向原告徵收過地租（第21號文件）（第86條事實）。

原告丈夫的父親庚支付了應徵的地租直至1982年（第21號文件）（第87條事實）。

三、法律

1. 要解決的問題

要解決的問題是想知道，當土地之出租權（田底權）屬於澳門地區，現持有人為澳門特別行政區，而在 1999 年 12 月 20 日前，其在物業登記局內登記的土地利用權為個人，是否可以透過在 1999 年 12 月 20 日後提起的司法訴訟程序，以時效取得該土地的利用權。

該利用權來自於 1916 年 6 月 12 日由所有權持有人澳門地區與丙，戊及丁所簽訂的長期租賃、永久租賃或永佃公證合同，根據 1867 年《民法典》第 1653 條規定，透過支付地租，其所有權分拆為出租權（田底權）—— 繼續由澳門地區，現澳門特別行政區持有 —— 和利用權，此權利則轉讓給那些人士。

2. 澳門土地制度

中級法院認為《基本法》第 7 條不允許經由澳門地區永久租賃已屬於私人的利用權可以經時效取得，因為利用權不屬於私人財產權制度範圍。

讓我們看看是否如此。

首先有必要了解一下澳門有關永佃權和土地制度方面的法律。

屬於稱之為葡萄牙海外地區 —— 其中包括澳門在內 —— 的無主土地立法規定，自 19 世紀中葉起，那些不屬於私人合法財產的無主土地歸屬國家或相關之海外省範圍。

在該立法內規定，國家的無主土地不能透過時效予以取得，僅可透過出售或批給獲得。

儘管如此，在澳門地區，對該立法的解釋並非一致。

根據《土地法》（7 月 5 日第 6/80/M 號法律）第 5、6、7 和 8 條以及其他法律中的規範，當個人不能證明擁有取得權利的正式憑據，是否可以以佔有為依據，宣告以時效取得土地的所有權，對此，自 1993 年 4 月成立之日始，澳門高等法院的司法見解即有分歧。

澳門地區這一最高法院的分歧反映了法學理論界的分歧，其中多位學者作出了結論不同的分析。

關於私人不能證明擁有取得權利的正式憑據而以佔有為依據，宣告以時效方式取得無主土地的所有權的可能性，在眾多的裁判當中，下列高等法院合議庭裁判作出否定性宣示：94 年 9 月 28 日合議庭裁判（第 197 號案件）、94 年 9 月 28 日合議庭裁判（第 203 號案件）、94 年 12 月 7 日合議庭裁判（第 213 號案件）和 93 年 9 月 22 日合議庭裁判（第 1 號案件）。

作出肯定性宣示之高等法院合議庭裁判為：93 年 7 月 9 日合議庭裁判（第 31 號案件）和 95 年 3 月 29 日合議庭裁判（第 235 號案件）。

透過於 95 年 10 月 18 日所作出的統一司法見解的合議庭裁判（第 295 號案件），否定性司法見解獲勝，同時作出如下統一司法見解："在針對澳門地區而提起之承認土地私有財產權之訴中，應由原告負責證明存有取得權利之形式憑證。"

然而，在了解司法見解上的分歧及如下事實後：許多私人長期佔有土地和不動產，但由於不持有正式的取得權利的憑據而不能將該些不動產合法化，立法者增加了《土地法》第5條第4款，其內容為："倘有關都市房地產無取得文件或其紀錄或繳付地租的證據時且由私人佔有達20年以上者，推定為向本地區長期租借，而有關利用權按民法規定可藉時效取得。"

這樣，許多私人佔有土地很長時間，但既沒有在物業登記局登記，又沒有取得權利的正式憑據的狀況獲得解決，而新的法律允許那些曾在以承認其所有權為訴訟請求的司法訴訟中敗訴的人士，重新提起一新的訴訟，請求以時效方式取得利用權，另一方面，為著以時效方式取得利用權之效力，許可自所提出的佔有的行使開始時間進行計算（7月4日第2/94/M號法律第3條）。

必須提醒的是，根據經第9/1999號法律修改的10月8日第55/99/M號法令第2條第6款b）項規定，上述提到的統一司法見解的合議庭裁判對各級法院有約束力。

根據96年2月13日的高等法院合議庭裁判（第413號案件），95年10月18日的統一司法見解不只適用於純土地，也適用於都市房屋。

3. 澳門地區不動產的永久租賃

另一方面，如其利用權已不屬於國家財產範圍，但其出租權（田底權）屬於本地區時，可以透過時效方式取得房產的利用權。對此，無論是對高等法院還是其所屬的任何一位法官，均不存在疑問——93年7月14日合議庭裁判（第16號案件）、93年9月22日合議庭裁判（第36號案件）和93年10月13日合議庭裁判（第67號案件），所有這些裁判均被一致通過。

確實，無論是理論界還是司法見解，從來沒有提出疑問，即使對那些從不接受在沒有正式取得憑據的情況下，以時效方式取得無主土地的法官們亦然，即"本地區的無主土地受制於永佃制度，這使所有權分為兩個業權，即出租權（田底權）及利用權，前者繼續屬本地區財產的組成部分，而後者轉入私人財產範圍之內"（高等法院於1993年9月22日在第36號案件內所作合議庭裁判之摘要[1]，劃線為我們所加）。

在同一法院於1993年10月13日在第67號案件[2]作出的合議庭裁判內，也是以一致通過的，作出如下摘要："如本地區將一財產長期租賃，則利用權轉入私有財產制度，而不受《土地法》第8條約束"（劃線為我們所加）。

這一司法見解很好地解釋了當時生效的法律，同時，顯然適用於本案，我們將會在下面看到。

4. 永佃權·本案之情況

本案之房地產受永佃權制度所規範，其出租權（田底權）在物業登記局內登記為澳門地區所有，而利用權則在同一登記局內，登記為由丙、戊及華藉婦人丁所成立的民間社團所有。

1　高等法院，《司法見解》，1993年，第176頁。
2　高等法院，《司法見解》，1993年，第246頁。

永佃權來自於於 1916 年 6 月 12 日由財政局和該等前述之人士所簽訂的長期租賃或永久租賃公證書，因此，其所有權屬澳門地區所有，根據 1867 年《民法典》第 1653 條規定，透過支付地租，分拆為出租權（田底權）——繼續由澳門地區，現澳門特別行政區持有 —— 和利用權，此權利則轉讓給那些人士。

那麼，一如於 1993 年 7 月 14 日在第 16 號案件 [3] 內所作出的高等法院合議庭裁判所作的如下陳述，該案與本案之情況相似，故也適用於我們現分析的案件：

"這一狀況事實上構成一種永久租借合同或長期租賃或永佃合同，當時生效的 1867 年《民法典》第 1653 條將這種合同定義為：樓宇的業主將樓宇的利用權轉移給他人。並要求後者每年繳付特定款項的年金的合同，這裡的年金稱為佃租或佃金。

由於永佃的成立，物業的所有權分割為兩種權利，名稱為出租權（田底權）與利用權，現行 1966 年的《民法典》在第 1491 條對此作了明確規定，關於這種分割，早在 Seabra 民法典生效時，就對它下過定義。

如 Guilherme Moreira 在《法學階梯》第三卷第 110 頁寫道：'根據我們的《民法典》，由於出租權（田底權）應被視為樓宇的實體所有權，而利用權應被視作一種用益權，因此，不能說承佃人的權利是對他人之物的權利。承佃人的權利與直接房主的權利是同一性質的，因為兩者都是享用所有權所包含的用益，這一權利分化後，兩者分別享用所有權中屬於各自部分的權利，就像對待自己的物一樣' [4]。

從上面的討論中得出的結論是，由於 1894 年 1 月 20 日的契約，位於氹仔第 XX-X 號的都市樓宇直到契約訂立前仍由國家擁有完整所有權，自該日起分化為兩個所有權：出租權（田底權），它繼續構成國有財產；利用權，它轉而成為乙乙的私人所有權 [5]。

通過永佃合同將國家所有權轉為私人所有權明確規定於當時生效的 1856 年《敕令》第 5 條，在今天的第 6/80/M 號法律 29 條也有同樣規定。

因此，與檢察官閣下的觀點相反，引用第 6/80/M 號法律第 8 條是無關緊要的，該條確立了禁止通過取得時效取得對政府私產（它包括無主土地）的權利。實際上這一禁止只涉及出租權（田底權），因為在卷宗所指的期間內它仍構成政府私產，而不涉及同一期間內的利用權（而這才是本訴的客體），因為，自 1894 年 1 月 20 日起，利用權一直構成私人所有權的一部分。"

高等法院合議庭裁判的這些論述完全適用於本案的情況。

3　高等法院，《司法見解》，1993 年，第 102 頁。

4　劃線為我們所加。

5　劃線是我們所加。

確實，一如 PIRES DE LIMA 和 ANTUNES VARELA[6] 所教導的那樣，利用權是一種真正的期限性所有權。

如利用權被設置及有償地讓予私人，明顯的是利用之財產就變為私有財產，這樣，其出租權（田底權）繼續屬於公產也不具任何重要性了。

其實，除因公共利益而予以徵用外，在沒有永佃權人同意的情況下，利用權不能被終止（1966 年《民法典》第 1513 條）。〔當然，根據 1966 年《民法典》第 1498 條規定，永佃權人可以向出租權（田底權）持有人出讓其利用權，同時，根據同一法典第 1509 條規定，當房屋倒塌或無用時，永佃權人可以放棄期限〕。

而永佃權人可以違反出租人之意願，以法律訂定的價格一次性支付租金，從而取得出租權（田底權）〔1966 年《民法典》第 1501 條 f〕項及第 1512 條〕，但由澳門地區或澳門特別行政區批租的不動產則不允許一次性支付地租（《土地法》第 45 條第 2 款）。

所有這些均強化如下觀點：如利用權已經設立 —— 如本案之情況 —— 並屬於私人以便他們自由地使用它的話，那麼對利用權的私有性質而言，出租權（田底權）的公共持有性質就沒有任何影響了。

只有當一公法人取得利用權時，這一權利才變回公共性質，但從未出現此一情況。

5.《基本法》第 7 條·私有財產

然而，自 1999 年 12 月 20 日始，《基本法》開始生效 —— 澳門特別行政區真正的憲制性文件 —— 其第 7 條內規定：

"澳門特別行政區境內的土地和自然資源，除在澳門特別行政區成立前已依法確認的私有土地外，屬於國家所有……"

這一規範不得不意味著除了在澳門特別行政區成立前，依法最終確定私人所有權（如《土地法》第 5 條第 1 款所明示那樣）的土地外，所有位於澳門的土地均為國家所有。

因此，《土地法》第 5 條第 4 款必須被理解為已被《基本法》第 7 條所廢止，因為如果除那些在澳門特別行政區成立前已確認為私人所有的土地外，所有的土地均為國家所有，故在1999 年 12 月 19 日之後，如沒有取得土地利用權的憑據或已登記的土地利用權，就不能取得土地的利用權了，因為這一小範疇的物權與國家所有權是不相融的。

然而，卷宗內的利用權是根據當時有效的法律確定性地構成了私人財產所有權，一如《基本法》所明確的那樣，因為其取得是經公證書而且在相關之登記局內作了登記的。

但《基本法》並不禁止以普通法律（現行《民法典》第 1242 條）規定的方式取得私人財產權，而時效取得是其中一種方式。

6　PIRES DE LIMA 和 ANTUNES VARELA，《Código Civil Anotado》，科英布拉，科英布拉出版社，1972 年，第一版，第三卷，第 485 至 487 頁。

恰恰相反，《基本法》在其第 6 條中規定，保護私人財產權。

另一方面，就涉及《基本法》第 7 條而與現本案有所不同的問題，本終審法院已於 2006 年 7 月 5 日在第 32/2005 號案件內發表過看法。

所涉及的是在沒有取得憑據，又沒有在物業登記局內作出登記的情況下，私人希望看到其不動產權獲得承認。而作為補充請求，原告請求根據《土地法》第 5 條第 4 款規定，承認其為利用權的持有人。

在該裁判中，我們認為：

"⋯⋯利用權只有在特區成立前已獲依法確認才符合《基本法》第 7 條規定的例外情況，在特區成立後繼續由私人擁有。"

屬於此種情況，本案中的利用權在澳門特別行政區成立前已依法被確認為私人所有，這正是中級法院其中一位法官在其表決落敗聲明中所認為的，而且對。

被上訴之合議庭裁判考量出租權（田底權）屬於澳門特別行政區這一事實並將其效力推延至利用權，對法律作出了錯誤的解釋。

6. 不動產之時效取得·共同佔有

本案中，所認定的事實構成由原告以時效方式取得利用權，這是毫無疑問的，從第一審之判決得出這一結論。

事實上，原告們及其先人，原告的父親，深信他們是土地的持有人，自 1970 年起，如利用權持有人那樣對該未分割土地之 2/3 部分作出一連串的行為。

這種情況符合利用權佔有的概念。

佔有具有如下特點：一為事實狀態，即實際擁有，針對具體物所實施的實際上的行為；另一為精神要素，即意圖，一如像與事實權力的行使有關的權利持有人那樣作出行為的意圖。

而存在針對具體物所實施的實際行為以及原告們一如利用權持有人那樣作出行為。

原告們之佔有是和平的，由於所有人均了解，且以非暴力和公開方式取得佔有（1966 年《民法典》第 1261 條和第 1262 條）。

1966 年《民法典》第 1287 條規定：取得時效係指佔有人對涉及所有權及其他用益物權之佔有持續一定期間後（最長為 20 年），即可取得與其行為相對應之權利，但另有規定者除外。

利用權之佔有是由原告們於 1970 年取得的，且是和平和公開的，故根據 1966 年《民法典》第 1261 條、1262 條、1287 條和 1296 條規定，以時效方式取得房地產 2/3 利用權的持有權。

1999 年《民法典》再沒有規定永佃權，而從該法典生效始，針對私人私有範疇的財產所設立的任何新的永佃權均屬無效（8 月 3 日第 39/99/M 號法令第 25 條第 1 款）。但在新的法典生效前針對私有範疇的財產的永佃權狀況直至其消滅止，繼續適用 1966 年《民法典》中的制度（8 月 3 日第 39/99/M 號法令第 25 條第 2 款）。

7. 共同佔有

第一審之判決以如下兩個理據判決訴訟請求敗訴：

—針對一項財產的部分不可能有佔有（如本案，2/3），因此排除以時效取得，因為時效取得是以對一項財產的佔有為依據的；

—《土地法》第 5 條第 3 款所說的是取得都市房地產的利用權而不是農地房產的利用權；

—不清楚建築面積是否超過 10%，而第 2/94/M 號法律第 2 條第 1 款規定，只有當房屋外延部分不超過房屋所在地面積的 10% 時，才可以時效方式取得利用權。

這明顯令人費解。

關於第一個問題：

尊敬的合議庭主席認為顯然不能佔有一本書的 2/3，故不能以時效取得一本書或一不動產的 2/3。

但不是這樣。

例如乙丙送一本書給乙丁和乙戊，乙丁和乙戊當然就變為該書的共同業主和該書的共同持有人，無論是所有權還是權利的佔有，每人擁有不可分的 1/2。

例如乙丙向乙丁、乙戊和乙己出售一塊土地，他們中的每位就是這不可分的土地的 1/3 的業主（1966 年《民法典》第 1299 條第 2 款和第 1403 條第 2 款）以及持有該土地所有權的 1/3。

其實，我們從來沒有看到過現在所持的觀點，且一直以來均沒有異議的是與佔有相應的物權可以由超過一個人共同持有[7]。

此外，1966 年《民法典》第 1286 條中明確規定共同佔有[8]：

"第 1286 條

（共同佔有之保護）

一、每一共同佔有人，不論其所占部分之大小，均可為保護本身佔有或共同佔有而使用以上各條所指出之方法對抗第三人，而第三人則不得以有關佔有並非完全屬於該共同佔有人為由而對抗之。

二、共同佔有人之間的關係不容許行使維持佔有之訴。

三、有關共同佔有之一切其他事宜，均適用本章之規定。"

因此，對一不動產的不可分割部分，並不妨礙存在共同佔有和時效取得。

8.《土地法》

---

7   如參閱 PIRES DE LIMA 和 ANTUNES VARELA，《Código……》，1987 年，第二版，第三卷，第 19 頁。

8   即現行《民法典》第 1211 條。

關於《土地法》第 5 條第 3 款所說到的取得都市房地產的利用權而不是農地房產利用權的問題，必須注意的是該規範與同條第 4 款直接相聯繫。

《土地法》第 5 條第 3 款和第 4 款是由 7 月 4 日第 2/94/M 號法律附加的，這項法律是由於前述的司法見解上的分歧以及為解決持有土地但又沒有取得憑據或對此作出登記的問題為目的而制定的。

但是《土地法》第 5 條第 4 款不適用於本案之情況，因為該規範只是適用那些沒有取得憑據或沒有作出登記的不動產。

該規範規定："倘有關都市房地產無取得文件或其紀錄或繳付地租的證據時且由私人佔有達 20 年以上者，推定為向本地區長期租借，而有關利用權按民法規定可藉時效取得"。

這不屬於本案之不動產情形，本案之不動產是以公證書取得且在數十年前已作出登記了。

因此，第 2/94/M 號法律第 2 條同樣也不適用於本案中的以時效方式取得房產利用權的情況（由尊敬的合議庭主席提出），該規範規定：

"經本法律修改的第 6/80/M 號法律第五條第四款所指的都市房地產擴充，不得超過列入其內的建築物所佔面積的百分之十"。

這樣，這第 5 條第 3 款也不適用於本案中的不動產的情況。

此外，即使適用於有取得憑據或已作出登記的不動產，該規範也不妨礙以時效方式取得可作為本地區批給標的的農地房產的利用權，當然，一如我們前面看到的，對該取得適用民法。

因此，對以時效方式取得本案不動產的一部分所提出的阻礙不成立。

四、決定

綜上所述，裁定本上訴勝訴，撤銷被上訴之合議庭裁判，裁定訴訟勝訴，宣佈原告們為位於路環打纜前地未分割的農地房產的 2/3 的利用權持有人，該農地房產北側連安老院，南側毗連打纜路，東側為一塊租借地，西側毗連打纜前地，標示於澳門物業登記局 X-XX 冊第 XXX 頁第 XXXX 號。

在所有審級中均不科處訴訟費用。

2008 年 1 月 16 日，於澳門。

法官：利馬（裁判書製作法官）─ 岑浩輝 ─ 朱健

◎ 第八條

澳門原有的法律、法令、行政法規和其他規範性文件，除同本法相抵觸或經澳門特別行政區的立法機關或其他有關機關依照法定程序作出修改者外，予以保留。

澳門原有的法律、法令、行政法規和其他規範性文件，除同本法相抵觸或經澳門特別行政區的立法機關或其他有關機關依照法定程序作出修改者外，予以保留。

01

第八條
澳門原有的法律、法令、行政法規和其他規範性文件，除同本法相抵觸或經澳門特別行政區的立法機關或其他有關機關依照法定程序作出修改者外，予以保留。

澳門回歸後，原適用於澳門的葡萄牙法律是否屬於澳門基本法第八條所指的原有法律？

02

澳門特區政府能否繼續執行回歸前所作出卻有違基本法的裁判？

03

能否以違反澳門基本法為由，重開澳門回歸前已終結的以法院判決違反葡萄牙憲法為由而提起上訴的訴訟程序？

■ 中級法院第 201/2000 號案裁判書摘要（二審）

（譯本）
案件編號：201/2000
案件類別：刑事訴訟程序的上訴
日期：2001 年 3 月 15 日
主題：強制上訴、葡萄牙大赦法律
法官：陳廣勝（裁判書製作法官）、白富華和賴健雄

　　如果原審法院的有罪判決所處置具體刑罰或其中的一項具體單項刑罰處於 1929 年葡萄牙《刑事訴訟法典》第 473 條獨一附段所規定的前提範圍之內，只有檢察院有權提起強制上訴。

　　由於葡萄牙的大赦法律不是由前 "澳門地區" 享有立法權限之 "本身管理機構" 制定的，基於始終落實澳門特別行政區《基本法》第 8 條規定的《回歸法》（1999 年 12 月 20 日第 1/1999 號法律）第 4 條第 4 款之反面解釋，這些葡萄牙法的大赦法律沒有過渡到澳門特別行政區現行的法律體系。

■ 中級法院第 96/2002 號案裁判書摘要（一審）

（譯本）
案件編號：96/2002
案件類別：司法上訴
上訴人：甲
被上訴實體：澳門特別行政區政府運輸工務司司長
日期：2002 年 7 月 25 日
主題：葡國最高行政法院 1999 年 12 月 20 日後移送的司法上訴
法官：陳廣勝（裁判書製作法官）、白富華和賴健雄

　　一、隨著 1999 年 12 月 20 澳門政治地位的改變，中級法院因不具權限而不可審理以往的澳門地區運輸暨工務政務司作出之行為提出的司法上訴，否則將因抵觸《澳門特別行政區基本法》第 8 條而產生加重違法，該司法上訴只是在上述日期之後，由葡萄牙共和國最高行政法院根據 8 月 29 日第 112/91 號法律（澳門《司法組織綱要法》）第 34 條的規定移送至澳門審判機關的，該條文由葡萄牙共和國第 118-A/99 號總統令而得到強化，它宣告澳門之法院自 1999 年 6 月 1 日起獲得完整及專屬審判權，儘管第 112/91 號法律和第 118-A/99 號總統頒令根據法律時間效力的基本規則，得以在提出本司法上訴時生效之舊法的名義構成適用於本司法上訴之

程序法律規範整體的一部分。

二、這種無權限狀況不同於 12 月 20 日第 9/1999 號法律（澳門特別行政區《司法組織綱要法》）第 70 條第 2 款第 2 項規定的無權限，因為，這後一種假設所關注的待決案件在 1999 年 12 月 20 日之前已經在當時的澳門高等法院的審判權範圍內，澳門高等法院是作為澳門自己司法組織中的一個司法機構並以自己的名義受理案件。

三、然則，上述的不審理該上訴不妨礙由變通適用葡萄牙《行政法院訴訟法》第 4 條第 1 款所產生的可能效果，也不影響作出如下選擇的可能性，即上訴人對同一個行為再進行司法反駁，這需要直接在中級法院提出另一個訴訟，並依據《行政訴訟法典》可適用的條款爭辯仍在訴訟期間允許範圍內的導致同一行為之無效宣告或法律上不存在宣告的一個瑕疵或多個瑕疵，這正是基於《回歸法》第 6 條一般性規定的"行政行為效果延續性原則"，因為，在此場合，中級法院裁決案件時將以其自己的名義且由澳門特別行政區承擔後果，而不是以葡萄牙最高行政法院的名義和由葡萄牙國家承擔後果。

▍中級法院第 1153-A 號案裁判書摘要（一審）

（譯本）
案件編號：1153/A
案件類別：行政，稅務及海關方面的其他訴訟程序
上訴人：甲
被上訴人：澳門特別行政區經濟財政司司長
日期：2001 年 2 月 1 日
主題：行政上的司法爭訟、撤銷、行政行為的判決、其性質和效力、案件的確定裁判、執行判決的法律義務、被違反的法律秩序的重建、原會出現的狀況的回復、不執行的正當原因和賠償、違法不執行和賠償、針對違法不執行的保障、《聯合聲明》、《基本法》、《回歸法》、法律體系延續的一般原則、對澳門原有法律的處理、《澳門原有法律》的概念、公共行政延續的一般原則、退休金和贍養費、其金額的訂定和支付責任 ──《基本法》第 98 條、《澳門組織章程》第 66 條、禁止法律被追溯適用的一般原則、法律在時間上的適用、政權移交、澳門政治地位的變更、強效法或重效法、對強效法或重效法的嗣後違反
法官：陳廣勝（裁判書製作法官）、白富華和賴健雄

一、撤銷行政行為之判決具形成性質。從該判決形成的確定裁判具有強制性和執行力的主要特質。

二、構成確定裁判者乃判決本身而非其理由或依據。因為判決是在審判的確實範圍和情節內才構成確定裁判，而判決的不可變動性只涵括所主張的，並經法院審理的訴因。

三、撤銷性判決除了其體現於使行政行為被追溯地剔除的撤銷效力外，還產生執行效力。此執行效力致使行政當局負有須找出行政行為被撤銷後的一切法律後果的義務，亦即執行判決的法律義務。

四、在本澳以撤銷行政行為為構建模式的行政上的司法爭訟制度裡，是由行政當局負起執行撤銷行政行為判決的義務，亦即須作出一切對重建被違反的法律秩序屬必需的法律上的行為及事實行動。而對原被撤銷的"消極行政行為"來說，法律秩序的重建工作並非體現於像對"積極行政行為"般適用的，使利害關係人重新回到在行政機關作出違法行為前的情況的法定義務上，而是奠基於使假設被撤銷的違法行政行為從未被作出時，於今天原會出現的狀況得以回復的義務上 —— 亦即人所稱之的"回復原會出現的狀況"（參見《行政訴訟法典》第 174 條第 3 款的規定）。

五、執行判決的義務於遇有不執行的正當原因時停止。該等原因是使判決的不執行變為合法的例外情況。行政當局亦因須向有權利要求執行判決的人士，以作出合法行為而衍生的責任之名義，支付補償性的賠償（參見《行政訴訟法典》第 174 條第 1 款、第 175 條、第 184 條第 4 款和第 185 條的規定）。

六、現行成文法律規定了兩個合法不執行撤銷違法行為判決的情況：絕對不能遵行判決和遵行判決將嚴重損害公共利益（參見《行政訴訟法典》第 175 條第 1 款的規定）。

七、違法不執行的情況只會有在公共行政當局不遵行判決且欠缺任何不執行的正當原因時才發生（參見《行政訴訟法典》第 184 條第 1 款之規定）。

八、針對違法不執行判決的情況，現行成文法律規定了如下保障：（一）法院有權宣告定出應予執行的行為（參見《行政訴訟法典》第 184 條第 2 款下半部分的規定）；以及（二）在行政當局中負有執行義務的有關機關或服務人員須承擔在紀律、民事和刑事上的責任（參見《行政訴訟法典》第 187 條第 1 款 b 項和 c 項及第 2 款的規定）。

九、如果公共行政當局頑固地不遵行判決，且維持違法不執行的情況，則除卻《行政訴訟法典》第 186 條所規定的"旨在落實執行之強迫措施"外，只餘下一個解決辦法：由行政當局因違法不執行判決，亦即以有過錯地作出違法行為而衍生的責任之名義支付賠償（參見《行政訴訟法典》第 187 條第 3 款的規定）。

十、《基本法》第 8 條（和第 145 條的初端部分）所確立的法律體系延續的一般原則，正好是衍生自《聯合聲明》附件一第三點說明的第二和第四段（即最後一段）文字的內容。依照該原則，澳門原有的法律、法令、行政法規和其他規範性文件，除同《基本法》相抵觸或經澳門特別行政區的立法機關或其他有關機關依照法定程序作出修改者外，予以保留。

十一、在此框架下，《回歸法》（即 1999 年 12 月 20 日第 1/1999 號法律）在其第 3 條第 1 款一開始便一般性規定，澳門原有的法律、法令、行政法規和其他規範性文件，除同《澳門特別行政區基本法》抵觸者外，採用為澳門特別行政區法規。因而依照同一第 3 條第 5 款的規定，採用為澳門特別行政區法規的澳門原有法規，自 1999 年 12 月 20 日起，在適用時，應作出必要的變更、適應、限制或例外，以符合中華人民共和國對澳門恢復行使主權後澳門的地位和《澳門特別行政區基本法》的有關規定。

十二、"澳門原有法例" 應理解為只由前 "澳門地區" 的立法會和總督以具有立法權限的 "本身管理機關" 身份作出的規範性行為。

十三、在公共行政方面，亦確立了公共行政本身，包括其在 1999 年 12 月 20 日前依原有法例作出的行政行為，在不抵觸《基本法》、《回歸法》或其他可適用法規的前提下，得以延續的一般原則 —— 參見《回歸法》第 5 條和第 6 條的規定）。

十四、《基本法》第 98 條的規定正遵照著《聯合聲明》附件一內的第六點說明的第一段文字內容。

十五、《基本法》第 98 條所包含的意思很清楚，就是對於在澳門特別行政區成立前，原在澳門公共部門任職且在澳門特別行政區留任，繼續工作的公務人員，僅在澳門特別行政區成立後依法退休的情況下，澳門特別行政區才向他們或其家屬支付他們按照澳門原有法律有權取得的退休金和贍養費。而他們在澳門特別行政區成立前，以屬澳門公共部門人員的身份且僅以這身份任職的時間，則會計算入其年資內。

十六、對於符合《基本法》第 98 條所規定要件的人員，由澳門特別行政區支付的退休金和贍養費，應只根據其在澳門任職的時間 —— 亦即不論在前 "澳門地區" 純粹以隸屬澳門公共部門的人員身份任職，還是在澳門特別行政區任職的時間 —— 來訂定。

十七、這樣，《澳門組織章程》第 66 條第 1 款所指的原屬葡萄牙編制的人員，即使依照同一第 66 條第 2 款的規定，已轉入 "澳門地區" 本身的人員編制內工作，其在轉入澳門編制前的實際或被承認的工作時間，在澳門特別行政區現行退休制度內或對這制度來說，是永不具有任何意義的。但是，如果他們在澳門特別行政區留任且在澳門特別行政區成立後依法退休，則其原在澳門編制內工作的時間，如期間已向澳門退休基金會作出相應扣除者，應在訂定其退休金和贍養費金額時也予以承認。

十八、澳門特別行政區當然也會向在其於 1999 年 12 月 20 日成立後才開始在其公共部門工作的人員，支付他們依照澳門現行法律應得的退休金和贍養費。

十九、儘管在撤銷行政行為的司法上訴制度下，必須奉行 "僅審理行政行為合法性" 的原則，但考慮到自前高等法院的撤銷性判決裡所已形成的案件確定判決的客觀效力，行政當局確實不能再以遵行判決之名義，作出一個新的，但卻包含著跟原已遭法院撤銷的行為所沾有者一模一樣的瑕疵的行政行為，否則便會淪入一惡性循環中。因此，必須慎防表面執行判決的情況。

二十、這樣，依照 "禁止法律被追溯適用" 的一般原則（參照《澳門民法典》第 11 條的規定），行政當局原則上不可以判決在作出時，所依據的法律已於當前失效或被廢止為由，而不去執行判決，否則便會罔顧法律應有的安穩性和肯定性。總言之，這只屬法律在時間上適用的問題。

二十一、然而，如果前高等法院在審案和作出判決時賴以為據的當時生效且規範有關課題的法律的一主要組成部分（如《澳門組織章程》，10 月 14 日第 357/93 號法令和 2 月 23 日第 14/94/M 號法令），在其內容上，自澳門的政治地位隨著 1999 年 12 月 20 日的政權移交變更後起，與澳門新的政治地位有所抵觸時，便不可被（最終要對中華人民共和國中央人民政府負責的）澳門特別行政區行政當局完完整整地適用，即使按照法律在時間上的適用的有關規則以原來生效的"舊法"之名義適用亦然，否則便會導致發生因違反被視為強效或重效法律的《基本法》的第 98 條規定，而被稱之"強效法重效法嗣後被違反"的情況。

■ 終審法院第 7/2001 號案裁判書全文（二審）

案件編號：7/2001
案件類別：對行政、稅務及海關方面的司法裁判的上訴
上訴人：甲
被上訴人：經濟財政司司長
會議日期：2001 年 9 月 26 日
主要法律問題：行政爭訟判決的執行、《澳門特別行政區基本法》的法律地位、原澳門法律制度的過渡、公務人員的退休金和贍養費的承擔責任、司法制度的延續、行政活動的合法性原則
法官：朱健（裁判書製作法官）、利馬和岑浩輝

| 摘 要

在法律基本不變的原則下，澳門特別行政區成立以前的澳門原有法律，要能被採納為澳門特別行政區的法律，並繼續生效，必須符合中華人民共和國對澳門恢復行使主權之後澳門的地位，同時也符合《基本法》的規定，不能與之相抵觸。因此，這不是一種完全的、無條件的法律過渡，而是以《基本法》為標準，有條件、有選擇性的法律過渡，這使原澳門的法律體系與現在的澳門特別行政區的法律體系存在原則性的差異。

根據《回歸法》的規定，原澳門立法機關制定的法規，除列於《回歸法》附件一、附件二和附件三的因抵觸《基本法》不被採納的之外，其他均採用為澳門特別行政區法規，納入澳門特別行政區法律體系。

被採用的原澳門立法機關制定的法規，因為是在回歸前葡萄牙管治時期制定的，所以在澳門回歸之後被適用時，為符合澳門新的政治地位和《基本法》的有關規定，需要作出必要的變更、適應、限制或例外。

如果以後發現這些被採用的原澳門立法機關制定的法規與《基本法》相抵觸，便不能繼續保留在澳門特別行政區的法律體系內，必須按照《基本法》的規定和法定程序修改或停止生效。

在澳門特別行政區成立後，澳門成為中華人民共和國的一個享有高度自治權的地方行政區域。基於主權原因，原適用於澳門的葡萄牙法律，包括葡萄牙主權機關專為澳門制定的法律，自一九九九年十二月二十日起，在澳門特別行政區停止生效。

但由於在被採用為澳門特別行政區法規的澳門原有法規中，有出現引用葡萄牙法律的條款。為避免在特區成立時出現過多的法律真空，如果這些被引用的葡萄牙法律不損害中華人民共和國的主權和不抵觸《基本法》的規定，在澳門特別行政區對上述條款作出修改之前，可以作為過渡安排，繼續參照適用。

根據《基本法》第九十八條第二款規定，依照澳門原有法律享有退休金和贍養費待遇的留用公務人員，在澳門特別行政區成立後退休的，不論其所屬國籍或居住地點，澳門特別行政區向他們或其家屬支付不低於原來標準的應得的退休金和贍養費。

因此，對於在澳門回歸前任職的公務人員，必須是在澳門特別行政區成立後獲得留用，隨後退休，且按照澳門原有法律享有退休金和贍養費待遇的，才會得到澳門特別行政區向他們或其家屬支付不低於原來標準的應得的退休金和贍養費。

根據法律體系有條件過渡的原則，澳門特別行政區成立前作出的行政行為，只有在符合《基本法》的條件下才繼續有效及產生效力。而在特區成立後作出的行政行為，也必須以《基本法》為準則。

特區政府在行使行政管理權，處理行政事務時，必須遵守《基本法》和有關法律的規定，不能以任何名義作出違反《基本法》和其他適用法律的行政行為。這就是行政運作需要遵守的合法性原則。

因對澳門行使管治權的主體的變更，對於由澳門原有法律體系過渡到澳門特別行政區法律體系而產生的法律適用問題，不能只用一般的法律交替原則來解決，而必須首先以不抵觸《基本法》為前提。

澳門原有司法體系的過渡，同樣遵遁有條件過渡的原則。原有的司法制度，包括各種司法程序和訴訟文件等，都必須符合《基本法》、《回歸法》和其他適用法規，特別是新的《司法組織綱要法》，才能得到延續。這體現了《基本法》在特區法律體系裡的憲法性地位，以及《基本法》作為特區各種制度和政策的依據這一原則。

鑑於《基本法》在特區法律體系裡的憲法性地位和行政活動的合法性原則，行政機關不應當根據原高等法院的裁判作出一個違反《基本法》的行為，因此該裁判是不能被有關的行政當局執行的。

裁判書製作法官
朱健

澳門特別行政區終審法院裁判

對行政、稅務及海關方面的司法裁判的上訴

第 7/2001 號

上訴人：甲

被上訴人：經濟財政司司長

一、概述

上訴人甲因不服中級法院於二零零一年二月一日，在第 1153/A 號執行案中作出的裁判，向終審法院就該裁判提起上訴。

一九九九年十二月三日，原澳門高等法院在第 1153 號案件中，判處甲勝訴，以出現違反法律的瑕疵為理由，撤銷該上訴所質疑的原社會事務暨預算政務司在一九九六年七月十五日確定其退休金金額的批示。

在二零零零年九月十九日，甲向中級法院申請執行該撤銷性裁判。

二零零一年二月一日，中級法院在第 1153/A 號執行案作出裁判，判處該要求執行原高等法院撤銷性裁判的申請不成立，因認為該裁判已被執行。

在向終審法院提起的上訴中，上訴人總結如下：

"1. 行政法院作出的裁判具有已確定裁判的權威和強制性，尤其是對行政當局而言，其負有執行司法裁判的法律義務。

2. 與行政當局負有的執行義務對應的是在上訴中勝訴的私人要求執行的權利，以及執行的所有的效力和後果。當所犯的不合法性被消除後就是作出了執行。

3. 執行就是由主動的行政當局，通過重建如果沒有作出違反法律的行為時的情況（再生效力），作出實際恢復被損害的法律秩序所需的法律行為和具體行動。這個理論為經十二月十三日第 110/99/M 號法令通過的《澳門行政訴訟法典》第一百七十四條第三款所採納。

4. 除了缺乏款項或不符合預算中指定款項，或存在正當原因外，不執行法院在行政訴訟案件中作出的已確定的裁判是不合法的，其中一個後果是任何不遵守該裁判的行為是無效的，或其執行會導致同樣結果。

5. 關於對原高等法院於一九九九年十二月三日在第 1153 號上訴案中所作裁判的執行，是該高等法院決定，在確定上訴人的退休金時，澳門行政當局應按照作出有瑕疵行為時在澳門生效的有關法律，全面計算上訴人在葡萄牙或其前海外行政當局提供服務的全部時間，且在該段時間曾作有關扣除，當中包括上訴人根據《澳門組織章程》第六十九條第一款的規定在澳門服務的時間，以及上訴人在澳門本身編制內服務的時間，並必須計算出葡萄牙退休金管理局和澳門退休基金會之間各自承擔的份額。只有這樣才能使法律秩序得以重建，使原會出現的狀況得以回復。

6. 除此之外，還應補償上訴人在沒有作出被撤銷行為的情況下便應獲得的所有款項，並對每一部分欠款自它們的到期日起加上以法定利率計算的補償利息。

7. 如果對被管理者更有利時（正如本個案），司法爭訟的撤銷具追溯力，意味著被撤銷的行為被看成從未出現過，並重建如果沒有出現違法情況時會出現的狀態。

8. 與其嚴格執行作出的裁判，通過重建原會出現的狀態，來恢復被違反的法律秩序，接到申請的機構卻選擇了完全重複被法院撤銷的行為。因此，根據《行政訴訟法典》第一百八十七條第一款 a）項以及《行政程序法典》第一百二十二條第二款 h）項的規定，該行為無效。

9. 由法院確定了執行某一裁判時應作出的 "行為和行動"，行政當局必須執行有關決定。否則，以執行該判決為名所作的行為，如與之不符，將變成無效。

10.《行政訴訟法典》除規定不遵守法院裁判的行為無效外，還在第一百八十六條第一款規定，當法院得悉有關的裁判未被自願執行時，可以對有權命令執行的行政機關據位人採取一項強迫措施，同時也令有關的公法人以及其機關的據位人，對利害關係人造成的損失負上連帶責任（《行政訴訟法典》第一百八十六條），有權執行的機關的據位人還可因為不執行而負上紀律責任，甚至刑事責任（《行政訴訟法典》第一百八十七條第一款 c）項及第二款 a）項）。

11. 被上訴的裁判總結出："有關的新行為（澳門特別行政區經濟財政司司長的批示）必然被認為是沒有執行或履行原澳門高等法院的撤銷性裁判，因為與已被司法撤銷的原行政行為的結果一樣。"

12. "如果沒有"隨著一九九九年十二月二十日發生的政權轉移而出現的 "澳門不同的政治地位的變更"，被上訴的裁判中可能會有這樣的決定。

13. 主流的理論和司法見解認為，作出一個新的行為來取代另一個已被撤銷的行政行為，且當中要求重建對被管理者更有利的原會出現的狀況時，上述行為的效果應追溯到作出首個行為的時間，引用當時生效的，即使現在已被廢止的規範。

14. 如果對被管理者更有利（正如本個案），司法爭訟的撤銷具有追溯力，這意味著被撤銷的行為被看作從未存在過，並重建如果沒有出現違法情況時會出現的狀態。

15. 根據最高行政法院於一九九七年七月十日在第 27739-A 號案件中作出的裁判，重建原會出現的情況的原則邏輯上要求執行裁判所作出的行政行為追溯到作出被撤銷的行為的時刻。因此，一開始時執行的行為和行動必須考慮這一時刻的事實狀況和法律規定。

16. 僅以被撤銷的行為之後的法律規定為基礎，作出一個不利於上訴人要求的新的行政行為，並沒有完全執行撤銷性裁判，除非出現具追溯力的法律制度的變遷，但這在一九九九年十二月二十日發生的政權轉移中並沒有出現。

17. 在被上訴的裁判本身也有同樣的理解，當中裁定"由於禁止法律追溯力的一般原則的要求（根據《澳門民法典》第十一條），行政當局不能因據以作出裁判的法律現已失效或被廢止而不履行一個撤銷性裁判，否則將完全忽略法律的安全性和確定性，以及利害關係人在過去和現在對之前有效的、且唯獨與其主觀法律狀況有聯繫的法律的信任"。

18. 注意到上述觀點和被上訴法院推斷出違反了已確定裁判和違法地沒有執行判決，應只能宣告行政當局在沒有遵守該判決的情況下所作的行為無效。而與作出被撤銷的行為時生效的法律是否符合《基本法》規定的問題完全無關。

19. 總結出經濟財政司司長在二零零零年七月十一日作出的批示中，並沒有執行澳門高等法院在第 1153 號行政司法上訴案中作出的撤銷性判決。這樣，唯一的結果就只能是根據《澳門行政程序法典》第一百二十二條第二款 h）項以及《行政訴訟法典》第一百八十四條第二款和第一百八十七條第一款 a）項的規定，宣告上述批示無效。

20. 在被上訴的裁判中沒有作出這樣的決定，就違反了《行政訴訟法典》第一百七十四條、第一百七十五條、第一百八十四條、第一百八十六條和第一百八十七條，《民法典》第十一條，《行政程序法典》第一百二十二條第二款 h）項以及《基本法》第八條的規定。

21. 除了違反上述規範之外，被上訴的裁判在引用《基本法》第八條、第四十五條、第五十條、第九十八條、第一百四十五條和《回歸法》第三條、第五條及第六條時出現錯誤。"

上訴人要求裁定其勝訴，撤銷被上訴的裁判和宣告刊登在二零零零年七月十九日的《公報》第二十九期第二組的，由澳門特別行政區政府經濟財政司司長在二零零零年七月十一日作出的批示無效。

同時亦要求向澳門特別行政區政府經濟財政司司長適當地採取《行政訴訟法典》第一百八十六條規定的強迫措施。

被上訴方在其理由陳述中總結如下：

"1. 原高等法院於一九九九年十二月三日作出的撤銷性合議庭裁判，已由經濟財政司司長通過以一個新的行為取代被質疑的行為的形式，於二零零零年七月十一日作出的批示所履行。

2. 在作出這一新行為時，必須遵守澳門特別行政區現行法律，否則，會造成與《基本法》第九十八條的規定出現實質性不相容的情況。

3. 從另一個角度考慮有關的事實，上訴人取得退休金的權利由葡萄牙國家授予，並通過第 357/93 號法令，給予原澳門總督處理有關事項的專有權限。

4. 因此，在回歸後，上述由葡萄牙國家機關授予某些行政機關的職權消失了。

5. 在這種情況下，上訴人為實現本身的權利，應向葡萄牙的有權限當局提出申請，因為澳門特別行政區行政當局在其職責範圍內沒有這些權限。

6. 但是，為延續原社會事務暨預算政務司在一九九九年十二月十三日，作出執行原高等法院一九九九年十二月三日合議庭裁判的決定，並為恢復被違反的法律秩序。

7. 需要引用已失效的法律（參照第 43/94/M 號法令和第 14/94/M 號法令）。如果沒有這些法律，是不可能定出一個新的退休金，也不能解釋對有關份額的轉移。

8. 為此，在澳門特別行政區行政當局獲授予的職權範圍內，及符合《基本法》第九十八條規定的情況下，經濟財政司司長於二零零零年七月十一日作出訂定新的退休金的批示，應被視為履行了原高等法院於一九九九年十二月三日在第 1153 號行政司法上訴案作出的合議庭裁判。

9. 認為中級法院於二月一日在上述上訴案作出的合議庭裁判中存在所指的瑕疵的理由陳述是缺乏連貫性的。

10. 即在合議庭裁判裡出色地提出在恢復被違反的法律秩序時的法律的可追溯適用性（參照合議庭裁判第三十八頁第二段）、過去法律體系的延續性（參照合議庭裁判第二十四、二十五、二十六和二十七頁），以及在《基本法》裡所塑造出的法律至上原則（參照合議庭裁判第三十八頁）。"

被上訴人要求維持中級法院的裁判，駁回上訴。

檢察院助理檢察長提交了意見書，主要內容如下：

根據《行政訴訟法典》的有關規定，法院在行政上之司法爭訟程序中作出的確定判決具有強制性及執行力。

遵行判決指的是視乎具體情況作出一切必需的法律行為及事實行動以便有效地重建被違反的法律秩序及回復原會出現的狀況（第 174 條第 3 款）。

而只有絕對及最終不能執行，以及遵行判決將嚴重損害公共利益，才可視為不執行的正當理由。這是《行政訴訟法典》第 175 條第 1 款明確規定的。

在我們正在討論的上訴案中，行政當局並沒有提出存在任何不遵行原高等法院判決的正當理由。因此，原則上應作出新的行政行為（就上訴人退休金的訂定發出內容不同的批示）以遵行上述判決。

如執行的內容為作出某一事實（這正是本上訴案的情況），而行政機關在法定期間內未能完全遵行有關判決時，法律賦予利害關係人請求法院執行該判決的權利（《行政訴訟法典》第 180 條第 1 款）。

以上所述是在一般情況下的基本理論和法律規定。在本案中原高等法院的裁判是在 1999

年 12 月 3 日作出的，為執行該判決，經濟財政司司長於 2000 年 7 月 11 日發出了重新訂定上訴人退休金的批示。但該批示並沒有完全按照法院判決的內容去訂定上訴人的退休金，沒有適用作為法院判決依據的法律條文。這是否正確呢？

1999 年 12 月 20 日，澳門經歷了一件重大的歷史政治事件：中華人民共和國政府對澳門恢復行使主權，澳門從此脫離葡萄牙共和國的管治而成為中華人民共和國澳門特別行政區。

政權的移交及澳門的回歸對澳門的法律體系及公共行政有什麼影響呢？

首先，澳門特別行政區成立後，其原有的制度，包括法律制度基本保持不變。

應該說，澳門的原有法律一般不包括延伸至澳門適用的葡萄牙法律，即葡萄牙主權機構專門為澳門制定的法律，以及葡萄牙主權機構確定在葡萄牙全境和海外屬地普遍適用、並循法定程序確認在澳門適用的法律。所以《回歸法》特別規定"原適用於澳門的葡萄牙法律，包括葡萄牙主權機構專為澳門制定的法律，自一九九九年十二月二十日起，在澳門特別行政區停止生效"。（第 4 條第 4 款）

因此，《澳門組織章程》及作為規範澳門公職人員納入葡萄牙公共行政部門編制的法律文件的第 357/93 號法令也在 1999 年 12 月 20 日後停止生效，因為兩者都出自於葡萄牙主權機關。法律的適用是一個涉及到國家主權的問題，在一個國家的領土上只能適用本國的法律，作為中華人民共和國組成部分的特別行政區當然不能再適用葡萄牙的法律。

另一方面，在澳門的原有法律中，也只有那些不抵觸《澳門特別行政區基本法》的才能保留；而那些已採用為澳門特別行政區法規的原有法律，在適用時也要為符合中華人民共和國對澳門恢復行使主權後澳門的地位和《澳門特別行政區基本法》的有關規定而進行必要的變更、適應、限制或例外（《回歸法》第 3 條及其附件一至附件三）。

可以看到，在法律的適用問題上，立法者十分強調對中華人民共和國的主權、對中華人民共和國對澳門恢復行使主權後澳門的地位和《澳門特別行政區基本法》的尊重，以此作為標準來決定某一法律是否仍在澳門特別行政區適用。

問題是，當澳門法院在回歸前適用了這些已不能在特別行政區繼續適用的法律作出了撤銷行政行為的確定性判決，那麼回歸後行政當局是否仍應適用這些法律來達到執行法院判決的目的呢？

我們認為，如果這些法律的適用涉及到國家主權的問題，與中華人民共和國對澳門恢復行使主權後澳門的地位不相符或與《澳門特別行政區基本法》的有關規定相抵觸的話，行政當局就不應該再加以適用，相反則仍可以適用。當然這樣做會影響到對法律的安全、肯定及信任的原則，但是由於國家主權是一個屬於更高層次的，更重大的利益，所以當兩種利益發生衝突時，應選擇維護更重大的利益。

澳門在 1999 年 12 月 20 日前由葡萄牙共和國管治，其組織架構是由《澳門組織章程》訂定的。

其後，葡萄牙於 1993 年頒佈了第 357/93 號法令，這是因應過渡時期所出現的有關公務員的問題而制定的，目的在於保障澳門公務員納入葡萄牙共和國公共部門編制的權利及保障已退休的公務員或在 1999 年 12 月 20 日前具備條件退休的公務員，能將支付退休金之責任轉移至葡萄牙。為適用該法規並使之具體化，澳門政府頒佈了第 14/94/M 號法令及第 43/94/M 號法令。

在以上這些法規中，澳門總督都是以葡萄牙主權機關在澳門的代表的身份來參與澳門公務員納入葡萄牙公共部門編制的程序，並且根據第 357/93 號法令第 12 條的規定享有為在澳門地區適用該法令而制定施行細則的專屬權限（為此而制定和頒佈了第 14/94/M 號法令及第 43/94/M 號法令）。

但是，隨著政權的移交和澳門的回歸，澳門的政治地位發生了根本的改變，完全與葡萄牙共和國脫離了關係。澳門總督作為葡萄牙主權機關在澳門的代表已不復存在，他在納編過程中所具有的權限等等也已完全消失，現在澳門沒有任何人代表澳門特別行政區向葡萄牙共和國承擔責任，除非存有其他協議。

因此，如果澳門特別行政區政府再繼續適用上述法規的話，將嚴重違背澳門在政權移交後的政治地位，影響到中華人民共和國的主權。

法律保證公共行政、行政行為的延續。但公共行政的延續及行政行為的繼續有效也是以不抵觸《澳門特別行政區基本法》為前提的，受《澳門特別行政區基本法》的限制和約束。

關於公務人員，《中葡聯合聲明》和《澳門特別行政區基本法》都確定的一個基本原則是：澳門原有的公務人員可以繼續留用，原有的公務人員制度基本保留。這是為了保障公務人員的利益。

另外，根據《中葡聯合聲明》，"澳門特別行政區成立後退休的上述公務人員，不論其所屬國籍或居住地點，有權按現行規定得到不低於原來標準的退休金和贍養費"。

《澳門特別行政區基本法》第 98 條第 2 款也明確規定："依照澳門原有法律享有退休金和贍養費待遇的留用公務人員，在澳門特別行政區成立後退休的，不論其所屬國籍或居住地點，澳門特別行政區向他們或其家屬支付不低於原來標準的應得的退休金和贍養費"。

在這裡，法律明確了澳門特別行政區向退休公務人員支付退休金和贍養費的責任，這種責任的承擔受以下條件的限制：

1. 只有依照澳門原有法律享有退休金和贍養費待遇的留用公務人員才享有由澳門特別行政區政府支付退休金和贍養費的待遇，也就是說，澳門特別行政區政府只承擔向那些在回歸後繼續為特區工作的公務人員支付退休金和贍養費的責任。

2. 只有在澳門特別行政區成立後退休的公務人員才享有由澳門特別行政區支付退休金和贍養費的待遇。

只有這兩個條件兼備，澳門特別行政區才會向其支付退休金和贍養費。

立法者在這個問題上的意圖是很明顯的，我們從與香港特別行政區的情況比較中也可以得出這樣的結論。

我們注意到，兩個特別行政區政府承擔的退休金責任是不同的。

根據《中華人民共和國政府和大不列顛及北愛爾蘭聯合王國政府關於香港問題的聯合聲明》附件一第四段及《香港特別行政區基本法》第 102 條的規定，香港特別行政區政府不但對在香港特別行政區成立後退休的公務員承擔支付退休金的責任，對在特區成立之前退休的公務員也承擔支付責任。

由此可以看到，《澳門特別行政區基本法》的立法者是將澳門特別行政區政府支付退休金的責任限制在一定範圍內，只向那些在特別行政區成立後退休的公務人員或其家屬支付退休金和贍養費。在特別行政區成立前退休的公務人員的退休金和贍養費，則應由葡萄牙管治下的澳門政府在 1999 年 12 月 20 日前負責解決，澳門特別行政區政府不承擔支付責任。（參閱楊靜輝、李祥琴著《港澳基本法比較研究》，北京大學出版社，第 302 頁）

我們也看到，在依照原高等法院的判決內容執行該判決和遵守《澳門特別行政區基本法》第 98 條的規定之間存在不相容的矛盾。

這個矛盾是在特定的歷史和政治條件下產生的 — 澳門的回歸引致澳門政治地位的完全改變 — ，而不是在普通情況下新舊法律的交替所帶來的法律適用的衝突（比如，在同一政治及法律體係下也會產生同樣的衝突），而且澳門的回歸是一個涉及到國家主權的問題，隨著這個事件的發生，澳門脫離葡萄牙的管治而成為中華人民共和國一個特別行政區。因此，我們在解決這個矛盾時就一定要考慮到其產生時所發生的歷史及政治變化。

另一方面，《澳門特別行政區基本法》是在實施"一國兩制"基本國策的條件下產生的，體現了"一國兩制"的精神，把國家對澳門的基本政策用法律的形式規定下來。在國家的法律體系中，其地位僅次於憲法，是國家的基本法律。基本法在特別行政區法律體系內，其地位高於其他法律。正因為《澳門特別行政區基本法》具有高於其他任何澳門特別行政區法律的地位，對其他法律的適用都不可以與基本法相抵觸，這也是法律的一個基本原則。

基於以上理由，行政當局不應當適用那些與澳門特別行政區新的政治地位不相容的、並違反《澳門特別行政區基本法》的法律，即使是為了執行法院的判決亦然。根據行政合法性的原則，在 1999 年 12 月 20 日之後，任何人都不能以執行原高等法院判決的名義要求行政當局適用這些法律並承擔支付退休金的責任。

當涉及到兩個主權國家時，一個國家（包括其組成部分）向另一個國家承擔某一種責任或義務只能以雙邊或多邊協議作為前提。在《中葡聯合聲明》中，澳門特別行政區（作為中華人民共和國的一部分）只承諾向那些在特別行政區成立後退休的公務人員或其家屬支付退休金或撫恤金，並無義務去支付在這之前已退休的公務人員的退休金，如果特別行政區政府願意支付這些人的退休金的話，也只能是出於自願原則。

綜上所述，由於作為原高等法院判決依據的《澳門組織章程》、第 357/93 號法令、第 14/94/M 號法令及第 43/94/M 號法令因不符合中華人民共和國對澳門恢復行使主權後澳門的地位而不能被適用，即使是為執行法院的已確定判決亦然；其次，也由於《中葡聯合聲明》及《澳門特別行政區基本法》明確限定了澳門特別行政區向退休公務人員支付退休金的範圍，澳門特別行政區政府只負責支付在特別行政區成立後退休的、依照澳門原有法律享有退休金待遇的留用公務人員的退休金，因此公共行政當局不能適用這些法律來重新訂定上訴人的退休金，更不能向上訴人支付按這個標準訂定的退休金。

基於行政合法性的原則，公共行政當局只依據符合中華人民共和國對澳門恢復行使主權後澳門的地位以及不與《澳門特別行政區基本法》相抵觸的法律來訂定退休金。因此上訴人向中級法院提出的按原高等法院判決的內容執行判決的申請是缺乏依據的。

基於以上理由，應駁回上訴人提出的上訴。

經助審法官檢閱。

二、理據

根據澳門退休基金會一九九六年七月九日第 0861/DS/FPM/96 號報告：

原澳門總督在一九九五年五月二十二日作出批示，承認上訴人退休並把有關退休金的責任轉往葡萄牙退休事務管理局的權利；

一九九五年七月十一日，上訴人根據第 14/94/M 號法令第三條和第十條第八款，申請提前在一九九五年十一月七日退休；

上訴人用於退休的工齡超過二十八年；

原社會事務暨預算政務司於一九九六年七月十五日作出了批示，當中只以上訴人在澳門工作的四年時間定出上訴人的退休金金額。

對此批示上訴人於一九九六年九月向葡萄牙最高行政法院提起司法爭訟。

該司法爭訟於一九九九年七月移交原澳門高等法院審理。

原高等法院於一九九九年十二月三日就該司法爭訟判處上訴人勝訴。

有關裁判在二零零零年一月六日成為確定性裁判。

上訴人申請執行的原高等法院裁判的主要內容是：

"事實上，上訴人一雖然聘自（葡萄牙）共和國 – 在一九八六年一月一日已開始在澳門地區工作，並於一九九零年十二月十日成為澳門退休基金會的供款人。如果在此日期之前不是其供款人，在計算退休金額時也把他看成已是供款人，因為成為葡萄牙退休事務管理局的供款人屬強制性的。

那麼，根據第 14/94/M 號法令第十四條和第十五條的現定，雖然承擔和支付上訴人退休金的責任，已被轉到葡萄牙退休事務管理局，澳門退休基金會必須把相當於登記前的所有時間、或根據第 357/93 號法令第九條第四款在給予退休金時考慮的時間的供款款項轉往該局。

也就是說，而且也是根據葡萄牙退休事務管理局在一九九六年七月十二日發來的傳真上所表達的看法，正確和合法的應該是，上訴人的退休金應全部由澳門行政當局根據澳門有關的現行法律定出，在訂定時應考慮所有在葡萄牙和在其前海外行政部門工作且有供款的時間，當中包括根據《澳門組織章程》第六十九條第一款的規定在澳門的服務時間，以及上訴人在澳門本身編制內的工作時間，然後對葡萄牙退休事務管理局和澳門退休基金會各自的負擔作必要的劃分。

因而出現違反法律，判處上訴人勝訴及撤銷被上訴的行為。"

該被撤銷的行為即上述原社會事務暨預算政務司於一九九六年七月十五日作出的批示，當中定出上訴人的退休金金額。

被上訴的經濟財政司司長，以執行原高等法院裁判的名義，於二零零零年七月十一日作出如下批示[1]：

"（一）為執行原澳門高等法院於 3/12/1999 對撤銷原社會事務暨預算政務司於 15/7/96 批准訂定及轉移甲之退休金之合議庭裁判。同時，根據第 1/1999 號法律第三條及第六條，依照澳門的退休金及撫恤金制度及配合《澳門特別行政區基本法》的規定，核准退休金的重新訂定：

原澳門旅遊司第三職階一等技術員甲，每月的退休金根據五月二十五日第 27/92/M 號法令第三條第二款規定，由一九九五年十一月七日開始以相等於現行薪俸索引表內的 70 點訂出，是按照十二月二十一日第 87/89/M 號法令所核准，八月十七日第 11/92/M 號法律所修訂過的《澳門公共行政工作人員通則》第二百六十四條第一款及第二百六十五條第二款計算出來，由於根據八月十五日第 43/94/M 號法令第一條第一款，計算其二十八年工作年數在內，並考慮同一條第二款及《澳門公共行政工作人員通則》第二百六十四條第三款之規定，以其在澳門工作至一九九五年十一月六日為止的四年服務工齡作為退休金之計算基礎。另根據上述通則第一百八十條第一款表二及第一百八十三條第一款之規定，在該退休金加上相對於五個年資獎金的金額。

（二）七月八日第 5/96/M 號法律第二條規定，特許自一九九六年七月一日起，已將該退休金調高澳門幣 210.00。

（三）有關在澳門服務時間的退休金支付責任已被澳門地區所確定。

（四）根據二月二十三日第 14/94/M 號法令第十四條及第十五條規定，已將有關退休金之支付責任轉移予葡國退休事務管理局。"

上訴人向中級法院要求執行原高等法院於一九九九年十二月三日在第 1153 號案件作出的

---

1   刊登在二零零零年七月十九日《澳門特別行政區公報》第二組第二十九期。

裁判。上訴人認為，被上訴的行政當局為執行該裁判所作出的行為，幾乎是一字一句完全重複被撤銷行為的內容，並沒有正確地執行該裁判。同時根據《行政訴訟法典》第一百八十四條第二款和第一百八十七條第一款 a）項以及《行政程序法典》第一百二十二條第二款 h）項的規定，認為該行為無效。

執行的客體是法院在一行政爭訟程序中作出撤銷行政行為的判決。在這個判決終局確定之後，有關的行政當局應在最多三十日內，主動執行判決，作出所有必需的行為和措施，以恢復被違反的法律秩序，並重建原應出現的狀態（《行政訴訟法典》第一百七十四條第一款和第三款）。

在一般的情況下，行政當局應該主動執行法院的判決，作出一個新的、具追溯力的、符合法律的行政行為，代替已被撤銷的行政行為，排除不符合法律的狀況[2]。

但本案有一個特殊之處，就是被撤銷的行政行為是在一九九六年由原澳門政府的社會事務暨預算政務司作出的，有關撤銷性裁判是原澳門高等法院在一九九九年十二月三日作出，而到這個裁判終局確定時已是二零零零年一月六日，即澳門特別行政區成立之後。也就是說，要由現在的澳門特別行政區政府執行一個在澳門回歸前由原高等法院作出的決定。因此，在行政當局活動的合法性原則之下，執行該原高等法院裁判時，不能不首先考慮《中華人民共和國澳門特別行政區基本法》（以下簡稱《基本法》）和澳門特別行政區第 1/1999 號法律（《回歸法》）等法規對澳門特別行政區法律制度的規定。

首先，我們研究在回歸前和回歸後澳門法律制度的變化。

為此，有需要對《基本法》和《回歸法》等法律中的某些條款進行解釋，以確定他們的涵義。

《民法典》第八條規定了對法律條文的解釋：

"一、法律解釋不應僅限於法律之字面含義，尚應尤其考慮有關法制之整體性、制定法律時之情況及適用法律時之特定狀況，從有關文本得出立法思想。

二、然而，解釋者僅得將在法律字面上有最起碼文字對應之含義，視為立法思想，即使該等文字表達不盡完善亦然。

三、在確定法律之意義及涵蓋範圍時，解釋者須推定立法者所制定之解決方案為最正確，且立法者懂得以適當文字表達其思想。"

回歸前澳門的法律包括法律、法令、行政法規和其他規範性文件，這些原在澳門適用的法律，既有澳門本地立法機關制定的法律，也有由葡萄牙有關當局制定的葡萄牙法律和專為澳門或前葡萄牙海外地區制定的法律。

2　參閱 A Execução das Sentenças dos Tribunais Administrativos（行政法院判決的執行），Diogo Freitas do Amaral，第二版，Almedina 出版社，1997，第 92 頁。

一九九三年三月三十一日，中華人民共和國全國人民代表大會通過了《中華人民共和國澳門特別行政區基本法》，由中華人民共和國主席命令公佈，並在一九九九年十二月二十日即澳門特別行政區成立當日開始實施。

《基本法》是全國人民代表大會根據《中華人民共和國憲法》第三十一條制定的，它屬於澳門特別行政區的憲法性法律，是特區各項制度和政策的依據。澳門特別行政區的任何法律、法令、行政法規和其他規範性文件均不得與《基本法》相抵觸（《基本法》第十一條第二款）。

《基本法》第十八條規定，在澳門特別行政區實行的法律除了《基本法》和列於其附件三的全國性法律之外，還包括《基本法》第八條規定的澳門原有法律和澳門特別行政區立法機關制定的法律。

而《基本法》第八條規定：

"澳門原有的法律、法令、行政法規和其他規範性文件，除同本法相抵觸或經澳門特別行政區的立法機關或其他有關機關依照法定程序作出修改者外，予以保留。"

也就是說，澳門特別行政區的法律等規範性文件均不得抵觸《基本法》，而回歸前的澳門原有的法律如抵觸《基本法》，原則上不能被保留在澳門特別行政區實施。

這與《中華人民共和國政府和葡萄牙共和國政府關於澳門問題的聯合聲明》（以下簡稱《中葡聯合聲明》）中的規定是一致的。其中第二點第（四）款規定："澳門現行的社會、經濟制度不變；生活方式不變；法律基本不變。……" 這裡可明顯看到，與社會、經濟制度和生活方式不同，對澳門原有法律體系的過渡是採取基本不變的原則，這意味著會有一定程度的變化。

事實上，澳門原有的法律，有澳門本地立法機關制定的法律，也有由葡萄牙有關當局制定的葡萄牙法律。因為澳門在回歸後成為中華人民共和國的一個特別行政區，基於主權原因，原在澳門適用的葡萄牙法律不能在特別行政區繼續適用。而澳門本地制定的法律，如果是體現葡萄牙對澳門的管治，或與《基本法》規定的制度相抵觸，也不能被採用為澳門特別行政區的法律。這是因應澳門政治地位的轉變而在法律體系層面必須作出的變更。

對澳門原有法律的處理，《基本法》第一百四十五條第一款規定：

"澳門特別行政區成立時，澳門原有法律除由全國人民代表大會常務委員會宣佈為同本法抵觸者外，採用為澳門特別行政區法律，如以後發現有的法律與本法抵觸，可依照本法規定和法定程序修改或停止生效。"

一九九九年十月三十一日，全國人民代表大會常務委員會作出了關於根據《中華人民共和國澳門特別行政區基本法》第一百四十五條處理澳門原有法律的決定[3]：

"一、澳門原有的法律、法令、行政法規和其他規範性文件，除同《基本法》抵觸者外，

3　刊登在一九九九年十二月二十日《澳門特別行政區公報》第一組第一期。

採用為澳門特別行政區法律。

二、列於本決定附件一的澳門原有法律抵觸《基本法》，不採用為澳門特別行政區法律。

三、列於本決定附件二的澳門原有法律抵觸《基本法》，不採用為澳門特別行政區法律，但澳門特別行政區在制定新的法律前，可按《基本法》規定的原則和參照原有做法處理有關事務。

四、列於本決定附件三的澳門原有法律中抵觸《基本法》的部分條款，不採用為澳門特別行政區法律。

五、採用為澳門特別行政區法律的澳門原有法律，自一九九九年十二月二十日起，在適用時，應作出必要的變更、適應、限制或例外，以符合中華人民共和國對澳門恢復行使主權後澳門的地位和《基本法》的有關規定。

除符合上述原則外，澳門原有法律中：

（一）序言和簽署部分不予保留，不作為澳門特別行政區法律的組成部分。

（二）規定與澳門特別行政區有關的外交事務的原有法律，如與在澳門特別行政區實施的全國性法律不一致，應以全國性法律為準，並符合中央人民政府享有的國際權利和承擔的國際義務。

（三）任何給予葡萄牙特權待遇的規定不予保留，但有關澳門與葡萄牙之間互惠性規定不在此限。

（四）有關土地所有權的規定，依照《基本法》第七條的規定解釋。

（五）有關葡文的法律效力高於中文的規定，應解釋為中文和葡文都是正式語文；有關要求必須使用葡文或同時使用葡文和中文的規定，依照《基本法》第九條的規定辦理。

（六）凡體現因葡萄牙對澳門管治而引致不公平的原有有關專業、執業資格的規定，在澳門特別行政區對其作出修改前，可作為過渡安排，依照《基本法》第一百二十九條的規定參照適用。

（七）有關從澳門以外聘請的葡籍和其他外籍公務人員的身份和職務的規定，均依照《基本法》第九十九條的規定解釋。

（八）在條款中引用葡萄牙法律的規定，如不損害中華人民共和國的主權和不抵觸《基本法》的規定，在澳門特別行政區對其作出修改前，可作為過渡安排，繼續參照適用。

六、在符合第五條規定的條件下，採用為澳門特別行政區法律的澳門原有法律，除非文意另有所指，對其中的名稱或詞句的解釋或適用，須遵循本決定附件四所規定的替換原則。

七、採用為澳門特別行政區法律的澳門原有法律，如以後發現與《基本法》相抵觸者，可依照《基本法》的規定和法定程序修改或停止生效。

原適用於澳門的葡萄牙法律，包括葡萄牙主權機構專為澳門制定的法律，自一九九九年十二月二十日起，在澳門特別行政區停止生效。"

全國人民代表大會常務委員會法制工作委員會在提交上述決定（草案）時作了說明：

原則上，澳門原有的法律等規範性文件，如果是與《基本法》相抵觸的，都不被採用為澳門特別行政區的法規。當中有的是體現葡萄牙對澳門的統治，有的是與《基本法》規定的政治體制和其他制度直接抵觸，整部不能被採用為特區的法規。

有些原有法律整體上是抵觸《基本法》的，不應採用為特區法規。但由於這些法律所規範的內容涉及範圍較廣，且具有較強的延續性，關係到具體權利和義務的承襲，如果簡單地將之廢除，會影響澳門的平穩過渡。因此，對這類原有法律不採用為特區法規，但特區在制定新法規之前，可按《基本法》規定的原則和參照原有做法處理有關事務。

原有法律中大多數的法律和法令在整體上不抵觸《基本法》，但其中有部分條款與《基本法》相抵觸，則這些原有法律除了抵觸《基本法》的條款之外，可採用為特區法規[4]。

澳門特別行政區成立後，根據上述決定制訂了《回歸法》，從中體現了澳門特別行政區的制度和政策以《基本法》為依據和原在澳門生效的法律的有條件過渡這兩個原則。

《回歸法》第三條第一款至第四款規定：

"一、澳門原有的法律、法令、行政法規和其他規範性文件，除同《澳門特別行政區基本法》抵觸者外，採用為澳門特別行政區法規。

二、列於本法附件一的澳門原有法規抵觸《澳門特別行政區基本法》，不採用為澳門特別行政區法規。

三、列於本法附件二的澳門原有法規抵觸《澳門特別行政區基本法》，不採用為澳門特別行政區法規，但澳門特別行政區在制定新的法規前，可按《澳門特別行政區基本法》規定的原則和參照原有做法處理有關事務。

四、列於本法附件三的澳門原有法規中抵觸《澳門特別行政區基本法》的部分條款，不採用為澳門特別行政區法規。"

對於被採用為特區法規的澳門原有法律，《回歸法》第三條第五款規定：

"五、採用為澳門特別行政區法規的澳門原有法規，自一九九九年十二月二十日起，在適用時，應作出必要的變更、適應、限制或例外，以符合中華人民共和國對澳門恢復行使主權後澳門的地位和《澳門特別行政區基本法》的有關規定。"

《回歸法》第四條第三款又規定：

"三、採用為澳門特別行政區法規的澳門原有法規，如以後發現與《澳門特別行政區基本法》相抵觸者，可依照《澳門特別行政區基本法》的規定和法定程序修改或停止生效。"

根據《回歸法》的規定，原澳門立法機關制定的法規，除因抵觸《基本法》列於《回歸法》附件一、附件二和附件三的之外，其他均採用為澳門特別行政區法規，納入澳門特別行政區法

4　參閱《澳門過渡時期重要文件匯編》，鄭言實編，澳門基金會出版，2000 年，第 116 至 117 頁。

律體系。而被採用的原澳門立法機關制定的法規，因為是在回歸前葡萄牙管治時期制定的，所以在澳門回歸之後被適用時，為符合澳門新的政治地位和《基本法》的有關規定，需要作出必要的變更、適應、限制或例外。如果以後發現這些被採用的原澳門立法機關制定的法規和《基本法》相抵觸，也不能繼續保留在澳門特別行政區的法律體系內，必須按照《澳門特別行政區基本法》的規定和法定程序修改或停止生效。

對原在澳門生效的葡萄牙法律，《回歸法》第四條第四款規定：

"四、原適用於澳門的葡萄牙法律，包括葡萄牙主權機構專為澳門制定的法律，自一九九九年十二月二十日起，在澳門特別行政區停止生效。"

而第四條第一款第（八）項則規定：

"（八）在條款中引用葡萄牙法律的規定，如不損害中華人民共和國的主權和不抵觸《澳門特別行政區基本法》的規定，在澳門特別行政區對其作出修改前，可作為過渡安排，繼續參照適用。"

基於主權的原因，在中華人民共和國對澳門恢復行使主權之後，原在澳門適用的葡萄牙法律，停止在澳門特別行政區生效。但由於在被採用為澳門特別行政區法規的澳門原有法規中，有出現引用葡萄牙法律的條款。為避免在特區成立時出現過多的法律真空，如果這些被引用的葡萄牙法律不損害中華人民共和國的主權和不抵觸《基本法》的規定，在澳門特別行政區對上述條款作出修改之前，可以作為過渡安排，繼續參照適用。

由此可見，澳門原有法律要能被採納為澳門特別行政區的法律，並繼續生效，必須符合中華人民共和國對澳門恢復行使主權之後澳門的地位，同時符合《基本法》的規定，不能與之相抵觸。因此，這不是一種完全的、無條件的法律過渡，而是以《基本法》為標準，有條件、有選擇性的法律過渡。原澳門的法律體系與現在的澳門特別行政區的法律體系存在原則性的差異，這是在適用法律，特別是澳門原有法律時必須注意的。

現在，我們研究需執行的原澳門高等法院裁判所針對的問題。

被撤銷的行為是原社會事務暨預算政務司在一九九六年七月十五日作出的批示，當中考慮了上訴人在原澳門政府編制內工作的四年時間定出了上訴人的退休金金額。在司法爭訟中的問題焦點在於是否應考慮上訴人在公共部門的全部工作時間，包括在葡萄牙及其過去的海外行政部門工作總計超過二十八年的時間，來計算他的退休金金額。

在針對這個批示的司法爭訟中，原高等法院裁定：

"上訴人的退休金應全部由澳門行政當局根據澳門有關的現行法律定出，在訂定時應考慮所有在葡萄牙和在其前海外行政部門工作且有供款的時間，當中包括根據《澳門組織章程》第六十九條第一款的規定在澳門的服務時間，以及上訴人在澳門本身編制內的工作時間，然後對葡萄牙退休事務管理局和澳門退休基金會各自的負擔作必要的劃分。"

上訴人在一九九五年退休，退休前在原澳門旅遊司任技術員。訂定其退休金金額的批示是原澳門社會事務暨預算政務司在一九九六年七月十五日作出，當中僅計算了上訴人在澳門的四年工作時間，並訂明有關退休金的支付全部由澳門地區承擔，而支付責任則轉移到葡萄牙退休事務管理局。

上訴人認為，根據《行政訴訟法典》第一百七十四條第三款的規定，被上訴的行政當局，在執行這個裁判，重新定出退休金金額時，應計算上訴人在葡萄牙和在其前海外行政部門，以及在澳門行政部門的所有工作時間，同時補償他一直少收的款項和相應的法定利息。

上訴人又認為，在執行原高等法院的裁判時，應沿用作出被撤銷行為時適用的法律，特別是第 357/93、14/94/M 和 43/94/M 號法令，至於這些法律 "是否符合《基本法》是完全無關重要的，甚至無需在此討論這個問題"。

上訴人的觀點是沒有根據的。

回顧中華人民共和國政府和葡萄牙共和國政府在一九八七年簽署的《中葡聯合聲明》和根據澳門特別行政區的法律，上訴人的退休金不是由澳門特別行政區承擔。

《中葡聯合聲明》的附件一，"中華人民共和國政府對澳門的基本政策的具體說明" 中的第六點規定："澳門特別行政區成立後，原在澳門任職的中國籍和葡籍及其他外籍公務（包括警務）人員均可留用，繼續工作，其薪金、津貼、福利待遇不低於原來的標準。澳門特別行政區成立後退休的上述公務人員，不論其所屬國籍或居住地點，有權按現行規定得到不低於原來標準的退休金和贍養費。……"

在《中葡聯合聲明》裡已經表明，澳門特別行政區只承擔在其成立後才退休的公務人員的退休金和贍養費，而不會承擔在其成立之前退休的公務人員的退休金和贍養費，這一部分的退休金和贍養費，應由葡萄牙共和國承擔，因為澳門在過渡期的行政管理是由葡萄牙共和國政府負責的（根據《中葡聯合聲明》第三點）。

這一點在《基本法》裡作了具體規定。其中第九十八條第二款規定："依照澳門原有法律享有退休金和贍養費待遇的留用公務人員，在澳門特別行政區成立後退休的，不論其所屬國籍或居住地點，澳門特別行政區向他們或其家屬支付不低於原來標準的應得的退休金和贍養費。"

所以，享受特區政府支付退休金和贍養費人員的資格一是必須為 "依照澳門原有法律享有退休金和贍養費待遇的留用公務人員"；二是必須為 "在澳門特別行政區成立後退休的"。因此，對於在澳門回歸前任職的公務人員，必須是在澳門特別行政區成立後獲得留用，隨後退休，且按照澳門原有法律享有退休金和贍養費待遇的，才會得到澳門特別行政區向他們或其家屬支付不低於原來標準的應得的退休金和贍養費。因為中葡聯合聲明談判時，雙方代表達成協議，由中方向澳門特別行政區成立後退休的留用公務人員發放退休金和相應的贍養費，基本法只能依此作出規定[5]。

---

5   參閱《一國兩制與澳門特別行政區基本法》，肖蔚雲主編，北京大學出版社，1993 年，第 301 頁。

關於這個問題，《中葡聯合聲明》和《基本法》的規定是非常清晰的。

另外，全國人民代表大會澳門特別行政區籌備委員會在一九九九年十二月十七日作出的工作情況報告中提到：

"中葡聯合聲明規定，一九九九年十二月二十日前退休的澳門政府公務員在一九九九年後的退休金支付責任應由葡方負擔，但中葡聯合聯絡小組在落實此項規定時卻遇到了困難。由於此問題涉及澳門公務員的切身利益和公務員隊伍的穩定，關係到未來特別行政區政府的行政運作和重大財政責任，籌委會對此表示了關注，並提出了相關的建議。經過中葡多次磋商，這個問題基本得到解決[6]。"

如果與《中華人民共和國政府和大不列顛及北愛爾蘭聯合王國政府關於香港問題的聯合聲明》（以下簡稱《中英聯合聲明》）和《中華人民共和國香港特別行政區基本法》就同一問題作比較，就會更加清楚上述規定的內涵。事實上，《中英聯合聲明》和《香港特別行政區基本法》的簽署和制定均先於《中葡聯合聲明》和《澳門特別行政區基本法》，同時中華人民共和國對澳門和香港實行的基本政策是一致的。然而，由於兩地的歷史、政治、經濟和社會情況均有不同程度的差異，所以，對同一個問題，在有關的聯合聲明和基本法裡有不同的規定。退休金的承擔問題就是一個明顯的例子。

在一九八四年簽署的《中英聯合聲明》的附件一，"中華人民共和國政府對香港的基本方針政策的具體說明"中的第四點規定："香港特別行政區成立後，原在香港各政府部門（包括警察部門）任職的公務人員和司法人員均可留用，繼續工作；其薪金、津貼、福利待遇和服務條件不低於原來的標準。對退休或約滿離職的人員，包括一九九七年七月一日以前退休的人員，不論其所屬國籍或居住地點，香港特別行政區政府將按不低於原來的標準向他們或其家屬支付應得的退休金、酬金、津貼及福利費。……"

《香港特別行政區基本法》第一百零二條同樣規定：

"對退休或符合規定離職的公務人員，包括香港特別行政區成立前退休或符合規定離職的公務人員，不論其所屬國籍或居往地點，香港特別行政區政府按不低於原來的標準向他們或其家屬支付應得的退休金、酬金、津貼和福利費。"

由此我們可以看到，對於退休金的承擔問題，澳門特別行政區和香港特別行政區的法律規定有所差異：澳門特別行政區只承擔在其成立後退休的公務人員的退休金和贍養費，而在香港特別行政區卻沒有這個限制，即無論是在香港特別行政區成立前或成立後退休或符合規定離職的公務人員，其退休金等福利均由香港特別行政區政府承擔[7]。

上訴人要求被上訴行政機關作出的行為，明顯不符合《基本法》第九十八條第二款關於退

6　參閱鄭言實編上述著作，第 138 頁。

7　參閱《港澳基本法比較研究》，楊靜輝、李祥琴著，北京大學出版社，1997 年，第 302 頁。

休金承擔的規定。首先，上訴人在澳門特別行政區成立前已經退休，完全不屬於特區成立時留用且隨後退休的公務人員，所以他要求特區政府考慮其所有在澳門、葡萄牙及其前海外行政部門工作的時間，從而定出及支付其退休金，並且向他補償少收的款項及法定利息，這在特區的法律體系裡是沒有根據的。

按照《中葡聯合聲明》，在澳門特別行政區成立前退休的公務人員的退休金和贍養費應由葡萄牙共和國負責。因此，根據《基本法》第九十八條第二款的規定，特區政府不承擔有關上訴人的退休金的支付責任，上訴人亦無權要求特區政府支付其退休金。另外，定出上訴人的退休金金額的行為原屬當時向葡萄牙共和國負責的澳門政府的職權，在澳門回歸之後，澳門特別行政區是中華人民共和國的一個享有高度自治權的地方行政區域，特區政府不可能就此問題作出一個約束葡萄牙行政當局的行為。

特區政府的行政運作需要遵守合法性原則，《基本法》第六十五條規定，"澳門特別行政區政府必須遵守法律"。而特區政府在行使行政管理權，處理行政事務時，也必須符合《基本法》的規定（《基本法》第十六條）。

對於在澳門特別行政區成立之前，由原澳門行政機關所作的行政行為的效力問題，《回歸法》第六條規定："一九九九年十二月二十日前依原有法規作出的全部行政行為，在不抵觸《澳門特別行政區基本法》、本法或其他可適用法規的前提下，在該日後繼續有效及產生效力，並視為澳門特別行政區相應人員或實體作出的行政行為。"

澳門特別行政區成立前作出的行政行為，只有在符合《基本法》的條件下才繼續有效及產生效力。在特區成立後作出的行政行為，也必須以《基本法》為準則，不能以任何名義作出違反《基本法》的行政行為。

上訴人的要求違反《基本法》第九十八條第二款的規定，也不符合《中葡聯合聲明》的精神。根據行政活動的合法性原則，被上訴的行政機關不應作出上訴人所要求的行為。

這不是單純的適用法律的交替問題。如果沒有澳門回歸，澳門的政治地位和法律體系沒有改變，那麼被上訴行政機關原則上必須按照原高等法院的裁判作出一個新的行為，即使在作出被撤銷行為時適用的法律已被修改。因為在這種情況下，澳門的法津體系沒有發生根本變化，應保持法律適用的連續性。

但不能回避的是，一九九九年十二月二十日澳門特別行政區成立了，在同一日開始實施的《中華人民共和國澳門特別行政區基本法》和《回歸法》對澳門的原有法律制度作了原則性的改變，使其適應澳門特別行政區新的政治地位。在法律基本不變的原則下，澳門原有的法律體系以《基本法》為標準，有條件、有選擇性地過渡到澳門特別行政區法律體系。這不是一般情況下的法律更替，而是整個法律體系的原則性變更，不符合新法律體系原則的舊有法律不被採納、不能再繼續適用。在一個法律體系裡，不能接受一個違反其原則的新法律事實的出現。因此不能以一般的法律交替為理由，在新的法律體系裡適用違反其原則的舊有法律。

對於由澳門原有法律體系過渡到澳門特別行政區法律體系而產生的法律適用問題，不能只用一般的法律交替原則來解決，而必須首先以不抵觸《澳門特別行政區基本法》為前提。

這種罕有的法律體系過渡可能會損害某些法律狀況的確定性和安全性，但這是澳門政治地位改變所不能避免的。

正如終審法院在剛成立後作出的多個裁判[8]，就根據新的《司法組織綱要法》，終止了以違反葡萄牙共和國憲法為理由的上訴程序。

在《基本法》裡，除了第八條和第一百四十五條第一款有關澳門原有法律的過渡問題的規定之外，第一百四十五條第二款的規定也同樣體現出這種特殊的法律體系過渡："根據澳門原有法律取得效力的文件、證件、契約及其所包含的權利和義務，在不抵觸本法的前提下繼續有效，受澳門特別行政區的承認和保護。"

至於本上訴所針對的退休金問題，在刊登於一九八八年六月七日第二十三期《澳門政府公報》第三副刊的《中葡聯合聲明》已有清楚的說明，上訴人在退休前已應該知道退休金的承擔責任問題，從而不能說損害了有關利害關係人的正當期望。

《回歸法》第十條規定："在不抵觸《澳門特別行政區基本法》、本法及其他可適用法規的前提下，一九九九年十二月二十日前的司法程序、訴訟文件及司法制度包括本地編制的確定性委任的司法官已取得的權利予以延續。"

澳門原有司法體系的過渡，同樣遵遁有條件過渡的原則。原有的司法制度，包括各種司法程序、訴訟文件，都必須符合《基本法》、《回歸法》和其他適用法規，特別是《司法組織綱要法》（第 9/1999 號法律），才能得到延續。這體現了《基本法》在特區法律體系裡的憲法性地位，以及《基本法》作為特區各種制度和政策的依據這一原則。

因此，在澳門特別行政區司法體系下，要執行一個在澳門特別行政區成立以前法院作出的判決，首要條件是這個判決沒有抵觸《基本法》、《回歸法》和其他適用法規，這是必須滿足的一個前提。

如果按照原高等法院的裁判作出一個新的行政行為，必然導致此行為違反《基本法》第九十八條第二款，鑑於《基本法》在特區法律體系裡的憲法性地位和行政活動的合法性原則，被上訴的行政機關不應作出一個原高等法院裁判所要求的行為，該裁判是不能被有關的行政當局執行的。

由於原高等法院裁判不能被執行，所以對被上訴行政機關以執行該裁判為名，於二零零零年七月十一日對上訴人作出的批示，不能以沒有執行裁判為理由而被撤銷，至於這個批示的合法性，則不是本上訴要審理的問題。

8　於二零零零年二月分別在第 1/2000、2/2000 和 4/2000 號案件作出的裁判。

三、決定

綜上所述，本法院裁定駁回上訴。

上訴人須繳付五個計算單位（即二千五百澳門元）的司法費和其他訴訟費用。

法官：朱健（裁判書製作人）

Viriato Manuel Pinheiro de Lima（利馬）

岑浩輝

出席評議會

助理檢察長：宋敏莉

二零零一年九月二十六日

■ 終審法院第 1/2000 號案裁判書全文（二審）

案件編號：1/2000
案件類別：保護上訴
上訴人：甲
被上訴人：檢察院
會議日期：2000 年 2 月 16 日
主題：訴訟程序因嗣後不可能進行而終結；訴訟費用
法官：朱健（裁判書製作法官）、岑浩輝和利馬

| 摘 要

　　一、根據澳門特別行政區第 9/1999 號法律第七十條第二款第三項規定，以法院裁判中適用了違反《葡萄牙共和國憲法》為由提起上訴之訴訟程序終結後，不能再以違反澳門特別行政區基本法為根據，重開上訴程序來審查法院裁判中所適用法律規範的有效性。

　　二、當因一立法行為而取消一上訴權，導致上訴程序終結時，不適用一九六一年頒佈的《民事訴訟法典》第四百四十七條第一款或一九九九年頒佈的《民事訴訟法典》第三百七十七條第一款。

裁判書製作人

朱健

第 1/2000 號案卷
保護上訴

上訴人：甲

被上訴人：檢察院

澳門特別行政區終審法院裁判

一．本案裁判書製作人作出如下意見書：

"通過載於第二百七十八頁至二百八十六頁的申請書，甲在一九九九年三月十八日就載於本案第二百六十頁至二百七十五頁，由澳門高等法院於一九九九年三月十日作出的裁判，向葡國憲法法院提起憲法性具體審查的上訴，要求宣告在該裁判中適用的下列法律規範違憲：

一法律第 112/91 號第十七條第一款，因其違反《葡萄牙共和國憲法》第十八條第二款和第三款及第一百一十一條第一款；

一《民事訴訟法典》第六百七十二條，因其違反《葡萄牙共和國憲法》第二條、第三十二條第一款、第二百零五條和第二百八十二條第三款最後部分；

一一九九六年頒佈的《刑事訴訟法典》第二百九十三條及《澳門出版法》第五十三條第一款，因其違反《葡萄牙共和國憲法》第三十二條第四款，及與此共同適用的《葡萄牙共和國憲法》第二十六條、第二十九條、第三十七條和第三十八條。

根據一九九九年三月十九日的批示，且經澳門高等法院一九九九年十月七日的裁判確認，上訴申請被接納，但只限於對一九九六年頒佈的《刑事訴訟法典》第二百九十三條和《澳門出版法》第五十三條第一款的解釋判斷作憲法性具體審查。

上訴人於一九九九年十二月十三日提交了理由陳述。

*

一九九九年十二月二十日，《司法組織綱要法》（第 9/1999 號法律）開始生效，該法第七十條第二款第三項規定：'終止有關就法院以違反《葡萄牙共和國憲法》為依據而拒絕適用某一規範的裁判，或就法院在訴訟程序中適用了違憲的規範而作出的裁判所提起上訴的待決案件'；

另一方面，同條第四款規定：'澳門特別行政區法院對在司法或行政裁判中違反《葡萄牙共和國憲法》的事宜不予審理。'

根據上述規範，應裁定終止本案訴訟程序。"

*

就此意見書上訴人陳述概括如下：

由於澳門最高層次的法律 —《澳門組織章程》/《基本法》— 在時間上出現交替，看來難以認為不給予被告機會來質疑一個同時違反舊有的組織章程和基本法的法律規範效力。

認為終止要求因所適用的規範違反憲法而宣告其違憲的程序後，應（重）開新的上訴程序以便根據基本法審查所適用法律規範的效力。

否則，將可能導致同時違反上述兩個法律的規範繼續生效及適用，這將違背一個法治國家體系的精神和對基本法的切實遵守。

對於訴訟費用，終止違憲審查程序不可歸責於上訴人，因為當其提起憲法性具體審查上訴時不能預料到有關要求不能在舊有法律失效前審理，且在《司法組織綱要法》中載有終止有關訴訟程序的技術性規定。

*

檢察院司法官提出下述意見：

澳門特別行政區的法律體系並沒有像八月二十九日法律第 112/91 號第十七條第一款規定的，類似本案性質的任何特別申訴機制。

也就是說，法律規範的合法性／違法性問題只能通過普通上訴途徑來審查。使用過上述途徑後，即不能再審理該問題。

關於訴訟費用，由於終止訴訟程序是法律直接和明確規定的，表現在取消一個權利，所以不應科處。

*

經助審法官檢閱。

***

二．須審議問題：

（1）訴訟程序的終結及新訴訟程序的開始；

（2）法律規定終止訴訟程序時對訴訟費用的科處。

根據上提澳門特別行政區第 9/1999 號法律第七十條第二款第三項的規定，現終止本案訴訟程序。

上訴人提出重開新的訴訟程序，以便審查所適用的法律規範是否違反《澳門特別行政區基本法》。

由於本案訴訟程序被終止，重開新的訴訟程序意味著重新提起上訴，這是法律不允許的。

首先，上訴應按法律規定的種類，在被通知法院裁判後的一定期限內提起。此外，在澳門舊有的法律體系中，並不存在審查司法裁判所適用法律規範是否違反《澳門特別行政區基本法》的上訴，事實上基本法在一九九九年十二月二十日才生效。即使現在，法律亦沒有規定審查法律規範有否違反基本法的特別上訴途徑。當然，根據一九六一年頒佈的《民事訴訟法典》第二條或一九九九年頒佈的《民事訴訟法典》第一條第二款，除非法律另有規定，所有權利均有適當的訴訟形式，以便能向法院請求承認有關權利。但問題是現時並不存在以違反《澳門特別行政區基本法》為由，對在一九九九年十二月二十日前作出的司法裁判提起上訴的權利。所以，如果容許重新開始訴訟程序，就等於建立一種無論是現時法律，還是在提起本上訴時法律都沒有規定的新的上訴種類。

因此，在終止本案訴訟程序之後，不能再以違反《澳門特別行政區基本法》為理由重開訴訟程序，來審查司法裁判中所適用法律規範的有效性。

*

訴訟程序被終止後，應確定本上訴的訴訟費用的歸責問題。

原則上，按一九六一年頒佈的《民事訴訟法典》第四百四十七條第一款或一九九九年頒佈的《民事訴訟法典》第三百七十七條第一款規定，如進行訴訟程序屬不可能或無意義而終結，則由原告承擔訴訟費用；但因可歸責於被告之事實而導致進行訴訟不可能或無意義者除外，此時由被告承擔。

也就是說，在訴訟因不可能進行而終結時，因沒有敗訴方，訴訟費用應由上訴人負擔，除非是由於被上訴人的行為而造成訴訟不可能。

然而，在適度原則下，承擔訴訟費用的一方不需要負擔因多餘的訴訟行為或附隨事項，以及非由其引起的措施、訴訟行為和支出所導致之訴訟費用（一九六一年頒佈的《民事訴訟法典》第四百四十八條第一款或一九九九年頒佈的《民事訴訟法典》第三百七十八條第一款）。

本上訴程序的終結是源自法律強制規定，與各訴訟主體無關。此外，上訴人亦沒有因終止程序而得益，要上訴人承擔本上訴的訴訟費用並不合理。因此，對本上訴案不科處訴訟費用（就此問題本法院已於二零零零年二月二日在第 4/2000 號案卷中作出了同樣裁定）。

* * *

3. 綜上所述，現本法院裁決，通過裁判書製作人的意見書，終止本案的憲法性具體審查上訴訴訟程序。

本案不科處訴訟費用。

二零零零年二月十六日

法官：朱健（裁判書製作人）

岑浩輝

Viriato Manuel Pinheiro de Lima（利馬）

◎ 第九條

澳門特別行政區的行政機關、立法機關和司法機關，除使用中文外，還可使用葡文，葡文也是正式語文。

◎ 第十條

澳門特別行政區除懸掛和使用中華人民共和國國旗和國徽外，還可懸掛和使用澳門特別行政區區旗和區徽。

澳門特別行政區的區旗是繪有五星、蓮花、大橋、海水圖案的綠色旗幟。

澳門特別行政區的區徽，中間是五星、蓮花、大橋、海水，周圍寫有"中華人民共和國澳門特別行政區"和葡文"澳門"。

◎ 第十一條

根據中華人民共和國憲法第三十一條，澳門特別行政區的制度和政策，包括社會、經濟制度，有關保障居民的基本權利和自由的制度，行政管理、立法和司法方面的制度，以及有關政策，均以本法的規定為依據。

澳門特別行政區的任何法律、法令、行政法規和其他規範性文件均不得同本法相抵觸。

第二章

中央和澳門特別行政區的關係

中華人民共和國外交部在澳門設立機構處理外交事務。

中央人民政府授權澳門特別行政區依照本法自行處理有關的對外事務。

◎ 第十四條

中央人民政府負責管理澳門特別行政區的防務。

澳門特別行政區政府負責維持澳門特別行政區的社會治安。

◎ 第十五條

中央人民政府依照本法有關規定任免澳門特別行政區行政長官、政府主要官員和檢察長。

◎ 第十二條

澳門特別行政區是中華人民共和國的一個享有高度自治權的地方行政區域，直轄於中央人民政府。

◎ 第十六條

澳門特別行政區享有行政管理權，依照本法有關規定自行處理澳門特別行政區的行政事務。

◎ 第十三條

中央人民政府負責管理與澳門特別行政區有關的外交事務。

◎ 第十七條

澳門特別行政區享有立法權。

澳門特別行政區的立法機關制定的法律須報全國人民代表大會常務委員會備

案。備案不影響該法律的生效。

全國人民代表大會常務委員會在徵詢其
所屬的澳門特別行政區基本法委員會的
意見後，如認為澳門特別行政區立法機
關制定的任何法律不符合本法關於中央
管理的事務及中央和澳門特別行政區關
係的條款，可將有關法律發回，但不作
修改。經全國人民代表大會常務委員會
發回的法律立即失效。該法律的失效，
除澳門特別行政區的法律另有規定外，
無溯及力。

◎ 第十八條

在澳門特別行政區實行的法律為本法以
及本法第八條規定的澳門原有法律和澳
門特別行政區立法機關制定的法律。

全國性法律除列於本法附件三者外，不
在澳門特別行政區實施。凡列於本法附
件三的法律，由澳門特別行政區在當地
公佈或立法實施。

全國人民代表大會常務委員會在徵詢其
所屬的澳門特別行政區基本法委員會和
澳門特別行政區政府的意見後，可對列
於本法附件三的法律作出增減。列入附
件三的法律應限於有關國防、外交和其
他依照本法規定不屬於澳門特別行政區
自治範圍的法律。

在全國人民代表大會常務委員會決定宣
佈戰爭狀態或因澳門特別行政區內發生
澳門特別行政區政府不能控制的危及國
家統一或安全的動亂而決定澳門特別行

政區進入緊急狀態時，中央人民政府
可發佈命令將有關全國性法律在澳門
特別行政區實施。

◎ 第十九條

澳門特別行政區享有獨立的司法權和
終審權。

澳門特別行政區法院除繼續保持澳門
原有法律制度和原則對法院審判權所
作的限制外，對澳門特別行政區所有
的案件均有審判權。

澳門特別行政區法院對國防、外交等
國家行為無管轄權。澳門特別行政區
法院在審理案件中遇有涉及國防、外
交等國家行為的事實問題，應取得行
政長官就該等問題發出的證明文件，
上述文件對法院有約束力。行政長官
在發出證明文件前，須取得中央人民
政府的證明書。

◎ 第二十條

澳門特別行政區可享有全國人民代表
大會、全國人民代表大會常務委員會
或中央人民政府授予的其他權力。

◎ 第二十一條

澳門特別行政區居民中的中國公民依

法參與國家事務的管理。

根據全國人民代表大會確定的代表名額和代表產生辦法，由澳門特別行政區居民中的中國公民在澳門選出澳門特別行政區的全國人民代表大會代表，參加最高國家權力機關的工作。

◎ 第二十二條

中央人民政府所屬各部門、各省、自治區、直轄市均不得干預澳門特別行政區依照本法自行管理的事務。

中央各部門、各省、自治區、直轄市如需在澳門特別行政區設立機構，須徵得澳門特別行政區政府同意並經中央人民政府批准。

中央各部門、各省、自治區、直轄市在澳門特別行政區設立的一切機構及其人員均須遵守澳門特別行政區的法律。

各省、自治區、直轄市的人進入澳門特別行政區須辦理批准手續，其中進入澳門特別行政區定居的人數由中央人民政府主管部門徵求澳門特別行政區政府的意見後確定。

澳門特別行政區可在北京設立辦事機構。

01 批准內地居民進入澳門特別行政區是否屬於澳門特別行政區的權力？

中級法院第 1016/2017 號案裁判書摘要（一審）

■ 中級法院第 1016/2017 號案裁判書摘要（一審）

案件編號：1016/2017
案件類別：司法上訴
上訴人：A
上訴所針對之實體：保安司司長
日期：2018 年 11 月 1 日
主題：《基本法》第二十二條、假結婚、宣告居留許可無效
法官：唐曉峰（裁判書製作法官）、賴健雄和馮文莊

為確保澳門特區依法享有高度自治，《基本法》第二十二條第一款規定中央人民政府各個所屬部門、省、自治區、直轄市均不得干預澳門特別行政區依照《基本法》自行管理的事務。然而，《基本法》第二十二條第四款則規定內地居民來澳前必須先向內地有關權限部門辦理審批手續。

因此，內地居民不論是來澳旅遊、探親、提供勞動、公幹甚至定居，都必須先取得內地部門的批准，這是中央政府主管部門的權力，體現國家對內地公民的管理，特區不得干涉。

另外，對於來澳定居的人數方面，根據《基本法》的上述規定，同樣屬於中央人民政府主管部門的權限。

由此可見，《基本法》第二十二條第四款僅要求內地居民以任何形式來澳門前必須取得國家有關權限部門的批准及規定由中央人民政府主管部門決定來澳定居的人數，對於其他事務，例如審批相關人士是否符合取得澳門居民身份證的資格，則是由澳門特區按照《基本法》所賦予的權力自行處理。

在本個案中，上訴人因被揭發與他人假結婚，繼而被控觸犯《偽造文件罪》，最終被法院判處 2 年 6 個月徒刑，暫緩 3 年執行。

事實上，上訴人當初持單程通行證及以配偶團聚為由申請居留許可，並為此提供內地結婚證作為夫妻關係證明，當時相關權限部門完全是基於該段婚姻關係的存在而批准有關申請，換言之，沒有這一段關係，上訴人不可能獲得居留許可。

因上訴人為了取得來澳定居的法定文件而作出犯罪，所以行政當局得按照《行政程序法典》第一百二十二條第二款 c 項的規定，宣告治安警察局局長於 2010 年 3 月 10 日批准司法上訴人居留許可的行為無效。

◎ 第二十三條

澳門特別行政區應自行立法禁止任何叛國、分裂國家、煽動叛亂、顛覆中央人民政府及竊取國家機密的行為，禁止外國的政治性組織或團體在澳門特別行政區進行政治活動，禁止澳門特別行政區的政治性組織或團體與外國的政治性組織或團體建立聯繫。

第三章

居民的基本權利和義務

葡萄牙人；

（四）在澳門特別行政區成立以前或以後在澳門通常居住連續七年以上並以澳門為永久居住地的葡萄牙人；

（五）在澳門特別行政區成立以前或以後在澳門通常居住連續七年以上並以澳門為永久居住地的其他人；

（六）第（五）項所列永久性居民在澳門特別行政區成立以前或以後在澳門出生的未滿十八周歲的子女。

以上居民在澳門特別行政區享有居留權並有資格領取澳門特別行政區永久性居民身份證。

澳門特別行政區非永久性居民為：有資格依照澳門特別行政區法律領取澳門居民身份證，但沒有居留權的人。

◎ 第二十四條

澳門特別行政區居民，簡稱澳門居民，包括永久性居民和非永久性居民。

澳門特別行政區永久性居民為：

（一）在澳門特別行政區成立以前或以後在澳門出生的中國公民及其在澳門以外所生的中國籍子女；

（二）在澳門特別行政區成立以前或以後在澳門通常居住連續七年以上的中國公民及在其成為永久性居民後在澳門以外所生的中國籍子女；

（三）在澳門特別行政區成立以前或以後在澳門出生並以澳門為永久居住地的

中級法院第 555/2016 號案裁判書摘要（一審）

案件編號：555/2016
案件類別：司法上訴
司法上訴人：A
上訴所針對之實體：保安司司長
日期：2017 年 11 月 23 日
主題：居留許可、不可抗力
法官：唐曉峰（裁判書製作法官）、賴健雄和馮文莊

— 根據 4/2003 號法律第 9 條第 2 款（三）項規定，"行政長官得批給在澳門特別行政區的居留許可，為批給所指的許可，尤其應考慮上訴人在澳門特別行政區居留之目的及其可行性"。

— 上訴人一旦申請在澳居留的目的是為了跟父親團聚，就必須以澳門為常居地，儘管需要接受治療，亦應以澳門為生活中心。

— 然而，在 2014 年 10 月 30 日至 2016 年 3 月 31 日共 17 個月期間，上訴人僅在澳居留 40 天，這情況與當初申請來澳與父親團聚的目的背道而馳，加上澳門與珠海僅一關之隔，除非上訴人能夠證明其身體狀況不佳導致完全無法回澳居住，否則因己意選擇不在澳門居住並不屬於不可抗力。

中級法院第 907/2016 號案裁判書摘要（一審）

Processo nº 907/2016
Recurso contencioso
Recorrente: A
Entidade recorrida: Secretária para a Administração e Justiça
Data do Acórdão: 02 de Maio de 2019
Assuntos: Estatuto de residente permanente da RAEM, Residência habitual, Conceito indeterminado
Juízes: Lai Kin Hong (Relator), Fong Man Chong, Ho Wai Neng

1. A expressão *residir habitualmente a que se refere* o artº 1º/1-9) da Lei nº 8/1999 é um conceito indeterminado, pois se não tratando de conceito consistente em descrições puramente fácticas, cujo sentido e alcance são facilmente captáveis por quem domina

mais ou menos a língua utilizada para a redacção da lei, mas sim conceito cujo preenchimento requer um juízo valorativo da situação concreta, feito pelo aplicador de direito, com vista à sua integração na previsão da norma.

2. Não se mostra desrazoável o critério, consistente na exigência do mínimo de 183 dias por ano da estada em Macau, fixado e adoptado pela Administração para a qualificação como habitual a residência de um indivíduo em Macau na matéria de reconhecimento do estatuto de residente permanente.

■ 中級法院第第 623/2018 號案裁判書摘要（一審）

案件編號：623/2018
案件類別：司法上訴
司法上訴人：A
上訴所針對之實體：保安司司長
日期：2019 年 5 月 23 日
主題：以夫妻團聚為由申請居留許可、長期不在澳門居住
法官：唐曉峰（裁判書製作法官）、賴健雄和馮文莊

上訴人申請澳門居留許可的目的是為了跟丈夫團聚，因此必須在澳門通常居住，以澳門為生活中心。

上訴人的丈夫在 2017 年 2 月至 2018 年 1 月期間，僅在澳居留 52 天，而上訴人則跟隨丈夫往珠海居住，該情況正好反映夫妻雙方並沒有視澳門為常居地，有違當初申請來澳與丈夫團聚的原意。

既然當初選擇申請來澳定居，而當局批准上訴人取得居留許可的前提是在澳門與丈夫一起生活，上訴人就必須一直維持有關狀況或前提，否則行政當局在審批居留許可續期申請時，可以根據第 5/2003 號行政法規第 22 條第 2 款的規定，否決不符合原則性法律所定的前提及要件的申請。

■ 終審法院第 106/2019 號案裁判書全文（二審）

案件編號：106/2019
案件類別：對行政司法裁判的上訴
上訴人：甲
被上訴人：經濟財政司司長
主題：非永久居民、永久居民、以澳門為通常居住地、不確定概念、暫時不在澳門
裁判日期：2019 年 11 月 13 日
法官：利馬（裁判書製作法官）、宋敏莉和岑浩輝

┃ 摘　要

　　一、澳門特區的非永久居民並不會單純因為時間的經過而變成永久居民，必須存在一項確認永久居民身份所取決之各項條件，尤其是連續七年在澳門通常居住這一條件的明示行政行為。

　　二、在判斷某人是否以澳門為通常居住地時，此處所提及的通常居住地是一個完全受法院審查的不確定概念，因為不涉及任何預判。

　　三、正如第 8/1999 號法律第 4 條第 3 款所規定的那樣，暫時不在澳門並不表示該人已不再通常居於澳門，行政當局有義務查明利害關係人是否雖然人不在澳門，但仍以澳門為通常居住地。

　　四、如果上訴人在司法上訴中辯稱她被聘為澳門公司的"業務拓展"經理，其職責範圍遍佈整個亞洲地區，因此大部分時間不能在澳門過夜，那麼應給予她機會去證明這一情節。

裁判書製作法官

利馬

澳門特別行政區終審法院
合議庭裁判

一、概述

　　甲針對**經濟財政司司長** 2018 年 3 月 23 日的批示提起撤銷性司法上訴，該批示以上訴人沒有維持以澳門為通常居住地為由，宣告其臨時居留許可失效。

　　透過 2019 年 5 月 30 日的合議庭裁判，**中級法院**裁定上訴敗訴。

甲不服，向**終審法院**提起司法裁判的上訴，提出以下問題：

— 被上訴行為是在上訴人在澳門逗留已經超過 7 年的情況下作出的，因此永久居留權在此前已經被取得；

— 只是出於工作和職業上假定性和臨時性的原因，上訴人最近兩年才有大部分時間在澳門以外渡過，因為被僱主安排去外地經營業務，執行完這些任務之後上訴人將永久性返回澳門特區。

檢察院司法官發表意見，認為上訴理由成立，理由是，為著第 8/1999 號法律第 1 條第 1 款（九）項的效力，暫時不在澳門並不表示該人已不再通常居於澳門，正如該法第 4 條第 3 款所規定的那樣，因此行政當局有義務為第 4 條第 4 款之效力查明上訴人是否曾在或一直在外地工作、在何處工作、多長時間、在哪裡居住、在哪裡過夜。

二、事實

被上訴的合議庭裁判認定了以下事實：

上訴人甲本身持有香港永久性居民身份證，於 2010 年以管理人員身份向澳門貿易投資促進局提出臨時居留許可的申請。

上訴人還要求將上述臨時居留許可延伸至其配偶乙。

該等人士於 2010 年 6 月 17 日首次獲批臨時居留許可，並於同年 8 月 2 日首次獲發澳門非永久性居民身份證，有效期至 2016 年 6 月 17 日。（見行政卷宗第 41 及 46 頁）

2016 年 3 月 15 日，上訴人再到澳門貿易投資促進局辦理其本人及配偶乙的臨時居留許可續期申請，並獲得有關當局的批准。（見行政卷宗第 31 至 33 頁）

澳門貿易投資促進局高級技術員於 2018 年 3 月 6 日製作第 XXXXX/AJ/2018 號建議書，內容如下：

"事由：建議宣告臨時居留許可失效（第 XXXX/200902R 號卷宗）

建議書編號：XXXXX/AJ/2018

日期：06/03/2018

法律事務處丁代經理：

1. 申請人甲按照第 3/2005 號行政法規的規定，以管理人員為依據於 2010 年 6 月 17 日獲批臨時居留許可，並惠及配偶乙，其後二人之臨時居留許可獲批准續期至 2019 年 6 月 17 日，利害關係人之身份資料附於卷宗編號 XXXX/200902R（見附件 5）。

2. 申請人及其配偶之臨時居留許可於 2017 年 6 月 17 日屆滿 7 年，申請人遂於 2017 年 10 月 11 日提交書面聲明和證明文件，向本局申請證明有關臨時居留許可仍然有效的確認聲明（見附件 1）。

3. 為著上述事宜，本局透過第 XXXXX/GJFR/2017 號公函向治安警察局查詢申請人之出入境紀錄，根據該局的回覆資料顯示，申請人在 2016 年及 2017 年 1 至 11 月期間，其留澳天數分別為 31 天及 27 天（見附件 2）。

4. 根據第 3/2005 號行政法規第 23 條補充適用第 4/2003 號法律第 9 條的規定，利害關係人在澳門特別行政區通常居住是維持居留許可的條件，然而從有關出入境資料顯示，申請人大部分時間均不在本澳。

5. 基於上述事宜或不利於維持申請人的臨時居留許可，故本局於 2018 年 1 月 30 日透過第 XXXXX//DJFR/2018 號公函向申請人進行書面聽證（見附件 3）。

6. 申請人於 2018 年 2 月 13 日提交了回覆意見，主要內容如下（見附件 4）：

1）申請人重申其於 2011 年 11 月 1 日起受聘於“丙公司”擔任“亞洲區—業務總監”一職，基本工資為 60,000.00 澳門元。

2）申請人指出基於職業性質的要求，其必須經常外出工幹，認為雖然身處澳門以外的地方，而其確實為澳門僱主工作。

3）申請人稱其將於 2018 年主要在澳門工作，並請本局接受其回覆意見。

7. 就申請人的回覆意見和所提交的文件，茲分析如下：

1）根據治安警察局的出入境資料顯示，申請人於 2016 年及 2017 年 1 至 11 月期間，其留澳天數分別為 31 天及 27 天。

2）按申請人的回覆意見所述，其雖受聘於澳門僱主，但經常在澳門以外的地方工作。

3）根據申請人的回覆意見及文件，當中並無說明及證實其以本澳為生活中心。

4）經綜合考慮第 8/1999 號法律第 4 條第 4 款所指之各種情況，認為申請人並沒有在澳門通常居住。

8. 綜上所述，利害關係人在澳門特別行政區通常居住是維持居留許可的條件，然而，按治安警察局的出入境資料顯示，申請人大部分時間均不在本澳。另經書面聽證後，亦未能證實申請人以本澳為生活中心。故經綜合考慮第 8/1999 號法律第 4 條第 4 款所指之各種情況，認為申請人並沒有在澳門通常居住。基於此，建議呈請經濟財政司司長閣下根據第 3/2005 號行政法規第 23 條補充適用第 4/2003 號法律第 9 條，以及第 5/2003 號行政法規第 24 條第 2 款的規定，宣告利害關係人的臨時居留許可失效。

上述意見，謹呈上級審閱及批示。”

澳門貿易投資促進局代主席於 2018 年 3 月 15 日就有關建議書發表意見，內容如下：

“*同意是項建議，呈經濟財政司司長 閣下批示。*”

2018 年 3 月 23 日，經濟財政司司長在上述第 XXXXX/AJ/2018 號建議書上作出以下批示：

“*批准建議。*”（見行政卷宗第 10 頁）

根據出入境事務廳的出入境紀錄，在 2016 年及 2017 年 1 月至 11 月期間，上訴人留澳天

數分別為 31 天及 27 天。（見行政卷宗第 21 及 25 頁）

三、法律

1. 要審理的問題

要對上訴人所提出的前述問題作出審理。

2. 既得權利

上訴人聲稱，被上訴行為是在上訴人在澳門逗留已經超過 7 年的情況下作出的，故此永久居留權在此前已經被取得。

這句話的前半部分是正確的，後半部分則不然，因為澳門特區永久居民的身份須按照第 8/1999 號法律第 4 條第 5 款的規定申請，而當利害關係人之前已經在澳門臨時居留時，行政當局有義務調查利害關係人是否在長達 7 年的時間裡一直在澳門通常居住，因為只有這樣才能取得永久居民的身份。

所提出的問題不成立。

3. 對通常居住的司法審查

上訴人於 2010 年 6 月 17 日獲批臨時居留許可，批准的理由為，根據第 3/2005 號行政法規第 1 條（三）項的規定，她是獲本地僱主聘用的、所具備的學歷、專業資格及經驗被視為特別有利於澳門特別行政區的管理人員。

根據經第 3/2005 號行政法規第 23 條準用的第 4/2003 號法律第 9 條第 3 款的規定，利害關係人在澳門特區通常居住是維持居留許可的條件。

在判斷某人是否在澳門通常居住時，此處所提及的通常居住是一個完全受法院審查的不確定概念，因為不涉及任何預判。而若是像駐中級法院的檢察官所舉的例子那樣，涉及到要查明某人是否有在澳門確定或永久居住的意圖，那就不同了，因為此時需要進行預判。

在本案中，與被上訴裁判所持觀點相反，並不需要判斷上訴人是否有意留在澳門，只需要判斷上訴人在獲准在澳門臨時居留的七年裡，尤其是本案中所爭議的最近兩年的時間裡，是否一直在澳門通常居住。

4. 暫時不在澳門

正如檢察院司法官在其意見書中所說，為著第 8/1999 號法律第 1 條第 1 款（九）項的效力（"澳門特別行政區永久性居民包括：……在澳門特區成立以前或以後在澳門通常居住連續七年以上，並以澳門為永久居住地的其他人"），暫時不在澳門並不表示該人已不再通常居於澳門，正如該法第 4 條第 3 款所規定的那樣〔"為著第一條第一款（二）項、（五）項、（八）項或（九）項所指的人士永久性居民的身份……如有任何人暫時不在澳門，並不表示該人已不再通常居於澳門"〕。

該第 4 條第 4 款還規定，"在斷定上述人士是否已不再通常居於澳門時，須考慮該人的個人情況及他不在澳門的情況，包括：

（一）不在澳門的原因、期間及次數；

（二）是否在澳門有慣常住所；

（三）是否受僱於澳門的機構；

（四）其主要家庭成員，尤其是配偶及未成年子女的所在"。

上訴人在事先聽證中被行政當局聽取意見時，聲稱由於其工作的性質，即擔任澳門某間公司的亞洲區業務經理，她經常需要去外地出差。還說雖然她人不在澳門，但實際上是為澳門的僱主工作。

這樣，根據法律的規定，為上指第 8/1999 號法律第 4 條第 4 款的效力，行政當局本應調查清楚上訴人是否曾在或一直在外地工作、在何處工作、多長時間、在哪裡居住。但卻沒有調查。

而上訴人則在司法上訴中略有瑕疵地提出了她被聘為澳門公司的"業務拓展"經理，其職責範圍遍佈整個亞洲地區，因此大部分時間不能在澳門過夜。

我們認為，在司法上訴中，應給予上訴人機會去證明其所主張的能夠為其在 2016 年和 2017 年的大部分時間，亦即行政當局認為上訴人沒有在澳門通常居住的這段時間內不在澳門的情節提供辯解的事實，說明她這段時間在哪工作和在哪過夜。但行政當局並沒有這樣做。

因此，必須因事實事宜不充分而撤銷被上訴的合議庭裁判，並應根據補充適用的《民事訴訟法典》第 650 條的規定擴大事實事宜，對以上所提及的事實作出調查。

為執行《民事訴訟法典》第 650 條第 2 款的規定，現訂定如下：由於上訴人負有舉證責任，如果上訴人能夠證明在 2016 年和 2017 年她不在澳門的時間裡，上訴人是為她在澳門的僱主而在外地工作，並在那裡過夜，那麼行政行為應被撤銷。

如果無法證明，那麼司法上訴應被裁定理由不成立。

四、決定

綜上所述，合議庭裁定撤銷被上訴裁判，以便擴大事實事宜。

訴訟費用由最終敗訴人承擔，若上訴人敗訴，則須繳納 4 個計算單位的司法費。

2019 年 11 月 13 日，於澳門。

法官：利馬（裁判書製作法官）— 宋敏莉 — 岑浩輝

出席評議會的檢察院司法官：蘇崇德

中級法院第 735/2019 號案裁判書摘要（一審）

Processo n. 735/2019
(Autos de recurso de decisões jurisdicionais do TA)
Recorrente: Subdirectora dos Serviços de Identificação
Recorrida: A
Data: 19 de Março de 2020
Assuntos: Aquisição do estatuto de residente permanente pela filha nascida for a de Macau de uma residente permanente de nacionalidade portuguesa, Conceito de domicílio permanente e conceito de residência habitual, Interpretação e aplicação do artigo 1º/1-6) da Lei nº 8/1999, de 20 de Dezembro
Juizes: Fong Man Chong (Relator), Ho Wai Neng, José Cândido de Pinho

I – A norma do artigo 1º da Lei nº 8/1999, de 20 de Dezembro, é uma norma concretizadora e densificadora da norma do artigo 24º da Lei Básica da RAEM, valendo aqui, ao nível da hermenêutica jurídica, o princípio de interpretação da norma ordinária em conformidade com o padrão constitucional, à luz do qual aquela deve ser interpretada dentro do espaço normativo delimitado pelo artigo 24º da Lei Básica.

II – O conceito de **domicílio permanente** é um elemento estruturante da aquisição do estatuto de residente permanente da RAEM, introduzido pela Lei Básica através do seu artigo 24º, que exige algo mais do que o conceito de **residência habitual** face aos termos consagrados no próprio artigo 24º da Lei Básica da RAEM.

III – O conceito de *domicílio permanente* é preenchido por um conjunto de elementos factuais, referentes nomeadamente *ao local de residência habitual, tendencialmente estável e duradouro de uma pessoa, onde se encontra a sua casa em que a pessoa vive com estabilidade e tem instalado e organizado a sua economia doméstica, envolvendo, assim, necessariamente, fixidez e continuidade e constituindo o centro da vida pessoal e profissional de uma pessoa.*

IV – É consentâneo com o referido na alínea III quando o artigo 8º da Lei nº 8/1999 enumera exemplificativamente alguns elementos tidos em consideração para esta finalidade:

1) Ser Macau o local da sua **residência habitual**;

2) Ser Macau o local de **residência habitual** de familiares próximos, nomeadamente o cônjuge e os filhos menores;

3) A existência de meios de subsistência estáveis ou o exercício de profissão em

Macau;

4) O pagamento de impostos nos termos da lei.

V – Para efeitos da aquisição do estatuto de residente permanente da RAEM, o artigo 24º da Lei Básica da RAEM divide os sujeitos em 3 universos:

- Pessoas titulares de nacionalidade chinesa;

- Pessoas titulares de nacionalidade portuguesa;

- Pessoas titulares de outra nacionalidade (diferente das duas acima referidas).

Em relação ao 2º universo de pessoas, a regulamentação encontra-se prevista nas alíneas 3) e 4) do artigo 24º da Lei Básica em que se destaca, entre outros elementos exigidos, o de *jus soli* (nascido em Macau) e ter domicílio em Macau.

VI – <u>Em relação aos portugueses</u>, para o efeito de acesso ao estatuto de residente permanente da RAEM, não releva apenas o critério de *jus sanguis*, importando preencher-se cumulativamente os seguintes requisitos:

- Que tenha nacionalidade portuguesa (*que funciona como pressuponente*);

- Que tenha nascido em Macau;

- Que tenha domicílio permanente em Macau.

VII – No que toca aos <u>filhos nascidos for a de Macau, cujos progenitores sejam portugueses</u>, com já estatuto de residente permanente de Macau, o acesso a este estatuto (pelos menores) opera-se por força do disposto na alínea 5) da Lei Básica, ou seja, deve ter o seu domicílio permanente em Macau e aqui reside habitualmente mais de 7 anos (*cfr.* Artigo 1º/1-8) da Lei nº 8/1999, de 20 de Dezembro).

VIII – No caso, como à data do nascimento da Recorrente, a sua progenitora não tinha domicílio permanente em Macau e ela (a Recorrente) tem vivido com esta última sempre, mesmo hoje, a Recorrente não preenchia também este requisito, e como tal a sua pretensão não pode proceder: *pediu que fosse reconhecido o seu estatuto de residente permanente por facto de ser descendência chinesa e portuguesa e ser filho de uma residente permanente da RAEM, pois, existe um facto impeditivo: nascimento for a de Macau, no caso concreto.*

終審法院第 21/2014 號案裁判書全文（二審）

案件編號：21/2014
案件類別：對行政司法裁判的上訴
上訴人：行政法務司司長
被上訴人：甲
裁判日期：2015 年 1 月 7 日
主題：澳門特區永久性居民、以澳門為永久居住地或最終定居地、配偶及未成年子女、事實分居、自由裁量權、自由裁量空間
法官：利馬（裁判書製作法官）、宋敏莉和岑浩輝

| 摘　要

　　一、澳門特別行政區籌備委員會於 1999 年 1 月 16 日就《基本法》第 24 條的實施通過了一份意見（刊登於 1999 年 12 月 20 日《政府公報》第一組），當中提到關於以澳門為永久居住地和在澳門通常居住的規定，在澳門特別行政區的實施細則，由澳門特別行政區制定。

　　但法律並沒有明釋應如何理解以澳門為永久居住地或最終定居地。

　　二、為第 8/1999 號法律第 1 條第 1 款第（九）項的效力，以澳門為永久居住地或最終定居地指的是，除了在澳門通常居住之外，家庭日常事務也圍繞澳門展開，以澳門為其職業及家庭生活的中心（又或者雖不在澳門從事其職業，但擁有穩定的生活來源），在澳門納稅，並且有意在此最終定居。

　　三、在第 8/1999 號法律第 1 條第 1 款第（九）項的背景之下，第二點結論中所提到的永久居住地是一個未確定概念：其中在涉及到居民家庭生活中心的部分，並沒有賦予行政當局任何的自由裁量空間；至於需要查明利害關係人是否有在澳門最終定居的意圖的部分，則有給予行政當局自由裁量空間的意思，因為需要行政當局主要根據但又不能僅限於第 8/1999 號法律第 8 條第 2 款所列明的幾項要素去作出預測性判斷。

　　四、為第 8/1999 號法律第 1 條第 1 款第（九）項的效力，對於一個雖然已婚但已事實分居的人來說，其配偶和未成年子女不在澳門居住並不妨礙其以澳門為永久居住地，只要滿足第二點結論中所提到的前提即可。

裁判書製作法官

利馬

澳門特別行政區終審法院
合議庭裁判

一、概述

甲（以下稱**被上訴人**）針對**行政法務司司長**（以下稱**上訴人**）2013 年 1 月 9 日的批示提起撤銷性司法上訴，該批示駁回了前者針對身份證明局局長拒絕給予其澳門特別行政區永久性居民身份的批示提起的訴願。

中級法院透過 2013 年 10 月 10 日的合議庭裁判裁定上訴勝訴，以違反第 8/1999 號法律第 8 條第 2 款第（二）項和第 1 款第（九）項以及《基本法》第 24 條第（五）項的規定為由撤銷了被上訴的行為。

行政法務司司長不服，向**終審法院**提起司法裁判的上訴，並以下列有用結論結束其理由陳述：

——申請人為愛爾蘭籍，適用《基本法》第 24 條第（五）項及第 8/1999 號法律第 1 條第 1 款第（九）項關於其他人取得澳門永久性居民身份的規定。

——然而，被上訴的合議庭裁判多處指出只要在澳門通常居住連續七年已可成為永久性居民。原審法院法官認為申請人在澳門通常居住滿七年已可成為澳門永久性居民，明顯忽略 "以澳門為永久居住地" 亦是成為永久性居民的必要條件，從而無法對《基本法》第 24 條（五）項、第 8/1999 號法律第 1 條第 1 款（九）項及第 8 條作出正確理解。

——上訴人認為按照《基本法》第 24 條（四）項及（五）項的規定，"在澳門通常居住連續七年" 及 "以澳門為永久居住地" 是兩個完全獨立而必須同時存在的要件。

——除表示應有的尊重外，上訴人完全不能認同被上訴的合議庭裁判指申請人的家庭主要成員無需在澳門居住的觀點。

——眾所周知，父親、母親、子女是家庭的核心成員，從常理而言，一般情況下，父母與子女理應於同一國家或地區共同生活，因此，行政當局認為，"家庭主要成員是否在澳門通常居住" 是確認申請人以澳門為永久居住地的重要參考因素。如家庭主要成員不在澳門通常居住，則有強烈跡象顯示申請人不會以澳門為永久居住地。

——倘按被上訴的合議庭裁判的觀點，"家庭主要成員" 不需要在澳門居住，只會得出申請人的家庭主要成員不需要在澳門居住的封閉式結論，這是違反立法原意的，亦剝奪了立法者賦予行政當局在適用法律時的自由裁量權。

——然而，被上訴的合議庭裁判指申請人只需就分居作出聲明便可，這明顯侵犯行政當局在調查方面具有的自由裁量權。

——在本案中，對行政當局作出決定屬重要的問題是申請人聲稱其與配偶已分居的聲明是否屬實，然而，申請人與其配偶的事實分居狀況只是其單方面的陳述，並沒有任何實質證明，申請人指其未能提交與配偶已分居的證明原因是避免作出財產分割。對此理由，行政當局不能接受，因為在申請人與其配偶仍維持婚姻關係的情況下，此解釋不足以作為當事人的家庭主要成員不在澳居住的合理理由。

— 根據《民法典》第 1532 條第 2 款及第 1533 條的規定，法律推定婚姻關係存續期間夫妻雙方有共同生活及同居的義務。因此，在未能提供證據證明分居屬實的情況下，申請人的分居聲明並不足以推翻夫妻應共同生活及同居的法律推定。

— 事實上，申請人至今從未提供證明文件支持其與配偶已分居的聲明屬實，而且，在行政卷宗中亦沒有任何能證實其聲明屬實的文件。然而，*原審法官在沒有對申請人分居的聲明作出任何調查措施，以及並未將分居狀況列為已獲確認的事實，只單憑申請人的聲明，便得出*"因此履行了其提供資訊的義務，同時也履行了配合調查的義務，不能因為說了真話而受到損害"。（被上訴裁判第 28 頁第 3 行至第 5 行）結論。

— 因此，*原審法官在未有足夠的事實依據的情況下作出裁決，違反《民事訴訟法典》第 571 條第 1 款 b 項的規定，被上訴的合議庭裁判應屬無效。*

助理檢察長發表意見，認為上訴不應獲得勝訴。

二、事實

以下事實獲得認定：

1. 司法上訴的上訴人根據核准《投資者、管理人員及具特別資格技術人員居留制度》的 4 月 4 日第 3/2005 號行政法規透過澳門貿易投資促進局（貿促局）申請在澳門特區 "臨時居留"（**卷宗編號：XXXX/2005/O2R**），並獲得批准。

2. 雖有該法規第 5 條（標題為 "*家團*"）的規定，但司法上訴的上訴人從未為其配偶—上訴人自 2004 年起與其事實分居—及他們的未成年女兒申請居留許可。

3. 他的配偶和女兒從這時起就一直住在愛爾蘭共和國，在那裡永久居住。

4. 司法上訴的上訴人的臨時居留許可陸續獲得續期，直至今日；

5. 他從 "*出入境事務廳外國人事務警司處*" 收到一份憑單，通知其 "*由居留許可獲批准滿 7 年之日（2012 年 9 月 15 日）起，應盡快前往身份證明局，以便辦理關於澳門特別行政區身份證明文件之手續*"。

6. 2012 年 10 月 8 日，愛爾蘭籍的司法上訴的上訴人透過專用表格向身份證明局申請續期澳門特別行政區身份證。

7. 並於同一日作出了如下聲明：

"*聲明*

日期：2012 年 10 月 8 日

本人甲，持第 *XXXXXXX*（*X*）號澳門居民身份證，特此聲明本人妻子乙，持第 *XXXXXXX* 號愛爾蘭護照 ，及本人女兒丙，持第 *XXXXXXXXXX* 號愛爾蘭護照，不在澳門生活或居住，從未申請而且將來也不會申請澳門居留權。乙和丙都在愛爾蘭永久居住。本人甲，獨自一人申請永久性居民身份。"

8. 2012 年 10 月 10 日，上訴人申請了"永久性居民身份"，同時遞交了第 8/1999 號法律第 8 條所指的聲明，並隨聲明附上了以下文件：

—《申請人在緊接提出本申請前連續七年或以上在澳門通常居住的證明（如永久居留證或居民身份證）》；

—《在澳門有慣常居所的證明（如在澳門購買居所的證明，或最新租賃合同及過去三個月的租單）》；

—《職業或有穩定生活來源的證明（如工作證明、其他經濟來源的證明）》；

—《納稅證明》。

9. 身份證明局局長以"（其）家團的大部分成員：配偶及女兒均不在澳門居住"為由不批准司法上訴的上訴人的申請。

10. 司法上訴的上訴人向行政法務司司長提起訴願。

11. 就此訴願，作出了第 *XX/GAD/2012* 號意見書，具體內容如下（卷宗第 15 頁）：

"尊敬行政法務司司長　閣下

就本局於 2012 年 11 月 23 日收到丁律師代表甲先生就本局於 2012 年 10 月 15 日不批准其"聲明以澳門為永久居住地"的申請向行政法務司司長　閣下提出的訴願，根據《行政程序法典》第 159 條規定，本局的意見如下：

一、事實部分：

1. 訴願人甲於 19XX 年 9 月 XX 日於愛爾蘭出生，持愛爾蘭護照編號 *XXXXXXX* 號，於 2005 年以投資移民方式申請來澳居住，於 2005 年 9 月 16 日獲行政長官批准享有澳門的臨時居留權。

2. 治安警察局出入境事務廳根據行政長官上述批示於 2005 年 10 月 20 日向訴願人簽發居留許可憑單（編號 *XX-XXXXXX-IPIM*），訴願人於同日持該居留許可憑單向本局申請非永久性居民身份證第 *XXXXXXX*（*X*）號。

3. 訴願人於 2011 年 12 月 12 日收到治安警察局出入境事務廳通知，其於 2012 年 9 月 15 日在澳居留連續七年，可到本局辦理身份證相關手續。

4. 基於此，訴願人於 2012 年 10 月 8 日向本局申請永久性居民身份證，並於同日根據第 8/1999 號法律第 8 條規定提出"聲明以澳門為永久居住地"的申請。

5. 根據第 8/1999 號法律第 8 條規定，為審批"聲明以澳門為永久居住地"的申請，本局要求申請人須遞交以下文件：（1）在澳門有慣常居所的證明、（2）證明主要家庭成員，在澳門居住的文件、（3）證明在澳門有職業或穩定生活來源的文件，及（4）證明在澳門有依法納稅的文件。

6. 訴願人於 2012 年 10 月 10 日向本局提供（1）、（3）、及（4）所指的證明文件（包括物業登記證明、房屋稅單、職業稅單及戊公司發出的工作證明），以及書面聲明訴願人的主要家庭成員的居住情況。

7. 訴願人表示其配偶乙及女兒丙不在澳門居住，現在沒有申請將來亦不打算申請於澳門居住，二人均一直在愛爾蘭定居。

8. 基於此，鑑於訴願人的主要家庭成員（配偶及女兒）不在澳門通常居住，不符合第 8/1999 號法律第 8 條規定，本局不能確認其以澳門為永久居住地，故本局於 2012 年 10 月 17 日致函（公函編號 XXXX/DIR/2012（W/P））通知訴願人本局於 2012 年 10 月 15 日作出的決定，不接納其 "聲明以澳門為永久居住地" 的申請。

9. 訴願人不同意本局上述決定，於 2012 年 10 月 29 日致電向本局了解不批准的理由，並表示其與配偶已分開多年，倘需辦理離婚涉及財產分割，所以現階段不能離婚。本局於 2012 年 11 月 6 日致電通知申請人本局維持不批准的決定。

二、法律部分

根據第 8/1999 號法律第 1 條第 1 款（九）項現定，申請人需在澳門通常居住連續七年，並聲明以澳門為永久居住地，才具有澳門永久性居民身份，因此，申請人須同時符合在澳門通常居住連續七年及以澳門為永久居住地的兩個要件。

關於第二個要件 "聲明以澳門為永久居住地"，按第 8/1999 號法律第 8 條（永久居住地的確認）第 2 款規定：

"二、第一條第一款（七）項、（八）項及（九）項所指的人士在作出上款所指的聲明時，須如實申報下列個人情況，供身份證明局審批其永久性居民身份時參考：

（一）在澳門有無慣常居所；

（二）家庭主要成員，包括配偶及未成年子女是否在澳門通常居住；

（三）在澳門是否有職業或穩定的生活來源；

（四）在澳門是否有依法納稅。"

本局必須按申請人提交的上述文件或陳述作出綜合考慮及分析，方能判斷申請人是否以澳門為永久居住地。其中第（二）項規定，從常理而言，申請人與其家庭主要成員必然會常居於同一國家或地區，因此，申請人的家庭主要成員的常居地是分析申請人是否以澳門為永久居住地的重要考慮元素。倘因特殊理由，如家庭主要成員於外地就醫、配偶陪同未成年子女到外地升學等而未能於本澳居住，本局則會按照實際情況作分析。

在本個案中，訴願人雖然符合第（一）、（三）及（四）項規定，但訴願人於 2012 年 10 月 10 日提交的聲明、2012 年 10 月 29 日的口頭陳述及於 2012 年 11 月 27 日的訴願書中，訴願人均表示表示其配偶及女兒一直居住於愛爾蘭，現在沒有、將來亦無意申請到澳門定居。訴願人亦解釋其與配偶已分居多年，因財產問題而不欲辦理離婚，但本局認為在訴願人與其配偶仍維持婚姻關係的情況下，*此解釋不足以作為訴願人的家庭主要成員不在澳居住的合理理由。*事實上，訴願人可與其配偶離婚，則本局不會考慮其配偶的居住狀況。

基於此，訴願人不符合第 8/1999 號第 8 條第 2 款（二）項規定，本局不能確認其以澳門為永久居住地，不接納訴願人 "聲明以澳門為永久居住地" 的申請。

基於上述原因，請求司長 閣下維持本局的原來決定。"

12. 行政法務司司長透過如下批示維持了相關決定（第 15 頁）：

"*1. 同意本意見書的分析及理據。*

2. 不接納訴願人 "聲明以澳門為永久居住地" 的申請，維持身份證明局原來決定。"

三、法律

1. 所提出的和要解決的問題

本合議庭將審理被上訴的合議庭裁判是否因欠缺事實依據而無效以及是否違反了第 8/1999 號法律第 8 條第 2 款第（二）項和第 1 款第（九）項、《基本法》第 24 條第（五）項及《行政訴訟法典》第 21 條第 1 款 d 項的規定。

2. 被上訴人與配偶事實分居已被認定為確定事實

被上訴人是愛爾蘭公民，於 2005 年根據投資者、管理人員及具特別資格技術人員臨時居留制度取得澳門臨時居民身份。

他的配偶及未成年女兒在愛爾蘭居住，從未在澳門居住過。

被上訴人在行政程序中聲稱其目前與配偶事實分居。

身份證明局認為被上訴人所指出的其與配偶事實分居但尚未離婚的原因（財產分割的問題）無法合理解釋為何其家庭主要成員不在澳門居住。被上訴實體也持相同觀點。

在司法上訴的起訴狀中，被上訴人聲稱其自 2004 年起與配偶事實分居。

在司法上訴的答辯狀中，被上訴實體沒有對該事實提出質疑。

因此，根據《行政訴訟法典》第 54 條的規定，被上訴的合議庭裁判將該事實視為已經確定或已被認定。

在本司法裁判的上訴理由陳述中，被上訴實體，即現上訴人似乎又想重新就這一事實展開討論。

然而，隨著被上訴的合議庭裁判的作出，針對這一事實的討論已經終結。因為，在像本案這種針對中級法院的合議庭裁判提起的司法裁判的上訴中，終審法院無權審理事實事宜《（司法組織綱要法）第 47 條第 1 款及《行政訴訟法典》第 152 條）。

因此，我們認為被上訴的合議庭裁判所認定的事實事宜，尤其是其中被上訴人與其配偶自 2004 年開始事實分居的部分已經確定。

3. 事實依據

上訴人認為，被上訴的合議庭裁判因欠缺事實依據而無效，理由是，該裁判以被上訴人在行政程序中所作的聲明為基礎認定了事實分居。

然而，一如前文所述，實際情況並非如此。該事實之所以被認定是因為其在起訴狀中被提出，而被上訴實體並沒有在答辯狀中對此提出質疑。

4. 取得澳門特別行政區永久居民身份的要件

上訴人指被上訴的合議庭裁判違反了第 8/1999 號法律第 8 條第 2 款第（二）項和第 1 款第（九）項、《基本法》第 24 條第（五）項及《行政訴訟法典》第 21 條第 1 款 d 項的規定。

被上訴人為愛爾蘭公民，於 2005 年根據投資者、管理人員及具特別資格技術人員臨時居留制度取得澳門臨時居民身份。

《基本法》第 24 條規定：

"第二十四條

澳門特別行政區居民，簡稱澳門居民，包括永久性居民和非永久性居民。

澳門特別行政區永久性居民為：

（一）在澳門特別行政區成立以前或以後在澳門出生的中國公民及其在澳門以外所生的中國籍子女；

（二）在澳門特別行政區成立以前或以後在澳門通常居住連續七年以上的中國公民及在其成為永久性居民後在澳門以外所生的中國籍子女；

（三）在澳門特別行政區成立以前或以後在澳門出生並以澳門為永久居住地的葡萄牙人；

（四）在澳門特別行政區成立以前或以後在澳門通常居住連續七年以上並以澳門為永久居住地的葡萄牙人；

（五）在澳門特別行政區成立以前或以後在澳門通常居住連續七年以上並以澳門為永久居住地的其他人；

（六）第（五）項所列永久性居民在澳門特別行政區成立以前或以後在澳門出生的未滿十八周歲的子女。

以上居民在澳門特別行政區享有居留權並有資格領取澳門特別行政區永久性居民身份證。

澳門特別行政區非永久性居民為：有資格依照澳門特別行政區法律領取澳門居民身份證，但沒有居留權的人。"

12 月 19 日第 8/1999 號法律對澳門特區永久居民和非永久居民的概念下了定義，並規範了如何取得這兩個法律身份。

其中，第 1 條以如下方式定義了永久性居民：

"第一條

永久性居民

一、澳門特別行政區永久性居民包括：

（一）在澳門特別行政區成立以前或以後在澳門出生的中國公民，且在其出生時其父親或母親在澳門合法居住，或已取得澳門居留權；

（二）在澳門特別行政區成立以前或以後在澳門通常居住連續七年以上的中國公民；

（三）上述兩項所指的永久性居民在澳門以外所生的中國籍子女，且在其出生時父親或母親已符合（一）項或（二）項的規定；

（四）在澳門特別行政區成立以前或以後在澳門出生並以澳門為永久居住地的，具有中國血統但又具有葡萄牙血統的人士，且在其出生時其父親或母親已在澳門合法居住，或已取得澳門居留權；

（五）在澳門特別行政區成立以前或以後在澳門通常居住連續七年以上並以澳門為永久居住地的，具有中國血統但又具有葡萄牙血統的人士；

（六）（四）項及（五）項所指的永久性居民在澳門以外所生的並以澳門為永久居住地的中國籍或未選擇國籍的子女，且在其出生時其父親或母親已符合（四）項或（五）項的規定；

（七）在澳門特別行政區成立以前或以後在澳門出生並以澳門為永久居住地的葡萄牙人，且在其出生時其父親或母親已在澳門合法居住，或已取得澳門居留權；

（八）在澳門特別行政區成立以前或以後在澳門通常居住連續七年以上，並以澳門為永久居住地的葡萄牙人；

（九）在澳門特別行政區成立以前或以後在澳門通常居住連續七年以上，並以澳門為永久居住地的其他人；

（十）（九）項所指的永久性居民在澳門所生的未滿十八周歲的子女，且在其出生時其父親或母親已符合（九）項的規定。

二、在澳門出生由澳門有權限的登記部門發出的出生記錄證明。"

第4條內容如下：

"第四條

通常居住

一、本法律規定的通常居住是指合法在澳門居住，並以澳門為常居地，但本條第二款的規定除外。

二、處於下列情況之一的人士，不屬在澳門居住：

（一）非法入境；

（二）非法在澳門逗留；

（三）僅獲准逗留；

（四）以難民身份在澳門逗留；

（五）以非本地勞工身份在澳門逗留；

（六）屬領事機構非於本地聘用的成員；

（七）在本法律生效以後根據法院的確定判決被監禁或羈押，但被羈押者經確定判決為無罪者除外。

（八）法規規定的其他情形。

三、為著第一條第一款（二）項、（五）項、（八）項或（九）項所指的人士永久性居民的身份，及第二條第二款所指的居留權的喪失，如有任何人暫時不在澳門，並不表示該人已不再通常居於澳門。

四、在斷定上述人士是否已不再通常居於澳門時，須考慮該人的個人情況及他不在澳門的情況，包括：

（一）不在澳門的原因、期間及次數；

（二）是否在澳門有慣常住所；

（三）是否受僱於澳門的機構；

（四）其主要家庭成員，尤其是配偶及未成年子女的所在。

五、本法律第一條第一款（八）項、（九）項所指的人士在澳門通常居住“連續七年”，是指緊接其申請成為澳門特別行政區永久性居民之前的連續七年。”

而同一法律文件的第 8 條則規定：

“第八條

永久居住地的確認

一、第一條第一款（四）項至（九）項所指的人士，須在申請成為澳門特別行政區永久性居民時簽署一份書面聲明，聲明其本人以澳門為永久居住地。

二、第一條第一款（七）項、（八）項及（九）項所指的人士在作出上款所指的聲明時，須申報下列個人情況，供身份證明局審批其有關申請時參考：

（一）在澳門有無慣常居所；

（二）家庭主要成員，包括配偶及未成年子女是否在澳門通常居住；

（三）在澳門是否有職業或穩定的生活來源；

（四）在澳門是否有依法納稅。

三、如身份證明局對第一條第一款（四）項、（五）項及（六）項所指的人士按第一款的規定所作的聲明有疑問，可要求其遞交上款所規定的文件。”

上訴人屬於《基本法》第 24 條第（五）項及第 8/1999 號法律第 1 條第 1 款第（九）項所規定的情況，這一點不存疑問。

其中後面這項規定在其葡文版本中為取得永久性居民身份設置了兩個要件：

1）在澳門特區成立以前或以後在澳門通常居住連續七年以上；

2）以澳門為永久居住地（O domicílio permanente em Macau）。

然而，該項中文版本中的用詞與《基本法》第 24 條第（五）項中的用詞一樣，其更為貼切的葡文翻譯不是 "domicílio permanente em Macau"，而應該是 "domicílio definitivo em Macau"。也就是說，《基本法》的文本有要求在澳門定居的意思。

肖蔚雲[1]就曾經提醒過："什麼叫 '以澳門為永久居住地'？什麼情況下則不是 '以澳門為永久居住地'。這些概念的含義和內容，將來澳門特別行政區應有法律來規定，以便使澳門基本法第 24 條第 1 款得以具體落實"。

上訴人在澳門通常居住了連續七年，這點是沒有爭議的。

有疑問的是，上訴人是否以澳門為永久居住地，即最終定居地。

5. 以澳門為永久居住地

澳門特別行政區籌備委員會於 1999 年 1 月 16 日就《基本法》第 24 條的實施通過了一份意見（刊登於 1999 年 12 月 20 日《政府公報》第一組），當中提到關於以澳門為永久居住地和在澳門通常居住的規定，在澳門特別行政區的實施細則，由澳門特別行政區制定。

但法律並沒有明釋應如何理解以澳門為永久居住地或最終定居地。

然而，前述第 8 條，為行政審查的目的，規定第 1 條第 1 款第（四）項至第（九）項所指的人士，須在申請成為澳門特別行政區永久性居民時簽署一份書面聲明，聲明其本人以澳門為永久居住地以供身份證明局審批其有關申請時作參考。

對於第 1 條第 1 款第（四）項至第（九）項所指的人士，法律要求他們要獲得居民身份，必須以澳門為永久居住地。

在這份聲明中應載有以下內容：

1）在澳門有慣常居所；

2）家庭主要成員，包括配偶及未成年子女在澳門通常居住；

3）在澳門有職業或穩定的生活來源；

4）在澳門有依法納稅。

這樣，該條在為了行政機關分析利害關係人是否以澳門為永久居住地或最終定居地的目的而要求利害關係人履行一些義務的同時，也為該概念提供了線索。

駱偉建[2]解釋："永久居住地是指一人以久住的意思而居住在一地。原則上說，一個人可能有幾處居所，即不是久住而是暫住之地，但只能有一個住所，即永久居住之地。如何判斷永久居住地，一是取決於事實的推定，二是取決於本人的明示表示。根據永久性居民及居留權法律

1　肖蔚雲著：《論澳門基本法》，北京，北京大學出版社，2003 年，第 213 頁。

2　駱偉建著：《澳門特別行政區基本法概論》，澳門基金會出版，2000 年，第 106 頁。

的規定，申請人首先聲明以澳門為永久居住地，其次必須提供有關資料證明，如，在澳門有無慣常居所；家庭成員，包括配偶及未成年子女是否澳門通常居住；在澳門是否有職業和穩定的生活來源；在澳門是否依法納稅。"

前文提到，《基本法》中永久居住地的概念有最終定居地的意思。

從本質上看，這似乎與CASTRO MENDES[3]所提出的最古老也最為傳統的住所的概念較為接近：

"傳統而言，一般認為住所的概念與佔有一樣，都要求存在兩個要素：一個是客觀或實質層面的要素，即體素（corpus），指的是與某地相聯繫的重要行為或事實；另一個則是主觀及心理層面的要素，即心素（animus），指的是將某地作為其生活中心的意圖〔又稱為久住的意圖（animus morandi），或者定居或長住的意圖（animus manendi，permanendi）〕"。

我們認為這種理論與目前需要被解釋的概念是契合的。

因此，本合議庭的觀點是：應當認為，**以澳門為永久居住地或最終定居地指的是，除了在澳門通常居住之外，家庭日常事務也圍繞澳門展開（以澳門為其職業及家庭生活的中心，又或者雖不在澳門從事其職業，但擁有穩定的生活來源），在澳門納稅，並且有意在此最終定居。**

但是，與現上訴人的觀點相反，我們認為前述數項只是利害關係人以澳門為永久居住地的單純跡象，以便身份證明局對其情況作出審核（"以供身份證明局審批其有關申請時作參考"），而不是永久居住地的概念中必須同時具備的要件。

另一方面我們認為，行政當局在行使其解釋及適用第8/1999號法律第1條第1款第（九）項的權力時，完全有權考慮任何其認為重要且對於判斷是否符合以澳門為永久居住地的概念有意義的事實，即便該等事實並不載於該法第8條第2款亦然。

而法院則有權審查其對法律的解釋及適用，關於這點在後文還會有詳細闡述。

因此我們確信，對於一個雖然已婚但已經事實分居的人而言，他的配偶及未成年子女不在澳門居住並不妨礙其本人以澳門為永久居住地，只要他除了在澳門通常居住之外，其家庭日常事務也圍繞澳門展開，以澳門為其職業及家庭生活的中心（又或者雖不在澳門從事其職業，但擁有穩定的生活來源），在澳門納稅，並且有意在此最終定居即可。

事實上，從該規定本身也可以看出，配偶和未成年子女只不過是行政機關為判斷利害關係人是否以澳門為永久居住地而需要考慮的家庭成員（"包括"）當中的兩類人（親屬關係分別來源於結婚和一等直系血親），該條中所規定的其他須一併考慮的因素還有：通常居住地、在澳門擁有穩定的生活來源或從事職業以及繳納稅款。

3　JOÃO DE CASTRO MENDES 著：《*Teoria Geral do Direito Civil*》，第一卷，里斯本，里斯本大學法學院學術委員會出版，1978 年，第 198 頁。

不可能不是這樣，因為一個人即便已婚，也不必然與配偶及未成年子女生活在一起，而是可能與諸如祖父母、父母、叔嬸舅姨、孫子孫女、養父母、繼父母等其他家庭成員一起生活。其中原因有很多，從配偶所從事的工作或其他活動到子女的學業，這些都可能會導致他們無法長期共同生活。

6. 自由裁量‧未確定概念及自由評價空間

上訴人在司法裁判的上訴的理由陳述中提出了一個之前未曾表達過的新觀點，即：行政當局確認一個在提出成為澳門永久性居民的申請之前已經在澳門通常居住了連續七年的臨時居民以澳門特區為永久居住地的權力屬於自由裁量權。

我們看。

有關行政當局行使被限定的權力和自由裁量權之間的區別，我們在此不再贅述。本院曾經就這個問題在 2000 年 5 月 3 日第 9/2000 號案的合議庭裁判中作過詳細闡述，對於其中的內容，我們目前仍然表示贊同。

與上訴人所主張的觀點相反，我們認為，第 8/1999 號法律第 8 條在規定第 1 條第 1 款第（四）項至第（九）項所指的人士在申請成為澳門特別行政區永久性居民時須簽署一份書面聲明，聲明其本人以澳門為永久居住地，供身份證明局審批其有關申請作參考時，並沒有想要給予行政當局任何確定誰應該是永久性居民，誰不應該是永久性居民的自由裁量權，但我們在後文（第 7 點）將要講到的，立法者賦予行政當局在分析第 8/1999 號法律第 1 條第 1 款第（九）項（及其他項）所提及的永久居住地的要件時，判斷利害關係人是否有*在澳門最終定居的意圖*的權力則另當別論。

之所以這樣規定是為了方便行政程序的調查，因為行政當局沒有偵查或調查當事人私人和家庭情況的權力。基於這個原因，法律才要求想要取得永久性居民身份的利害關係人與行政當局合作，向其提供一些很難通過其他方式獲得的資料。

至於 **"永久居住地"** 的概念，我們認為還是有必要回顧本院在 2000 年 5 月 3 日的合議庭裁判中就**未確定概念**所作的闡述，<u>雖然上訴人並不是以此作為理由去論證行政當局具有自由裁量空間的觀點</u>。

在這份裁判中，我們說過：

"現在要區分自由裁量權和未確定概念。

為此，從自由裁量權的性質出發比較合適。

對此問題，主要存在三種論點[4]。

其一認為，自由裁量權是賦予行政機關解釋模糊和未確定概念的自由。

另一種論點認為，行政機關的自由裁量權主要受非法律規則的約束，該等規則可以是技術、科學或其他良好行政管理方面的規則。

第三種論點為法學理論界普遍認同的，即認為自由裁量權是法律賦予行政機關作決定的自由，其目的為讓行政機關在各種可能的決定中，選擇一種認為對實現公共利益最為恰當的決定。

現我們分析未確定概念。

正如 ANTÓNIO FRANCISCO DE SOUSA[5] 所言："*未確定概念一詞是意指那些具有一定程序不明確的概念。與此相反的是已確定概念，那些涉及計量（米、升、小時）或幣值（澳門圓、美元）的很確定的概念。*

幾乎所有的法律概念都有一定程度的不明確，故 PHILIP HECK[6] 強調，絕對確定的概念在法律中是罕見的。

立法者把未確定概念作為一項措施使用，基於許多原因，如 "使規範適合於予以規定的複雜事項，適合個案的特殊性或形勢的變化，或者在法律與社會倫理準則中起一種滲透作用，又或者許可考慮商業習慣，或最後，允許作出一種 '個案性' 的解決辦法[7]。"

ROGÉRIO SOARES[8] 強調，面對現代社會的複雜性，立法者大量地使用未確定概念。

那麼，自由裁量權和未確定概念的主要區別在於：在前者，針對特定情況，行政機關享有一定的行動自由；在後者，我們面對一種受限制活動，一種以法律意識為手段去解釋法律。

在此，在未確定概念中，沒有自由，一旦知道哪種才是對法規正確的解釋──和在法律

4　參考 ANDRÉ CONÇALVES PEREIRA 上提著作：(《*Erro e Ilegalidade no Acto Administrativo, Lisboa, Ática*》，1962 年) 第 216 頁及續後各頁、MARCELLO CAETANO 上提著作：(《*Manual de Direito Administrativo*》，第一卷，第十版，Almedina 書局，科英布拉，重印，1980 年) 書卷第 215 頁、刊登於葡國司法部公報第 370 期有關 MARIA LUÍSA DUARTE 的著作：《*A Discricionariedade Administrativa e os Conceitos Jurídicos Indeterminados*》第 42 頁及 BERNARDO DINIZ DE AYALA 上提著作：《(*O (Défice de) Controlo Judicial da Margem de Livre Decisão Administrativa*》，里斯本，Lex 出版社，1995 年)，第 108 頁。

5　ANTÓNIO FRANCISCO DE SOUSA 著：《*Conceitos indeterminados*》 no Direito Administrativo，Almedina 書局，科英布拉，1994 年，第 23 頁。

6　在刊登於 1985 年 11 月出版的 Revista de Direito Público 第一年度，第一期，第 34 頁中的 F. AZEVEDO MOREIRA 的著作：《*Conceitos Indeterminados: Sua Sindicabilidade Contenciosa Em Direito Administrativo*》。

7　J. BAPTISTA MACHO 著：《*Introdução ao Direito e ao Discurso Legitimador*》，Almedina 書局，科英布拉，1995 年，第 114 頁。

8　在刊登於科英布拉的 Revista de Legislação e Jurisprudência 第 127 期，第 230 頁中的 ROGÉRIO SOARES 的著作：《*Administração Pública e Controlo Judicial*》。

中，針對個案，僅有一種正確的法律解釋——適用法律者必須遵從這種解釋。

因此，ANDRÉ GONÇALVES PEREIRA[9] 提到："法律解釋完畢，自由裁量權立即開始。"

據此，當得出結論認為，要執行的任務主要為解釋法律時，法院即可對行政機關適用法律情況進行審查。

但是，法學理論界很早就發現，在存在僅屬對法律解釋的未確定概念的同時，存在另一種未確定概念的情況，表現出立法意圖本身是希望"讓行政機關在已為模糊或未確定概念訂定的前提條件中作出選擇[10]。"

後一種情況被 J. M. SÉRVULO CORREIA[11] 稱為真正的未確定概念或純未確定概念。

從五十年代，德國法學理論界已開始創立一種法學理論，以便界定出那些不受法院審查的、牽涉到行政機關行使本身審評權能去運用未確定概念的情況。

正因如此，BACHOF 提出了自由審評空間的著名理論，並將其定義為賦予行政機關就其作出決定的前提要件進行自由審評的空間。對該德國教授來說，並非所有未確定概念都賦予行政機關*自由審評空間*，乃由立法者對可能出現的情況作出選擇[12]。

後來，WALTER SCHMIDT 捍衛道："為把具體個案適用於法規設定的未確定概念中，對構成個案的要件的評估僅限於對問題的預測，無論是屬對人或物的資格的評估，還是直接對將來的社會進程演變的估計……

根據這一論述，'自由決定空間'僅限於自由裁量和預測性概念的單獨適用的情況：對法律規範中的所有'Tatbestand'的其他要素的適用完全可以被法院審查[13]。"

遵從 WALTER SCHMIDT 的理論，J. M. SÉRVULO CORREIA[14] 明確表示："將某類未確定概念適用於具體個案（Anwendung）牽涉到無可避免地包含主觀因素的價值判斷的表述，該等主觀因素許多屬預測性的。預測是通過對將來某一活動能力的評估、對某一社會進程將來演變的推斷或對將來某一具體事件危險性的衡量作出的判斷。

預測判斷即把規範（Tatbestand）預設的概念適用於具體個案中，與抽象地解釋該概念無關，例如，在聯邦共和國（德國）有一法規規定，當事實（Tatbestand）證明一申請者沒有獲得對他從事酒店經營活動足夠信任（Zuverlässigkeit）的假設，即應對他提出的設立酒店場

---

9   參考 ANDRÉ GONÇALVES PEREIRA 上提著作第 217 頁。

10   參考 M. ESTEVES DE OLIVEIRA 上提著作：（《Direito Administrativo》，第一卷，1980 年，Almedina 書局，里斯本），第 246 頁。

11   參考 J. M. SÉRVULO CORREIA 上提著作：（《Legalidade e Autonomia Contratual nos Contratos Administrativos》，科英布拉，Almedina 書局，1987 年），第 332 頁。

12   參考 J. M. SÉRVULO CORREI 上提著作第 122 頁。

13   參考 J. M. SÉRVULO CORREIA 上提著作第 131 頁至第 136 頁。

14   參考 J. M. SÉRVULO CORREIA 上提著作第 119 頁。

所的許可予以拒絕。'信任' 這一未確定概念應予以解釋，而對其抽象的理解方式可由法院再審。但面對事實要件作出申請人是否值得足夠信任的判斷，是一預測性判斷，因為這牽涉到對申請人所期望從事活動的將來假設行為的一種評價。"

此外，該作者認為，第一類未確定概念，亦即不涉及預測判斷的未確定概念，均可被確定，因通過規則—推理方法可獲知其內涵[15]。

另外，第二類未確定概念，亦即其用意為賦予行政機關自由審評空間的未確定概念，應適用那些前面已研究過的關於其限制和對自由裁量權的行使進行司法審查的規則[16]，他同時宣稱，儘管兩者有結構性區別，但自由裁量權和未確定法律概念在法律制度上可以統一。[17]"

MÁRIO AROSO DE ALMEIDA[18] 在最近也發表了基本相同的觀點：

"這個領域的首要難題是必須界定在那些立法者在有關前提的法律規定中使用不確切概念是為了給予行政人員自行作出判斷的權力的情況。然而，最佳學說已經指出，如果立法者所使用的是可以根據法律標準或借助一般的經驗知識予以填補的概念，那麼就不是在賦予自由裁量權；另外，如果立法者僅僅是轉用了客觀適用的技術性標準，即便可能需要借助非法律知識，也不是在賦予自由裁量權，法院可以就這些標準的適用作出審查，尤其是可以通過求助鑑定證據來進行審查。

因此，只有當為填補在有關前提的法律規定中所使用的不確切概念，行政人員需要作出體現行使行政職能之不可替代性的價值判斷或預測性判斷時，才能認為立法者使用這些不確切概念是想要授予行政人員自行作出判斷的權力。因此，也只有在這些特定的情況下才能認為，由於立法者給予了了行政人員自行作出判斷的權力，因此法院僅擁有極其有限的審查權。"

7. 永久居住地‧未確定概念

在本案中，我們需要作出區分。

前文提到，**以澳門為永久居住地或最終定居地指的是，除了在澳門通常居住之外，家庭日常事務也圍繞澳門展開（以澳門為其職業及家庭生活的中心，又或者雖不在澳門從事其職業，但擁有穩定的生活來源），在澳門納稅，並且有意在此最終定居。**

在這個概念中，涉及*家庭日常事務的中心*（以澳門為其職業及家庭生活的中心，又或者雖不在澳門從事其職業，但擁有穩定的生活來源）的部分屬於第一種類型的未確定概念，因為不

---

15 參考 J. M. SÉRVULO CORREIA 上提著作第 136 頁。

16 就此參考 DAVID DUARTE 上提著作：《*Procedimentalização, Participação e Fundamentação: Para uma Concretização do Princípio da Imparcialidade Administrativa como Parâmetro Decisório*》，Almedina 書局，科英布拉，1996 年，第 368 頁及 J. M. SÉRVULO CORREIA 上提著作第 499 頁。

17 參考 J. M. SÉRVULO CORREIA 上提著作第 136 頁中引用的 WALTER SCHMIDT。

18 MÁRIO AROSO DE ALMEIDA 著：《*Teoria Geral do Direito Administrativo: Temas Nucleares*》，科英布拉，Almedina 出版，2012 年，第 215 頁及第 216 頁。

存在任何的預測（通過對將來某一活動能力的評估、對某一社會進程將來演變的推斷或對將來某一具體事件危險性的衡量作出的判斷），而是單純根據法律標準去解釋法律，因此完全可以被法院審查。

而在判斷利害關係人是否有在*澳門最終定居的意圖*方面，立法者則有賦予行政當局自由裁量空間的意思，因為此處涉及預測性判斷，法院沒有這個職能，因為不屬於單純的法律解釋。

已事實分居的被上訴人以澳門為其家庭生活的中心，因為除了在澳門通常居住之外，被上訴人職業生活的中心也在澳門，而且在澳門納稅。

因此，行政當局只要在具體事實的基礎上，主要根據，但又不僅限於第 8/1999 號法律第 8 條第 2 款所列明的幾項要素，去說明被上訴人沒有在*澳門最終定居的意圖，就可以不批准被上訴人的申請*（如果涉及在行使自由裁量權時存在明顯錯誤又或者完全不合理行使自由裁量權的情況，就要接受法院的審查），然而，行政當局並沒有這樣做。

8. 結論

綜上所述，被上訴行為以被上訴人已事實分居且其配偶及未成年女兒不在澳門居住為由拒絕給予其永久性居民身份，違反了第 8/1999 號法律第 8 條第 2 款第（二）項和第 1 條第（九）項，以及《基本法》第 24 條第（五）項的規定。

因此我們認為，被上訴的合議庭裁判正確地適用了法律，沒有可指責之處。

四、決定

綜上所述，合議庭裁定司法裁判的上訴敗訴。

訴訟費用由上訴人承擔，司法費訂為 6 個計算單位。

2015 年 1 月 7 日，於澳門。

法官：利馬（裁判書製作法官）—宋敏莉—岑浩輝

出席評議會的檢察院司法官：米萬英

■ 終審法院第 72/2016 號案裁判書全文（二審）

案件編號：72/2016
案件類別：對行政司法裁判的上訴
上訴人：行政法務司司長
被上訴人：甲

裁判日期：2017 年 1 月 12 日
主題：判決書遺漏被上訴實體在司法上訴答辯狀和陳述書中所列明的理據、司法上訴的判決書遺漏一項被提出的且通過書證已獲得證明的重要事實、永久居留權、被葡籍澳門居民收養、《基本法》
法官：利馬（裁判書製作法官）、宋敏莉和岑浩輝

摘　要

一、遺漏被上訴實體在司法上訴答辯狀和陳述書中所列明的理據不構成判決書的無效，只構成一項沒有處罰的不規則情況。

二、在司法上訴判決書的理據部分遺漏一項已提出且重要的事實不構成因遺漏審理而導致的無效，但如果上訴法院認為無法就法律問題作出裁決，那麼該遺漏可能構成事實事宜上之不足，其結果是命令下級法院擴大事實事宜。如果該事實通過書證或其他具完全證明力的證據方法獲得證明，那麼上訴法院即可對此予以認定。

三、一個透過澳門法院判決被葡籍澳門永久居民收養，並因該收養而取得葡國籍的未成年人，如果在其出生時其父親或母親沒有澳門居留權，那麼他不會在澳門特區通常居住連續七年之前因收養的事實而取得澳門永久居留權。

裁判書製作法官
利馬

澳門特別行政區終審法院
合議庭裁判

一、概述

甲針對**行政法務司司長** 2015 年 1 月 14 日的批示提起撤銷性司法上訴，該批示駁回了其針對身份證明局不批准向其養子發出永久性居民身份證的決定提起的訴願。

中級法院透過 2016 年 5 月 12 日的合議庭裁判裁定上訴勝訴，撤銷了被上訴行為。

行政法務司司長不服，向**終審法院**提起司法裁判的上訴，提出以下有用理據：

——被上訴裁判因沒有根據《行政訴訟法典》第 76 條的規定，在概述部分載明被上訴實體在司法上訴答辯狀和陳述書中所列明的理據而無效；

——根據《行政訴訟法典》第 76 條及《民事訴訟法典》第 571 條第 1 款 d 項的規定，被上訴裁判為無效，因為它遺漏了本案中還通過書證證明了（提起司法上訴的）上訴人的養子已經獲准在澳門居留並獲發澳門非永久性居民身份證；

—該未成年人出生時，其親生父母均不是澳門永久性居民；

—在直接取得永久居留權的效力方面收養是被否決，因為《基本法》沒有將親生子女等同於養子女；

—養子的地位在批准收養的判決轉為確定時才獲得，因此被收養人在出生時的父母為其親生父母，而他們不是澳門永久性居民；

—被上訴裁判所援引的《跨國收養方面保護兒童及合作公約》第 26 條第 1 款 a 項不具重要性，因為本案衍生自透過本地法院的判決批准的收養；

—即便不是這樣，如果像被上訴裁判所認為的那樣，該規定優於特區內部法源，它對於《基本法》而言也是不成立的，因為《基本法》在位階上高於在澳門生效的國際條約中的規定。

檢察院司法官發表意見，認為在實體問題方面上訴理由成立，但所提出的被上訴裁判無效的問題不成立。

二、事實

A）被上訴的合議庭裁判認定了以下事實：

—上訴人及其丈夫**乙**均為澳門永久性居民，他們是未成年人**丙**的父母。

—該親子關係透過初級法院 2014 年 7 月 14 日第 FM1-14-0064-MPS 號案的判決批准的收養所建立，相關判決於 2014 年 7 月 28 日轉為確定。

—上指未成年人於 2011 年 1 月 25 日出生於澳門。

—2014 年 8 月 7 日，上訴人向身份證明局聲請為其養子發出澳門永久性居民身份證，但不獲批准。

—上訴人對這一不批准決定不服，向行政法務司司長提起訴願。

—透過行政法務司司長 2015 年 1 月 14 日的批示，必要訴願被駁回。

B）除此之外，在卷宗中還透過書證證明了以下事實：

1—（提起司法上訴的）上訴人的養子，即未成年人丙獲准在澳門居留並獲發澳門非永久性居民身份證。

2—作為被上訴行為之理據的第 XX/GAD/2014 號意見書的內容如下：

"事由：訴願—丙的澳門永久性居民身份證申請

意見書編號：XX/GAD/2014

日期：20/11/2014

尊敬的行政法務司司長　閣下

關於本局不向丙（以下簡稱當事人）發出澳門特區居民身份證的決定，其父母委託律師向行政法務司司長　閣下提出訴願，現根據《行政程序法典》第 159 條規定，本局的意見如下：

一、事實部分

1. 當事人**丙**於 2011 年 1 月 25 日在澳門出生，持民事登記局發出的第 XXXX/2011/RC 號出生登記之敘述證明，內載父親為**乙**【持澳門特區非永久性居民身份證第 XXXXXXX（X）號】，母親為**甲**【持澳門特區永久性居民身份證第 XXXXXXX（X）號】。

2. 2014 年 8 月 6 日，當事人父母到本局為當事人辦理澳門特區永久性居民身份證申請，並出示當事人的出生登記之敘述證明。

3. 由於當事人在澳門出生，現年三歲，父母在澳門定居，根據過往經驗，此情況通常是基於收養才發生，鑑於出生登記之敘述證明未能反映有關收養的事實，經向當事人父母了解，確認當事人為其收養兒子。

4. 鑑於當事人與**乙**及**甲**（以下統稱收養人）的親子關係是透過收養而建立，因此，其不符合申領澳門特區永久性居民身份證的規定。

5. 收養人於 2014 年 8 月 7 日致函本局，聲稱當事人因收養而取得其子女的地位，故其應具有澳門永久性居民身份，並附上初級法院家庭及未成年人法庭於 2014 年 7 月 14 日的收養判決書予以證明。

6. 本局從收養判決書中得悉當事人親生母親為**丁**，父親資料不詳。經查核本局檔案資料，並沒有**丁**澳門居民身份資料的記錄，即她不是澳門居民。

7. 鑑於當事人在澳門出生時其親生母親不具有澳門居民身份，依法當事人不具有澳門居民資格，因此，本局於 2014 年 8 月 20 日發函（編號 XXX/GAD/2014）通知收養人本局將作不批准當事人澳門特區居民身份證申請的決定，並就此決定進行書面聽證。收養人於翌日親臨本局簽收該公函。

8. 收養人委託律師於 2014 年 9 月 2 日致函本局就當事人的申請作書面陳述，聲稱當事人透過收養而與養父母取得父母子女關係，且收養事實已由法院宣告及已轉為確定判決，當事人與親生父母的關係已消滅。此外，基於以下理由，要求本局向當事人發出澳門特區永久性居民身份證：

—基於平等原則，親生及收養子女均具有相同的權利及義務；

—《兒童權利公約》規定需確保兒童免因父母地位而遭受各種差別待遇或處罰；

—《澳門特別行政區基本法》第 24 條第 2 款第（六）項關於澳門永久性居民的規定沒有就親生子女及收養子女作區分。

9. 鑑於當事人代表律師的陳述亦未能證明當事人符合申領澳門特區永久性居民身份證的條件，因此，本局於 2014 年 10 月 8 日決定不向當事人發出澳門特區永久性居民身份證，並於同日發函（編號 XXX/GAD/2014）通知代表律師。代表律師亦於翌日到本局簽收該公函。

二、法律分析

1.《澳門特別行政區基本法》第 24 條規定：

"澳門特別行政區居民，簡稱澳門居民，包括永久性居民和非永久性居民。

澳門特別行政區永久性居民為：

（一）在澳門特別行政區成立以前或以後<u>在澳門出生</u>的中國公民及其在澳門以外所生的中國籍子女；

（二）在澳門特別行政區成立以前或以後在澳門通常居住連續七年以上的中國公民及在其成為永久性居民後<u>在澳門以外所生</u>的中國籍子女；

（三）在澳門特別行政區成立以前或以後<u>在澳門出生</u>並以澳門為永久居住地的葡萄牙人；

（四）在澳門特別行政區成立以前或以後在澳門通常居住連續七年以上並以澳門為永久居住地的葡萄牙人；

（五）在澳門特別行政區成立以前或以後在澳門通常居住連續七年以上並以澳門為永久居住地的其他人；

（六）第（五）項所列永久性居民在澳門特別行政區成立以前或以後<u>在澳門出生</u>的未滿十八周歲的子女。

以上居民在澳門特別行政區享有居留權並有資格領取澳門特別行政區永久性居民身份證。"（底線為本局所強調）

2. 全國人民代表大會澳門特別行政區籌備委員會就實施《中華人民共和國澳門特別行政區基本法》第 24 條第 2 款提出意見：

"二、基本法第二十四條第二款第（一）項和第（三）項規定的在澳門出生的中國公民和葡萄牙人，是指<u>父母雙方或一方在澳門合法定居期間所生的人</u>，但因符合本意見第一點所列條件而成為澳門特別行政區永久性居民者除外。

三、基本法第二十四條第二款第（一）項和第（二）項規定的<u>澳門以外所生</u>的中國籍子女，必須是<u>本人出生時</u>其父母雙方或一方已經成為澳門基本法規定的永久性居民，該子女要進入澳門特別行政區定居須依法辦理有關手續。

四、……

五、基本法第二十四條第二款第（六）項規定的<u>在澳門出生</u>的未滿十八周歲的'其他人'子女，<u>必須是本人出生時其父母雙方或一方已經成為澳門基本法規定的永久性居民</u>。該子女在年滿十八周歲後，如符合基本法第二十四條第二款第（五）項的有關規定，可成為澳門特別行政區永久性居民。"（底線為本局所強調）

3. 於 1999 年 12 月 20 日起通過及生效的澳門特別行政區第 8/1999 號法律《澳門特別行政區永久性居民及居留權法律》正是根據上述意見已制定。在審議第 8/1999 號法律時，立法會第二工作委員會第三號意見書中第 4.（4）點清楚說明"因為根據基本法第二十四條第二款和籌委會關於實施基本法第二十四條第二款的意見，在界定永久性居民的子女可否取得永久性居民資格的問題上，其所使用的術語是'在澳門出生'、'在澳門以外所生'。此處立法意圖非常明確，即專指永久性居民的具有<u>自然血親關係的子女</u>有資格成為永久性居民，且須在子女

出生時其父或母已經具有永久性居民資格，而不包括通過收養所形成的具法律上擬制血親關係的養子女。"（底線為本局所強調）

4. 第 8/1999 號法律《澳門特別行政區永久性居民及居留權法律》第 1 條規定：

"一、澳門特別行政區永久性居民包括：

（一）在澳門特別行政區成立以前或以後在澳門出生的中國公民，且在其出生時其父親或母親在澳門合法居住，或已取得澳門居留權；

（二）在澳門特別行政區成立以前或以後在澳門通常居住連續七年以上的中國公民；

（三）上述兩項所指的永久性居民在澳門以外所生的中國籍子女，且在其出生時父親或母親已符合（一）項或（二）項的規定；

（四）在澳門特別行政區成立以前或以後在澳門出生並以澳門為永久居住地的，具有中國血統但又具有葡萄牙血統的人士，且在其出生時其父親或母親已在澳門合法居住，或已取得澳門居留權；

（五）在澳門特別行政區成立以前或以後在澳門通常居住連續七年以上並以澳門為永久居住地的，具有中國血統但又具有葡萄牙血統的人士；

（六）（四）項及（五）項所指的永久性居民在澳門以外所生的並以澳門為永久居住地的中國籍或未選擇國籍的子女，且在其出生時其父親或母親已符合（四）項或（五）項的規定；

（七）在澳門特別行政區成立以前或以後在澳門出生並以澳門為永久居住地的葡萄牙人，且在其出生時其父親或母親已在澳門合法居住，或已取得澳門居留權；

（八）在澳門特別行政區成立以前或以後在澳門通常居住連續七年以上，並以澳門為永久居住地的葡萄牙人；

（九）在澳門特別行政區成立以前或以後在澳門通常居住連續七年以上，並以澳門為永久居住地的其他人；

（十）（九）項所指的永久性居民在澳門所生的未滿十八周歲的子女，且在其出生時其父親或母親已符合（九）項的規定。"（底線為本局所強調）

5. 當事人代表律師認為《基本法》第 24 條及第 8/1999 號法律第 1 條應同時適用於收養子女，然而，根據《民法典》第 8 條（法律解釋）規定：

"一、法律解釋不應僅限於法律之字面含義，尚應尤其考慮有關法制之整體性、制定法律時之情況及適用法律時之特定狀況，從有關文本得出立法思想。

二、然而，解釋者僅得在法律字面上有最起碼文字對應之含義，視為立法思想，即使該等文字表達不盡完善亦然。

三、在確定法律之意義及涵蓋範圍時，解釋者須推定立法者制定之解決方案為最正確，且立法者懂得以適當文字表達其思想。"

6. 從上述條文可見，應以法律字面對應之含義作法律解釋，並須推定立法者懂得以適當的文字表達其思想。在尊重其他學者持有不同意見的情況下，本局認為《基本法》第 24 條及第 8/1999 號法律第 1 條的文字表述非常清晰，沒有任何含糊之處。立法者在文字表述上使用 "在澳門出生" 及 "在澳門以外所生"，可見立法者所強調的是本人的出生時刻，明顯所指的是親生的父母子女關係。

7. 倘將 "在澳門出生" 及 "在澳門以外所生" 擴張解釋為 "在澳門收養的"，即是將 "出生時" 這一時刻推延至 "出生後"，這解釋有違立法者的原意及亦與字面含義不相符，違反《民法典》第 8 條法律解釋的規則。

8. 即使再探究第 8/1999 號法律的立法原意，正如上文所述，立法會第二工作委員會第三號意見書已清楚提供了答案；再加上立法會 1999 年 12 月 13 日關於《澳門特別行政區永久性居民及居留權》法案的全體會議摘錄亦清楚說明 "這裡是訂定 '父母子女關係'，我們認為其中第六條第一款的第三項和第二款，關於領養方面，我們覺得不應該在這裡訂定，澳門現行的法律已經有足夠這方面的規範，所以委員會建議將領養的問題在第六條內刪除，即刪除第六條第一款第三項和第二款"。

9. 縱然當事人代表律師指立法會工作委員會的意見書不具法律約束力，然而，按法律解釋規則，法律工作者在適用法例時，首先應直接從條文字面得出其含義，倘出現含意模糊時，則可從撰寫相關法例時的意見書及立法會全體會議的辯論內容得知法例的立法背景及歷史因素，從而探究立法者的立法原意。

10. 此外，《基本法》第 24 條及第 8/1999 號法律第 1 條界定永久性居民資格是採用了出生地主義及血統主義相結合的原則，子女原始的居民資格是跟隨親生父母的身份而取得，這是國際通用的標準，同理，被收養子女的原始居民資格亦是跟從其親生父母而取得，因此，立法者在界定哪類人士具有澳門永久性居民身份時所考慮的只是本人，以及其在成為澳門永久性居民後親生子女的情況便可，而無須考慮被收養子女的情況。

11. 因此，就《基本法》及第 8/1999 號法律是否適用於被收養子女，從條文字面含義、相關意見書及會議摘錄已能清晰知道立法者的立法原意是條文不適用於被收養子女。

12. 另外，法律賦予被收養子女與親生子女具有同等地位，這是針對親子關係的效力而言，即父母與子女間的扶養義務及親權的行使。被收養子女未能按照收養父母的居住地法規取得永久性居民身份，對親子關係的效力不會做成影響，因此，不存在違反《民法典》或《兒童權利公約》的情況。

13. 總括而言，《基本法》第 24 條及第 8/1999 號法律第 1 條的文字表述非常清晰，法律字面及其含義均清晰無誤地表達了立法原意，而且，立法會第二工作委員會第三號意見書及 1999 年 12 月 13 日辯論法案的全體會議摘錄中亦清楚說明第 8/1999 號法律所規範的只是具自然血親關係的父母子女關係，並不包括收養關係。

14. 在本案中，鑑於當事人在澳門出生時，其親生母親丁不具有澳門居民身份，父親資料不詳，故當事人不符合第 8/1999 號法律第 1 條的規定，不具澳門永久性居民身份，本局依法不向當事人發出澳門特區永久性居民身份證。

15. 另，需補充，一直以來，如收養者欲為其所收養的子女申請在澳門居留，不論被收養子女在澳門出生或在澳門以外所生，其亦須先向治安警察局出入境事務廳申請居留許可，再持居留許可向本局申請澳門特區非永久性居民身份證。

三、建議

綜上所述，鑑於《基本法》第 24 條及第 8/1999 號法律不適用於收養子女，且當事人出生時其親生父母不具有澳門居民身份，故當事人不符合第 8/1999 號法律第 1 條的規定，不具澳門永久性居民身份，因此，建議司長閣下維持本局不向當事人發出澳門特區居民身份證的決定。

就上述事宜，根據《行政程序法典》第 159 條規定附上當事人存於本局檔案內的卷宗副本（見附件）。"

三、法律

1. 要分析的問題

要分析的是上訴人所提出的上述問題。

2. 判決書概述部分的遺漏

上訴人提出，被上訴裁判因沒有根據《行政訴訟法典》第 76 條的規定，在概述部分載明被上訴實體在司法上訴答辯狀和陳述書中所列明的理據而無效。

但這是不對的。正如 VIRIATO LIMA 和 ÁLVARO DANTAS[1] 所言，"由於《行政訴訟法典》中沒有明確規定判決無效原因的條文，因此應適用《民事訴訟法典》第 571 條的制度，這樣，當發生以下情況時，判決無效：1）未經法官簽名；2）未有詳細說明作為裁判理由的事實依據及法律依據；3）所持依據與所作裁判相矛盾；4）法官未就其應審理的問題表明立場，或審理了不可審理的問題"。

判決書的概述部分，或者說判決書中描述案件的來龍去脈但卻不屬於決定依據的部分的不完美絕不構成《民事訴訟法典》第 571 條所規定的判決的無效。

這是細微的不規範情況，不對案件的審理或決定產生後果。判決書的概述部分未載明一方當事人向案中所闡述的內容是一回事，法官沒有閱讀當事人所陳述的內容是另一回事，兩者截然不同。

所提出的問題不成立。

---

1 VIRIATO LIMA 與 ÁLVARO DANTAS 合著：《*Código de Processo Administrativo Contencioso Anotado*》，澳門法律及司法培訓中心出版，2015 年，第 245 頁。

3. 未認定一項已提出且重要的事實方面的遺漏

上訴人提出，根據《行政訴訟法典》第 76 條及《民事訴訟法典》第 571 條第 1 款 d 項的規定，被上訴裁判為無效，因為它遺漏了本案中還通過書證證明了（提起司法上訴的）上訴人的養子已經獲准在澳門居留並獲發澳門非永久性居民身份證。

上述遺漏不構成所提出的無效。如果上訴法院認為無法就法律問題作出裁決，那麼該遺漏可能構成事實事宜上之不足，其結果是命令下級法院擴大事實事宜[2]。這是兩個擁有不同制度的概念。因遺漏審理而導致的無效不是依職權必須審理的問題（《民事訴訟法典》第 571 條第 2 款及第 3 款）。為擴大事實事宜而撤銷裁判可以依職權命令為之（《民事訴訟法典》第 650 條第 1 款）。因遺漏審理而導致的無效不能由終審法院補正，因其實行廢止制度（《民事訴訟法典》第 651 條第 1 款）。為擴大事實事宜而撤銷裁判只有在所欠缺的事實無法通過具完全證明力的證據方法—例如書證—獲得證明時才能進行。

在本案的情況中無需擴大事實事宜，因為相關事實透過書證獲得了證明，也因此被列入本裁判已認定事實的範圍。

4. 出生地為澳門，父母為葡萄牙人，但出生時其父母沒有澳門居留權的未成年人在澳門特區的永久居留權

目前所探討的問題是要知道，提起司法上訴的葡萄牙女性公民—及其同為葡萄牙公民的丈夫—的養子是否單純因為他是擁有澳門特別行政區（澳門特區）永久居留權之人[3]的養子而擁有特區的永久居留權。

要注意的是，因收養（相當於葡萄牙法律制度中的完全收養）而將根據《葡萄牙國籍法》第 5 條的規定取得葡萄牙國籍的未成年人已獲准在澳門居留，因此如果他在澳門通常居住至少連續七年，將根據澳門特區《基本法》第 24 條第 2 段第（四）項的規定取得永久性居民身份。

重要的事實事宜簡述如下：

涉案的未成年人於 2011 年在澳門出生，是無澳門居留權的非葡籍外國女性公民的親生子，父親身份不詳。

該未成年人被提起司法上訴的葡萄牙女性公民及其同為葡籍的丈夫收養。此二人均不在澳門出生，但都是澳門特區永久性居民[4]。收養於 2014 年經澳門特區法院批准。因為被收養（類似葡萄牙的完全收養）的關係，該未成年人將取得葡萄牙國籍。

被上訴實體否決了未成年人養父母提出的【根據《基本法》第 24 條第 2 段第（六）項的

2　此一理解，見 J. ALBERTO DOS REIS 著：《*Código de Processo Civil Anotado*》，科英布拉出版社，1981 年重新印刷，第六冊，第 83 頁。

3　被上訴裁判認定未成年人的養父為永久性居民，但在行政卷宗內載有的卻是此人 2014 年 11 月 18 日的*非永久性居民*身份證副本。然而澄清這個問題是不重要的。

4　見前一注腳。

規定取得永久居留權】請求，理由是根據《基本法》和第 8/1999 號法律的規定，在未成年人出生時，其親生父母不是澳門居民。

現在來看相關的法律規定，即《基本法》第 24 條和第 8/1999 號法律第 1 條。

《基本法》第 24 條：

"第二十四條

澳門特別行政區居民，簡稱澳門居民，包括永久性居民和非永久性居民。

澳門特別行政區永久性居民為：

（一）在澳門特別行政區成立以前或以後在澳門出生的中國公民及其在澳門以外所生的中國籍子女；

（二）在澳門特別行政區成立以前或以後在澳門通常居住連續七年以上的中國公民及在其成為永久性居民後在澳門以外所生的中國籍子女；

（三）在澳門特別行政區成立以前或以後在澳門出生並以澳門為永久居住地的葡萄牙人；

（四）在澳門特別行政區成立以前或以後在澳門通常居住連續七年以上並以澳門為永久居住地的葡萄牙人；

（五）在澳門特別行政區成立以前或以後在澳門通常居住連續七年以上並以澳門為永久居住地的其他人；

（六）第（五）項所列永久性居民在澳門特別行政區成立以前或以後在澳門出生的未滿十八周歲的子女。

以上居民在澳門特別行政區享有居留權並有資格領取澳門特別行政區永久性居民身份證。

澳門特別行政區非永久性居民為：有資格依照澳門特別行政區法律領取澳門居民身份證，但沒有居留權的人。"

第 8/1999 號法律第 1 條：

"第一條

（永久性居民）

一、澳門特別行政區永久性居民包括：

（一）在澳門特別行政區成立以前或以後在澳門出生的中國公民，且在其出生時其父親或母親在澳門合法居住，或已取得澳門居留權；

（二）在澳門特別行政區成立以前或以後在澳門通常居住連續七年以上的中國公民；

（三）上述兩項所指的永久性居民在澳門以外所生的中國籍子女，且在其出生時父親或母親已符合（一）項或（二）項的規定；

（四）在澳門特別行政區成立以前或以後在澳門出生並以澳門為永久居住地的，具有中國血統但又具有葡萄牙血統的人士，且在其出生時其父親或母親已在澳門合法居住，或已取得澳門居留權；

（五）在澳門特別行政區成立以前或以後在澳門通常居住連續七年以上並以澳門為永久居住地的，具有中國血統但又具有葡萄牙血統的人士；

（六）（四）項及（五）項所指的永久性居民在澳門以外所生的並以澳門為永久居住地的中國籍或未選擇國籍的子女，且在其出生時其父親或母親已符合（四）項或（五）項的規定；

（七）在澳門特別行政區成立以前或以後在澳門出生並以澳門為永久居住地的葡萄牙人，且在其出生時其父親或母親已在澳門合法居住，或已取得澳門居留權；

（八）在澳門特別行政區成立以前或以後在澳門通常居住連續七年以上，並以澳門為永久居住地的葡萄牙人；

（九）在澳門特別行政區成立以前或以後在澳門通常居住連續七年以上，並以澳門為永久居住地的其他人；

（十）（九）項所指的永久性居民在澳門所生的未滿十八周歲的子女，且在其出生時其父親或母親已符合（九）項的規定。

二、在澳門出生由澳門有權限的登記部門發出的出生記錄證明。"

本案有一個特殊性，即未成年人的養父母擁有葡國籍，但卻以《基本法》第 24 條第 2 段第（六）項關於非葡國籍外國人子女的規定作為其請求的依據。而被上訴裁判正是基於這項規定撤銷了被上訴行為。

利害關係人之所以用這條作為理據，肯定是因為他們認為，相比於以提及葡國籍父母的那條規定作為理據而言，這條賦予他們更多權利。如果對相關條文作出字面解釋，似乎的確如此。但從《基本法》第 24 條的邏輯性和條理性解釋來看，這種看法是不對的。

眾所周知，《基本法》第 24 條以多個屬性因素為根據給予居留權，包括：利害關係人的*國籍*（中國籍、葡國籍及所有其他國籍），利害關係人的*出生地*，*至少連續七年在澳門通常居住*，利害關係人的*親子關係*。

有關*國籍*方面，《基本法》第 24 條給予中國公民更多的永久居留權，其次是葡萄牙籍公民，最後是其他國籍的公民。這是通過對第 24 條第 2 段各項作出綜合性解釋所得出的結論，是沒有爭議的一般及普遍意見。不需要說明。

有關永久性居民的子女方面，基於相同的理由，《基本法》第 24 條同樣也是給予中國公民的子女更多的永久居留權，其次是葡萄牙公民的子女，最後是其他國籍公民的子女。

如果我們（像利害關係人和被上訴裁判那樣）對《基本法》第 24 條第 2 段第（六）項作出字面解釋，那麼只要是永久性居民（既非中國籍亦非葡國籍）在澳門所生的未滿 18 周歲的子女，便擁有澳門永久居留權，即便在其出生時其父母不是永久性居民亦然。

但這樣的解釋是荒謬的，因為根據目前所分析的第 24 條，（不在澳門出生的）中國籍澳門永久性居民和（即便在澳門出生的）葡萄牙籍澳門永久性居民在澳門所生的子女，如果在其出生時其父母不擁有澳門居留權，是沒有澳門永久居留權的。

實際上，根據《基本法》第 24 條，一個在澳門出生的中國人，其父母為不在澳門出生的中國籍澳門永久性居民，如果在其出生時其父母尚未取得澳門居留權，那麼此人是沒有澳門永久居留權的。

同樣，根據《基本法》第 24 條，一個在澳門出生的葡國人，中國人和葡國人的後裔，其父母為澳門永久性居民，如果在其出生時其父母尚未取得澳門居留權，那麼此人是沒有澳門永久居留權的。

與之類似，根據《基本法》第 24 條，一個在澳門出生的葡國人，非為中國人或葡國人的後裔，其父母為澳門永久性居民，如果在其出生時其父母尚未取得澳門居留權，那麼此人也是沒有澳門永久居留權的。

這樣，被上訴裁判所持的觀點—根據《基本法》第 24 條，非葡籍的外籍澳門永久性居民在澳門所生的非葡籍的外籍未成年人，即便在其出生時其父親或母親尚未取得澳門居留權，仍有澳門永久居留權—就是明顯錯誤的。

因此，對《基本法》第 24 條作出正確解釋的是第 8/1999 號法律第 1 條。根據該條【具體而言是該條第 1 款第（十）項】的規定，第（九）項所指的永久性居民—既沒有中國籍或葡萄牙籍，也不是中國人或葡萄牙人的後裔—在澳門所生的未滿 18 周歲的子女，如果在其出生時其父親或母親滿足第（九）項所訂定的標準，即已滿足成為永久性居民的要件，那麼便擁有澳門永久居留權。

未成年人的養父母不屬於第（九）項所指的那類人，因為他們是葡萄牙人。同時未成年人的生母也不屬於這一類別，因為她在當時不是澳門居民。

此外，適用於葡萄牙公民的條文是第 8/1999 號法律第 1 條第 1 款的第（七）項和第（八）項。根據這兩項規定，以下人士擁有永久居留權：

（七）在澳門特別行政區成立以前或以後在澳門出生並以澳門為永久居住地的葡萄牙人，且在其出生時其父親或母親已在澳門合法居住，或已取得澳門居留權；

（八）在澳門特別行政區成立以前或以後在澳門通常居住連續七年以上，並以澳門為永久居住地的葡萄牙人。

即便對本案的情況適用第（十）項的規定，在未成年人出生時，其生母也不滿足第（九）項訂定的標準，即不是澳門永久性居民，而其生父身份不詳。其原因在於，為該項之效力，重要的是生物學上的親子關係，因為這才是"在其（未成年人）出生時"存在的關係。收養關係在其出生時並不存在。

收養未成年人的葡萄牙公民自批准收養的判決轉為確定之日起才依法成為其父母。未成年人出生時的父母是他的親生父母。

在澳門的法律制度中沒有任何規定允許將收養的效力追溯至出生的那一刻，而本案中的收養在未成年人出生之後三年多才發生。

另一方面，由於未成年人是在澳門出生的葡國人，並以澳門為永久居住地，因此根據第 8/1999 號法律第 1 條第 1 款第（七）項的規定，只有<u>在他出生時他的父親或母親在澳門合法居住或已經取得澳門居留權的情況下</u>，他才有澳門永久居留權；同時根據該第 8/1999 號法律第 4 條第 2 款第（五）項的規定，如果只是在澳門逗留，例如為非本地勞工或旅客或是在澳門非法逗留，那麼將不被視為在澳門居住。也就是說，同樣根據第 8/1999 號法律第 1 條第 1 款第（七）項的規定，未成年人也沒有澳門永久居留權。

因此，討論《基本法》是否將養子女等同於親生子女是完全無用的，因為根據相關的規定，本案所涉及的並不是這個問題。這是一個被限定的行政行為，即行政當局沒有自由評價空間。

所以上訴理由成立。

四、決定

綜上所述，合議庭裁定司法裁判的上訴勝訴，撤銷被上訴的合議庭裁判，並裁定司法上訴敗訴。

訴訟費用由被上訴人承擔，兩個審級的司法費均為 6 個計算單位。

2017 年 1 月 12 日，於澳門。

法官：利馬（裁判書製作法官）— 宋敏莉 — 岑浩輝

出席評議會的檢察院司法官：蘇崇德

■ 終審法院第 115/2014 號案裁判書全文（二審）

案件編號：115/2014

案件類別：對行政司法裁判的上訴

上訴人：甲

裁判日期：2015 年 1 月 28 日

被上訴人：行政法務司司長

主題：澳門居民、中國公民、《基本法》第 24 條第（二）項、第 8/1999 號法律第 1 條第 1 款第（二）項、在澳門通常居住、法律在時間上的適用、臨時逗留證、身份證

法官：利馬（裁判書製作法官）、宋敏莉和岑浩輝

| 摘 要

一、對於以在澳門特別行政區成立前在澳門通常居住為由而獲承認澳門居民身份的要件，應適用現行規定（《基本法》第 24 條以及第 8/1999 號法律第 1 條）。

二、對於並非在澳門出生，且非澳門居民子女的中國公民，為被視為澳門永久性居民，需具備《基本法》第 24 條第（二）項及第 8/1999 號法律第 1 條第 1 款第（二）項所規定的要件：需要在澳門特別行政區成立以前或以後在澳門通常居住連續 7 年以上。

三、關於非在澳門出生，且非澳門居民子女的中國公民在 1999 年 12 月 20 日前是否屬於在澳門合法居住的問題，基於《民法典》第 11 條規定的法律在時間上的適用規則，應適用當時生效的法律。

四、臨時逗留證是在 1982 年和 1990 年進行的兩次非法移民合法化行動中，發給在澳門處於非法狀態，即來自中國內地的無證人士的身份識別證。臨時逗留證並不賦予其持有人澳門居民的身份。

五、身份證是澳門當局向以前的臨時逗留證持有人發出的證件。

六、身份證賦予澳門居民資格。

裁判書製作法官

利馬

澳門特別行政區終審法院
合議庭裁判

一、概述

甲（以下稱**上訴人**）針對**行政法務司司長** 2013 年 5 月 28 日的批示提起撤銷性司法上訴，該批示於訴願中維持了身份證明局局長所作的不批准向上訴人發出澳門居留權證明書的申請的決定。

透過 2014 年 6 月 26 日的合議庭裁判，**中級法院**裁定上訴敗訴。

甲不服，向**終審法院**提起司法裁判的上訴，在其陳述中提出了以下問題：

—終審法院應認定以下被上訴法院沒有認定的事實：上訴人在澳門度過其部分成年生活，在中國一所監獄內度過 20 年，而根據廣東省公安局在對澳門身份證明局所作的答覆中提供的資料，上訴人若要在中國內地安家，須提交由澳門身份證明局發出的身份證明文件證明書；還須提交物業登記證明以及與中國居民有親屬關係的證據。如果沒有房產，可於其直系血親家庭簿冊內登錄，而上訴人的直系親屬確實是澳門特別行政區居民。

——為將上訴人視為澳門特別行政區永久性居民，他在澳門特別行政區成立以前已在澳門通常居住連續 7 年了，但是被上訴的合議庭裁判並不這樣認為，因此違反了第 8/1999 號法律第 1 條第 1 款第（二）項以及第 2 條第 2 款的規定。

——被上訴的合議庭裁判違反了國際法原則。

助理檢察長發表意見，認為上訴不應獲得勝訴。

二、事實

以下事實獲得認定：

——上訴人出生於中國；

——在 1982 年 4 月 26 日之前一個不確定的日期，上訴人偷渡進入澳門；

——1982 年 4 月 10 日，在無證勞工登記行動中，上訴人獲發臨時逗留證；

——1984 年 10 月 4 日，治安警察局向上訴人發出身份證，有效期至 1989 年 10 月 4 日；

——1987 年 11 月 20 日，上訴人被澳門警察當局移交給中國當局——見珠海市中級法院作出的有罪判決，以及確認該判決的廣東省高級法院作出的判決中所認定的事實；

——從那開始，上訴人正式被中國當局安置於中國境內；

——1988 年 7 月 18 日，上訴人於中國被正式拘留及羈押；

——透過廣東省珠海市中級法院於 1988 年 10 月 12 日所作的刑事判決，上訴人被判處無期徒刑；

——該有罪判決之後由廣東省高級法院在上訴中予以確認；

——上訴人因服刑而一直被監禁；

——之後，對上訴人科處的無期徒刑轉為有期徒刑；

——2008 年 9 月 25 日，上訴人刑滿釋放。

——透過 2008 年 10 月 8 日的申請，上訴人向身份證明局請求發出居留權證明書；

——身份證明局局長於 2013 年 3 月 19 日作出批示，不批准有關申請；

——上訴人不服，針對該不批准決定向行政法務司司長提起訴願，行政法務司司長於 2013 年 5 月 28 日作出批示，基於以下意見而維持訴願所針對的決定：

"一、事實部分：

1. 當事人甲於 19XX 年 X 月 X 日在中國內地出生，於 2008 年向本局申請《居留權證明書》（編號：XXXX-XXXXXXX），並表示其於 1987 年 11 月 20 日被澳門司法警察司引渡回內地。

2. 當事人於 1982 年 4 月 10 日在無證勞工登記行動中獲發第 XXXXXXXX 號登記證，並於同月 26 日獲發 Título de Permanência Temporária 臨時居留證（有關此證的正確中文名稱問題，請詳見法律部分第 1 點第 2 段）。

3. 當事人於 1984 年 10 月 4 日獲澳門治安警察廳發出第 XXXXXX 號澳門身份證，有效期至 1989 年 10 月 4 日。

4. 鑑於當事人持有 Título de Permanência Temporária 的期間不屬在澳門通常居住，故本局只能核實當事人於 1984 年持有澳門治安警察廳第 XXXXXX 號身份證至 1987 年被引渡回內地的居澳期間。

5. 因此，當事人不符合第 8/1999 號法律第 1 條第 1 款（二）項規定，在澳門通常居住不足七年，不具澳門永久性居民身份，本局於 2008 年 10 月 30 日決定不批准向其發出《居留權證明書》。

6. 2009 年 12 月 28 日當事人向本局提交書面陳述，並遞交廣東省韶關市中級人民法院的（2008）韶刑執字第 XXXXX 號刑事裁定書，當中顯示"廣東省高級人民法院於 1988 年 11 月 22 日作出（1988）粵法刑經上字第 XX 號刑事判決，以被告人甲犯盜竊罪，判處無期徒刑，剝奪政治權利終身"。此外，當事人提交的（2008）韶監刑釋字第 XXX 號釋放證明書證明其於 2008 年 9 月 25 日執行刑滿予以釋放。

7. 鑑於當事人提交的文件並不能證明其於澳門通常居住滿七年，故本局於 2010 年 2 月 3 日透過第 XXXXX/DIR/2010 號信函通知當事人本局維持原來不批准的決定。

8. 本局於 2013 年 1 月 2 日收到當事人代表律師的來函，其表示當事人於 1982 年已持有 Título de Permanência Temporária，而其曾持有的澳門治安警察廳身份證有效期至 1989 年，故當事人在澳居住滿七年，具澳門永久性居民身份，此外，當事人之情況亦適用一月二十七日第 6/92/M 號法令第 30 條（例外之期間），故不受同一法令第 26 條規定的換發居民身份證的期間所限制，因而當事人持有的澳門治安警察廳第 XXXXXX 號身份證仍然可作為申領澳門特區居民身份證的依據，要求本局向當事人發出澳門特區居民身份證。

9. 基於當事人不屬第 6/92/M 號法令第 30 條第 1 款所指的人士及不符合第 8/1999 號法律第 1 條第 1 款（二）項的規定，本局未能確認當事人具澳門永久性居民身份，故於 2013 年 2 月 4 日透過第 X/GAD/2013 號信函通知當事人代表律師作書面陳述。

10. 2013 年 2 月 25 日本局收到當事人代表律師的書面陳述，其表示第 6/92/M 號法令第 30 條當中所指的 "公共或私人社會互助機構" 及 "監獄" 應包括外地的公共或私人社會互助機構" 及 "監獄"，故當事人適用於此條規定而不受同一法令第 26 條所指換領居民身份證的期間限制。

11. 然而，鑑於第 6/92/M 號法令已被第 19/99/M 號法令廢止，故當事人不能依據已失效的第 6/92/M 號法令申領澳門居民身份證，且在未能證明當事人符合第 8/1999 號法律第 1 條第 1 款（二）項的情況下，當事人不具澳門永久性居民身份，故本局於 2013 年 3 月 19 日作出不向當事人發出澳門居民身份證的決定（見第 XX/GAD/2013 號建議書），並於同日透過第 XX/

GAD/2013 號信函通知當事人代表律師。

12. 另，本局上述第 X/GAD/2013 號信函第 3 點及第 XX/GAD/2013 號信函第 4 點的內容存有筆誤，當中所指"本局只能確認申請人於 1984 年至 1989 年持有澳門警察廳發出的第 XXXXXX 號身份證的居澳期間"，應為"本局只能確認申請人於 1984 年持有澳門治安警察廳第 XXXXXX 號身份證至 1987 年被引渡回內地的居澳期間"。（底線為本局所強調）

二、法律部分

經分析當事人代表律師的訴願書，主要爭議的問題如下：

1）當事人的居留權問題

當事人代表律師指當事人於 1982 年已獲發 Título de Permanência Temporária 並於 1984 年獲發澳門治安警察廳發出的澳門身份證，有效期至 1989 年 10 月 4 日，因而足以證明當事人在澳門通常居住連續滿七年（1982 年至 1989 年）。

本局曾就發出 Título de Permanência Temporária 的法律依據向保安司司長顧問及治安警察局作出查詢，但該局表示未能查找到當年發出 Título de Permanência Temporária 的相關法例。然而，從葡文名稱 "Título de Permanência Temporária" 可知該證只賦予持證者在澳合法逗留，並沒有賦予其在澳居留的身份，而且當時是以葡文立法，故應以葡文為準，因此當時稱之為臨時居留證只是中文翻譯上的問題，Permanencia 是 "逗留" 的意思，不應譯作 "居留"，因而該證的正確名稱應譯作 "臨時逗留證"。正如 1990 年為 "三．二九無證者登記行動" 的登記者發出的臨時逗留證（8 月 27 日第 49/90/M 號法令），葡文名稱同樣亦是 "Título de Permanência Temporária"，第 49/90/M 號法令第 4 條第 2 款明確規定持證人不被承認具有澳門居民資格。再加上，從 1982 年發出 Título de Permanência Temporária 的背景分析，根據當年的報章報導（詳見附件一及二），1982 年澳門各商會受澳門政府委託為無證勞工及其家屬，以及有證勞工的無證家屬發出登記證，目的只為協助政府統計無證勞工數量而進行登記，以配合訂立技術可行的計劃，而並非是 "特赦"，登記者不會因此而獲得澳門的合法居留權或可直接獲發給澳門身份證。在作出無證勞工登記後，治安警察局向登記者發出 Título de Permanência Temporária，而 Título de Permanência Temporária 設有有效期，限期屆滿後需按持證者的情況再決定可否讓其續期，直至 1984 年，當局為持有 Título de Permanência Temporária 的人士發出身份證。因此，從 Título de Permanência Temporária 的發給背景及性質分析，Título de Permanência Temporária 的發出目的只為了讓持證人士日後發出身份證之用，只屬過渡性質的文件，並沒有賦予該等人士澳門居民的身份，如持證人不符合條件則不會獲發澳門身份證。此外，當年只有由澳門治安警察廳發出的身份證（11 月 11 日第 40/81/M 號法令）、居留許可（第 1796 號立法條例）及認別證（7 月 21 日第 79/84/M 號法令）才賦予持有人澳門居民身份。

因此，當事人持有 Título de Permanência Temporária 的期間不屬在澳門通常居住，本局只能確認當事人於 1984 年持有澳門治安警察廳第 XXXXXX 號身份證至 1987 年被引渡回內地的居澳期間，故當事人在澳通常居住不足七年，不符合第 8/1999 號法律《澳門特別行政區永久性居民及居留權法律》第 1 條第 1 款（二）項的規定，不具澳門永久性居民身份。

如不同意上述理解，按當事人代表律師的觀點，應由當事人於 1982 年持有 Título de Permanência Temporária 時起計算其居澳期間，然而當事人及當事人代表律師清楚指出，當事人於 1987 年開始在內地服刑，故當事人居澳的期間即使由 1982 年起計算至 1987 年，事實上亦不足七年，因此當事人亦不符合第 8/1999 號法律第 1 條第 1 款（二）項的規定。

2）1 月 27 日第 6/92/M 號法令第 30 條第 1 條的例外期間

1 月 27 日第 6/92/M 號法令第 30 條第 1 款，"如身份證或認別證之持有人為公共或私人社會互助機構之入住者，或監獄內之囚犯，可免除在第 26 條及第 29 條所指之期間內提出居民身份證之申請"。同條第 2 款規定，"為向上款所指之人發出居民身份證，身份證明司應派人在預先約定之日期，前往上述機構及監獄"。

雖然第 6/92/M 號法令第 30 條第 1 款沒有明確指出當中的"公共或私人社會互助機構"及"監獄"只限於澳門地區內，然而，立法者亦沒有明確規定是包括外地的"公共或私人社會互助機構"及"監獄"。然而，不論條文中所述的"公共或私人社會互助機構"及"監獄"設於何地，第 6/92/M 號法令第 30 條第 2 款明確指出派員前往"公共或私人社會互助機構"及"監獄"為行動不便及在囚人士辦理居民身份證換發手續必須預先約定日期，事實上，本局無法知悉亦不可能知悉有多少持有身份證或認別證的人士身處外地的"公共或私人社會互助機構"及"監獄"，因此，身處該等機構的人士須主動向本局提出外勤服務的申請，以便本局知悉其未能親臨辦理的原因，並作出相應的安排。然而，在本個案，當事人並沒有向本局作出任何要求本局前往其所在地為其辦理換發居民身份證手續的表示。

此外，第 6/92/M 法令已被第 19/99/M 號法令第 40 條第 1 款廢止，以及第 19/99/M 號法令第 39 條規定，"由本地區有權限機關發出之身份證及外國公民認別證為無效且不能為任何目的而使用"。因此，第 6/92/M 號法令第 30 條所指的例外期間已隨著該法令被廢止而不再產生效力，當事人現在已確定不能引用已被廢止的法例，申請以治安警察廳發出的身份證換發澳門特區居民身份證。因此，本局只能依據現時生效的法例（即第 8/1999 號法律第 1 條第 1 款（二）項）對當事人是否具澳門永久性居民身份作出審查。

3）司法警察司引渡當事人回內地的事宜

當事人代表律師指司法警察廳非法引渡當事人回內地，倘不是出現此非法引渡行為，當事人便能根據第 6/92/M 號法令第 26 條的規定按時換發澳門身份證。首先，就當事人被非法引渡一事，鑑於相關事宜由司法警察司（即現司法警察局）作出，非屬本局的職權範圍，故本局並無權限對相關事宜作出決定，而且本局認為即使引渡為不適當，亦不會構成本局對當事人審查其居留期間的障礙。本局的權限為根據第 8/1999 號法律第 1 條第 1 款（二）項及第 4 條之規定，對當事人有否在澳通常居住連續滿七年作事實性審查，經審查當事人資料，本局只能確認當事人於 1984 年獲發澳門治安警察廳 XXXXXX 號身份證至 1987 年被引渡回內地的居澳期間。

此外，對於當事人代表律師指倘不是出現非法引渡行為，當事人便可按時換發澳門居民身份證，這純粹屬當事人代表律師的假設，並沒有實質證據證明當事人如沒有被引渡回內地，則必定能按時換發澳門居民身份證，因為即使沒有實施引渡行為，亦有可能出現其他導致當事人不能及時換發澳門居民身份證的原因。

4）基於人道理由發給當事人澳門居民身份證

鑑於當事人代表律師指當事人只持有已失效的澳門治安警察廳發出的身份證，以致現時當事人在內地服刑期滿後未能在內地取得身份證明文件，以及在澳亦未能取得合法身份，為此，本局於 2013 年 2 月 15 日曾致函廣東省公安廳出入境管理局了解當事人在內地落戶的相關事宜，現正待有關部門回覆。"

三、法律

1. 所提出且要審理的問題

第一個問題是要知道終審法院是否應認定被上訴法院沒有認定的事實。

第二個問題是要知道，為將上訴人視為澳門特別行政區永久性居民，他是否在澳門特別行政區成立以前已在澳門通常居住連續 7 年，以及被上訴的合議庭裁判不這樣認為，是否違反第 8/1999 號法律第 1 條第 1 款第（二）項以及第 2 條第 2 款的規定。

最後，要查明被上訴的合議庭裁判是否違反了國際法原則。

2. 事實

要知道終審法院是否應認定下列被上訴法院沒有認定的事實：

1）上訴人在澳門度過其部分成年生活；

2）上訴人在中國一所監獄內度過 20 年；

3）根據廣東省公安局在對澳門身份證明局所作的答覆中提供的資料，上訴人若要在中國內地安家，須提交由澳門身份證明局發出的身份證明文件證明書；還須提交物業登記證明以及與中國居民有親屬關係的證據。如果沒有房產，可於其直系血親家庭簿冊內登錄，而上訴人的直系親屬確實是澳門特別行政區居民。

眾所周知，在對行政司法裁判的上訴中，"對中級法院之合議庭裁判提起之上訴，僅得以違反或錯誤適用實體法或訴訟法，或以被爭議之裁判無效為依據"（《行政訴訟法典》第 152 條），因此與《司法組織綱要法》第 47 條第 1 款的規則有所不同。

然而，如果指控中級法院在確定獲認定的事實時違反訴訟法（或實體法），那麼終審法院就可以審理有關問題。

第一個事實屬於結論性事實，因此不能被視為獲認定。但是下列事實獲認定：

—在 1982 年 4 月 26 日之前一個不確定的日期，上訴人偷渡進入澳門；

—1982 年 4 月 10 日，在無證勞工登記行動中，上訴人獲發臨時逗留證；

—1984 年 10 月 4 日，治安警察局向上訴人發出身份證，有效期至 1989 年 10 月 4 日；

—1987 年 11 月 20 日，上訴人被澳門警察當局移交給中國當局—見珠海市中級法院作出的有罪判決，以及確認該判決的廣東省高級法院作出的判決中所認定的事實；

—由此開始，上訴人正式被中國當局安置於中國境內。

對該等事實的確定並無不妥。

第二個事實獲得認定。只需查閱有關摘要即可認定該事實。

第三個事實不獲認定，我們也沒有看出該事實可被具有完全證明力的證據方法所證實。

3. 永久性居民

第二個問題是要知道，為將上訴人視為澳門特別行政區永久性居民，他是否已在澳門特別行政區成立以前在澳門通常居住連續 7 年，以及被上訴的合議庭裁判不這樣認為，是否違反第 8/1999 號法律第 1 條第 1 款第（二）項以及第 2 條第 2 款的規定。

我們來分析這個問題。

上訴人是在中國內地出生的中國公民。

在 1982 年 4 月 26 日之前一個不確定的日期，上訴人偷渡進入澳門。

1982 年 4 月 10 日，在無證勞工登記行動中，上訴人獲發臨時逗留證。

1984 年 10 月 4 日，治安警察局向上訴人發出身份證，有效期至 1989 年 10 月 4 日。

1987 年 11 月 20 日，上訴人被澳門警察當局移交給中國當局，被羈押後，於中國內地服刑直至 2008 年 9 月 25 日。

上訴人主張其澳門居民的身份應獲得承認。根據《民法典》第 11 條規定的法律在時間上的適用規則，應適用現行法律。

被上訴的合議庭裁判作出了同樣的決定，且上訴人接受該決定。正如我們將會看到的，有爭議的地方在於其他問題。

《基本法》第 24 條和第 8/1999 號法律第 1 條規定了哪些人屬於澳門居民以及如何取得該身份。

《基本法》第 24 條規定：

"第二十四條

澳門特別行政區居民，簡稱澳門居民，包括永久性居民和非永久性居民。

澳門特別行政區永久性居民為：

（一）在澳門特別行政區成立以前或以後在澳門出生的中國公民及其在澳門以外所生的中國籍子女；

（二）在澳門特別行政區成立以前或以後在澳門通常居住連續七年以上的中國公民及其在成為永久性居民後在澳門以外所生的中國籍子女；

（三）在澳門特別行政區成立以前或以後在澳門出生並以澳門為永久居住地的葡萄牙人；

（四）在澳門特別行政區成立以前或以後在澳門通常居住連續七年以上並以澳門為永久居住地的葡萄牙人；

（五）在澳門特別行政區成立以前或以後在澳門通常居住連續七年以上並以澳門為永久居住地的其他人；

（六）第（五）項所列永久性居民在澳門特別行政區成立以前或以後在澳門出生的未滿十八周歲的子女。

以上居民在澳門特別行政區享有居留權並有資格領取澳門特別行政區永久性居民身份證。

澳門特別行政區非永久性居民為：有資格依照澳門特別行政區法律領取澳門居民身份證，但沒有居留權的人。"

第 8/1999 號法律第 1 條規定：

"第一條

永久性居民

一、澳門特別行政區永久性居民包括：

（一）在澳門特別行政區成立以前或以後在澳門出生的中國公民，且在其出生時其父親或母親在澳門合法居住，或已取得澳門居留權；

（二）在澳門特別行政區成立以前或以後在澳門通常居住連續七年以上的中國公民；

（三）上述兩項所指的永久性居民在澳門以外所生的中國籍子女，且在其出生時父親或母親已符合（一）項或（二）項的規定；

（四）在澳門特別行政區成立以前或以後在澳門出生並以澳門為永久居住地的，具有中國血統但又具有葡萄牙血統的人士，且在其出生時父親或母親已在澳門合法居住，或已取得澳門居留權；

（五）在澳門特別行政區成立以前或以後在澳門通常居住連續七年以上並以澳門為永久居住地的，具有中國血統但又具有葡萄牙血統的人士；

（六）（四）項及（五）項所指的永久性居民在澳門以外所生的並以澳門為永久居住地的中國籍或未選擇國籍的子女，且在其出生時父親或母親已符合（四）項或（五）項的規定；

（七）在澳門特別行政區成立以前或以後在澳門出生並以澳門為永久居住地的葡萄牙人，且在其出生時父親或母親已在澳門合法居住，或已取得澳門居留權；

（八）在澳門特別行政區成立以前或以後在澳門通常居住連續七年以上，並以澳門為永久居住地的葡萄牙人；

（九）在澳門特別行政區成立以前或以後在澳門通常居住連續七年以上，並以澳門為永久居住地的其他人；

（十）（九）項所指的永久性居民在澳門所生的未滿十八周歲的子女，且在其出生時父親或母親已符合（九）項的規定。

二、在澳門出生由澳門有權限的登記部門發出的出生記錄證明。"

上訴人屬於非在澳門出生，且非澳門居民子女的中國公民，因此，為被視為澳門永久性居民，需具備《基本法》第 24 條第（二）項及第 8/1999 號法律第 1 條第 1 款第（二）項所規定的要件：需要在澳門特別行政區成立以前或以後在澳門通常居住連續 7 年以上。

上訴人在澳門特別行政區成立以後從未在澳門居住。因此，要知道其是否在澳門合法居住，須適用在澳門特別行政區成立之前生效的法律。

上訴人與被上訴的合議庭裁判正是在這一點上存在分歧。被上訴的合議庭裁判認為不能適用以前生效的規定，因為該等規定與《基本法》的規定相衝突。

除給予應有的尊重外，實際情況並非如此。

顯而易見的是，上訴人所主張的是現在被承認為澳門特別行政區永久性居民，為此應適用現行法律中規定的要件，如上文所述，即《基本法》第 24 條及第 8/1999 號法律第 1 條。

但是鑑於我們在前文提到的《民法典》第 11 條規定的法律在時間上的適用規則，其中最重要的一點就是法律只規範將來情況，因此如果要知道上訴人在 1999 年 12 月 20 日之前是否在澳門合法居住，就必須適用當時生效的法律。

因此，我們將在下面分析有關法律。

4. 臨時逗留證・身份證

我們先回顧以下事實：

在 1982 年 4 月 26 日之前一個不確定的日期，上訴人偷渡進入澳門。

1982 年 4 月 10 日，在無證勞工登記行動中，上訴人獲發臨時逗留證。

1984 年 10 月 4 日，治安警察局向上訴人發出身份證，有效期至 1989 年 10 月 4 日。

1987 年 11 月 20 日，上訴人被澳門警察當局移交給中國當局，被羈押後，於中國內地服刑直至 2008 年 9 月 25 日。

正如被上訴的行為在轉錄有關部門的意見時所說，臨時逗留證並不賦予其持有人澳門居民的身份。臨時逗留證是在 1982 年和 1990 年進行的兩次非法移民合法化行動中，發給在澳門處於非法狀態，即來自中國內地的無證人士的身份識別證。該等證件使其持有人能在澳門工作（4 月 12 日第 18/82/M 號法令第 2 條和第 3 條第 1 款 d 項，以及 6 月 25 日第 50/85/M 號法令第 5 條第 1 款 c 項），但正如 8 月 27 日第 49/90/M 號法令第 4 條第 2 款明確指出的那樣，其持有人不被承認具有澳門居民身份。因此，我們看不出上訴人的觀點有任何依據，上訴人認為儘管有上述明確規定，其持有臨時逗留證的時間應被視為在澳門居留的時間，因其在 1984 年 10 月 4 日獲發身份證，有效期至 1989 年 10 月 4 日。

身份證是澳門當局向以前的臨時逗留證持有人發出的證件。

身份證賦予居民資格——這可以從 11 月 11 日第 40/81/M 號法令第 1 條中得知，且擁有與認別證相似的制度（第 40/81/M 號法令第 2 條、第 3 條及第 4 條）。

規範認別證發出的法規規定身份證持有人可於政府訂定的期限內申請換發認別證（7 月 21 日第 79/84/M 號法令第 3 條第 3 款和第 4 款、第 23 條第 2 款及第 44 條，經 1 月 11 日第 2/88/M 號法令修改的 3 月 22 日第 27/86/M 號法令第 2 條，以及 1 月 27 日第 62/92/M 號法令第 25 條）。

5. 上訴人的情況

上訴人的確從未申請將身份證換為認別證。

如上文所述，1987 年 11 月 20 日，上訴人被澳門警察當局移交給中國當局，被羈押後，於中國內地服刑直至 2008 年 9 月 25 日。

因此，上訴人從 1984 年 10 月 4 日起在澳門通常及合法居住至 1987 年 11 月 20 日，未滿足法律為獲得永久性居民身份而規定的 7 年時間。

上訴人認為即使其被監禁在中國內地，也應將有關時間視為在澳門居住的時間，因其認為被移送回中國是違法的。

確實如此嗎？

我們認為這不是對法律最好的解釋。上訴人自從被監禁在中國內地之後，雖然仍擁有在澳門居留的權利，但已不在澳門通常居住。

為著《基本法》第 24 條第（二）項及第 8/1999 號法律第 1 條第 1 款第（二）項規定的效力，重要的是利害關係人在澳門特別行政區成立以前或以後在澳門通常居住至少連續 7 年。利害關係人擁有在澳門的居留權但並未在澳門實際居住並不重要。

另一方面，上訴人因持有身份證才可在澳門居留，其身份證的有效期只到 1989 年 10 月 4 日。

自 5 月 10 日第 19/99/M 號法令於 1999 年 5 月 24 日開始生效起（該法規第 41 條），身份證便失去效力（第 39 條）。

上訴人被移交給中國當局的或有的違法問題因其並未說明理由而不予審理，且不改變議題的情況。該問題並不改變上訴人的居留，也不改變成為澳門居民的要件。如上文所述，法律要求在澳門通常居住連續 7 年，而不是連續 7 年擁有在澳門的居留權。

上述或有的違法性問題充其量只能作為因失去取得澳門特別行政區永久性居民身份的機會而獲得損害賠償的理由，本法院不應審查該問題。還要知道的是應向何人要求有關賠償，因為作為賠償理由的事實是由現已不存在的法人機關，即澳葡政府時期的澳門地區所作出的。

6. 國際法原則

以所有人在法律和情感上都擁有與一個國家存在聯繫的權利為由提出違反國際法原則並

不成立。由於上訴人在澳門居住只有 5 年多一點的時間，因此如果要說這種聯繫的話，肯定是與中國內地存有的聯繫。

四、決定

綜上所述，合議庭裁定司法裁判的上訴敗訴。

訴訟費用由上訴人承擔，司法費訂為 4 個計算單位。

2015 年 1 月 28 日，於澳門。

法官：利馬（裁判書製作法官）—宋敏莉—岑浩輝

出席評議會的檢察院司法官：高偉文

◎ 第二十五條

澳門居民在法律面前一律平等，不因
國籍、血統、種族、性別、語言、宗
教、政治或思想信仰、文化程度、經
濟狀況或社會條件而受到歧視。

01

應當怎樣理解平等原則？

■ 中級法院 2000 年第 1266 號案裁判書摘要（一審）

案件編號：1266/2000

案件類別：司法上訴

上訴人：甲

被上訴人：社會事務及預算政務司

裁判日期：2000 年 6 月 22 日

主題：澳門特別行政區房屋出售、平等、無私

法官：白富華（裁判書製作法官）、陳廣勝和賴健雄

　　一、《政府住宅單位轉移予其承租人章程》（由 12 月 30 日第 56/83/M 號法令核准）第 18 條所指房屋總面積，規定室內面積之定義不僅包括有建築物上蓋之面積，而且包括每個單位上蓋，即天花板被上一樓層單位用作平台之面積。

　　二、儘管這些平台上蓋可能僅被分層建築物所有人中之數人因出入需要而享有，但卻屬建築物之共同部分。

　　三、平等原則見於《基本法》第 25 條及《行政程序法典》第 5 條，禁止在無充分實質根據或客觀合理的情況下對基本相同的情況採取不平等對待的方法。

四、對等只在合法情形下適用，不合法時無平等權。

五、無私乃行政法一般原則，為平等原則之必然，要求對利益衝突採取不偏不倚之態度，不可歧視或區別對待。

■ 中級法院第 599/2010 號案裁判書摘要（一審）

案件編號：599/2010
案件類別：司法上訴
上訴人：A
被上訴實體：保安司司長
合議庭裁判日期：2011 年 12 月 1 日
主題：平等原則、年資表
法官：何偉寧（裁判書製作法官）、José Cândido de Pinho（簡德道）和賴健雄

——平等原則是一項法律基本原則，由基本法第二十五條規範。

——有兩個要素：在法律上的平等和在法律面前的平等。

——第一個要素指在制訂法律或其他規範時不應有歧視，第二個要素指在法律實施時禁止歧視。

——平等原則旨在確保相同情況的人有相同權利、特權及利益，以及相應的義務，也表示對相同情況相同對待，不同情況不同對待，以便在所有人之間保持平衡。

——當未對年資表提出申訴時，其成為“既決案”，因為已經是一個確定的行政行為。

（張異和譯）

■ 中級法院第 37/2014 號案裁判書摘要（二審）

案件編號：37/2014
案件類別：行政、稅務及海關方面的司法裁判的上訴
司法上訴人：A
被訴實體：澳門社會保障基金行政管理委員會
合議庭裁判日期：2015 年 3 月 19 日
主題：平等原則、澳門特別行政區基本法
法官：賴健雄（裁判書製作法官）、趙約翰和何偉寧

為達致平等賦予權利和平等強制義務的目的，賦予權利或設定義務的規範性行為必須符合以下三方面的要求：

　　1.以相同的方式對待處於相同情況的人，及以不同方式對待處於不同情況的人。申言之，除非有合理和客觀的充分理由支持以介定同屬澳門特別行政區永久居民的人處於不同情況，否則不能對彼等部分人賦予不同的權利或強制不同的義務。

　　2.根據《澳門特別行政區基本法》第二十五條所規定的內容，即任何基於國籍、血統、種族、性別、語言、宗教、政治或思想信仰、文化程度、經濟狀況和社會條件方面所產生的不同狀況，均不能被視為可合理和客觀支持對永久居民賦予不同的權利或強制不同的義務的有效依據。

　　3.基於機會平等的理由，規範性行為的制定者有義務以不同或特別的方式來對待處於不同狀況或條件的人或群體。我們知道，在社會上有些人基於其本身的特別狀況或特殊條件，在獲得和享受機會方面處於較一般人為差的弱勢。亦有人基於其本身的特別狀況或特殊條件而處於較一般人為優的強勢。為了盡可能消減處於弱勢的社群不能或難以獲得或享受機會的情況，規範性行為制定者，有義務以特別或例外的方式對彼等賦予特別的權利，藉此使其條件或狀況能達到或較接近能在社會上獲得機會的合理水平。另一方面，對處於強勢的人，規範性行為制定者亦有義務強制特別的義務，藉此使彼等在獲得或享受機會方面的強勢不致與社會其餘成員過份懸殊而造成處於過度超然的地位。

■ 終審法院第 7/2007 號案裁判書摘要（二審）

案件編號：7/2007
案件類別：行政司法裁判的上訴
上訴人：澳門金融管理局和甲
被上訴人：相同之上訴人
裁判日期：2008 年 4 月 2 日
主題：澳門金融管理局、《行政程序法典》、一項基本權利的主要內容、《澳門金融管理局人員專有通則》第 15 條第 8 款、平等原則、受限制的權力、電費、水費和電話費的支付、實際月報酬
法官：利馬（裁判書製作法官）、岑浩輝和朱健

　　一、被《行政程序法典》第 122 條第 2 款 d）項處以無效的、侵犯一項基本權利之主要內容的行為是那些以不成比例的方式決定性地影響到一項基本權利之主要核心內容的行為。

　　二、《澳門金融管理局人員專有通則》第 15 條第 8 款適用於那些獲確定性委任但不再實

際履行領導職務的總監或助理總監。

　　三、在行使受限制的權力過程中，並不存在違反平等原則，因為並沒有一項對非法性的平等權利。不能以平等原則來對抗合法性原則：行政當局的一項非法行為並不賦予個人將來在相同情況中要求當局作出相同內容的非法行為的權利。

　　四、基於 1990 年 7 月 31 日澳門金融管理局行政委員會第 29/CA 號決議之效力，澳門金融管理局總監和助理總監所獲支付的電費、水費和電話費開支構成實際月報酬部分。

■ 終審法院第 40/2007 號案裁判書摘要（二審）

案件編號：40/2007
案件類別：行政司法裁判上訴
上訴人：保安司司長
被上訴人：甲
裁判日期：2008 年 3 月 11 日
主題：使用及攜帶個人自衛武器之許可、自由裁量、平等原則、先例之規則、先例之放棄
法官：利馬（裁判書製作法官）、岑浩輝和朱健

　　一、經 11 月 8 日第 77/99/M 號法令核准的《武器及彈藥規章》第 27 條第 1 款 c）項賦予行政當局在評估使用及攜帶自衛武器的必要性上享有自由裁量權。

　　二、平等原則構成了自由裁量的一項內部限制，儘管只有當行政決定以不可容忍的方式違反了這一原則（以及其他原則，如公正原則、適度原則和公正無私原則）時，法官才參與到對該原則的評審中來，故行政當局對該原則的違反可以受法院的審查。

　　三、在其自由裁量權範疇內，行政當局自動受約束，在對所有相同個案的處理上，應使用根本上相同的準則（先例原則），如沒有任何實質上的理據而改變準則，則該改變違反平等原則。

　　四、先例原則要求出現主體和客體要件。相同主體要求的是在相關事宜上，同一機關或其法定繼承機關；兩種情況的客體應當一樣（關於重要的要件方面）。此外，規範涉案情況的法規應當一致（法律規定的一致性）。

　　五、如果今天的公共利益對行政當局採取一個與以往在相似或相同的個案中所作出的不同的行為提供合理的解釋時，基於良好行政或情勢變遷的理由，可以排除適用先例原則。

　　六、先例之排除必須提出解釋不適用該項原則的事實和法律的理據。

終審法院第 5/2010 號案裁判書全文（二審）

案件編號：5/2010
案件類別：對行政司法裁判的上訴
上訴人：社會文化司司長
被上訴人：甲
裁判日期：2010 年 5 月 12 日
主題：平等原則、禁止獨斷、《基本法》、《澳門公共行政工作人員通則》（ETAPM）、分派於教青局的教學人員、年資中扣除、因病缺勤
法官：利馬（裁判書製作法官）、岑浩輝和朱健

| 摘 要

一、保護《基本法》中規定的平等原則的範疇方面，除其他外，還包括禁止獨斷，不允許沒有任何合理理由而給予不同的待遇。

二、立法者在實質 —— 法律上受制於平等原則並不排除立法自由。只有當立法性自由裁量的外部限制被違反時，即當立法性措施沒有實質上的適當支持時，才存在對平等原則在禁止獨斷方面的違反。

三、判斷各種狀況的法律上的平等或不平等的標準，必須在法律規範和相關目的之聯繫中尋找。當沒有聯繫或這種聯繫不足夠，又或獲得法規所要達致之目的的可能性不存在時，存在違反平等原則。

四、此聯繫必須具備足夠的實質依據。

五、不是由監控規範之合法性的機構本身對法律解決辦法作出正面的判斷：或者說這樣判斷，監控機構猶如立法者（及替代它）那樣，從分析評估狀況開始，然後以它自己的想法作為法律解決辦法的合理性標準去確定具體個案中的解決辦法為合理的、公正的或理想的。他們應做的僅僅是一種消極性判斷，即排除那些從各點上看都不能列為合乎情理的法律解決辦法。

六、禁止獨斷之理論不是確定平等原則內容之標準，而是要明確和界定司法監控的權限，因此面對此實質上消極的標準，要受到譴責的只能是所有明顯的和不能容忍的不平等狀況，而此種情況僅在立法者規定的不同對待是沒有依據、不客觀和不合理的情況下才發生。

七、面對同時生效的對兩種相同的狀況規定了不同待遇的兩項法律規範，為知道哪一項應被視為因違反平等原則而屬非法所採取的標準，只能按照個案逐一確定。

八、為著前面結論之效力，可以考慮下面的兩種標準：

1）存在一項適用於某一種類人士一般情況的法規，而另一法規則只適用於這些人士中的分類人士，應認為後者違反平等原則，因為如果以存在違反《基本法》的可能性來衡量的話，

應推斷立法者將選擇適用於所有情況的這一解決辦法。

2）還得認定，就相同之狀況，與舊法律相比較，作為最新表達立法者意願的新的法律是立法者所要的。

九、結合《澳門公共行政工作人員通則》第 98 條第 1 款，第 21/87/M 號法令第 5 條第 2 款 b 項違反《基本法》第 25 條之規定，因為該法令規定，為職程晉階之效力，對分派於教青局內的教學人員規定從年資中扣除每一歷年內因病缺勤喪失在職薪俸的首 30 日的期間。

裁判書製作法官
利馬

澳門特別行政區終審法院
合議庭裁判

一、概述

甲針對**社會文化司司長** 2008 年 3 月 3 日的批示提出撤銷性司法上訴，該批示駁回了針對教育暨青年局副局長之決定所提起的必要訴願，決定內容為上訴人被調升至中葡中學教師第四階段時，決定扣除上訴人於每一歷年首 30 日之因病缺勤的日數。

中級法院透過 2009 年 10 月 29 日之合議庭裁判裁定上訴勝訴並撤消被上訴之行為。

社會文化司司長不服，向**終審法院**提起了司法裁判的上訴，並在其理由陳述的最後部分提出了以下有用的結論：

a）應認定被上訴之合議庭裁判因欠缺理據而無效，尤其是因為忽視了《行政訴訟法典》第 76 條的規定，因為，被上訴之合議庭裁判使用了不確定性概念來支持其決定，但卻沒有將之具體化。

b）這一法律後果為《行政訴訟法典》第 1 條和第 99 條第 1 款規定適用的《民事訴訟法典》第 571 條第 1 款 b 項所規定的。

c）由於原審法院錯誤適用法律，尤其是對第 21/87/M 號法令第 5 條第 2 款 b 項規範的立法意向的解釋，沒有將這一規範視為特別規範，並因此而優先適用其訂定的所有法律後果，尤其是針對受該法規範的人員，訂定其首 30 日連續或中斷之因病缺勤，不計算為職程晉階效力之服務時間的規範，因此，裁定司法上訴勝訴的決定應改為駁回上訴。

尊敬的**檢察官**發表了意見，認為沒有出現裁判之無效，但就實體問題，則認為上訴理由成立。

裁判書製作法官就或第 21/87/M 號法令第 5 條第 2 款 b 項結合《澳門公共行政工作人員

通則》第 98 條第 1 款的規定，或《澳門公共行政工作人員通則》第 97 條第 6 款的規定，可能違反平等原則的問題，邀請雙方當事人及檢察院發表意見。

甲及尊敬的檢察官均認為違反了該原則。

被上訴的實體則認為沒有。

二、事實

被上訴之裁判認定下列事實：

—現上訴人甲於 1991 年 10 月 11 日獲教育暨青年局聘用為中學臨時教師。

—根據於 1997 年 9 月 1 日所訂立的編制外合同，其獲聘用為中葡中學教師，現在上提教青局屬下的中葡中學任教。

—2008 年 11 月 19 日，根據教青局副局長的批示，更改現上訴人編制外合同的第三條款，階段被調升至一級第四階段中葡中學教師，並於 2008 年 11 月 11 日生效。

—現上訴人不服，就該決定提起必要訴願。

—為審議有關必要訴願，製作了如下意見書：

"社會文化司司長辦公室透過 2008 年 12 月 16 日第 XXXX/XXXXX/XXXX 號公函，送來教學人員甲的必要訴願，以便本局就有關的訴願發表意見，經審查和分析有關文件後，本局有如下意見供參考：

1. 前提事宜

1.1. 訴願人為本局屬下中葡中學編制外合同教師。

1.2. 是次訴願的標的為本局副局長於 2008 年 11 月 19 日在第 XXX/XXXXX/XXXX/XXXX 號建議書上作出的批示，涉及的內容：更改訴願人編制外合同的第三條款，階段被調升至第四階段，附註的生效日期為 2008 年 11 月 11 日。

1.3. 訴願人於 2008 年 11 月 25 日知悉上述批示的內容。

1.4. 就上述批示，訴願人於 2008 年 12 月 10 日向社會文化司司長提起必要訴願。

1.5. 根據《行政程序法典》第 155 條第 1 款的規定，提出必要訴願的期間為三十日，由此可知，提起訴願的限期至 2008 年 12 月 26 日止，故是次訴願沒有逾期提出。

1.6. 因不存在其他妨礙對訴願作出審理的事由，故可以受理。

2. 事實和法律事宜

I – 事實部分

2.1. 訴願人於 1991 年 10 月 11 日獲本局以散位合同聘用為具高等教育學歷的中學臨時教師，並於 1997 年 9 月 1 日以編制外合同獲聘用為中葡中學教師，在本局屬下學校擔任教師職務至今。

2.2. 由於訴願人屬教學人員，屬特別職程的人員，並受 4 月 27 日第 21/87/M 號法令和 11

月 1 日第 67/99/M 號法令核准的《教育暨青年局教學人員通則》所規範。

2.3. 根據 4 月 27 日第 21/87/M 號法令第 5 條第 2 款 b 項的規定，"喪失在職薪俸"的期間不計入為晉階效力而計算的服務時間內。

2.4. 基於《教育暨青年局教學人員通則》沒有就因何引致"喪失在職薪俸"的具體事宜作規範，故根據《教育暨青年局教學人員通則》第 57 條的規定，應適用工作人員的一般制度，換言之，就相關問題應從"現行澳門公共行政工作人員的一般法例"中尋求答案。

2.5. 根據經 12 月 28 日第 62/98/M 號法令修改的 12 月 21 日第 87/89/M 號法令核准的《澳門公共行政工作人員通則》（以下簡稱《通則》）第 178/ 條第 2 款的規定，薪俸由"職級薪俸"和"在職薪俸"組成，前者佔六分之五，後者佔六分之一。

2.6. 從《通則》第 98 條、第 134 條和第 331 條的規定可知，就公共行政工作人員而言，法律規定了幾種喪失在職薪俸的情況，如：每一歷年首三十日的因病缺勤、因被羈押的缺勤和防範性停職。而本案涉及的因病缺勤所引致喪失在職薪俸的情況。

2.7. 訴願人在 1996 年 1 月 1 日至 2008 年 11 月 10 日期間存在的因病缺勤[1] 紀錄如下表：

年份	因病缺勤	日數
1996-1998	沒有紀錄	-
1999	12 月 7 日	1
2000	2 月 29 日、10 月 25 日至 26 日	3
2001	沒有紀錄	-
2002	8 月 26 日至 30 日	5
2003	3 月 26 日至 27 日、11 月 19 日至 20 日	4
2004	2 月 18 日至 19 日、4 月 15 日至 16 日	4
2005	2 月 15 日、3 月 1 日、7 月 12 日、7 月 21 日	4
2006	1 月 18 日、5 月 29 日	2
2007	5 月 23 日、10 月 10 日、12 月 19 日	3
2008	3 月 18 日、4 月 17 日、6 月 3 日至 6 日、6 月 30 日、9 月 18 日至 19 日、11 月 6 日	10
	總計	36

2.8. 基於訴願人存在因病缺勤的情況，按照《通則》第 98 條的規定，訴願人喪失有關日數在職薪俸，同時，根據 4 月 27 日第 21/87/M 號法令第 5 條第 2 款 b 項的規定，喪失在職薪俸的日數不應計入為晉階效力的服務時間。由於扣除上述缺勤日數的服務時間，故是次訴願人晉階的生效日期為 11 月 11 日。

1　根據行政暨公職局 2004 年 9 月 23 日第 116/OTJ/2004 號意見書，教學人員於 1995 年 6 月 1 日起因病缺勤而喪失在職薪俸，並引致扣除為晉階效力而計算的服務時間，但 1995 年 6 月 1 日前不超過六十日的因病缺勤不受影響。這樣，訴願人於 1995 年上半年出現的 3 日的因病缺勤不應引致扣除服務時間。

II – 訴願的理由

2.9. 訴願人就上述的晉階生效日期提出訴願，主要的理據如下：

2.9.1. 訴願人認為，因 36 天的因病缺勤被扣除了的在職薪俸，根據《通則》第 98 條和第 99 條的規定完全收回了，故不存在喪失在職薪俸日數，因而不符合 4 月 27 日第 21/87/M 號法令第 5 條第 2 款 b 項之適用前提。（訴願書第十二條至第十三條）

2.9.2. 另外，4 月 27 日第 21/87/M 號法令第 5 條第 2 款 b 項所指之喪失在職薪俸應理解為"永久性喪失在職薪俸"，而"非暫時性喪失在職薪俸"，否則等同於變相不容許教學人員因病缺勤，因為無論能否收回被扣除之在職薪俸，因病缺勤均須在其職程晉階時間內扣除相應的因病缺勤日數。（訴願書第十五條）

2.9.3. 同時，訴願人亦指出，"立法者制定有關規定，是考慮到教學人員工作的重要性，不希望有關人員隨意因病缺勤而影響學生的學習進度，但絕對不是籍此變相剝奪教學人員因病缺勤而需要休息的時間"。"這一立法理念，亦得到了其後第 23/95/M 號法令及現行《澳門公共行政工作人員通則》的認同，在這兩法規中，明確規定了每年首三十天的因病缺勤會被扣除在職薪俸，但亦同時制定了相關的取回程序和要件。""尚不獲批准取回被扣除了的在職薪俸或有關工作人員沒有提出有關取回申請，則可以確定為永久喪失了被扣除的在職薪俸，從而可扣除其職程晉階的相應服務時間。"（訴願書第十六條、第十七條和第十九條）

2.10. 概言之，訴願人認為 4 月 27 日第 21/87/M 號法令第 5 條第 2 款 b 項應理解為"永久性喪失在職薪俸"，亦即，僅在無法取回在職薪俸的情況下才可扣除其職程晉階的相應服務時間。

III – 就訴願的回應

2.11. 然而，我們不認同訴願人的上述見解，主要理由如下：

2.11.1. 從歷史解釋的角度出發，可以知道，4 月 27 日第 21/87/M 號法令是在 1987 年制定的，按照當時的生效的法例[2]，教學人員的因病缺勤而導致的"喪失在職薪俸"仍是適用工作人員的一般制度。

2.11.1.1. 事實上，4 月 27 日第 21/87/M 號法令有關因喪失在職薪俸而扣除晉階的服務時間的事宜，早在 7 月 13 日第 73/85/M 號法令第 4 條作了規定。因此，我們須了解，在 1985 年，在工作人員的一般制度中，法律對工作人員因病缺勤而導致的"喪失在職薪俸"是如何規定的？

2.11.2. 在 1985 年，工作人員的假期、缺勤和無薪假是由 3 月 30 日第 27/85/M 號法令所規範的，這一法令第 14 條第 2 款 g 項規定，"根據適用的法例，每年連續或間斷最多 30 日的因病缺勤視為合理缺勤"，而因病缺勤的具體事宜仍由 1966 年 4 月 27 日第 46982 號國令《海

2　參見 9 月 18 日第 50/82/M 號法令第 15 條的規定。

外公務員通則》所規範，具體規定如下：

"Artigo 238.°

(Ausência do serviço, até 30 dias, por motivo de doença)

O funcionário que não comparecer ao serviço durante 30 dias seguidos por motivo de doença, a comprovar nessa altura por atestado médico, e sem prejuízo do disposto na alínea b) do artigo 217.°, poderá ser mandado examinar pela Junta de Saúde local, se aquele atestado não dimanar da respectiva autoridade sanitária, ou de director de Hospital do Estado onde tenha sido internado.

Prolongando-se a doença para além de 30 dias, será sempre mandado examinar pela Junta de Saúde.

Artigo 240.°

(Vencimento na própria província, durante a licença por doença)

Durante os primeiros 30 dias de licença concedida pela Junta, o funcionário tem direito a perceber os seus vencimentos certos; <u>passado este prazo, perderá o vencimento de exercício do lugar</u>, a não ser que tenha comportamento exemplar e boas informações de serviço, pois nesse caso o governador autorizará o abono por tantos dias quantos os anos de serviço multiplicados por 5." （劃線為本人所加）

2.11.1.3. 從上述兩條的規定可知，因病缺勤的首 60 日不會喪失在職薪俸，超過 60 日者，將喪失在職薪俸。但並無規定喪失在職薪俸會導致年資的扣除。有關年資的扣除，《海外公務員通則》第 119 條作了規定：

"Artigo 119.°

(Tempo descontado na antiguidade)

Não se conta para efeitos de antiguidade:

1. O tempo passado nas situações de inactividade;

2. O tempo que, por virtude de disposições disciplinares, for considerado perdido para efeitos de antiguidade;

3. <u>O tempo de ausência ilegal de serviço público</u>;

4. <u>O tempo com parte de doença ou licença por doença que, no período de três anos, exceder seis meses seguidos ou nove interpolados</u>;

5. O tempo de incapacidade temporária, até ao momento em que o funcionário for julgado pronto para o serviço." （劃線為本人所加）

2.11.1.4. 由上述規定可知，除了不合理缺勤外，當達到一定日數的因病缺勤，對工作人員而言，亦可能導致年資的扣除，這裡的所指的 "年資" 包括退休年資和職級年資。

2.11.1.5. 申言之，因病缺勤可能導致為晉階效力的服務時間被扣除的情況並非教學人員所獨有的，不同的是，根據 4 月 27 日第 21/87/M 號法令第 5 條第 2 款 b 項的規定，"喪失在職薪俸" 亦構成教學人員扣除年資的一個因素。

2.11.2. 從立法技巧上分析，根據 4 月 27 日第 21/87/M 號法令，"喪失在職薪俸" 作為扣除職級年資的一種情況，有關規定並非直接指向引致 "喪失在職薪俸" 的具體制度，因此，在適用工作人員一般制度的前提下，隨著導致 "喪失在職薪俸" 的相關制度的更新，可能對 4 月 27 日第 21/87/M 號法令第 5 條第 2 款 b 項的適用產生某種程度的影響。

2.11.3. 基於過往有關適用於工作人員的因病缺勤的規定曾作出了多次的修訂，故有需要研究有關修訂對教學人員在年資的扣除所帶來的影響。

2.11.4. 根據因病缺勤制度的演變作出以下分析：

2.11.4.1. 1985 年至 1986 年：對於工作人員來說，在喪失在職薪俸方面，根據 3 月 30 日第 27/85/M 號法令第 14 條第 2 款 g 項和《海外公務員通則》第 238 條和第 240 條的規定，超過 60 日的因病缺勤者，將喪失在職薪俸；在年資扣除方面，按《海外公務人員通則》第 119 條第 4 項的規定，因病缺勤達相應的日數時亦會導致年資的扣除。因此，根據 7 月 13 日 73/85/ 號法令第 4 條的規定，教學人員在超過 60 日的因病缺勤時才會導致年資的扣除。另外，因病缺勤達相應的日數時亦會導致年資的扣除。

2.11.4.2. 1986 年至 1989 年：對於工作人員來說，在喪失在職薪俸方面，根據 3 月 24 日第 28/86/M 號法令第 4 條和第 11 條第 7 款，超過 60 日的因病缺勤者，將喪失在職薪俸；在年資扣除方面，按《海外公務人員通則》第 119 條第 4 項的規定，因病缺勤達相應的日數時亦會導致年資的扣除。故此，依據 7 月 13 日第 73/85/M 號法令第 4 條和 4 月 27 日第 21/87/M 號法令第 5 條的規定，教學人員在超過 60 日的因病缺勤時才會導致年資的扣除。此外，因病缺勤達相應的日數時亦會導致年資的扣除。

2.11.4.3. 1989 年至 1995 年：按照 12 月 21 日第 87/89/M 號法令第 100 條第 3 款，"在每一歷年，超過連續或間斷六十日因病缺勤者，喪失在職薪俸"。由於《海外公務員通則》已被 5 月 9 日第 35/88/M 號法令所廢止，故《海外公務人員通則》第 119 條第 4 項隨之失效，12 月 21 日第 87/89/M 號法令亦未就因病缺勤是否導致年資的扣除作出規定。由此亦可得出，按照 4 月 27 日第 21/87/M 號法令第 5 條的規定，教學人員在超過 60 日的因病缺勤時才會導致年資的扣除。

2.11.4.4. 1995 年至今：根據 6 月 1 日第 23/95/M 號法令第 23 條第 4 款，"（……）四、就每歷年首三十個之連續或間斷之因病缺勤日，僅導致扣除相應日數之在職薪俸。（……）" 換言之，在喪失在職薪俸方面，與以往的做法不同，在 1995 年 6 月 1 日[3] 後，凡因病缺勤的

3　根據 6 月 1 日第 23/95/M 號法令第 86 條，生效日期為 1995 年 6 月 1 日。

首 30 日均會導致喪失在職薪俸。另外，在扣除年資方面，與 12 月 21 日第 87/89/M 號法令規定亦有差異，按照 6 月 1 日第 23/95/M 號法令第 23 條第 5 款，"（⋯⋯）五、為職程之效力，如每歷年內因病缺勤之日數連續或間斷超出三十日，則應自年資內扣除超出之日數。（⋯⋯）"亦即，就工作人員而言，在首 30 日的因病缺勤僅導致喪失在職薪俸，但不會導致年資的扣除，只有當超過 30 日者，才會引致年資的扣除。由於適用於教學人員的 4 月 27 日第 21/87/M 號法令第 5 條第 2 款 b 項有關扣除年資的規定是以 "喪失在職薪俸" 作為一種聯繫因素，因而出現的情況是，教學人員只要缺勤一日便會引致扣除相應的為晉階效力的服務時間。

2.11.4.5. 由上可知，一直以來，導致教學人員年資扣除的其中一個情況是 "喪失在職薪俸"，而就因何原因會導致 "喪失在職薪俸" 的問題，我們又不得不引用工作人員的一般制度。由於導致 "喪失在職薪俸" 的原因可以是多個的，例如，因病缺勤、因被羈押的缺勤等，同時，隨著時間的推移，規範有關缺勤的制度的變更，教學人員因 "喪失在職薪俸" 引致的年資扣除亦可能會有所調整。

2.11.5. 訴願人在訴願書中強調，在 "喪失在職薪俸" 獲批准收回時，則不應扣除相應的為晉階效力而計算的服務時間，4 月 27 日第 21/87/M 號法令第 5 條第 2 款 b 項所指的 "喪失在職薪俸" 應理解為 "永久性喪失在職薪俸"。

2.11.6. 以下讓我們探討一下在職薪俸收回的制度：

2.11.6.1. 有關在職薪俸收回制度源於《海外公務員通則》第 240 條的規定，隨著 6 月 1 日第 23/95/M 號法令和 1 月 2 日第 1/96/M 號法令的頒佈才發展為較為完善的制度。

2.11.6.2.《通則》基本上保留了 6 月 1 日第 23/95/M 號法令和 1 月 2 日第 1/96/M 號法令有關因病缺勤的規定，根據《通則》第 97 條至第 98 條的規定，有關的收回須取決於法定的一些條件，包括工作評核、無不合理缺勤的紀錄和缺勤的日數，換言之，並非所有人均可獲收回在職薪俸。

2.11.6.3. 根據《通則》第 97 條第 6 款和第 98 條第 1 款 [4]，我們知道，法律同時設立了喪失在職薪俸和年資扣除的制度，一是超過 30 日的因病缺勤才會引致年資的扣除，一是首 30 日的因病缺勤僅引致喪失在職薪俸，不會導致年資的扣除。針對後者，法律規定了收回在職薪俸，然而，從制度的設置上看，收回的制度是不會對《通則》第 97 條第 6 款有關年資扣除的規定造成影響的，因此推論出，立法者在設置收回制度時，不存在扣除年資與否的想法，故我們不應該將在職薪俸收回的制度與年資扣除制度混為一談。

2.11.6.4. 再者，從立法者為在職薪俸的收回設立的要件來看，我們可以推論出，立法者設立收回的制度是為了保障工作表現良好、勤謹且缺勤日數不超過限定範圍的工作人員，以便給予收回在職薪俸的機會。

4　源於 6 月 1 日第 23/95/M 號法令第 23 條第 4 款和第 5 款的規定。

2.11.6.5. 教學人員喪失在職薪俸引致年資扣除的具體適用時須引用工作人員的一般制度，而在工作人員的一般制度中，並不存在"永久性喪失在職薪俸"和"暫時性喪失在職薪俸"的概念。若立法者有意作此區分，則必會在條文中言明，因為這是有別於一般制度的規定，而事實上，我們在條文中找不到有關的區分。

2.11.6.6. 另外，我們亦不應以喪失在職薪俸已獲發回的事實來否定因病缺勤而被扣除在職薪俸的事實。根據本局的紀錄，訴願人由 1996 年至今 36 天的因病缺勤，且為此亦被扣除了相應日數的在職薪俸，這些事實的發生足以作出 4 月 27 日第 21/87/M 號法令第 5 條第 2 款 b 項所規定的扣除，因此訴願人收回喪失在職薪俸的事實並不重要。

2.11.6.7. 依 4 月 27 日第 21/87/M 號法令第 5 條第 2 款 b 項行文上的分析，我們理解到，條文所關注的是喪失在職薪俸的 "時間" 或 "日數"，而不是喪失在職薪俸是否收回或收回的多少日數的在職薪俸。

2.11.6.8. 綜上所述，由於訴願人在訴願書所作的推論和解釋並不符合 4 月 27 日第 21/87/M 號法令第 5 條第 2 款 b 項的規定，亦不符合有關規定的立法原意，故其所持訴願理據是不能成立的。

3. 結論

3.1. 基於是次訴願不存在妨礙對訴願作出審理的事由，故可以受理。

3.2. 根據上述在事實和法律方面的分析，我們認為，訴願人的上訴理由是不能成立的，故建議駁回訴願，並維持原有的決定。

呈上審批

（……）"；（見第 13 至第 39 頁）

—社會文化司司長透過 2009 年 3 月 3 日所作之批示，決定駁回上訴。

<u>這就是被上訴之行為。</u>

—2008 年 9 月，被上訴人獲發回金額為 1,204.60 澳門元作為 "支付被扣除之在職薪俸"。

三、法律

1. 待解決的問題

—要想知道的是被上訴合議庭裁判是否因欠缺法律依據而無效，因為使用了現上訴人認為是不確定概念的 "合理" 和 "適當" 等表述。

—另一方面，還須查明是否違反了第 21/87/M 號法令第 5 條第 2 款 b 項之規定。

—最後，是第 21/87/M 號法令第 5 條第 2 款 b 項結合《澳門公共行政工作人員通則》第 98 條第 1 款的規定，還是《澳門公共行政工作人員通則》第 97 條第 6 款的規定，違反平等原則的問題。

2. 裁判無效

司法上訴中的被上訴實體——本司法裁判上訴的現上訴人——認為被上訴合議庭裁判因欠缺法律依據無效，因為使用了現上訴人認為是不確定概念的“合理”和“適當”等表述。

未有詳細說明作為裁判理由之事實依據及法律依據的裁判無效（《民事訴訟法典》第571條第1款b項）。

關於導致無效的這一依據問題，司法見解和相關學說方面存在廣泛共識，認為它是指因應具體個案的情況，完全欠缺事實或法律理據。

不好或帶缺陷的理據並不導致無效，但可以作為確定可適用法律方面存在錯誤或法律解釋不好或法律適用不恰當之原因，可以此為據通過上訴予以質疑。

使用現上訴人提到的那些表述除了不構成不確定概念外，它也不妨礙對有關合議庭裁判內容的認知。

因此，就無效提出的質疑理由不成立，但不影響查明此合議庭裁判是否正確解釋和適用了所涉及的法律（第21/87/M號法令第5條第2款b項之規定），這也是已經明確提出的問題。

3. 喪失在職薪俸

甲是教育暨青年局的中學教師。

在從一級第三階段晉升為第四階段時，沒有把每一歷年因病缺勤首30日計算在服務時間內，在1996年至2008年期間共計達到36日（1999年1次缺勤，2000年3次，2002年5次，2003年4次，2004年4次，2005年4次，2006年2次，2007年3次和2008年10次）。

這是因為適用了第21/87/M號法令第5條第2款b項和《澳門公共行政工作人員通則》第98條第1款之規定。

第21/87/M號法令確定了分派於教青局的特定職程、職級、專業資格及薪俸的制度。

第21/87/M號法令第5條第2款b項規定：

“**第五條**

（服務時間的計算）

一、……

二、在職程內的晉階，下列期間不計入服務時間內：

a）以派駐、徵用或定期委任方式在教育體系以外服務的期間，但屬第六條所定情況除外；

b）喪失在職薪俸的期間；

c）有限期假及無限期假；

d）喪失年資的期間；

e）根據本法令第七條第二款的規定，工作表現被評為不滿意的服務時間。”

眾所周知，公共行政工作人員的薪俸分為職級薪俸，佔六分之五，在職薪俸，佔六分之一（《公共行政工作人員通則》第178條第2款）。

而《公共行政工作人員通則》第 98 條規定：

"第九十八條

（在職薪俸之喪失）

一、在每一歷年內，連續或間斷因病缺勤之首三十日，導致喪失相應日數之在職薪俸；但應利害關係人申請，總督得根據以下數款之規定，許可支付上述在職薪俸之全部或部分。

二、工作人員在上一年之工作評核不低於"良"，方得許可上款所指之支付，處於第一百六十三條第四款及第一百六十八條第三款所指情況之人員，視為具有上指之工作評核。

三、支付被扣除之在職薪俸之全部或 50%，須考慮工作人員之勤謹程度，即視乎申請支付前之半年內，工作人員因病缺勤之日數為八日以內，或為八日以上至十五日而定，但根據關於住院及休養之制度而缺勤之日數不計算在內，而且，工作人員須在上指期間無任何不合理缺勤之紀錄。"

該利害關係人被根據第 98 條第 1 款規定，許可支付因病缺勤的在職薪俸。

這樣，此利害關係人認為因病導致的缺勤不能在年資中扣除，根據其理解，因為沒有喪失在職薪俸。

而行政當局認為，儘管批准獲得支付了已喪失的薪俸，但畢竟存在第 21/87/M 號法令第 5 條第 2 款 b 項規定的情況，這勢必導致不考慮計算那段等同喪失在職薪俸的期間。

根本的問題是想要知道，為適用第 21/87/M 號法令第 5 條第 2 款 b 項規定之效力，支付了因病缺勤而喪失在職薪俸之事實到底是否重要。

且看，法律條文似乎傾向於行政當局所捍衛的理解。事實上，法律規定不得考慮等同喪失在職薪俸的相關期間。而且根據《公共行政工作人員通則》第 98 條第 1 款之規定，這種情況就是指在每一歷年內因病缺勤之首 30 天。

之後，如果利害關係人申請，他符合法律規定的條件，有關實體又給予許可，可能出現獲得支付已喪失的在職薪俸的情況。

不管怎樣，喪失在職薪俸的情況在發生因病缺勤後馬上存在，無論此後再發生什麼情況。

但是，基本的論據不是字面上的，而是制度性的。

根據行政當局所維護而我們認為正確的解釋，關於屬於教育暨青年局編制的教師，在特定的情況下，因病缺勤就得從年資中扣除，不可能依據獲得了支付已喪失的薪俸來補正有關狀況。

而且，這也是對一般公共行政工作人員適用的制度，因為規定了須從年資中扣除因病缺勤特定的（當每一歷年內超出 30 日時）日數（《公共行政工作人員通則》第 97 條第 6 款）。而此種情況與喪失在職薪俸無關，正如所說，僅為首 30 日。

這樣，對分派於教育暨青年局的教師來說，單純因病造成之缺勤須從年資中扣除，與在職薪俸能否獲得支付無關，這是完全合理的，因為這也是其他公共行政工作人員所處的狀況。

因此，不存在被上訴的行為對第 21/87/M 號法令第 5 條第 2 款 b 項規定的解釋不對或適用不當的問題。

4.因病缺勤不計算為服務時間‧平等原則‧禁止獨斷

為了職程效力，對分派於教青局的教師人員計算服務時間時，不計算喪失在職薪俸的相關期間（4 月 27 日第 21/87/M 號法令第 5 條第 2 款 b 項），實際上是否支付《澳門公共行政工作人員通則》第 98 條第 2 款和第 3 款所指的在職薪俸並不重要。

喪失在職薪俸取決於在每一歷年內因病缺勤的首 30 日（《澳門公共行政工作人員通則》第 98 條第 1 款，補充適用於上述教學人員）。

如此，為了職程效力，在對上述教學人員計算服務時間時，不計算每一歷年內因病缺勤的首 30 日。

而對於其他一般公共行政工作人員來說，為了職程效力須扣除的服務時間係指每一歷年內因病缺勤超過 30 日的日數（《公共行政工作人員通則》第 97 條第 6 款）。

同時，這也是澳門大學和澳門理工學院的工作人員，包括教學人員的制度（經 1999 年 8 月 23 日《政府公報》第一組公佈的第 30/SAAEJ/99 號和第 29/SAAEJ/99 號批示核准的相關《人員通則》第 47 條第 4 款，並經上述批示核准的澳門大學和澳門理工學院教學人員通則第 43 條和第 34 條規定適用於教學人員）。

於是，關於為了職程效力須扣除服務時間的因病缺勤，存在兩種完全不同和矛盾的制度：

— 對一般公共行政工作人員和對澳門大學及澳門理工學院包括其教學人員在內的工作人員，係指每一歷年內因病缺勤超出首 30 日之日數；

— 對分派於教青局的教學人員，是指每一歷年內因病缺勤的首 30 日。也就是說，關於喪失在職薪俸，一般公共行政工作人員的制度與分派於教青局內的教學人員之制度相吻合：每一歷年內因病缺勤的首 30 日。

而關於為了職程之效力須扣除因病缺勤的服務時間，此等制度卻完全矛盾。

事實上，為此效力，在一般的公共行政工作人員和澳門大學及澳門理工學院的工作人員制度中，對每一年內病假期間很長（超過 30 日），具體指患有慢性病無能力工作的工作人員才不利。

對在分派於教青局的教學人員制度中，每年很短的病假期間較不利，也就是說，那些沒有因病缺勤超過 30 日，尤其是那些臨時短期患病的教師受影響。

當關於此一問題被徵詢意見時，被上訴實體（現上訴人）辯稱，對分派於教青局內的人員，從年資中扣除的因病缺勤，不只是根據第 21/87/M 號法令第 5 條第 2 款 b 項規定的每歷年因病缺勤的首 30 日，而且現在根據因第 21/87/M 號法令第 5 條第 2 款 b 項而適用的《澳門公共行政工作人員通則》第 97 條第 6 款規定，也包括每年因病缺勤而超過 30 日的天數，其規定是：在計算教師的服務時間時，不考慮喪失年資的時間。

也就是說，對被上訴實體來說，分派於教青局內的教師的任一因病缺勤均在年資中扣除，無論是每歷年 1 日還是每歷年 100 日。

但不具理由。

首先，在由被上訴實體本身與司法上訴的答辯狀一起呈交的行政暨公職局的意見書中，支持另一觀點（被上訴實體說同意的）：“為晉階之效力，在教師的服務時間內只是扣除首 30 日的因病缺勤，即導致喪失在職薪俸的時間，而不是如上訴人所說的，所有因病缺勤的日數。”（參閱第 72 及續後各頁的意見書，尤其是其結論 7）

關於問題的核心：唯一在這些教師的年資中予以扣除的因病缺勤天數是根據第 21/87/M 號法令第 5 條第 2 款 b 項確定的喪失在職薪俸的日數。

根據第 21/87/M 號法令第 5 條第 2 款 d 項規定喪失年資而在晉階中不予考慮的服務時間只是那些不是因病缺勤的情況 —— 如《公共行政工作人員通則》第 158 條第 3 款規定在年資中扣除的情況，如不合理缺勤，因紀律處罰之效力而被宣佈喪失的時間，或服刑時間（《公共行政工作人員通則》第 134 條第 3 款）—— 因為在年資中扣除的因病缺勤的時間已經規定在第 21/87/M 號法令第 5 條第 2 款 b 項中。如不是這樣，我們將面對因病缺勤而在年資中扣除的雙重規定，這將進一步違反平等原則。

而根據《基本法》第 25 條之規定，澳門居民在法律面前一律平等，不因國籍、血統、種族、性別、語言、宗教、政治或思想信仰、文化程度、經濟狀況或社會條件而受到歧視。

平等原則要求法律 —— 即現在爭議中的立法性行為，而不是公共權力，如行政當局作出的其他行為 —— 平等地對待相同的狀況，以及不同地對待不同的狀況。

本案中，法律不平等地對待兩種情況。重要的是要查明這兩種情況到底是相同還是不同。

如果屬於不同的情況，就不存在任何違反平等原則。

如果該等情況基本上相同，但被以不平等方式對待，則在*禁止獨斷*方面違反了該原則。

保護《基本法》中規定的平等原則的範疇方面，除其他外，包括*禁止獨斷*，不允許沒有任何合理理由而給予不同的待遇。

正如 J.J.GOMES CANOTILHO 和 VITAL MOREIRA[5] 所指出的：**“禁止獨斷**構成了公共權力的認同自由或作出決定的一項外部限制，平等原則起到*消極的監督原則*之作用：不是那個基本上相同的狀況應該被專橫地以不平等對待，也不是那個根本上不相同的狀況應該被專橫地以平等對待。按照這種觀點，平等原則從正面上要求對事實上相同的情況給予相同的對待，而對事實上不同的情況給予不同的對待。但是，立法者在實質 —— 法律上受制於平等原則並不排除立法自由。因為在憲法規定範圍內，是由它來確定或認定所有就平等對待或不平等對待起到

5　J.J.GOMES CANOTILHO 和 VITAL MOREIRA 著：《*Constituição da República Portuguesa Anotada*》，科英布拉，科英布拉出版社，2007 年，第一卷，第四版，第 339 頁。

參考作用的事實狀況或生活關係。只有當‘立法性自由裁量’的外部限制被違反時，即當立法性措施沒有實質上的適當支持時，才存在對平等原則在禁止獨斷方面的違反。”

另一方面，還是根據這些作者的觀點，“在對有關規範*群體*的法律待遇作比較時，禁止獨斷顯得特別重要。這種情況下，違反平等原則表現為，對某一群體而言，針對另一群體的法規上的不平等待遇，儘管不存在給予不平等對待的任何不同的合理理由[6]。”

有時，由於定性錯誤，法律認為兩種狀況不同，實際上沒有不一樣。這裡就會存在違反平等原則。

為此必須確定到底哪些要素可以作為斷定相關狀況法律上平等或不平等的依據。

鑑於法律規範是實現目的之手段，必須在法律規範和相關目的之聯繫中找到判斷各種狀況的法律上的平等或不平等的標準。

當沒有聯繫或這種聯繫不足夠，又或獲得法規所要求達致之目的的可能性不存在時，存在違反平等原則[7]。

另一方面，此聯繫必須具備足夠的實質性依據。

也就是說，在應該承認立法者擁有立法上的自由裁量的同時，如存在適用於公共行政工作人員的矛盾的法律制度，又沒有任何合理的理由，這就違反了平等原則，或者說立法性獨斷，不合理的不同對待。

5. 對法律規範合法性的司法監督

從另一方面，在對法律規範之合法性的監控範疇，以《基本法》規定為標準，重要的是要考慮“不是由相關機構本身對法律解決辦法作出‘正面’的判斷：或者說這樣判斷，監控機構猶如立法者（及‘替代’它）那樣，從分析評估狀況開始，然後以它自己的想法作為法律解決辦法的合理性標準去確定具體個案中的解決辦法為‘合理的’、‘公正的’或‘理想的’。合憲性監控機構不能走得那麼遠：他們應做的僅僅是一種‘消極性’判斷，即排除那些從各點上看都不能列為合乎情理的法律解決辦法[8]。”

換句話說：“禁止獨斷之理論不是確定平等原則內容之標準，而是要明確和界定司法監控的權限”，因此面對此“實質上消極的標準，要受到譴責的只能是所有明顯的和不能容忍的不平等狀況”，而此種情況僅在立法者規定的不同對待是“沒有依據、不客觀和不合理”[9]的情況

6　J.J.GOMES CANOTILHO 和 VITAL MOREIRA 著：《Constituição...》，第一卷，第 340 頁。

7　MARIA DA GLÓRIA FERREIRA PINTO 著：《Princípio da Igualdade, Fórmula Vazia ou Fórmula Carregada de Sentido?》，司法部公報第 358 期，里斯本，第 27 頁。

8　JORGE MIRANDA 和 RUI MEDEIROS 著：《Constituição Portuguesa Anotada》，科英布拉，科英布拉出版社，2005 年，第一卷，第 125 頁，當中援引葡萄牙立憲委員會的意見書。

9　MARIA LUCIA AMARAL 著：《O princípio da Igualdade na Constituição Portuguesa》載於《Estudos de Homenagem ao Prof. Dourtor Armando M. Marques Guedes》，里斯本大學法學院，2004 年，第 52 頁。

下才發生。

6. 關於本案

正如所說，關於須從年資中扣除公共行政工作人員的因病缺勤，法律規定了兩種不同及矛盾的制度。

但注意，沒有涉及因病缺勤多少次開始從年資中扣除的問題 —— 比如，對一些工作人員是 30 次缺勤，對另一些是 45 次或 60 次缺勤 —— 這或許認為屬於立法性自由裁量原則的範疇。

本案中，是制度本身的矛盾，不只是不同。毋庸置疑，應由立法者選擇其認為更能保障所有應該擬達之目的的制度。這方面，法院不能干涉。而立法者不能做的 —— 否則違反平等原則 —— 就是對公共行政工作人員規定兩種矛盾的制度，沒有任何合理理由的種種不同對待，更何況是在像從年資中扣除因病缺勤這種如此敏感的方面。

事實上，看不出任何合理的理由，對一般公共行政工作人員及兩所大學（澳門大學和澳門理工學院）的教學人員規定因病缺勤在年資中扣除的是每一歷年內超出 30 日之日數，而對分派於教青局內的教師規定的那些在年資中扣除的因病缺勤就是在每一年中未超出 30 日的日數。

被上訴實體基於歷史因素而賦予教學人員章程特別之處。

好吧，以複製從前法規之規範（7 月 13 日第 73/85/M 號法令第 4 條第 2 款 b 項，教育暨文化司教學人員職程的前制度）來為某些規定，如第 21/87/M 號法令第 5 條第 2 款 b 項，作解釋是完全可能的。

事實上，當立法者就某一特定事項立法時，經常慣性地複製以前相同的規範，沒有同時考慮到為相似之情況已經採取了完全不同的立法辦法。

為某些特定的立法個案作理由解釋的這一情節並不能保證解決辦法的正確。此外，光憑此點，並不能排除違反平等原則的可能。

被上訴實體認為制度的不同並非獨斷，其用意是勸阻短期缺勤，因這些缺勤對學校造成嚴重的損害。

但這一解釋是不足夠的，沒有解釋為何這些短期缺勤對擁有另一制度（如前述）的其他公共行政部門就沒有造成嚴重的損害。而更不能解釋的是為何短期缺勤沒有對澳門大學和理工學院造成嚴重的損害，它們的教師有在年資中扣除因病缺勤的完全不同於適用於教青局的教師的制度。

因此，或者是第 21/87/M 號法令第 5 條第 2 款 b 項結合《公共行政工作人員通則》第 98 條第 1 款的規定，或者是《公共行政工作人員通則》第 97 條第 6 款違反了平等原則。

7. 用來查明對兩種相同的狀況規定不同待遇的有關法規中哪一法規違反了平等原則的標準

面對同時生效的對兩種相同的狀況規定了不同待遇的兩項法律規範或兩部法律，要知道到底其中哪一項應該視為因違反《基本法》而屬非法是個不易解決的問題。

相關學說論述了一些標準，比如認為應該適用更加有利或從制度精神實質上更加相符的那項法律[10]。

並不排除這一標準可以在一般情況中使用，但它對本案情況卻不可借用，因為這裡涉及的是純行政當局的問題，屬於司法職能本身的合法性或判決標準不適合用來解決這一問題。這是在公共職能特定選擇基礎上作出的一種選擇，不是由法院來說明到底哪一項更加有利（及對誰？對公共利益？對所涉及人士的利益，還是公務員？），是從年資中扣除在每一歷年內因病缺勤的首 30 日，還是扣除每一歷年內因病缺勤超出 30 日之日數。

所以，我們必須使用另一標準，我們似乎認為應該根據《基本法》考慮可適用於一般情況的法規。也就是說，存在一項適用於某一種類人士一般情況的法規，而另一法規則只適用於這些人士中的分類人士，應理解為前一法規符合《基本法》，即因為如果以存在因違反平等原則，從而違反《基本法》的可能性來衡量的話，應推斷立法者將選擇適用於所有情況的這一解決辦法。

如此，適用於一般公共行政工作人員的法規就是《公共行政工作人員通則》第 97 條第 6 款規定，而第 21/87/M 號法令第 5 條第 2 款 b 項規定僅適用於教青局內的教學人員。

另一方面，12 月 28 日第 62/98/M 號法令（修訂了《公共行政工作人員通則》）引入的《公共行政工作人員通則》第 97 條第 6 款，其實複製了已經廢除的 6 月 1 日第 23/95/M 號法令第 23 條第 5 款的類似規定，才是*最新法律*。前面提到的第 21/87/M 號法令第 5 條第 2 款 b 項規定複製了 7 月 13 日第 73/85/M 號法令第 4 條第 2 款 b 項規定。

還必須認定，就相同之狀況，與舊法律相比較，作為立法者意願最新表達的新法律才是他所要。

所以一切取向表明，結合《公共行政工作人員通則》第 98 條第 1 款之規定，是第 21/87/M 號法令第 5 條第 2 款 b 項規定違反了《基本法》第 25 條之規定，因為它規定，為了職程晉升之效力，對分派於教青局內的教學人員從年資中扣除每一歷年內因病缺勤的首 30 日。

被上訴行為適用了第 21/87/M 號法令第 5 條第 2 款 b 項規定，因此必須予以撤銷。

四、決定

綜上所述，駁回上訴，並依據與被上訴合議庭裁判中所採納的不同理據撤銷被上訴行為。

無需交付兩級法院的訴訟費。

2010 年 5 月 12 日，於澳門。

法官：利馬（裁判書製作法官）— 岑浩輝 — 朱健

10　JORGE MIRANDA 和 RUI MEDEIROS 著：《*Constituição...*》，第一卷，第 126 頁。

終審法院第 9/2012 號案、第 19/2012 號案、第 27/2012 號案、第 33/2012 號案裁判書摘要（二審）

案件編號：9/2012、19/2012、27/2012、33/2012
案件類別：對行政司法裁判的上訴
上訴人：甲
被上訴人：行政長官
裁判日期：2012 年 5 月 9 日、2012 年 5 月 9 日、2012 年 5 月 16 日、2012 年 7 月 4 日
主題：違反《基本法》、在司法上訴中對特區內部法違反《基本法》問題的附帶審理、平等原則、禁止獨斷、護士、個人勞動合同、報酬、追溯力
法官：利馬（裁判書製作法官）、宋敏莉和岑浩輝

　　一、在呈交予其審判的案件中，即使沒有任何一方提出合法性的問題，法院也不得適用違反《基本法》或規定其中的原則的、載於法律或行政法規內的規範，但《基本法》第 143 條之規定除外。

　　二、在對行政行為所提起的司法上訴中，法官可以根據法規位階原則，基於其本身之主動，對一個行政法規的合法性或是特區內部法違反《基本法》的問題作出附帶性審理。

　　三、保護《基本法》中規定的平等原則的範疇方面，除其他外，還包括*禁止獨斷*，不允許沒有任何合理理由而給予不同的待遇。

　　四、立法者在實質 —— 法律上受制於平等原則並不排除立法自由。只有當立法性自由裁量的外部限制被違反時，即當立法性措施沒有實質上的適當支持時，才存在對平等原則在禁止獨斷方面的違反。

　　五、不是由監控規範之合法性的機構本身對法律解決辦法作出正面的判斷；或者說這樣判斷，監控機構猶如立法者（及替代它）那樣，從分析評估狀況開始，然後以它自己的想法作為法律解決辦法的合理性標準去確定具體個案中的解決辦法為合理的、公正的或理想的。他們應做的僅僅是一種消極性判斷，即排除那些從各點上看都不能列為合乎情理的法律解決辦法。

　　六、禁止獨斷之理論不是確定平等原則內容之標準，而是要明確和界定司法監控的權限，因此面對此實質上消極的標準，要受到譴責的只能是所有明顯的和不能容忍的不平等狀況，而此種情況僅在立法者規定的不同對待是沒有依據、不客觀和不合理的情況下才發生。

　　七、第 18/2009 號法律第 40 條將對編制內、編制外以及散位護士所進行的薪俸點調整追溯至 2007 年的 7 月 1 日，卻沒有將該追溯效力延伸適用至以個人勞動合同制度任職的外聘護士的做法並不違反平等原則。

終審法院第 10/2012 號案、第 24/2012 號案、第 29/2012 號案裁判書摘要（二審）

Processo nº 10/2012, Processo nº24/2012, Processo nº 29/2012

Recurso jurisdicional em matéria administrativa

Recorrente: A

Recorrido: Chefe do Executivo da RAEM

Data da conferência: 18 de Julho de 2012,18 de Julho de 2012, 25 de Juhlo de 2012

Assuntos: Violação da Lei Básica, Princípio da igualdade, Contrato individual de trabalho, Remuneração, Retroactivos

Juízes: Song Man Lei (Relator), Sam Hou Fai, Viriato Lima

1. Nos casos submetidos a julgamento não podem os tribunais aplicar normas constantes de leis ou regulamentos administrativos que infrinjam o disposto na Lei Básica ou os princípios nela consagrados, ainda que Processo nenhuma parte suscite a questão da ilegalidade, sem prejuízo do disposto no art.º 143.º daquela Lei.

2. O âmbito de protecção do princípio da igualdade constante da norma da Lei Básica, abrange, além do mais, a *proibição do arbítrio*, sendo inadmissíveis diferenciações de tratamento sem qualquer justificação razoável.

3. A teoria da proibição do arbítrio não é um critério definidor do conteúdo do princípio da igualdade, mas antes expressa e limita a competência do controlo judicial, pelo que, perante este critério essencialmente negativo, são censurados apenas os casos de flagrante e intolerável desigualdade, o que só ocorrerá quando as diferenças instituídas pelo legislador forem não fundamentadas, não objectivas, não razoáveis.

4. A Lei n.º 18/2009, que estabelece o regime jurídico da carreira de enfermagem e que entrou em vigor em 18 de Agosto de 2009, faz retroagir a 1 de Julho de 2007 as valorizações indiciárias dos vencimentos previstos para os enfermeiros do quadro, dos contratados além do quadro e dos assalariados (art.º 40.º n.º 2 da Lei), não estendendo tal retroacção aos enfermeiros no regime de contrato individual de trabalho.

5. O art.º 40.º da Lei n.º 18/2009 não viola o princípio da igualdade.

◎ 第二十六條

澳門特別行政區永久性居民依法享有選舉權和被選舉權。

◎ 第二十七條

澳門居民享有言論、新聞、出版的自由，結社、集會、遊行、示威的自由，組織和參加工會、罷工的權利和自由。

08

提起上訴的時刻與擬舉行的集會和示威的時刻之間的期限長短，會否導致上訴程序實屬無意義？

09

行政當局可否禁止居民針對澳門鄰近地區發生的局勢而舉行的集會？

■ 終審法院第 75/2010 號案裁判書摘要（一審）

案件編號：75/2010

案件類別：關於集會權和示威權的上訴

上訴人：周庭希（新澳門學社代表）

被上訴人：治安警察局局長

會議日期：2010 年 12 月 17 日

主要法律問題：遊行路線的指定、對行使自由裁量權的審查權

法官：朱健（裁判書製作法官）、岑浩輝和賴健雄

　　為了保持公共道路上的行人和車輛的良好交通秩序，當有必要時，治安警察局局長可以決定更改原定遊行路線，或規定有關活動僅在一邊的行車道進行。

　　原則上法院不能在行政訴訟中審查自由裁量權的行使是否恰當，僅當行政機關在行使該權限時出現明顯錯誤或絕對不合理的情況時，才可宣告有關行政行為違法並予以撤銷。

終審法院第 50/2011 號案裁判書摘要（一審）

案件編號：50/2011
案件類別：關於集會權和示威權的上訴
上訴人：甲
被上訴人：治安警察局局長
裁判日期：2011 年 9 月 27 日
主題：示威權、上訴、治安警察局局長、自由裁量權、公共安全、公共道路上行人和車輛之良好交通秩序、新馬路
法官：利馬（裁判書製作法官）、岑浩輝和賴健雄

　　一、治安警察局局長作出的、規定於第 2/93/M 號法律第 8 條中的限制或禁止示威或集會的行為屬於行使自由裁量權時作出的行為。

　　二、治安警察局局長可以維持公共道路上行人及車輛之良好交通秩序為理據，更改原定之遊行或列隊路線或規定有關之活動僅得在車行道之一邊進行。

終審法院第 28/2016 號案裁判書摘要（一審）

案件編號：28/2016
案件類別：關於集會和示威權的上訴
上訴人：鄭明軒，作為新澳門學社理事長
被上訴人：治安警察局代局長
裁判日期：2016 年 5 月 13 日
主題：集會權、治安警察局局長、行車道、人行道、5 月 17 日第 2/93/M 號法律第 8 條第 2 款
法官：利馬（裁判書製作法官）、宋敏莉和岑浩輝

　　一、從 5 月 17 日第 2/93/M 號法律第 8 條第 2 款可以得出，雖然示威者有權在特區的主要街道上遊行，但警方可以作出限制，以便遊行不佔據街道和馬路的所有通行空間。

　　二、不排除治安警察局局長可以根據第 2/93/M 號法律第 8 條第 2 款的規定，以人和車輛在公共道路上通行的良好秩序為理由，決定示威路線的其中一段在人行道上進行，不佔據行車道，尤其是當人行道的寬度和地形允許遊行隊伍平穩及安全通過時。

■ 終審法院第 16/2010 號案裁判書摘要（一審）

案件編號：16/2010
案件類別：關於集會權和示威權的上訴
上訴人：伍錫堯（澳門博彩、建築業聯合自由工會代表）
被上訴人：民政總署管理委員會主席
會議日期：2010 年 4 月 29 日
主要法律問題：上訴的性質、對集會權和示威權在空間上的限制
法官：朱健（裁判書製作法官）、利馬和岑浩輝

第 2/93/M 號法律第 12 條規定的上訴具有完全審判權的性質。

集會權及示威權之行使，僅得在法律規定之情況下受限制或制約。

只有例如因有關地點的性質導致不可能進行這些活動，或存在嚴重危害人身安全或其他比行使集會或示威權利更為重大的公共利益的情況時，才不允許佔用公共地方進行集會或示威。

第 2/93/M 號法律沒有把缺乏足夠空間同時進行多項示威活動，作為在空間方面限制行使相關權利的原因。

面對聚集的人群，法律允許治安警察局的機關以維持公共道路上行人和貨物的良好交通秩序為由，或基於與某些設施維持最起碼距離的公共安全理由對示威作出限制。

根據這些規定，警察機關有權對準備在同一地方進行的多項集會或示威活動作出空間上的安排，甚至對作出違反法律的行為，從而偏離原有目的之活動，或出現嚴重和實際地妨礙公共安全或個人權利的自由行使的情況時，中止有關活動。

第 2/93/M 號法律第 16 條提及的屬於行政當局和其他公法人的、可用作進行集會或示威的公眾或向公眾開放的地方的清單，以及在 1993 年 11 月 17 日澳門政府公報第二組公佈的市政廳通告，僅具列舉性。

■ 終審法院第 21/2010 號案裁判書摘要（一審）

案件編號：21/2010
案件類別：關於集會權和示威權的上訴
上訴人：區錦新
被上訴人：民政總署管理委員會主席
會議日期：2010 年 5 月 4 日

主要法律問題：上訴的性質、對集會權和示威權在空間上的限制

法官：朱健（裁判書製作法官）、利馬和岑浩輝

集會權及示威權法律（第 2/93/M 號法律）第 12 條規定的上訴具有完全審判權的性質。

第 2/93/M 號法律第 16 條提及的屬於行政當局和其他公法人的、可用作進行集會或示威的公眾或向公眾開放的地方的清單，以及在 1993 年 11 月 17 日澳門政府公報第二組公佈的市政廳通告，僅具列舉性。

集會權及示威權之行使，僅得在法律規定之情況下受限制或制約。

原則上，澳門特別行政區居民可在公眾的或向公眾開放的地方行使集會或示威權。

如果在進行集會或示威活動的過程中，出現違反法律的行為，從而偏離原有之目的，或出現嚴重和實際地妨礙公共安全或個人權利的自由行使的情況時，警察機關有權根據第 2/93/M 號法律第 11 條第 1 款 c 項的規定中止有關活動。

終審法院第 2/2011 號案裁判書摘要（一審）

案件編號：2/2011

案件類別：關於集會權和示威權的上訴

上訴人：甲、乙及丙

被上訴人：治安警察局局長

裁判日期：2011 年 1 月 12 日

主題：示威權、上訴、完全審判權、示威之預告、舉行示威的日期、噪音、擺放供品、焚燒冥鏹等紙祭品、《公共地方總規章》、治安警察局局長、自由裁量權、公共安全、解釋

法官：利馬（裁判書製作法官）、岑浩輝和朱健

一、5 月 17 日第 2/93/M 號法律第 12 條規定的上訴為一具完全審判權的訴訟手段。

二、第 2/93/M 號法律第 5 條所規定的集會及示威的預告，可包括連續多日舉行的活動，只要該活動舉行的最後一日沒有超過自提交該預告之日起計 15 個工作日的期限。

三、如擬於市中心、人口稠密的地段舉行示威，為期約一個月，時間由上午 11 時至晚上 23 時的話，禁止使用擴音器製造噪音是合法的。

四、於示威舉行期間擺放供品及焚燒冥鏹等紙祭品時，應遵守《公共地方總規章》第 7 條第 2 款的規定。

五、第 2/93/M 號法律第 8 條規定的，由治安警察局局長作出不容許或限制集會或示威的行為是行使自由裁量權時作出的行為，但必須以具備適當解釋之公共安全或公共秩序理由作為理據。

■ 終審法院第 44/2013 號案裁判書摘要（一審）

案件編號：44/2013
案件類別：關於集會權和示威權的上訴
上訴人：甲
被上訴人：治安警察局局長
裁判日期：2013 年 7 月 12 日
主題：集會權、噪音、治安警察局局長、自由裁量權、公共安全、說明理由、保護區的保留、第 2/93/M 號法律第 8 條第 3 款和第 4 款、禮賓府、政府官員的私邸
法官：利馬（裁判書製作法官）、宋敏莉和岑浩輝

一、根據《基本法》第 40 條，澳門居民享有的權利和自由，除依法規定外不得限制，並且對權利和自由的限制不得與適用於澳門的國際公約相抵觸。

二、根據第 2/93/M 號法律第 1 條第 3 款的規定，集會權及示威權之行使僅得在法律規定的情況下才受限制或制約。

三、5 月 17 日第 2/93/M 號法律之所以在其第 8 條的第 3 款和第 4 款內規定保護區保留制度是出於公共安全方面的考慮，因為這些集會或示威有失序的風險，有可能會影響到上述設施及其佔用人，導致他們無法行使自己的職能，而這些職能的行使對維持特區的正常運作是不可或缺的。

四、用於接待政府貴賓的禮賓府受第 2/93/M 號法律第 8 條第 3 款和第 4 款所規定的制度保護，因為它承擔了一部分與政府總部相似的職能。因此，上述規定設置保護區的保留所基於的安全方面的理由對於禮賓府來講同樣適用。

五、政府官員或第 8 條第 3 款所規定的其他機關的據位人的私邸不受該規定的保護。

六、治安警察局局長根據第 2/93/M 號法律第 8 條的規定對集會或示威設置限制或禁止進行相關活動屬於他的自由裁量權，但是必須要適當說明所基於的公共安全或公共秩序方面的理由。

■ 終審法院第 6/2011 號案裁判書摘要（一審）

案件編號：6/2011
案件類別：關於集會權和示威權的上訴
上訴人：許榮聰、林明
被上訴人：治安警察局局長
會議日期：2011 年 2 月 24 日

主要法律問題：在中聯辦大樓範圍外示威集會的可行性、示威集會物品對公共地方的佔用

法官：朱健（裁判書製作法官）、利馬和岑浩輝

中央人民政府駐澳門特別行政區聯絡辦公室（中聯辦）及其人員依法享有不低於外交機構和人員享有的與其身份相符的保障和豁免。

考慮到中聯辦的性質和運作上的需要，應提供的法定保障，周邊道路行人、行車和示威者本身的安全，不允許在中聯辦大樓範圍外進行示威集會活動符合第 2/93/M 號法律第 8 條第 2 款和第 3 款的規定。

不能引用公共地方總規章第 4 條第 1 款來一概禁止在公共地方放置和示威集會有關的物品。

但有關物品除了僅限於對進行有關示威集會活動屬必需的之外，其佔用公共地方的空間不能過大，必須與有關活動的內容、性質、規模等因素相適應，同時也必須因應有關地點的特徵、進行活動時的具體情況，特別是當時有關地點的人流、聚集人群的人數、其他影響人身或財產安全的風險因素、危險的特發事件等而縮減，甚至即時撤離有關物品。

治安警察當局可因應實際情況，參照第 2/93/M 號法律第 11 條第 1 款 c 項的規定，對示威或集會活動的物品佔用公共地方的空間作出限制。

■ 終審法院第 31/2011 號案裁判書摘要（一審）

案件編號：31/2011

案件類別：關於集會權和示威權的上訴

上訴人：甲

被上訴人：治安警察局局長

裁判日期：2011 年 6 月 25 日

主題：示威權、上訴、完全審判權、治安警察局局長、自由裁量權、離政府總部的最短距離、公共安全、公共道路上行人和車輛之良好交通秩序

法官：利馬（裁判書製作法官）、岑浩輝和朱健

一、規定於 5 月 17 日第 2/93/M 號法律第 12 條中的上訴是一種完全審判權的訴訟手段。

二、治安警察局局長以因接近政府總部，基於公共安全理由為據，透過批示禁止距離該總部不少於 30 米之處舉行的示威違反了第 2/93/M 號法律第 8 條第 3 及 4 款之規定。

三、治安警察局局長作出的、規定於第 2/93/M 號法律第 8 條中的限制或禁止示威或集會的行為屬於行使自由裁量權時作出的行為。

四、治安警察局局長可以維持公共道路上行人及車輛之良好交通秩序為理據，更改原定之遊行或列隊路線或規定有關之活動僅得在車行道之一邊進行。

■ 終審法院第 34/2011 號案裁判書摘要（一審）

案件編號：34/2011
案件類別：關於集會權和示威權的上訴
上訴人：陳連進
被上訴人：治安警察局局長
會議日期：2011 年 7 月 11 日
主要法律問題：對集會權的限制
法官：朱健（裁判書製作法官）、利馬和岑浩輝

第 2/93/M 號法律第 8 條第 2 款規定的治安警察局局長限制或禁止集會或遊行的權力屬自由裁量權。

■ 終審法院第 33/2014 號案裁判書摘要（一審）

案件編號：33/2014
案件類別：有關集會及示威權的上訴
上訴人：開放澳門協會理事長周庭希
被上訴人：治安警察局局長
會議日期：2014 年 6 月 4 日
主題：集會權、集會的區域、自由裁量權、公共安全、理由說明
法官：宋敏莉（裁判書製作法官）、岑浩輝和利馬

一、警方有權以出於公共安全、維持公共秩序和安寧方面的考慮為理由，在發起人所要求的較大範圍的地點之內為集會或示威劃定一個區域。

二、上點結論中所指的行為是行使自由裁量權時作出的，但必須適當地說明其所建基的公共安全或公共秩序方面的理由。

終審法院第 34/2014 號案裁判書摘要（一審）

案件編號：34/2014
案件類別：關於集會和示威權的上訴
上訴人：利建潤，作為民主起動的代表
被上訴人：治安警察局局長
裁判日期：2014 年 6 月 4 日
主題：集會權、治安警察局局長、集會或示威的區域、自由裁量權、公共安全、說明理由
法官：利馬（裁判書製作法官）、宋敏莉和岑浩輝

　　一、警方有權以出於公共安全、維持公共秩序和安寧方面的考慮為理由，在發起人所要求的較大範圍的地點之內為集會或示威劃定一個區域。

　　二、上點結論中所指的行為是行使自由裁量權時作出的，但必須適當地說明其所建基的公共安全或公共秩序方面的理由。

終審法院第 15/2016 號案、第 18/2017 號案裁判書摘要（一審）

案件編號：15/2016、18/2017
案件類別：關於集會和示威權的上訴
上訴人：甲，作為乙聯合會的代表；張榮發，作為澳門人民力量的代表
被上訴人：治安警察局局長
裁判日期：2016 年 3 月 11 日、2017 年 3 月 24 日
主題：集會權、治安警察局局長、集會或示威的區域
法官：利馬（裁判書製作法官）、宋敏莉和岑浩輝

　　警方有權以出於公共安全、維持公共秩序和安寧方面的考慮為理由，在發起人所要求的較大範圍的地點之內為集會或示威劃定一個區域。

終審法院第 37/2018 號案裁判書摘要（一審）

案件編號：37/2018
案件類別：有關集會及示威權的上訴

上訴人：鄭丹陽

被上訴人：治安警察局局長

會議日期：2018 年 5 月 3 日

主題：集會示威權、限制橫幅的尺寸、理由說明

法官：宋敏莉（裁判書製作法官）、岑浩輝和利馬

　　一、治安警察局局長有權根據舉行集會／示威活動地點的特點，為確保人流暢通、維護公共安全和公共秩序而限制在集會示威中所使用的橫幅的尺寸。

　　二、儘管承認警方具有出於公共安全和維持公共秩序方面的考慮而限制橫幅尺寸的權力，但相關行為仍必須以應有的方式說明其所依據的公共安全和公共秩序的理由。

■ 終審法院第 25/2011 號案裁判書摘要（一審）

案件編號：25/2011

案件類別：關於集會權和示威權的上訴

上訴人：甲

被上訴人：民政總署管理委員會主席

裁判日期：2011 年 5 月 30 日

主題：《基本法》、示威權、起碼的示威人數、法律解釋

法官：利馬（裁判書製作法官）、岑浩輝和朱健

　　一、《基本法》並沒有將示威權限定由起碼一定數目，如三人以上來行使，因此，普通法律不能作出這種限定。

　　二、在符合法律解釋規則的前提下，對普通法律的解釋應以與《基本法》相一致的解釋為優先。

■ 終審法院第 57/2017 號案裁判書摘要（一審）

案件編號：57/2017

案件類別：關於集會和示威權的上訴

上訴人：黃健朗

被上訴人：民政總署管理委員會主席

裁判日期：2017 年 9 月 11 日

主題：集會權、立法會選舉

法官：利馬（裁判書製作法官）、宋敏莉和岑浩輝

　　不能因為立法會選舉候選人以其所屬名單作為集會發起者而不容許舉行在由該候選人簽署的通知中所指的公共地方的集會。

■ 終審法院第 95/2014 號案裁判書全文（一審）

案件編號：95/2014

案件類別：有關集會及示威權的上訴

上訴人：開放澳門協會理事長周庭希

被上訴人：民政總署管理委員會主席

會議日期：2014 年 7 月 30 日

主題：集會、示威、終審法院的管轄權

法官：宋敏莉（裁判書製作法官）、岑浩輝和利馬

｜ 摘　要

　　一、終審法院根據第 2/93/M 號法律第 12 條介入審理的前提條件是出現不允許或限制舉行集會或示威的情況。

　　二、旨在為 "2014 澳門特首選舉民間公投" 作宣傳的相關活動不應被視為是法律技術層面上所指的 "集會"，即其權利受到法律保護，以及若禁止或限制該權利的行使將使得終審法院有理由介入審理的 "集會"。

裁判書製作法官

宋敏莉

澳門特別行政區終審法院裁判

一、概述

　　周庭希，開放澳門協會理事長，根據第 2/93/M 號法律第 12 條的規定，針對民政總署管理委員會主席於 2014 年 7 月 24 日所作的不容許舉行該協會擬舉辦的活動的批示向本終審法

院提起上訴。

上訴人指稱被上訴決定違反平等原則，而且還錯誤地解釋了第 2/93/M 號法律第 6 條的規定。

經傳喚後，被上訴實體作出了答辯，認為現被質疑的批示符合現行法律規定並考慮了同樣重要的總體公共秩序的因素，因此並不存在任何瑕疵。

二、理據

2.1. 事實事宜

根據卷宗所載的資料，獲認定事實如下：

—開放澳門協會於 2014 年 7 月 23 日向民政總署作出知會，將於 8 月 1 日至 4 日分別在水坑尾街、祐漢新村第一街、高士德大馬路及宋玉生廣場之行人公共地方舉行四個題為"2014 澳門特首選舉民間公投之宣傳"的"集會"。

—透過 7 月 24 日的公函，民政總署管理委員會主席通知發起活動的團體，根據第 2/93/M 號法律第 2 條和第 6 條的規定，不容許舉行擬舉辦的活動。

—第 15604/1277/NEOP/GJN/14 號公函載有內容如下的批示：

"有關貴會擬於 2014 年 8 月 1 日 12：00-14：30 在水坑尾街之行人公共地方，舉辦「2014 澳門特首選舉民間公投之宣傳」集會活動，現本署謹通知閣下：

本署認為，公民投票（簡稱「公投」）是由憲法或憲制性法律規定的一種政治制度，包括對什麼事項可以進行「公投」、根據什麼程序提出及通過「公投」的議題，如何進行公投的具體程序和管理機制，以及按照什麼標準確認公投結果等等作出明確的規定。我國憲法及憲制性法律《基本法》皆未設立「公投」制度，作為直轄於中央政府的澳門特區根本無權設立此項制度。無論是政府或民間進行所謂「公投」活動，都是對國家憲制和《基本法》的挑戰及破壞，亦完全不符合澳門特區的法律地位。

因此，本署根據第 2/93/M 號法律第 2 條及第 6 條的規定，通知發起人開放澳門協會周庭希理事長，本署決定不容許在水坑尾街之行人公共地方，舉辦「2014 澳門特首選舉民間公投之宣傳」集會活動。"

—除擬舉行活動的地點及日期不同外，載於其餘公函的批示均具有相同的內容。

2.2. 法律

上訴人指被上訴行為不但存在違反平等原則的瑕疵，而且還錯誤地解釋了第 2/93/M 號法律第 6 條的規定，因此運用同一法律第 12 條所規定的機制，向本終審法院提起上訴。

首先要查明的問題是，本院是否有權審理上述問題，因為對發起團體所擬舉行的活動的性質存有疑問，也就是說，對這些活動是否具有相關權利及權利的行使受第 2/93/M 號法律規範的集會或者示威的性質存疑。

除了《司法組織綱要法》第 44 條第 2 款第（一）項至第（十五）項明確規定的權限之外，終審法院還可以"行使法律賦予的其他管轄權"。

眾所周知，終審法院作為澳門特別行政區司法組織中的最高機關，通常是扮演上訴法院的角色，作為第二或第三審級審理案件。法律規定終審法院直接介入，作為第一審，同時也是最終審級審理案件的情況並不多見。

終審法院的直接介入必須有明確的法律規定，例如《司法組織綱要法》第 44 條第 2 款第（十）項（就人身保護令事宜行使審判權）、第 3/2001 號法律（《澳門特別行政區立法會選舉法》）第 36 條至第 38 條及第 138 條、《行政長官選舉法》第 97 條及第 101 條以及第 2/93/M 號法律第 12 條的相關規定。

根據第 2/93/M 號法律第 12 條第 1 款的規定，"對當局不容許或限制舉行集會或示威的決定，任何發起人得在獲知申訴所針對之決定作出之日起計八日內，向終審法院提出上訴"。

之所以由終審法院直接介入，是因為涉及到《澳門特別行政區基本法》所規定的基本權利，即集會和示威權的行使。

在向民政總署作出的告知中，發起團體將活動定性為"集會"。

然而，眾所周知的是，法院不受利害關係人所作定性的約束，可以根據其本身的理解作出不同的法律定性。

毫無疑問，集會和示威權是《澳門特別行政區基本法》第 27 條賦予澳門居民的一項基本權利，該權利也受第 2/93/M 號法律的保障，該法第 1 條明確規定，所有澳門居民有權在無須取得任何許可的情況下，在公眾的、向公眾開放的、或私人的地方進行和平及不攜帶武器的集會，此外澳門居民還享有示威權。

至於集會的一般性定義，"一般而言，可以說集會（為著集會自由之效力）是指一群人為實現交流看法、討論和形成集體意見的共同目的而在某處聚集的行為。換句話說，集會指的是聆聽演講及／或討論意見的人不具持久性（通常是有計劃有組織）地匯集在一起，並以維護觀點或者其他共同利益和形成集體意見為目的"。"集會是為了闡述及討論意見"，要想稱得上是集會，必須要考慮共同目的，而集會之目的（目的論要素）又與作為該自由之特點的手段性密切相關[1]。

另一方面，"某些人只是簡單地聚集在一起並不足以界定存在憲法意義上的集會。集會首先要求具備集會的集體意識和意願，因此它區別於（在路上、戲院裡或展覽中的）簡單和偶然邂逅；其次，集會必須要有內在的聯繫，一個存在於各參與者之間的共同紐帶，因此它有別於偶然性的單純聚集或者匯集（如因發生意外或公共道路的改變所導致的人流等等）；再次，集

1　António Francisco de Sousa 著：《*Direito de Reunião e de Manifestação*》，2009 年，第 16 頁及第 28 頁。

會要有一個獨立和專門的宗旨，因此它不同於單純的集體工作或一群人為實現一項其他目標而共同行動（如旅行團等等）；最後，集會在時間上要有暫時性，不具備制度化的持續性，這又使得它區別於協會"[2]。

在本案中，根據相關告知中所載的內容，發起者擬舉行之活動的目的是為"2014 澳門特首選舉民間公投"作宣傳。

所謂的"民間公投"是由包括開放澳門協會在內的三個團體發起的。

正如上訴人自己也承認以及"民間公投"的發起者向媒體和公眾所聲稱的那樣，該活動的結果並不有效，不產生法律效力。

至於內容方面，從上訴申請和新聞媒體我們得知，"民間公投"是為了了解和徵求市民對於改變現行選舉制度、從而達至普選特首的意見。

因此，意圖通過"民間公投"做到，並且實際上可以做到的，只不過是一項民意調查；而關於這點上訴人本人也是承認的，他在上訴申請中指出，從相關消息發佈伊始，說明只是一項民意表達活動，並不具法律效力。

即便是活動的發起者自己也將活動定性為一種民意調查，雖然稱之為"公投"，而眾所周知的是，民意調查並不具備任何的法律效力。

在清楚了被稱為"民間公投"的活動的真正性質之後，現在我們來看本案所涉及的活動。

相關活動的宗旨是為"2014 澳門特首選舉民間公投"作宣傳。

考慮到該"民間公投"的真正性質，我們認為相關宣傳活動不應被認為是法律技術層面上所指的"集會"，即其權利受到法律保護，以及若禁止或限制該權利的行使將使得終審法院有理由介入審理的"集會"。

事實上，從案卷中我們看不到這些宣傳活動是為了交流看法、討論和形成集體意見或者為了闡述和討論意見而舉辦的，它的目標僅僅是吸引人們參與有關特首選舉的民意調查。

另外，這些活動也不屬於任何有別於集會的示威，因為示威通常是以行進、列隊或遊行的方式進行，宗旨是表達參與者的意見、情感或抗議[3]。

因此，我們的結論是，終審法院並不具備審理上訴人所提出之問題的管轄權，因為終審法院根據第 2/93/M 號法律第 12 條介入審理相關事宜的前提條件是出現不允許或限制舉行集會或示威的情況，而本案不在此列。

---

2   J.J. Gomes Canotinho 與 Vital Moreira 合著：《*Constituição da República Portuguesa Anotada*》，第一卷，科英布拉出版社，2007 年，第 637 頁。

3   António Francisco de Sousa 著：《*Direito de Reunião e de Manifestação*》，2009 年，第 18 頁至第 21 頁。

三、決定

綜上所述，合議庭裁定不審理上訴。

無須繳納訴訟費。

澳門，2014 年 7 月 30 日

法官：宋敏莉（裁判書製作法官）— 岑浩輝 — 利馬

■ 終審法院第 100/2014 號案裁判書全文（一審）

案件編號：100/2014
案件類別：關於集會權和示威權的上訴
上訴人：周庭希
被上訴人：民政總署管理委員會主席
裁判日期：2014 年 8 月 8 日
法官：宋敏莉、賴健雄和岑勁丹
備註：根據《民事訴訟法典》第 627 條第 4 款規定，由第一助審法官賴健雄製作本合議庭裁判書。

澳門特別行政區終審法院
第 100/2014 號
合議庭裁判

一、序

　　周庭希，以開放澳門協會理事長身份就民政總署管理委員會主席不容許開放澳門協會擬舉辦的 "2014 澳門特首選舉民間公投民意表達活動" 的集會的決定，根據第 2/93/M 號法律第十二條的規定，向終審法院提起本上訴，請求本院撤銷被上訴之決定。

　　經法定分發和審理前的準備程序及兩助審法官依法作出檢閱後，本案的裁判書製作法官提交下列內容的合議庭裁判草案付諸評議會表決：

　　一、概述

　　周庭希，開放澳門協會理事長，針對民政總署管理委員會主席於 2014 年 8 月 11 日作出的不容許該協會於 2014 年 8 月 24 日在公共地方舉行 "2014 澳門特首選舉民間公投" 活動的決定，根據第 2/93/M 號法律第 12 條的規定，向終審法院提起上訴。

上訴人指開放澳門協會擬舉辦的活動屬於集會，並且被上訴決定違反了平等原則。

經傳喚後，被上訴實體作出了答辯，認為終審法院無權審理本案，並指出被質疑的決定符合現行法律規定並考慮了同樣重要的總體公共秩序的因素，不存在任何瑕疵。

二、認定的事實

根據卷宗所載的資料，獲認定事實如下：

- 開放澳門協會於 2014 年 8 月 4 日向民政總署管理委員會主席作出書面預告，擬於 8 月 24 日 11 時至 21 時分別在祐漢新村第一街、墨山街、水坑尾街、風順堂街及哥英布拉街（花城公園旁）之行人公共地方舉行集會，主題為 “「2014 澳門特首選舉民間公投」民意表達活動”。

- 開放澳門協會在預告中指出活動內容為 “由為向行政長官選舉表達觀點之共同目標所連繫之市民，在從下述他們所選之時間與地點應召喚而聚集，以參與模擬公投（投票）的方式，每人的意見都均等地被看重，組成集體意見”。

- 透過 8 月 11 日的公函，民政總署管理委員會主席通知發起活動的團體，決定不容許在公共地方舉辦上述活動。

- 民政總署的通知內容如下：

1. 本署認為，就早前終審法院第 95/2014 號裁判書經已指出所謂 “民間公投” 實際上只是一項民意調查工作，是一項民意表達活動，並不具備法律效力。在考慮台端有關活動的實際舉行方式，即在公共地方設置 “公投” 票站，供市民進行模擬投票，其目標僅僅是吸引人們參與有關特首選舉的民意調查。因此，台端為進行一個民意調查活動，而引用第 2/93/M 號法律的規定進行一個 “集會” 活動的預告通知，顯然是對第 2/93/M 號法律有關 “集會” 概念的錯誤理解。

2. 假如台端堅持認為 “2014 澳門特首選舉民間公投” 活動為集會，本署亦認為，公民投票（簡稱 “公投”）是由憲法或憲制性法律規定的一種政治制度，包括對什麼事項可以進行 “公投”、根據什麼程序提出及通過 “公投” 的議題、如何進行公投的具體程序和管理機制，以及按照什麼標準確認公投結果等等作出明確的規定，我國憲法及憲制性法律《基本法》皆未設立 “公投” 制度，作為直轄於中央政府的澳門特區根本無權設立此項制度。無論是政府或民間進行所謂 “公投” 活動，都是對國家憲制和《基本法》的挑戰及破壞，亦完全不符合澳門特別區的法律地位。因此，本署將根據第 2/93/M 號法律第 2 條及第 6 條的規定，不容許在公共地方舉辦 “2014 澳門特首選舉民間公投” 集會活動。

3. 綜上所述，本署認為台端在預告中擬在公共地方所進行的活動，並非第 2/93/M 號法律所指的 “集會” 活動。因此，倘台端擬在上述五個地方舉行有關活動，並可能為此而需佔用公共地方之事宜，請按一般的行政手續進行相關申請或許可。

三、法律

上訴人認為開放澳門協會擬舉辦活動的內容 “符合終審法院案件編號 95/2014 判詞所提出

對集會的定義"，"民間公投站的運作在本質上構成集會"，並且被上訴人違反了平等原則，因此根據第 2/93/M 號法律第 12 條的規定，向本終審法院提起上訴。

首先要查明的問題是，開放澳門協會擬舉行的"2014澳門特首選舉民間公投"活動是否具有相關權利及權利的行使受第 2/93/M 號法律規範的"集會"的性質，從而決定本終審法院是否具有管轄權，因為終審法院根據第 2/93/M 號法律第 12 條介入審理相關事宜的前提條件是出現不允許或限制舉行集會或示威的情況。

眾所周知，終審法院的管轄權由法律明文予以規定。

除《司法組織綱要法》第 44 條第 2 款第（一）項至第（十五）項明確規定的權限外，終審法院還可以"行使法律賦予的其他管轄權"。

終審法院作為澳門特別行政區司法組織中的最高機關，通常是扮演上訴法院的角色，作為第二或第三審級審理案件。法律規定終審法院直接介入，作為第一審，同時也是最終審級審理案件的情況並不多見。

終審法院的直接介入必須有明確的法律規定，例如《司法組織綱要法》第 44 條第 2 款第（十）項（就人身保護令事宜行使審判權）、第 3/2001 號法律（《澳門特別行政區立法會選舉法》）第 36 條至第 38 條及第 138 條、《行政長官選舉法》第 97 條及第 101 條以及第 2/93/M 號法律第 12 條的相關規定。

根據第 2/93/M 號法律第 12 條第 1 款的規定，"對當局不容許或限制舉行集會或示威的決定，任何發起人得在獲知申訴所針對之決定作出之日起計八日內，向終審法院提出上訴"。

之所以由終審法院直接介入，是因為涉及到《澳門特別行政區基本法》所規定的基本權利，即集會和示威權的行使。

在本案中，開放澳門協會擬舉行的"2014澳門特首選舉民間公投"活動是否具有"集會"的性質決定了終審法院是否有權根據第 2/93/M 號法律第 12 條第 1 款的規定直接介入審理案件。

在向民政總署作出的預告中，發起團體將活動定性為"集會"；而被上訴實體則認為有關活動僅為民意調查活動，其實際舉行方式是在公共地方設置"公投"票站，供市民進行模擬投票，不具有集會性質。

眾所周知，集會和示威權是《澳門特別行政區基本法》第 27 條賦予澳門居民的一項基本權利，該權利也受第 2/93/M 號法律的保障，該法第 1 條明確規定，所有澳門居民有權在無須取得任何許可的情況下，在公眾的、向公眾開放的、或私人的地方進行和平及不攜帶武器的集會，此外澳門居民還享有示威權。

就本案涉及的問題，立法者並未對集會作任何法律定義。

在本終審法院第 95/2014 號案件中，我們曾引用學者對集會所作的如下定義：

《"一般而言，可以說集會（為著集會自由之效力）是指一群人為實現交流看法、討論和形成集體意見的共同目的而在某處聚集的行為。換句話說，集會指的是聆聽演講及／或討論意見的人不具持久性（通常是有計劃有組織）地匯集在一起，並以維護觀點或者其他共同利益和形成集體意見為目的"。"集會是為了闡述及討論意見"，要想稱得上是集會，必須要考慮共同目的，而集會之目的（目的論要素）又與作為該自由之特點的手段性密切相關[1]。

另一方面，"某些人只是簡單地聚集在一起並不足以界定存在憲法意義上的集會。集會首先要求具備*集會的集體意識和意願*，因此它區別於（在路上、戲院裡或展覽中的）簡單和偶然*邂逅*；其次，集會必須要有內在的聯繫，一個存在於各參與者之間的共同紐帶，因此它有別於*偶然性的單純聚集或者匯集*（如因發生意外或公共道路的改變所導致的人流等等）；再次，集會要有一個獨立和專門的宗旨，因此它不同於單純的集體工作或一群人為實現一項其他目標而共同行動（如旅行團等等）；最後，集會在時間上要有暫時性，不具備制度化的持續性，這又使得它區別於協會"[2]。》

簡言之，集會是一群人聚集在一起交流看法、闡述和討論意見以及表達意願的活動。並不是任何人群的聚集都可稱為集會，其舉行的方式及其內容決定了相關活動是否具有集會的性質。

在本案中，根據開放澳門協會提交的書面預告中所載的內容，開放澳門協會擬舉行的活動的主題是 "「2014 澳門特首選舉民間公投」民意表達活動"，活動內容為 "由為向行政長官選舉表達觀點之共同目標所連繫之市民，⋯⋯ 應召喚而聚集，以參與模擬公投（投票）的方式，每人的意見都均等地被看重，組成集體意見"。

開放澳門協會將該活動稱為 "民間公投"，並定性為集會。

首先應強調的是，在本澳現行的法律體系中，立法者並未設置有關 "公民投票"（或簡稱 "公投"）的法律制度，我們也找不到任何相關的法律規定，因此開放澳門協會所謂的 "民間公投" 並沒有任何法律基礎，也不可能產生任何法律效力。

其次，由開放澳門協會提交的書面預告可知，該協會擬舉行的活動從形式上來講是一項模擬投票的活動，以在公共地方設置模擬票站的方式供市民進行模擬投票；至於內容方面，則是為了收集市民對行政長官選舉的意見和建議。因此，通過 "民間公投" 能夠做到、並且實際上可以做到的，只不過是一項不具備任何法律效力的民意調查。

因此，所謂的 "民間公投" 活動實質上是一種民意調查。

雖然相關活動的舉辦者稱之為 "集會"，但一如我們在本院第 95/2014 號案件中作出的合議庭裁判所言，在某一問題的法律定性方面，"法院不受利害關係人所作定性的約束，可以根

---

1 António Francisco de Sousa 著：《*Direito de Reunião e de Manifestação*》，2009 年，第 16 頁及第 28 頁。

2 J.J. Gomes Canotinho 與 Vital Moreira 合著：《*Constituição da República Portuguesa Anotada*》，第一卷，科英布拉出版社，2007 年，第 637 頁。

據其本身的理解作出不同的法律定性"。

我們認為，無論從活動的形式還是從其內容來看，舉辦者對相關活動的定性並不準確。

如前所述，集會的本意在於以交流看法、闡述和討論意見以及表達意願為內容和目的的人群聚集，但本案涉及的活動旨在通過模擬投票收集意見，並不符合在聚集地交流看法、闡述和討論意見的本意，更談不上即時形成集體意見。

開放澳門協會指舉辦活動的目的是表達民意，但單純從民意表達的角度來看，並非所有的民意表達活動都具有集會的性質，關鍵還在於相關活動的形式及內容。

綜上所述，我們認為開放澳門協會擬舉辦的活動—即以在公共地方設置模擬票站進行模擬投票的方式收集和表達民意—不應被視為是法律技術層面上所指的"集會"，即其權利受到法律保護，以及若禁止或限制該權利的行使將使得終審法院有理由介入審理的"集會"。

因此，我們的結論是，終審法院並不具備審理本案的管轄權，因為終審法院根據第 2/93/M 號法律第 12 條介入審理相關事宜的前提條件是出現不允許或限制舉行集會或示威的情況，而本案不在此列。

四、決定

綜上所述，合議庭裁定不審理上訴。

經討論及表決後，上述裁判草案未獲合議庭多數表決支持，依法由第一助審法官根據多數表決贊同的意見和理據對本上訴作出下列裁決：

二、理由說明

根據澳門現行的行政法的基本理念，作為管治者的行政當局和被管治者的公民的行為合法與否的尺度並非完全一致，皆因一部分尺度是重疊，另一部分尺度是不重疊的。

無論是行政當局的行為或是公民的行為，基本上可歸納入下列三類情況：

1. 根據法律規定（*secundum legem*）而作出的行為；

2. 無法律規範（*praeter legem*）的行為；及

3. 違反法律規定（*contra legem*）而作出的行為。

作為行使公權力主體的管治者，行政當局僅可作出獲法律容許和賦予權力作出的行為，即 *secundum legem* 的行為。

易言之，凡行政當局沒有獲法律容許和賦予權力而作出的行為，屬 *praeter legem* 的行為，或屬違反法律而作出的行為，即 *contra legem* 的行為，兩者一律被視為不法行為。

作為被管治者的公民的合法活動空間則較寬鬆，因他們可作出一切不為法律所禁止的行為，申言之，即可以通過 *secundum legem* 和 *praeter legem* 方式行事。兩者分別在於前者是受法律賦予權利作出的行為，而後者則因不被禁止而可不違法地作出的行為。

在本個案中，上訴人擬舉行的活動是"2014 澳門特首選舉民間公投"的集會。

實質而言，我們認為是匯集群眾在特定時間和地點進行以投票方式就某一議題表達贊同或反對以便作出表決的活動。

根據《澳門特別行政區基本法》第二十七條和第 2/93/M 號法律第一條的規定，澳門居民享有在公眾地方進行集會的權利。

然而，無論是《基本法》，上述第 2/93/M 號法律，或其他的現行法律，均沒有賦予澳門居民享有舉行公投（*referendum*）的權利。

因此，儘管不屬違法行為（*contra legem*），上訴人擬舉行的"公投"是不獲法律承認具有法律效力和受法律的保護的行為。

如果說上訴人擬舉辦的活動中的集會部分是屬於其依法有權舉行的活動，那麼活動的"公投"部分則不屬其有權利舉辦的活動。

事實上，舉行集會是一個根據法律（*secundum legem*）而作出的行為，而舉辦"公投"則是一個無法律規範（*praeter legem*）的行為。

因此，作出前者是其權利，作出後者則不屬其權利，只是作為公民，可作出法律沒有禁止的行為，但肯定而言，不是其權利。

在權利和義務主體之間的法律關係上，一方享有權利，另一方必然要承擔義務。

因此，如屬一公民享有的權利，則行政當局必須承擔義務，創造條件以確保該權力得以行使。

一如第 2/93/M 號法律所規定的集會權和示威權，行政當局有一定的義務以確保這些權利得之被行使。

然而，如僅基於沒有法律明示禁止而作出的行為時，則不屬權利的行使，故行政當局自然沒有義務確保或設定條件讓這些行為得以被作出。

行政當局不單沒有這樣的義務，行政當局更沒有被法律容許創造這些條件，否則，便屬於上文所指的 *praeter legem*，即在法律以外行事。鑑於不是作出法律明示容許作出的行為，足已構成不法行為。

按上述法理邏輯適用在本個案中，若應上訴人的預告而行政機關容許其在公眾地方舉行含有"公投"內容的集會，則表示行政機關承認其享有舉行"公投"的權利和行政當局本身有義務根據第 2/93/M 號法律的規定，為其創造條件，例如限制其他人在特別時間使用活動所擬佔用的公共空間。

明顯地，鑑於舉行"公投"不是上訴人的權利，行政機關既無義務，也沒有獲法律容許為擬舉行"公投"的上訴人設定條件使之得以進行。

易言之，若行政當局容許上訴人預告之包含"公投"內容的集會，則行政當局因沒有在法律容許的空間中行事，即 *praeter legem*，而實施了不法行為。

事實上，行政當局的一切行為必須遵從合法性原則。根據《行政程序法典》第三條第一款規定的合法性原則，公共行政當局機關之活動，應遵從法律且在獲賦予之權力範圍內進行，並應符合將該等權力賦予該機關所擬達致之目的。

因此，只有當上訴人擬舉行的"公投"屬法律賦予居民的權利時，行政機關方負有義務容許其舉行和為其舉行創造條件或確保其有條件進行，若"公投"不是上訴人的權利，但行政當局容許之，則毫無疑問地行政當局違反了上述的合法性原則。

容許上訴人在公共地方舉行包含公投活動的集會必然後果是行政機關必須限制其他不參與的居民在活動進行時不能自由使用或通行於活動進行的地點，實質上等同承認上訴人有權作出其擬舉行的公投。

申言之，即必須限制其他居民自由使用和通行於公共空間的權利，以便成全上訴人擬舉辦其依法無權作出，而僅是沒有被法律禁止作出的公投。

然而，一如上文所述，我們必須重申只有當上訴人獲法賦予權利舉行的公投時，則行政當局方可對其他居民作出上述的限制。

因此，根據合法性原則，我們看不見行政當局有何法律依據和正當性作出沒有獲得法律賦予權力和委以義務作出限制一些人在公共空間自由通行的權利，以成全另一些人舉行其依法無權作出而僅沒被法律禁止的公投活動。

基此，鑑於上訴人擬舉行的活動中的集會部分與公投部分是不能分割的，我們得結論民政總署不批准上訴人開放澳門協會擬在公眾地方舉行包含"公投"內容的集會的決定沒有違法之虞。

三、裁判

綜上所述，終審法院合議庭裁定上訴人開放澳門協會的上訴理由不成立。

由上訴人支付訴訟費用，當中司法費定為 2UC。

依法作出登記及通知。

二零一四年八月十八日，於澳門特別行政區

法官：賴健雄—岑勁丹—宋敏莉（作為原裁判書製作法官，根據載於本裁判書序言部分的"裁判書草案"的內容，本人表決落敗。）

終審法院第 5/2011 號案裁判書摘要（一審）

案件編號：5/2011
案件類別：民事事宜司法裁判的上訴

上訴人：乙及丙

被上訴人：甲和丁

裁判日期：2011 年 11 月 30 日

主題：傳喚、境外法、舉證責任

法官：利馬（裁判書製作法官）、岑浩輝和蔡武彬

在指出並證明了在澳門境外待決的民事訴訟程序中曾根據該地區生效的法律規定作出過傳喚的情況下，應推定相關傳喚已依法定方式作出了，而主張事實並非如此的人則有責任證明存在違法的情況。

終審法院第 30/2012 號案裁判書摘要（一審）

案件編號：30/2012

案件類別：關於集會權和示威權的上訴

上訴人：甲

被上訴人：治安警察局局長

裁判日期：2012 年 4 月 21 日

主題：示威權、上訴、訴訟程序屬無用之情況

法官：利馬（裁判書製作法官）、宋敏莉和岑浩輝

如上訴人提起上訴的時刻與舉行經治安警察局局長不批准示威的時刻之間的期限少於法律規定給予這一實體對上訴作出答覆的期限的話，則繼續上訴程序實屬無意義。

終審法院第 94/2019 號案裁判書全文（一審）

案件編號：94/2019

案件類別：關於集會權和示威權的上訴

上訴人：文韜及周庭希

被上訴實體：治安警察局局長

裁判日期：2019 年 9 月 27 日

法官：宋敏莉（裁判書製作法官）、岑浩輝和利馬

澳門特別行政區終審法院裁判

一、概述

文韜及**周庭希**於 2019 年 9 月 12 日向治安警察局局長預告擬於 2019 年 9 月 18 日、9 月 27 日及 10 月 4 日分別在塔石廣場及友誼廣場舉行集會。

治安警察局局長於 2019 年 9 月 15 日作出不容許舉行上述活動的決定。

文韜及周庭希（以下稱為上訴人）根據第 2/93/M 號法律第 12 條的規定，向終審法院提起上訴，上訴僅針對不容許於 2019 年 9 月 27 日及 10 月 4 日舉行集會的部分，不涉及 9 月 18 日的集會。

其後上訴人修改了上訴標的，明確表示其上訴僅針對被上訴批示中不容許在 10 月 4 日舉行集會的部分。

經傳喚後，被上訴實體作出了答辯，認為應裁定上訴理由不成立，維持被上訴的批示。

二、事實

根據卷宗所載的資料，本院認定下列事實：

- 上訴人於 2019 年 9 月 12 日向治安警察局局長預告擬於 2019 年 9 月 18 日、9 月 27 日及 10 月 4 日分別在塔石廣場及友誼廣場舉行集會。

- 集會的主題為："促請各地（尤其香港）警察機關嚴格遵守《禁止酷刑公約》，不要向和平示威者及被剝奪自由之人士實施足以構成《公約》第一條所禁止之"酷刑"及第十六條所禁止之"殘忍、不人道……待遇"之武力"。

- 治安警察局局長於 2019 年 9 月 15 日作出如下批示，不容許舉行上述活動：

批 示

編號：059/DOC/2019

澳門居民文韜、周庭希於 2019 年 9 月 12 日向本局作出之集會或示威預告（接收預告收據編號：11560/2019/CZN）如下：

集會主題：促請各地（尤其香港）警察機關嚴格遵守《禁止酷刑公約》，不要向和平示威者及被剝奪自由之人士實施足以構成《公約》第一條所禁止之"酷刑"及第十六條所禁止之"殘忍、不人道……待遇"之武力

（1）舉行地點：塔石廣場

舉行日期：2019 年 9 月 18 日

舉行時間：18H30 至 18H50

報稱參與人數：15 人

活動期間將使用的物品或用具：標語牌（手持式）

（2）舉行地點：友誼廣場

舉行日期：9月27日及10月4日

舉行時間：18H30至18H50

報稱參與人數：15人

活動期間將使用的物品或用具：標語牌（手持式）

就上述預告，本局現向發起人作出以下回覆：

一、預告內容分析：

1. 為更清晰了解發起人之集會示威的目的及訴求，以及了解其意圖，邀請了發起人周庭希於2019年9月13日17時15分到本局作出解釋。最終，發起人周庭希認為有關主題並沒有需要修改的地方。

2. 香港部分人士反對修訂《逃犯條例》事件，由6月9日大遊行活動至今，至少就相關主題舉行了多場大型活動，過程中部分激進示威者干犯了大量嚴重違法行為，包括：塗污國徽、侮辱國旗、毀壞立法會、破壞港鐵設施、包圍及毀損多間警署及警察總部、襲擊多名執勤警務人員、禁錮及襲擊多名市民、縱火、毀損公物、癱瘓交通、違法遊行、藏有攻擊性武器、毀壞住宅、議員辦事處及店舖等等；據有關媒體報導，事件發展至今共一千多人因涉嫌干犯違法行為被捕，受傷人數超過700人。大量的犯法事實不單嚴重衝擊香港法治，有關行為置其他人生命財產安全於不顧，造成社會撕裂及導致社會無法有效運作，嚴重影響法治及民生。

3. 部分激進示威者塗污香港特別行政區區徽、撕毀及焚燒基本法、圍堵香港中聯辦大樓、塗污國徽、噴寫侮辱國家和民族的字句，以及將中華人民共和國國旗拋入海中，亦有人以"光復香港"、"時代革命"作為口號；有關行為嚴重觸犯《中華人民共和國國旗法》和香港特別行政區《國旗與國徽條例》，以及公然冒犯國家、民族尊嚴，挑戰基本法、挑戰"一國兩制"的原則底線，性質非常嚴重，影響非常惡劣。

4. 上述反對修訂《逃犯條例》事件中，違法事件頻生，香港警方在多次回復公共秩序期間，部分激進示威者使用具較大殺傷力工具或武器如弓箭、汽油彈、發射鋼珠、腐蝕性液體、毒性粉末、鐵枝、磚頭等等襲擊警察、破壞警用車輛及毀損多間警署及警察總部，至今共導致約200名警務人員在處理有關示威活動中受傷，其中較嚴重的包括骨折、斷指及面部骨裂等，亦有約15名警務人員因被示威者使用高功率鐳射筆照射眼睛而需到醫院治理。示威者的違法行為挑戰法治、挑戰警察，亦嚴重影響警方向市民提供正常治安服務，妨礙警方打擊其他犯罪行為。

5. 與此同時，在上述反對修訂《逃犯條例》事件中曾發起多次不合作運動，包括圍堵稅務大樓阻止市民辦理稅務手續、於繁忙時間堵塞地鐵妨礙市民上班，在機場非法集會導致大量航班取消等，導致法院頒發臨時禁制令禁止任何人非法地及有意圖地故意阻礙或干擾香港國際機場的正常使用；亦有部分示威者表明有關行動的目的是希望拖垮香港經濟以迫令政府回應訴求。有關行為不僅對香港造成重大的經濟損失，亦嚴重妨礙市民的正常生活及剝奪市民的基本權利，嚴重打擊民生，蠶食社會穩定之根基，影響深遠。

6. 示威者多次擾亂機場運作及破壞及港鐵設施，令到機場及鐵路等重要集體交通運輸工具停止運作，期間，示威者亦向路軌投擲雜物，對列車乘客造成危險，可能引致大量傷亡。

7. 發起人擬在 2019 年 9 月 18 日於塔石廣場、9 月 27 日及 10 月 4 日於友誼廣場發起主題為"促請各地（尤其香港）警察機關嚴格遵守《禁止酷刑公約》，不要向和平示威者及被剝奪自由之人士實施足以構成《公約》第一條所禁止之'酷刑'及第十六條所禁止之'殘忍、不人道……待遇'之武力"的集會活動，有關主題客觀上包含一個意思，就是香港警察當局可能有使用過或預備使用酷刑及殘忍、不人道待遇對付示威者，然而，直至今日，香港警方所使用的武力並未有任何一個香港特別行政區的權力或監督機關證實或認定香港警方過分使用武力，更妄論可以連結到發起人提及的國際公約中的使用酷刑及殘忍、不人道待遇。而在另一方面，香港法院已對部分涉嫌犯罪及被捕的示威人士採取拒絕保釋、還押監獄候審、對機場的相關範圍發出機場集會臨時禁制令等明確的司法決定。

8. 換言之，發起主題的這個客觀上包含的意思，指出香港警察當局可能有使用過或預備使用酷刑及殘忍、不人道待遇對付人們的主題，對於警察當局而言，是一個不具事實證明的無理指控，因為完全不存在任何事實基礎去支持發起人提出的主題所表達的意思。此外，這個客觀上暗含的意思，有誤導人的成分，這會令人產生不安，然後誤以為香港或澳門警方有使用或預備使用酷刑來對付市民，但卻沒有任何的事實能證明上述的指控。

9. 有關集會示威極有可能引起反示威，為公共安全帶來嚴重威脅，危害公共秩序及社會安寧，亦將對本澳政治、經濟及民生等各方面帶來嚴重衝擊。

10. 雖然周庭希就發起集會示威的主題及目的作出相關解釋，但仍未能澄清上述分析。有關集會主題明顯違反善意原則以及濫用法律賦予的集會及示威權利，並非行使批評權，有關集會屬於經第 11/2018 號法律修改的五月十七日第 2/93/M 號法律《集會權及示威權》第二條所述，不容許的集會及示威。

二、本局作出之決定：

1. 綜合分析所述，根據經第 11/2018 號法律修改五月十七日第 2/93/M 號法律《集會權及示威權》第二條，本局作出不容許舉行是次集會示威活動的決定；

2. 違反本批示的有關規定而舉行集會或示威活動者，可導致觸犯經第 11/2018 號法律修改五月十七日第 2/93/M 號法律《集會權及示威權》第十四條的規定被處為加重違令罪而定之刑罰。

三、**發起團體／發起人可根據《集會權及示威權》法律第十二條依法向終審法院提出上訴。**

三、法律

上訴人認為被上訴批示沾有侵犯基本權利的核心內容、違反法律及欠缺理由說明的瑕疵。

首先應該說明的是，本院一直認為第 2/93/M 號法律第 12 條所規定的上訴是具有完全審判權性質的訴訟手段，並非純撤銷性上訴。

我們先分析被上訴批示是否欠缺理由說明的問題。

根據第 2/93/M 號法律第 6 條第 1 款的規定，"如因第二條的效力而不容許集會或示威，治安警察局局長須就該事項作出書面通知，並明確指出有關理由"。

第 2/93/M 號法律第 2 條則明確規定，"在不妨礙批評權之情況下，不容許目的在違反法律之集會及示威"。

眾所周知，行政機關在作出決定時均應依法說明理由。

根據《行政程序法典》第 114 條和第 115 條的規定，行政當局應透過扼要闡述有關決定之事實依據及法律依據對其行政行為說明理由。採納含糊、矛盾或不充分之依據，而未能具體解釋作出該行為之理由，等同於無說明理由。

行政行為的理由說明應能讓一個普通行為相對人還原相關行為作出者的認知和評價過程。

在本案中，我們認為被上訴的行為按法律要求進行了理由說明，完全能夠令行為相對人清楚了解其理由。

上訴人在其上訴理由陳述中明確寫到：*"被上訴批示基於以下理由，不容許上訴人擬舉行之集會：（1）未有任何一個香港特別行政區的權力或監督機關證實或認定香港警方過分使用武力；（2）不存在事實基礎支持發起人提出的主題所表達的意思，主題有誤導成分；（3）集會有可能引起反示威而對公共安全造成威脅；（4）集會主題違反善意原則及濫用集會權利，並非行使批評權。"* 由此可知，上訴人清楚明白被上訴實體不容許舉行集會的原因。

此外，治安警察局局長在批示中明確指出，*"有關集會屬於經第 11/2018 號法律修改的五月十七日第 2/93/M 號法律《集會權及示威權》第二條所述，不容許的集會及示威"*，並綜合分析個案情況，根據該第 2 條的規定，作出不容許舉行集會示威活動的決定。

治安警察局局長依法在被上訴批示中就其不容許舉行集會示威活動的決定作出了理由說明，並不存在上訴人所指欠缺理由說明的瑕疵。

若任何人不認同作出有關決定的理由，則並非欠缺理由說明的情況，而是涉及上訴實體問題的問題。

上訴人還認為被上訴批示侵犯了基本權利的核心內容，並且違反法律。

根據《澳門特別行政區基本法》第 4 條的規定，"澳門特別行政區依法保障澳門特別行政區居民和其他人的權利和自由"。

第 27 條明確規定澳門居民享有集會、遊行、示威的自由。

第 2/93/M 號法律則專門就集會權及示威權的行使作出規範。

毫無疑問，集會、遊行及示威權是《澳門特別行政區基本法》賦予澳門居民的一項根本權利，亦受第 2/93/M 號法律的保障。

澳門居民享有的權利和自由，"除依法規定外不得限制"（《基本法》第 40 條第 2 款），而集會權及示威權的行使"僅得在法律規定之情況下受限制或制約"（第 2/93/M 號法律第 1 條第 3 款）。

依法限制或制約行使集會示威權的情況包括不允許為實現違法目的而舉行集會和示威（第 2/93/M 號法律第 2 條）。

換言之，即便是澳門居民享有的基本權利，亦並非絕對的不受任何限制的。立法者賦予有權限機關在法律規定的情況下對集會權和示威權作出限制的權力。

當然，一如上訴人在其上訴理由陳述中所引述的立法會意見書所言，在適用第 2/93/M 號法律時，"一旦涉及到對諸如集會權及示威權等基本權利行使的限制，就應在嚴格遵循適度原則的基礎上，對每一具體個案中涉及到的各種利益的重要性進行審慎、合理和平衡地考量。只有當限制的範圍儘可能小且僅限於為保護其他更重要的法律利益所必要的限度時，對個人基本權利的限制方為有效"（參見立法會在審議修改第 2/93/M 號法律的第 16/2008 號法律草案時由第三常設委員會提交的《第 2/III/2008 號意見書》）。

Vieira de Andrade 教授曾就不同的受憲法保障的基本權利或價值出現衝突時限制行使某些基本權利的必要性進行分析，認為只有在為了維護另一項同樣受憲法保障的價值或利益時方可限制基本權利的行使[1]。

在本案中，涉案集會的主題為："促請各地（尤其香港）警察機關嚴格遵守《禁止酷刑公約》，不要向和平示威者及被剝奪自由之人士實施足以構成《公約》第一條所禁止之'酷刑'及第十六條所禁止之'殘忍、不人道……待遇'之武力"。

被上訴批示認為有關集會屬於第 2/93/M 號法律第 2 條所述的不容許的集會及示威，其主題"明顯違反善意原則以及濫用法律賦予的集會及示威權利，並非行使批評權"。

從被上訴批示可以看到，被上訴實體是從目前的政治及社會大環境出發來對上訴人提出的集會預告進行分析（詳見批示中"預告內容分析"的第 2 點至第 9 點的內容），最終作出不

---

1   José Carlos Vieira de Andrade 著，《*Os Direitos Fundamentais na Constituição Portuguesa de 1976*》，第四版，2009 年，第 265 頁及後續各頁。

容許舉行集會的決定。

對被上訴批示中所述的近幾個月來在香港接連不斷發生的從反對修訂《逃犯條例》開始的多場集會及遊行示威活動及各種嚴重衝擊香港法治、嚴重影響社會民生、危害公共安全的違法犯罪活動，甚至部分激進示威者作出塗污中華人民共和國國徽及香港特別行政區區徽、侮辱國旗、撕毀及焚燒基本法等等嚴重挑戰“一國兩制”的原則底線、挑戰基本法、公然冒犯國家尊嚴的嚴重行為，大家有目共睹，在此我們不予贅述。

在這樣的形勢下，香港警方理當依法採取必要措施，維護公共安全，恢復公共秩序。

一如被上訴實體在其批示中所指出的那樣，至今為止，尚未有任何一個香港特別行政區的權力機關或監督機關證實或認定香港警方過分使用武力，更遑論使用酷刑或殘忍不人道地對待遊行示威人士。

事實上，上訴人是以促請各地警察機關嚴格遵守《禁止酷刑公約》，不要向和平示威者及被剝奪自由之人士實施酷刑及殘忍不人道待遇的武力為名，行指控及譴責香港警方普遍實施酷刑及殘忍不人道地對待遊行示威者之實。

上訴人所提出的集會的主題實際上是公開指責香港特區警察機關向和平示威者及被剝奪自由之人士普遍實施了有關公約禁止之“酷刑”及“其他殘忍、不人道……待遇”之武力。一方面，儘管在集會預告中用“促請各地（尤其香港）警察機關”這一表述，有意用“各地……警察機關”來掩蓋其僅針對香港特區警察之特定指示標的，但上訴人以“尤其香港”來加重明示其指向，在 2019 年 9 月 23 日專門向本院呈交以葡文撰寫的以“Hong Kong: reveladas detenções arbitrárias, espancamentos brutais e tortura em detenção policial”為題的新聞材料，以及社會大眾皆知悉在香港特區近幾個月來所發生的各種暴力抗議事件，再加上其儘管在上訴狀的第 13 頁第 72 條、第 74 條及第 75 條縷述條文中明確援引了媒體、國際特赦組織以及美國獨立實體列舉的 16 個曾懷疑發生過警察暴力事件的國家或地區，當中包括加拿大、法國、德國、美國、葡萄牙等國家，此外還專門指出“而在美國，更有獨立實體創建了因警方執法致死及因執法不當而被提起訴訟的個案資料庫”，但上訴人並未將這些國家列入“尤其……”的範圍之內，而專門特指“尤其香港”警察，凡此種種皆顯示無論從上訴人的主觀意願以及從附於案件材料所揭示的內容還是從社會大眾的普遍認知上判斷，毫無疑問得出上訴人想透過擬進行之集會或示威，公開指控及譴責香港警察針對遊行示威者普遍採用了有關公約所禁止的“酷刑”及“殘忍、不人道”之武力。

應該重申的是，至今為止沒有任何一個香港的法定公權力機關將香港警察的某些行為定性為上訴人所指責的行為。反之，根據香港警方公開通報的資料，截至近日，香港警方共拘捕了超過一千名示威者，起訴了數十名示威者觸犯暴動罪。

若澳門警方容許舉行集會，則極可能被人解讀為認同上訴人對香港警方所作的指責，認為香港警方對遊行示威人士普遍使用了酷刑及殘忍不人道的暴力手段，有變相干預香港特區司法、監警機關等對香港特區警察機關應對暴力示威活動所作定性之虞。

更重要的是，澳門特區不能違反有關特別行政區的憲制基本原則，干預香港特別行政區內部事務。

眾所周知，澳門和香港兩個特別行政區的設立及其制度是基於國家憲法的有關安排而來。《中華人民共和國憲法》第 31 條規定："國家在必要時得設立特別行政區。在特別行政區內實行的制度按照具體情況由全國人民代表大會以法律規定。"第 62 條規定："全國人民代表大會行使下列職權：……（十三）決定特別行政區的設立及其制度。"據此，全國人民代表大會分別制定並通過了《澳門特別行政區基本法》（1993 年 3 月 31 日）及《香港特別行政區基本法》（1990 年 4 月 4 日）。

根據兩部基本法的規定，澳門、香港特別行政區直轄於中央人民政府，實行高度自治，享有行政管理權、立法權、獨立的司法權和終審權（《澳門基本法》第 1 條、第 2 條及第 12 條，《香港基本法》第 1 條、第 2 條及第 12 條）；特別行政區行政機關、立法機關由特別行政區永久性居民組成（《澳門基本法》第 3 條，《香港基本法》第 3 條）；特別行政區不實行社會主義制度和政策，保持原有的資本主義制度和生活方式，五十年不變（《澳門基本法》第 5 條，《香港基本法》第 5 條）；中央人民政府所屬各部門、各省、自治區、直轄市均不得干預特別行政區依照《基本法》自行管理的事務（《澳門基本法》第 22 條，《香港基本法》第 22 條）。兩部基本法的上述規定及其他各項規定分別確立了一系列有關澳門特別行政區及香港特別行政區的憲制基本原則，確保了兩個特別行政區各自管理其內部事務，實行"一國兩制"、"澳人治澳"、"港人治港"和高度自治。這些特別行政區憲制基本原則由於根植於中華人民共和國憲法和由全國人民代表大會所制定、通過及頒佈的全國性法律—兩部基本法，其效力及於整個中華人民共和國，這是毋庸置疑的。這些憲制基本原則之一就是澳門、香港兩個特別行政區之間的行政、立法、司法等各政權組成、機關等均不得相互干預各自依基本法自行管理的事務；兩個特別行政區與內地各省、自治區、直轄市之間，也不得相互干預各自依憲法和基本法自行管理的事務；更不能侵犯中央依據憲法和基本法所享有的涉及特別行政區的所有權力。澳門特別行政區的行政、立法、司法機關等依法履行職責時，均不得違背上述特別行政區的憲制基本原則。

如前所述，在限制行使集會權及示威權等基本權利方面，有權限當局應審慎、合理和平衡地考量涉案的各種利益的重要性。

相對於澳門居民的集會權及示威權而言，維護上述有關特別行政區的憲制基本原則無疑是更為重要的法律利益。澳門有權限當局在行使第 2/93/M 號法律賦予的權限時，不能違反該憲制基本原則，容許或創建平台容許任何機構或實體或群體干預香港特別行政區自行管理內部事務的權力。

為維護上述憲制基本原則，澳門有權限當局可以根據第 2/93/M 號法律第 2 條的規定以有關活動的目的違反法律為由不容許進行集會及示威。

最後應該強調的是，上訴人擬舉行有關集會並非屬於單純行使批評權的情況。批評必須是基於客觀的事實，對實際發生的事情作出評論進行批評。但一如前述，至今為止沒有任何香港特別行政區的權力機關或監督機關認定香港警方過分使用武力甚至使用酷刑、殘忍不人道地對待遊行示威人士。上訴人擬舉行有關集會公開譴責香港警方，遠遠超出了單純批評的範圍。

結論：由於上訴人所擬舉行的集會之主題，無論其如何包裝，實際上都是公開指控和譴責香港特區警察機關向和平示威者及被剝奪自由之人士普遍實施了有關公約所禁止的"酷刑"及"其他殘忍、不人道……待遇"之武力，而香港特區有權限機關不但未對警察機關作出這樣的定性，相反還拘捕、起訴有關的暴力示威者，因此，在這種情況下，如澳門特區治安警察局容許舉行以這一主題為目的的集會，則等於公開允許創建一個干預香港特別行政區自行管理內部事務的平台，違反上述提到的特別行政區憲制基本原則。

上述理由足以支持作出不容許舉行集會的決定，無需分析被上訴批示中提出的其他理由。

綜上，由於擬舉行之集會目的違法，故治安警察局局長根據第 2/93/M 號法律第 2 條規定作出的不容許舉行有關集會的決定並無可指責之處。

四、決定

綜上所述，合議庭裁定上訴敗訴。

訴訟費用由上訴人負擔，司法費訂為 2 個計算單位。

澳門，2019 年 9 月 27 日

法官：宋敏莉（裁判書製作法官）—岑浩輝—利馬（vencido conforme declaração junta）

（譯本）

表決聲明

表決落敗。即便認為擬進行之示威之目的為對香港警察機關近期行動的指責，從 5 月 17 日第 2/93/M 號法律第 2 條規定之效力上看，也不構成目的違反法律。

2019 年 9 月 27 日

（簽名—利馬）

◎ 第二十八條

澳門居民的人身自由不受侵犯。

澳門居民不受任意或非法的逮捕、拘留、監禁。對任意或非法的拘留、監禁，居民有權向法院申請頒發人身保護令。

禁止非法搜查居民的身體、剝奪或者限制居民的人身自由。

禁止對居民施行酷刑或予以非人道的對待。

◎ 第二十九條

澳門居民除其行為依照當時法律明文規定為犯罪和應受懲處外，不受刑罰處罰。

澳門居民在被指控犯罪時，享有盡早接受法院審判的權利，在法院判罪之前均假定無罪。

◎ 第三十條

澳門居民的人格尊嚴不受侵犯。禁止用任何方法對居民進行侮辱、誹謗和誣告陷害。

澳門居民享有個人的名譽權、私人生活和家庭生活的隱私權。

◎ 第三十一條

澳門居民的住宅和其他房屋不受侵犯。禁止任意或非法搜查、侵入居民的住宅和其他房屋。

◎ 第三十二條

澳門居民的通訊自由和通訊秘密受法律保護。除因公共安全和追查刑事犯罪的需要，由有關機關依照法律規定對通訊進行檢查外，任何部門或個人不得以任何理由侵犯居民的通訊自由和通訊秘密。

◎ 第三十三條

澳門居民有在澳門特別行政區境內遷徙的自由，有移居其他國家和地區的自由。澳門居民有旅行和出入境的自由，有依照法律取得各種旅行證件的權利。有效旅行證件持有人，除非受到法律制止，可自由離開澳門特別行政區，無需特別批准。

◎ 第三十四條

澳門居民有信仰的自由。

澳門居民有宗教信仰的自由，有公開傳教和舉行、參加宗教活動的自由。

◎ 第三十五條

澳門居民有選擇職業和工作的自由。

◎ 第三十六條

澳門居民有權訴諸法律，向法院提起訴訟，得到律師的幫助以保護自己的合法權益，以及獲得司法補救。

澳門居民有權對行政部門和行政人員的行為向法院提起訴訟。

◎ 第三十七條

澳門居民有從事教育、學術研究、文學藝術創作和其他文化活動的自由。

◎ 第三十八條

澳門居民的婚姻自由、成立家庭和自願生育的權利受法律保護。

婦女的合法權益受澳門特別行政區的保護。

未成年人、老年人和殘疾人受澳門特別行政區的關懷和保護。

01

外地勞工在澳門所生之子女不獲行政當局批准在澳門逗留,是否違反了《基本法》第三十八條有關成立家庭及保護未成年人之規定?

終審法院第 21/2007 號案裁判書摘要(二審)

02

第三十八條
澳門居民的婚姻自由、成立家庭和自願生育的權利受法律保護。
婦女的合法權益受澳門特別行政區的保護。
未成年人、老年人和殘疾人受澳門特別行政區的關懷和保護。

如非澳門居民以與其屬澳門居民之未成年子女在澳門生活為理由,向行政當局申請居留,但行政當局因該非澳門居民犯罪記錄而駁回或廢止其居留許可,有沒有違反了《基本法》第三十八條有關成立家庭及保護未成年人之規定?

中級法院第 259/2005 號案裁判書摘要(一審)
中級法院第 766/2011 號案裁判書摘要(一審)
中級法院第 255/2014 號案裁判書摘要(一審)
終審法院第 69/2016 號案裁判書摘要(二審)

■ 終審法院第 21/2007 號案裁判書摘要（二審）

案件編號：21/2007
案件類別：行政事宜司法裁判的上訴
上訴人：甲
被上訴人：保安司司長
裁判日期：2008 年 5 月 14 日
主題：法規位階原則、法院依職權審理、新問題、非本地勞工、有利於澳門特別行政區而聘請的具特別資格勞工、未成年子女、自由裁量權、保護兒童國際公約
法官：利馬（裁判書製作法官）、岑浩輝和朱健

　　一、對法規位階原則的違反屬於法院依職權審理範圍，因此，即使不是在司法上訴中提出的事宜，也應在司法裁判上訴中對此問題作出審理。

　　二、在澳門特別行政區，有利於澳門特別行政區而被聘請的具特別資格的非本地勞工不具有其未成年子女在特區逗留的權利。

　　三、對許可有利於澳門特別行政區而被聘請的具特別資格的非本地勞工家團成員在澳門逗留，行政當局有自由裁量權，即使有關之家團成員為未成年子女亦然。

　　四、不批准在特區的非本地居民未成年子女逗留的行政行為並沒有違反保護兒童的國際公約。

■ 中級法院第 259/2005 號案裁判書摘要（一審）

（譯本）
案件編號：259/2005
案件類別：司法上訴
上訴人：甲
被上訴人：保安司司長
合議庭裁判書日期：2006 年 3 月 16 日
主題：廢止居留許可、家庭和家庭團結及穩定的基本權、平等、適度及公正原則
法官：司徒民正（裁判書製作法官）、陳廣勝和賴健雄

　　基於某外國公民觸犯一項使許可決定沾有瑕疵的偽造文件罪，因此廢止向該名外國公民批給臨時居留許可並不侵犯家庭和家庭團結及穩定的權利，也不違反應規範當局行為及活動的平等、適度及公正原則。

中級法院第 766/2011 號案裁判書摘要（一審）

Processo n.º 766/2011

(Recurso contencioso)

Recorrente: A

Entidade recorrida: Secretário para a Segurança

Data : 26/Julho/2012

Assuntos: Autorização de residência, Antecedentes criminais, Reabilitação, Protecção da unidade familiar, Princípios da igualdade, proporcionalidade e Justiça

Juízes: João A. G. Gil de Oliveira (Relator), Ho Wai Neng, José Cândido de Pinho

1. A previsão normativa do artigo 9º, n.º 1, 1, da Lei 4/2003 prevê que na ponderação se atente nos antecedentes criminais e ao cumprimento das leis da RAEM, deixando uma margem de discricionariedade na ponderação desses elementos que não cabe ao Tribunal sindicar na medida em que extravase aquela margem de liberdade que a lei confere à Administração em ponderar ou deixar de ponderar um determinado requisito.

2. A reabilitação judicial4 - diferente da "reabilitação de direito", em que os seus efeitos operam automaticamente uma vez decorridos os prazos estabelecidos na lei - pressupõe uma análise judicial dos pressupostos contidos no art. 25º, nº1 do citado DL nº 27/96/M, "ex vi" art. 53º, nº2 do DL nº 86/99/M. Assim sendo, ela só poderá ser decretada se o tribunal, após a análise do pedido e dos elementos instrutórios que compõem o processo, tanto oferecidos pelo interessado, como aqueles que oficiosamente o juiz deve ou pode obter, face ao art. 53º do citado DL. nº 86/99/M, concluir que está perante um cidadão que mostrou estar "readaptado à vida social" (art. 25º, nº1 cit.).

3. Esta sensibilidade à diversidade das diferentes situações e dos fins visados nas diferentes ponderações em função de um determinado passado acaba por legitimar o recurso a tal elemento do passado do indivíduo para efeitos de autorização de residência. Não em termos de *conditio sine qua non*, mas em termos aferidores de uma personalidade que se quer conformada com o ordenamento em que se vai integrar.

4. Se o acto impugnado for praticado no âmbito de poderes discricionários, o tribunal só pode sindicar o mérito deste tipo de acto quando se verifica o erro manifesto ou a total desrazoabilidade no exercício de poderes discricionários, ou a violação, de forma intolerável, dos princípios fundamentais do Direito Administrativo.

5. O ordenamento jurídico da RAEM protege a família, a unidade e a estabilidade familiar como um direito fundamental, plasmado no artigo 38.º da lei Básica, bem como

nos artigos 1°, 2° e 3° da lei n.º 6/94/M de 1 de Agosto, decorrendo esta protecção de uma necessidade programática que deve pautar a actuação da Administração e dos administrados, não deixando contudo de ter que se encontrar o equilíbrio entre os diversos princípios e valores que devem igualmente ser prosseguidos pela Administração.

中級法院第 255/2014 號案裁判書摘要（一審）

Processo nº 255/2014
(Recurso Contencioso)
Recorrentes: A, B (menor, representada pela sua mãe, A), C (menor, representada pela sua mãe, A)
Entidade Recorrida: Secretário para a Segurança
Data: 21/Maio/2015
Assunto: Residência de menores filhos de residente permanente por morte do pai
Juízes: João A. G. Gil de Oliveira (Relator), Ho Wai Neng, José Cândido de Pinho

Se um determinado residente permanente, de nacionalidade chinesa morree a mulher, indonésia,e as filhas, australianas, crianças de 9 e 6 anos de idade, estavam a viver com ele em Macau, devidamente autorizados, aqui tendo vivido e permanecido e se cancelam as autorizações anteriormente concedidas, fica uma dúvida muito grande, não esclarecida, sobre a ponderação entre o sacrifício dos interesses das crianças e os interesses públicos prosseguidos, sendo que, à míngua de outros elementos, a decisão tomada configura uma situação injusta, porque conformada a partir de um acontecimento de infortúnio que atingiu aquela família, não dando resposta à situação humana em presença e às necessidades daquelas crianças que aqui criaram raízes, afigurando-se desrazoável, inadequada e atentatória do princípio da proporcionalidade.

終審法院第 69/2016 號案裁判書摘要（二審）

案件編號：69/2016
案件類別：對行政司法裁判的上訴
上訴人：甲

被上訴人：保安司司長

會議日期：2016 年 12 月 15 日

主題：居留許可、刑事犯罪前科、適度和公正原則、保護家庭團聚

法官：宋敏莉（裁判書製作法官）、岑浩輝和利馬

一、為批給居留許可，法律明確規定要考慮利害關係人的刑事犯罪前科、經證實不遵守澳門特區的法律，或第 4/2003 號法律第 4 條所指的任何情況，賦予行政當局真正的自由裁量權。

二、除例外情況以外，在行政當局行使自由裁量權的範圍內，如不涉及須透過被限定的決定解決的事宜，則行政當局所作出的決定不受法院審查。

三、終審法院一直認為在審議行政機關是否遵守適度原則時，只有在行政決定以不能容忍的方式違反該原則的情況下，法官才可介入。

四、看不到被質疑的行政行為有任何偏離第 4/2003 號法律的立法目的之處，而在自由裁量權的行使方面也沒有出現明顯或嚴重的錯誤，我們知道只有在行使該權利時出現明顯錯誤或絕對不合理的情況下才構成對法律的違反，且可以受司法審查。

五、被上訴的行政行為明顯是為了謀求其中一項公共利益，即預防及確保澳門特別行政區的公共秩序和社會安全，利害關係人的個人利益應讓步於這一需要。

六、澳門特區《基本法》以及第 6/94/M 號法律賦予澳門特區居民的對家庭團聚和穩定的保護本身並不足以成為向與澳門特區居民結婚的非本地居民批出居留許可，以保證其家庭團聚的理由。

◎ 第三十九條

澳門居民有依法享受社會福利的權利。
勞工的福利待遇和退休保障受法律
保護。

◎ 第四十條

《公民權利和政治權利國際公約》、《經
濟、社會與文化權利的國際公約》和國
際勞工公約適用於澳門的有關規定繼續
有效，通過澳門特別行政區的法律予以
實施。
澳門居民享有的權利和自由，除依法規
定外不得限制，此種限制不得與本條第
一款規定抵觸。

01

澳門居民享有的基本權利，是否就以基本法第三章規定的內容為限？

終審法院第 22/2005 號案裁判書摘要（二審）

終審法院第 22/2005 號案裁判書摘要（二審）

案件編號：22/2005

案件類別：對行政司法裁判的上訴

上訴人：甲

被上訴人：經濟財政司司長

裁判日期：2005 年 11 月 16 日

主題：上訴、終審法院的管轄權、依職權審理的抗辯或先決問題、基本法、基本權利、基本權利的根本內容、《行政程序法典》、無效

法官：利馬（裁判書製作法官）、岑浩輝和朱健

一、在對中級法院的裁判提起的上訴審中，終審法院可以審理那些依職權審理的、且未轉為確定的決定的抗辯或先決問題——如欠缺司法上訴的訴訟要件。

二、《基本法》第三章中所規定的權利以及該法其他地方所規定的、對前述權利進行補充的權利，為著《行政程序法典》第 122 條第 2 款 d）項規定之效力，應被視為基本權利。

三、只有那些以不適度方式決定性地影響了一項基本權利的根本內容的行政行為，才被視為《行政程序法典》第 122 條第 2 款 d）項規定的、因侵犯一項基本權利的根本內容而無效。

◎ 第四十一條

澳門居民享有澳門特別行政區法律保障
的其他權利和自由。

◎ 第四十二條

在澳門的葡萄牙後裔居民的利益依法受
澳門特別行政區的保護,他們的習俗和
文化傳統應受尊重。

◎ 第四十三條

在澳門特別行政區境內的澳門居民以外
的其他人,依法享有本章規定的澳門居
民的權利和自由。

01

在澳門特別行政區境內的澳門居民以外的其他人，怎樣依法享有本章規定的權利和自由？

中級法院第 82/2006 號案裁判書摘要（一審）
中級法院第 186/2005 號案裁判書摘要（一審）
中級法院第 347/2005 號案裁判書摘要（一審）
終審法院第 39/2006 號案裁判書摘要（二審）

■ 中級法院第 82/2006 號案裁判書摘要（一審）

（譯本）

案件編號：82/2006

案件類別：司法上訴

上訴人：（A）

被上訴人：保安司司長

合議庭裁判書日期：2006 年 7 月 13 日

主題：外地勞工家團成員逗留許可、前提、成立家庭和家庭團結的基本權利

法官：司徒民正（裁判書製作法官）、陳廣勝和賴健雄

　　一、根據第 4/2003 號法律第 8 條第 5 款的規定，（同時兼備的）兩項可以給予外地勞工家團成員逗留許可的前提條件是：（一）該勞工是“具特別資格的勞工”；（二）其聘用“有利於澳門特別行政區”。

　　二、“成立家庭和家庭團聚的基本權利”不得被視為一種絕對且無限制的權利，以此認為當局必須作出有利於外地勞工之主張的決定，這些人是自由選擇來澳工作而主張家團亦居於此。

■ 中級法院第 186/2005 號案裁判書摘要（一審）

（譯本）

案件編號：186/2005

案件類別：司法上訴

上訴人：甲

被上訴人：澳門特別行政區保安司司長

合議庭裁判書日期：2006 年 1 月 26 日

主題：司法上訴、單純合法性監督、嗣後事實

法官：陳廣勝（裁判書製作法官）、司徒民正和賴健雄

　　一、司法上訴僅具合法性監督，法院不可以也不應該就被上訴行政行為作出之後發生的任何事實發表看法。

　　二、法院只得審理行為本身，以行政機關作出行為時存在的前提而非在決定之後發生的其他前提作為依據。

■ 中級法院第 347/2005 號案裁判書摘要（一審）

（譯本）

案件編號：347/2005

案件類別：司法上訴

上訴人：（A）

被上訴人：保安司司長

合議庭裁判書日期：2006 年 6 月 22 日

主題：外地勞工家團成員逗留許可、前提、成立家庭和家庭團結的基本權利

法官：司徒民正（裁判書製作法官）、陳廣勝和賴健雄

　　一、根據第 4/2003 號法律第 8 條第 5 款的規定，（同時兼備的）兩項可以給予外地勞工家團成員逗留許可的前提條件是：（一）該勞工是 "具特別資格的勞工"；（二）其聘用 "有利於澳門特別行政區"。

　　二、一項不批准外地勞工家團成員逗留許可的決定，並不意味著違反其 "家庭和家庭團結的基本權利"，因為不賦予其家團成員任何 "在澳門逗留的權利"，該決定並不改變所述勞工的家庭狀況，此外也可以認定該決定並不導致已存在家庭關係的任何破碎。

終審法院第 39/2006 號案裁判書摘要（二審）

案件編號：39/2006
案件類別：行政司法裁判的上訴
上訴人：甲本人及作為其兒子乙及丙的法定代表人
被上訴人：保安司司長
裁判日期：2007 年 1 月 10 日
主題：非本地勞工、具特別資格的勞工、未成年子女
法官：利馬（裁判書製作法官）、岑浩輝和朱健

　　一、根據及為著第 4/2003 號法律第 8 條第 5 款之效力，在某一特定的實踐、活動、行業知識、職位或專業擁有某些特定技能或知識的人士為具特別資格的勞工。

　　二、酒店的房口服務員和接待員不能被認為是具特別資格的勞工。

　　三、第 49/GM/88 號批示專門涉及非本地勞動力的輸入，無論屬技術勞工還是 "基於本地市場之條件一般無法在澳門招聘的勞工" 亦受其規範。

　　四、在澳門特別行政區，非本地的非技術勞工不享有其未成年子女在特區逗留的權利。

澳門居民和在澳門的其他人有遵守澳門
特別行政區實行的法律的義務。

第四章

政治體制

第一節
行政長官

◎ 第四十五條

澳門特別行政區行政長官是澳門特別行政區的首長，代表澳門特別行政區。

澳門特別行政區行政長官依照本法規定對中央人民政府和澳門特別行政區負責。

◎ 第四十六條

澳門特別行政區行政長官由年滿四十周歲，在澳門通常居住連續滿二十年的澳門特別行政區永久性居民中的中國公民擔任。

◎ 第四十七條

澳門特別行政區行政長官在當地通過選舉或協商產生，由中央人民政府任命。

行政長官的產生辦法由附件一《澳門特別行政區行政長官的產生辦法》規定。

◎ 第四十八條

澳門特別行政區行政長官任期五年，可連任一次。

◎ 第四十九條

澳門特別行政區行政長官在任職期內不得具有外國居留權，不得從事私人贏利活動。行政長官就任時應向澳門特別行政區終審法院院長申報財產，記錄在案。

◎ 第五十條

澳門特別行政區行政長官行使下列職權：

（一）領導澳門特別行政區政府；

（二）負責執行本法和依照本法適用於澳門特別行政區的其他法律；

（三）簽署立法會通過的法案，公佈法律；

簽署立法會通過的財政預算案，將財政預算、決算報中央人民政府備案；

（四）決定政府政策，發佈行政命令；

（五）制定行政法規並頒佈執行；

（六）提名並報請中央人民政府任命下列主要官員：各司司長、廉政專員、審計長、警察部門主要負責人和海關主要負責人；建議中央人民政府免除上述官員職務；

（七）委任部分立法會議員；

（八）任免行政會委員；

（九）依照法定程序任免各級法院院長和法官，任免檢察官；

（十）依照法定程序提名並報請中央人民政府任命檢察長，建議中央人民政府免除檢察長的職務；

（十一）依照法定程序任免公職人員；

（十二）執行中央人民政府就本法規定的有關事務發出的指令；

（十三）代表澳門特別行政區政府處理中央授權的對外事務和其他事務；

（十四）批准向立法會提出有關財政收入或支出的動議；

（十五）根據國家和澳門特別行政區的安全或重大公共利益的需要，決定政府官員或其他負責政府公務的人員是否向立法會或其所屬的委員會作證和提供證據；

（十六）依法頒授澳門特別行政區獎章和榮譽稱號；

（十七）依法赦免或減輕刑事罪犯的刑罰；

（十八）處理請願、申訴事項。

01

行政法規是否具有與立法會法律同等的法律地位？行政法規能否修訂法令？行政長官可否制定獨立的創設性行政法規？

■ 中級法院第 223/2005 號案裁判書摘要（一審）

（譯本）

案件編號：223/2005

案件類別：司法上訴

上訴人：甲公司

被上訴人：澳門特別行政區保安司司長

合議庭裁判書日期：2006 年 4 月 27 日

主題：《澳門特別行政區基本法》第 67 條、單軌立法制度、立法會、行政長官、行政管理權、《澳門特別行政區基本法》第 50 條第 5 項、制定行政法規權、行政法規、廣義的法律規範文件、狹義的法律、其他勞動關係、工作報酬、《民法典》第 1079 條第 1 款、《非法移民法》第 9 條、授權性法律 、《澳門特別行政區基本法》第 75 條 、禁止非法工作行政規章 、第 17/2004 號行政法規 、《民法典》第 7 條第 1 款、《澳門特別行政區基本法》第 50 條第 2 項、行政機關執行法律義務、實質合法的法律

法官：陳廣勝（裁判書製作法官）、司徒民正和賴健雄

一、根據《澳門特別行政區基本法》（簡稱《基本法》）第 67 條的規定，澳門特別行政區立法會是澳門特別行政區的立法機關。如此，澳門特別行政區政府不享有立法權。這與澳門回歸前的《澳門組織章程》所確立的雙軌立法制度是不同的。

二、澳門特別行政區行政長官獲《澳門特別行政區基本法》第 50 條第 5 項賦予的制定行政法規權，作為行政管理權的表現，必須在狹義法律所劃定的框架內行使，但就政府本身內部運作，制定絕不會涉及可增加民間社會在金錢或人身上的負擔的行政規章時，則不在此限。

三、行政規章雖屬廣義的法律規範文件，其法律地位是低於出自立法機關的法律（亦即狹義的法律）。

四、按照現行（狹義）法律的規定，無論合法還是非法的其他勞動關係，均以工作報酬為其成立要件〔分別見澳門《民法典》第 1079 條第 1 款和 5 月 3 日第 2/90/M 號法律（即《非法移民法》）第 9 條的明文規定〕。

五、這樣，在沒有任何來自澳門特別行政區立法會的授權性法律為法律基礎下，澳門特別行政區行政長官依法不能自行制定尤其同上述狹義法律中有關法律定義相抵觸的、旨在禁止非法工作的第 17/2004 號行政法規。

六、原因是儘管在澳門特別行政區的單軌立法制度下，立法會議員的立法提案權的行使受到《澳門特別行政區基本法》第 75 條的限制，澳門特別行政區政府不得在未經立法會以法律形式授權下，以行政規章方式自行創設或發展一套抵觸現行狹義法律的非法工作懲治制度。

七、換言之，於 2004 年 6 月 14 日的第 17/2004 號行政法規實屬違法的行政法規。而根據這份法規所作出的行政行為或決定，因違反了《澳門特別行政區基本法》第 2 條所亦確立的（實質意義而非僅形式意義的）合法性原則，亦屬違法。

八、澳門《民法典》第 7 條第 1 款所指的法律，基於上述合法性原則，只能是實質合法的（廣義）法律。

九、同樣地，《澳門特別行政區基本法》第 50 條第 2 項所指的行政機關執行法律義務亦應局限於實質合法的廣義法律。

中級法院第 223/2005 號案裁判書摘要（重審）

案件編號：223/2005

案件類別：司法上訴

（重審）

司法上訴人：A

司法上訴所針對的實體：澳門特別行政區保安司司長

裁判書日期：2007 年 12 月 13 日

主題：裁判書的既判力、行政長官、制定行政法規權、《基本法》第 50 條第（五）項、立法會、狹義法律、全國人民代表大會常務委員會、法律監督、《基本法》第 17 條、法律備案、終審法院、獨立行政法規、澳門特別行政區政制、非屬自治範圍內的條款、釋法、《基本法》第 143 條、《基本法》第 144 條、法國憲法、《立法法》、類推適用、公權機關權力權限法定原則、《基本法》第 75 條、《基本法》第 40 條第 2 款、政府給付、第 4/2003 號法律第 15 條、補充規範、第 5/2003 行政法規、第 17/2004 號行政法規第 4 條、具約束力的判案指引、非法工作、非法工作例外情況、非本地居民、合法逗留期、在澳工作天數、例外延長留澳期申請、行政批示、違法瑕疵

法官：陳廣勝（裁判書製作法官）、司徒民正和賴健雄

    1. 裁判書的既判力只限於裁決本身而非亦包含裁決的法律理由。

    2. 澳門特別行政區行政長官獲《澳門特別行政區基本法》（簡稱《基本法》）第 50 條第（五）項賦予的制定行政法規權，作為行政管理權的表現，必須在狹義法律所劃定的框架內行使，但就政府本身內部運作，制定絕不會涉及可增加民間社會在金錢或人身上的負擔的法規時，則不在此限。

    3.《基本法》第 17 條的行文已意味著所有行政法規必須是在狹義法律所已框劃的範圍下制定，因為只有在這前提下，行政法規才不被同時編入須上報備案的法規文件之列。

    4. 終審法院合議庭於 2007 年 7 月 18 日在其第 28/2006 號卷宗內作出的有關認定行政長官可制定獨立於狹義法律的行政法規的法律解釋，似乎已實質改動了《基本法》所定的現行澳門政制中有關立法會與行政長官之間在制定法律規範上的權力分配和制約模式，因此終審法院在定出是次法律解釋結果之前，似乎應遵照《基本法》第 143 條的規定，提請全國人民代表大會常務委員會就《基本法》中有關行政長官制定行政法規權的條款作出釋法。這是因為《基本法》第 50 條第（五）項所定的行政長官制定行政法規的權力，本屬澳門特別行政區政制的範疇，且澳門特別行政區任何權力機關均無自行更改澳門特別行政區本身政制的權力（見《基本法》第 144 條），故終審法院在對這條文進行解釋時，似乎已在解釋一條本質非屬澳門特別行政區自治範圍內的條款。

    5. 而從另一個角度看，終審法院是次有關認定行政長官可制定獨立行政法規的法律解釋，勢必削弱《基本法》第 17 條所預設的法律備案機制的應有之義，使這種行政法規中有關原應屬狹義法律範疇的法律規範內容，不受全國人民代表大會常務委員會透過法律備案機制所

享有的法律監督。由此可見，終審法院是次法律解釋亦必然牽連到對《基本法》第17條第2和第3款的法律解釋，而這第17條正好是《基本法》第二章所定明的關於中央和澳門特別行政區關係的其中一條條款，故憑此似乎亦理應在作出是次法律解釋前，提請全國人民代表大會常務委員會釋法。

6. 此外，似乎亦不應引用法國現行憲法去支持有關澳門特別行政區行政長官有權制定獨立行政法規的法律觀點，因為法國憲法並非本澳現行法律的法源，更何況該國的政制亦與本澳政制不同。即使對這兩點事實不予理會，也可別忘記法國憲法內是有明文規定有哪些事宜可作行政立法（見法國憲法第34條和第37條的規定），而澳門《基本法》則沒有類似規定。

7. 由於中國內地現行的《立法法》並不在本澳生效，所以似乎也不能以這法律的規定去主張澳門特別行政區行政長官有權制定獨立行政法規。

8. 總言之，終審法院即使認為《基本法》在行政長官制定行政法規權力的範圍或內容方面存在"漏洞"，似乎也不能引用非屬澳門現行法律體系的法律規範去"填補"之，因"類推適用"這填補法律漏洞的機制（見澳門現行《民法典》第9條第1和第2款），僅可在同一現行法律體系下才能為之。

9. 再者，根據公權機關權力權限法定原則，法無明示者不為權（有關原則亦已體現於澳門現行《行政程序法典》第3條第1款和第31條第1款的行文中）。意即公權機關無權幹未經法律明文准許的事情，而只可幹和只應幹經法律明文准許的事。如此，公權機關不得以"凡法律無明文規定者皆可為之"為行事邏輯；而普羅大眾則可幹任何想做的事情，只要事前並無法律明文禁止便可。

10. 故在這衍生自法治原則的公權運作邏輯下，不可從《基本法》沒有明文規定行政法規不能設定針對個人的義務或限制這點，去得出行政長官亦可制定獨立行政法規的結論。

11. 而即使《基本法》沒有明文規定"行政法規應明確指出旨在予以進一步規範的法律或確定行政法規主體職權和客體職權的法律"，這並不代表《基本法》允許獨立行政法規的合法存在。

12. 如此，旨在維護行政主導的《基本法》第75條的規定，似乎亦不能被解讀成既然涉及政府政策的事項，立法會議員只有在政府事先書面同意下，才可提出議案，那麼行政長官實不需法律的許可便得就政府政策制定行政法規，否則便有本末倒置之虞。因為倘此解讀成立，立法會便不用行使立法權，而《基本法》立法者在勾畫澳門政制時所持的有關"行政與立法互相制約，又互相配合"的立法原意，也難以付諸實現。

13. 同樣道理，不可從《基本法》第40條第2款的規定，去推斷"除《基本法》第三章所提及的基本權利，以及該第40條所提到的國際公約所規定的權利"外，"不能阻止行政法規可以設定針對個人的義務或施加限制"。

14. 事實上，《基本法》的立法者只想透過該第40條第2款有關"澳門居民享有的權利和自由，除依法規定外不得限制"的規定，去彰顯澳門居民所享有的權利和自由的重要性，而非欲示意行政法規可就《基本法》第三章所保障的基本權利及或該第 40 條所列的國際公約所規定的權利以外的其他任何權利加以限制。

15. 另一方面，雖然澳門特別行政區政府每天都不停地對民間社會作出種種服務及或給付，但也似乎不能因此認為既然人們從政府此等工作中受益，也就應當承受行政長官對彼等自身權利或自由所或會施加的限制。事實上，人們並非無因受益，因為政府的所有給付均是以公帑作出，而公帑則來自稅金，故政府只在擔當著管治者的角色，而非慈善家，因此，管治者在決定對被管治者的人身或財產施加任何限制或負擔之前，必須得到被視為能代表被管治者民意的議會的首肯。

16. 另終審法院有關"在澳門，立法會沒有可與政府比擬的技術力量以使其可以制定足夠數量的具必要質量的法律規範"的論調，似乎更不是能支持行政長官有權制定獨立的創制性行政法規的理據，因為這斷言除了本身非屬真正的法律理由外，亦只涉及法律專才或技術人員的聘用和調配甚或立法工作效率管理的課題而矣，更何況在未有列舉任何具體數據下，似乎不應就立法會的工作作出這種斷言。至於有關"立法者與日常生活的具體個案有一定的距離，其也不可能全面預測所有情況"之說，這或有的情況亦可發生在行政立法者身上。

17. 最後，6 月 14 日第 17/2004 號行政法規第 4 條亦不可被視為 3 月 17 日第 4/2003 號法律（即有關訂定入境、逗留及居留許可制度一般原則的法律）的補充規範，因這法律第 15 條所指的行政法規，正是 4 月 14 日第 5/2003 號行政法規。倘行政長官事後認為這第 5/2003 號行政法規仍未能完全為該原則性法律訂定一切所需的補充性規範，則理應透過修改這行政法規的內容為之，而非把有關所需的新規範零散插載於其他行政法規的行文中，故終審法院在這方面所持的相反見解似乎亦不符合常用立法技術的一般邏輯。

18. 基上所述，終審法院是次有關認定獨立的創制性行政法規可合法存在於澳門特別行政區現行法制中的司法見解，因非屬經法定專有程序統一的司法見解（見澳門現行《司法組織綱要法》第 44 條第 2 款第（一）項、第 45 條第（四）項和第 46 條第 2 款的規定），實不能在將來倘有涉及類似法律問題的訴訟中成為具約束力的判案指引。

19. 總言之，《基本法》立法者的原意是行政長官無權制定獨立的創制性行政法規。

20. 然而，在本案中，中級法院還須遵照終審法院的決定，去對本司法上訴餘下的實體問題作出審理，亦即在終審法院把第 17/2004 號行政法規視為合法的前提下，須對司法上訴人提出的違法瑕疵重新作出決定。

21. 第 17/2004 號行政法規的適用範圍只限於打擊非法工作（見其第 1 條的規定），而非旨在干涉第 5/2003 號行政法規所要細則規範的有關入境逗留及居留許可的事宜（見這行政法規第 1 條的規定）。

22. 事實上，第 17/2004 號行政法規只針對一切被其視為非法工作的情況，並因而定明哪些是非本澳居民的非法工作情況和非法工作例外情況（分別見其第 2 條和第 4 條的規定）。

23. 故第 17/2004 號行政法規並沒有染指一切有關非本地居民入境、在澳門逗留或居留的事宜。而即使其第 4 條第 2 款的行文，用上了"逗留"的字眼，這並不代表此規定欲把所有受同一第 4 條第 1 款所涵括的非本地居民的在澳最長合法逗留期，劃一規定為每六個月內不得連續或間斷超過 45 天。

24. 事實上，該第 2 款規定所指的"逗留"，只涉及其第 1 款所指人士（亦即事前未經 2 月 1 日第 12/GM/88 號批示或 5 月 16 日第 49/GM/88 號批示所指法定程序獲准在澳工作或提供服務的外來人士）在澳工作的具體天數，而非第 5/2003 號行政法規第 7 至第 12 條所指的"逗留"。亦正是這緣故，第 17/2004 號行政法規第 4 條第 4 款要求"必須存有非居民實際提供服務的日期記錄"，以供稽查之用（見同一條第 5 款的規定）。

25. 如此，要判斷一切外來人士是否在澳門逾期逗留，仍只須按照第 4/2003 號法律和第 5/2003 號行政法規的有關規定為之。而這結論亦同時從另一個角度，直接印證了第 17/2004 號行政法規第 4 條非屬第 4/2003 號法律的補充性規範。

26. 這樣，第 17/2004 號行政法規第 4 條第 1 款和第 2 款的規定也不是第 5/2003 號行政法規的特別法。

27. 據此，行政當局對案中兩名工程師的例外延長留澳期的申請，不管彼等與今司法上訴人之間的勞務關係屬何種性質，也不論申請的理由是否成立，只應根據第 5/2003 號行政法規第 12 條的規定去審議，而不應引用第 17/2004 號行政法規第 4 條第 1 款第（一）項和第 2 款的規定去作出決定。

28. 涉案的行政實體由於在對申請作出決定時，並沒有具體適用原應適用的第 5/2003 號行政法規第 12 條的規定，所以便直接違反了這規定，其有關批示亦因此確實患有司法上訴人所指控的違法瑕疵，故中級法院得應司法上訴人的請求，撤銷該批示。

▌中級法院第 280/2005 號案裁判書摘要（一審）

案件編號：280/2005
案件類別：司法上訴
司法上訴人：甲
司法上訴所針對的行政實體：澳門特別行政區經濟財政司司長
裁判書日期：2006 年 7 月 20 日
主題：民主法治國原則、《澳門特別行政區基本法》第 2 條、三權分立原則、單純審理行政行為合法性原則、狹義法律、廣義法律、《民法典》第 7 條第 1 款、法院拒絕適用違法法律的義務、實質合法性原則、司法審判獨立原則、法律規範合法性的具體監察、法律規範合法性的抽象監察、無用訴訟行為、辯論原則、澳門政制、行政長官、立法會、立法單軌制、行政法規、立法提案權、行政長官職權、行政主導原則、《澳門特別行政區基本法》第 75 條、《澳門特別行政區基本法》第 115 條、法律規範等級、授權、法令、訓令、6 月 14 日第 17/2004 號行政法規、禁止非法工作規章、《非法移民法》第 9 條、他僱僱傭關係、8 月 2 日第 6/2004 號法律的第 16 條、《民法典》第 1079 條第 1 款、勞動合同、工作報酬、3 月 17 日第 4/2003 號法律、4 月 14 日第 5/2003 號行政法規、7 月 27 日第 4/98/M 號法律、《就業政策及勞工權利綱要法》、綱要法、原則性法律、政策綱領文件、10 月 4 日第 52/99/M 號法令、行政違法懲治制度、臨時居留申請、事實前提錯誤、違法瑕疵、行政執法權責、行政行為撤銷

法官：司徒民正（裁判書製作人在表決中落敗）、陳廣勝和賴健雄

備註：根據《中級法院運作規章》第 19 章規定，本裁判書由第一助審法官陳廣勝製作

　　根據實質意義的民主法治國原則和相應的明載於《澳門特別行政區基本法》（簡稱《基本法》）第 2 條的三權分立原則，法院理應以單純審議行政行為的合法性為審判原則（見《行政訴訟法典》第 20 條），因此不能受理行政行為司法上訴人提出的有關 "決定明顯不當" 的問題，而事實上，《行政程序法典》第 146 條並不適用於行政法範疇的司法爭訟。

　　三權分立原則是泛指行政、立法和司法這三個權力分別交予不同的機關各司其職地依法行使，而不影響立法權相對行政權的倘有授權立法關係，也不妨礙行政權為其管治權的有效行使，而當然享有的僅在狹義法律—亦即由享有立法權的立法機關制定的法律—的框架下，制定地位次於狹義法律、並因而不能與之有衝突的具有概括性和抽象性特徵的法律規範的行政法規的權力。

　　任何包括狹義法律在內的廣義法律（廣義法律是指任何具有概括性和抽象性特徵的規範性行為），只有在其本身亦屬合法的情況下才是法律，並因而具備強制性，故此澳門《民法典》第 7 條第 1 款所講的法律只能包括合法的法律，而不包括違法的法律，法院因此負有相應的拒絕適用違法法律的法定義務，以維護亦載於《基本法》第 2 條的實質合法性原則。

　　而這拒絕適用違法法律的義務本是司法權的其中一個應有之義。

　　事實上，《基本法》第 36 條明確規定澳門居民享有訴諸法律的權利，故任何感到本身權利及或在法律上的利益受侵害的人士得依法定程序請求司法救濟。這訴訟權是保障實體權利的程序基本權。為確保訴訟權的實現，進而維護人們的司法受益權，公權力必須建立符合公平正義的裁判制度。為此，《基本法》第 19 條第 1 款、第 83 條和第 89 條第 1 款亦聯合確立了司法審判獨立原則，法官獨立進行審判，只服從法律，亦即僅受法律的拘束。而所指的法律當然必僅限於本身屬真正合法的一切廣義和狹義的法律，為此，拒絕適用違法法律是法院理所當然的責任，以貫徹對一切法律規範的合法性作事後和具體的全面合法性監察機制。

　　再者，澳門特　行政區在中央政府授權下享有高度自治，在自治範圍　，對《基本法》進行解釋，解釋在一定程度上可以被理解為《基本法》的審查權。當法院認為特區的立法不符合基本法的規定，仍然可以不適用本地的法律，但這並不妨礙法院在符合澳門《行政訴訟法典》第

88 條的規定下，對某一行政法規內涉嫌違反澳門本地立法機關制定的法律的規範，進行事後和抽象的合法性監察。

當訴訟當事人向法院提出某一問題時，必在每一處借助多種理由或理據以支持其觀點的有效性；對法院而言，所須做的是要對所提出的問題作出決定，法院並無責任去審議當事人賴以支持其請求的所有理據或理由。

據此，既然司法上訴人確實向法院尤其提出"違法瑕疵"，以請求撤銷被訴的行政行為，法院便應以在法律邏輯上被視為最恰當的法律理據和觀點去解決該作為司法上訴"訴因"的"違法瑕疵"問題，而毋須拘泥於訴訟雙方所持、辯的觀點。

是故法院得以有別於司法上訴人所主張的具體法律理據，判斷其針對被訴行政行為所主張的"違法瑕疵"是否存在，亦因此在作出這種情況的判案前，實依法毋須另行命令通知訴訟雙方就法院所將持的判案法律理據，額外發表意見，否則便有作出與訴訟快捷和經濟原則相違背的無用訴訟行為之虞（見澳門《民事訴訟法典》第 87 條的禁止性規定）。

事實上，在這種打算以有別於訴訟當事人所持法律理據去解決其明確要求解決的作為訴訟標的的實質問題的情況下，是談不上不額外聽取訴訟雙方就此方面的意見便會導致違反同一《民事訴訟法典》第 3 條第 1 和第 3 款所定的辯論原則的，因為無論興訴方還是被訴方都深知法院必會審理涉案行政行為有否沾上興訴方在起訴狀內所指控的、被訴方早已能於答辯狀內有機會依法反駁的"違法瑕疵"，而法院就這實質問題所作的"是"或"否"的裁決，均因此無從構成會使訴訟任一方感到意外或驚訝的判決。再者，《民事訴訟法典》第 567 條已明示"法官不受當事人在選定、解釋及適用法律方面之陳述約束"。

根據一個國家或地區的主權機關之間的權力制衡關係的不同組成形式，便產生了不同的政制（如：國會制、總統制、半總統制等）。這是基於行政、立法及司法等權力分立原則所使然。但是，亦由於在民主政治模式裡，司法權是不可受制於其他權力的，而其他權力也不可影響司法權運作的獨立性，因此，在研究政制這問題時，一般只會著眼於觀察立法權與行政權之間的權力制衡關係，從而把不同的政制區分出來。

雖然澳門不是一個主權國家，但作為一個享有政治自主權的地區，是可以有自己一套的政制的。

就澳門特別行政區的政制而言，基本上，特區的政制與回歸前的澳門政制並沒有很大的差別，因為當時總督與立法會相互之間的權力制衡關係，幾乎大部分都可以在特區的政制中找到對應機制。亦即：

澳門特別行政區行政長官可透過下列權力，制衡澳門特別行政區立法會：

－有權限委任部分立法會議員（《基本法》第 50 第（七）項）；

－有權選定立法會選舉的日期；

－有權限提出法案（《基本法》第 64 條第（五）項）；

－有權委派官員列席立法會，代表政府發言（當然亦包括有權自己列席立法會及發言）（《基本法》第 64 條第（六）項）；

－有權限簽署立法會通過的法案、公佈法律，未經其簽署和公佈者，不能生效（《基本法》第 50 條第（三）項和第 78 條）；

－如認為立法會通過的法案不符合特別行政區的整體利益，可將法案發回立法會重議（但如立法會以不少於全體議員三分之二多數再次通過原案，行政長官必須簽署公佈或解散立法會）（《基本法》第 51 條）；

－可解散立法會（《基本法》第 52 條）；

－具有同意特別行政區的《基本法》修改議案的權利（《基本法》第 144 條第 2 款）。

而特區立法會則可透過下列權力關係，制衡特區行政長官及其領導的政府：

－有權限審核、通過政府提出的財政預算案、審議政府提出的預算執行情況報告，及聽取行政長官的施政報告，並進行辯論（《基本法》第 71 條第（二）項和第（四）項）；

－立法會議員有權對政府工作提出質詢（《基本法》第 76 條）；

－可委託終審法院院長負責組成獨立調查委員會，對行政長官的嚴重違法或瀆職行為進行調查（《基本法》第 71 條第（七）項）；

－可對嚴重違法或瀆職的行政長官提出彈劾案，報請中央人民政府決定是否罷免行政長官（《基本法》第 71 條第（七）項）。

然而，跟回歸前《澳門組織章程》第 5 條所規定的總督和立法會均具有立法職能的"立法雙軌制"不同的是，由於根據《基本法》，立法權只由澳門特別行政區立法會行使，行政長官並沒有立法權限（但這並不妨礙行政長官有制定用以執行立法會法律的行政法規的權限），所以特區立法會便沒有向有權限機關即全國人民代表大會常務委員會提請審議行政長官制定並生效的"法律"有否違憲或違法的需要，更沒有所謂的"追認程序"，因為行政長官根本沒有立法權限。另一點不同之處是，按《澳門組織章程》第 30 條第 2 款 c 項的規定，回歸前的澳門立法會可對澳督的施政方針作出基於政治理由或違法理由的彈劾，而《基本法》第 71 條第（七）項所確立的彈劾機制，只針對行政長官的嚴重違法或瀆職行為，並不包括政治理由的彈劾。

另一方面，跟回歸前的總督不同的，是特區行政長官沒有對特區立法會通過的法案或已生效的法律，提請全國人民代表大會常務委員會作出合憲性或合法性監察的權限。這裡所指的合憲性當然包括是否符合《基本法》的問題。但其實根據《基本法》第 64 條第（五）項和第 75 條的規定，行政長官，作為特區政府首長，具有立法提案權，而且這提案權所涉及的範圍是很大的。立法會議員可以以其個別或聯名名義提出的議案所涉及的內容是很狹窄的，因為凡涉及公共收支、政治體制或政府運作的議案，立法會議員是不得提出的，另外凡涉及政府政策的議案，雖然議員們可以提出，但必須事前得到行政長官的書面同意。這樣，涉及特區主要事情的法案，基本上都要由行政長官提出或得到行政長官的同意，因此，立法會制定惡法的機會應該是微乎其微，而行政長官在行使其提案權時，理應及有義務不會制定違法的提案。

如此，澳門特別行政區政制正好完全反映了《基本法》立法者所欲貫徹的"司法獨立，行政與立法互相制約，又互相配合"的理念和原則。

考慮行政長官既是特區首長，又是特區政府首長的雙重身份，可把《基本法》第 50 條所規定的行政長官職權分為兩大部分。即作為特別行政區首長的權力和作為特別行政區政府首長的權力。前者不限於行政權，後者僅是行政權。作為特別行政區首長的職權尤其有：簽署立法會通過的法案、公佈法律。這是作為特區首長行使的權力，因為立法會與政府是平行的機構，所以政府首長就不可能享有此種權力。而作為特別行政區政府首長的職權，則尤其有：制定行政法規並頒佈執行。

而《基本法》中的行政法規概念是一個專有名詞，是特指由行政長官制定的具有普遍約束力的規範性文件，是澳門法律體系中僅次於基本法、法律的一個規範性文件的等級，其制定的主體是行政長官，其效力低於法律高於其他規範性文件。而制定行政法規是政府對社會管理的必要手段之一，也是依法行政的重要條件。

由此可見，行政長官的職權體現了兩個特點。第一，行政長官絕對掌握行政權，保證行政主導和行政效率。第二，行政長官作為特別行政區首長，是社會的總協調者，從特區整體利益出發，有權協調行政、立法、司法機構之間的關係，以及社會各方面的關係。

總言之，澳門特別行政區立法會的性質和地位與澳門原有的立法會是不同的。根據原《澳門組織章程》的規定，澳門原有立法會與總督分享立法權，即採用雙軌立法體制，而澳門特別行政區的立法會則是一個享有完全立法權的機構，行政長官不享有立法權。行政長官制定、頒佈行政法規的權力是政府行使行政管理權的表現，不屬於立法機關職權的範疇，行政法規不能和基本法相抵觸，也不能和立法會制定的法律相抵觸。澳門特別行政區立法會作為澳門特別行政區唯一的立法機關，對本地區的立法事務享有排他性的權力。

據此，澳門特別行政區行政長官無論作為特區首長還是特區政府首長，皆沒有立法權，亦即沒有制定狹義法律的權力。這是因為澳門特別行政區立法會才擁有透過自身提案或在特區政府提案下，制定真正和實質意義的法律權限的唯一立法機關（見《基本法》第 67 條、第 71 條第（一）項、第 75 條、第 64 條第（五）項起始部分和第 78 條的聯合規定）。

再者，上述行政主導原則並不意味行政長官可透過行政法規的制定，去行使專屬於特區立法會的立法權。是故亦不能把《基本法》第 50 條第（三）項所指的簽署立法會通過的法案和公佈法律的職權，看成特區行政長官的"立法權"的體現。

然而，為確保行政主導原則能在特區得以有效完全貫徹，《基本法》雖然確立了單軌立法體制，但卻透過其第 75 條的規定，實質對特區立法會議員的提案權所能針對的事項範圍作了很大限制，使立法會不能"自行"通過法律的制定，去改變特區公共收支或政府運作制度甚或改變政府的政策。

而在另一方面，作為特區政府首長的行政長官，為使其所決定的政策在法律層面得到確立和保障，必須行使《基本法》第 64 條第（五）項所賦予的提出法案權，以"啟動"立法會制定相應法律的法定程序，使有關法案所述事宜能在立法會的法定議事程序下得到廣泛討論，繼而得以透過法律形式落實。而這正是"行政與立法互相制約，又互相配合"的實質意義。這樣，行政長官不可透過行使制定行政法規的權力，把原先應交予立法會審議的法案內容轉為以行政法規的形式去落實。

如此，實不能以行政長官亦是特區首長為由，把《基本法》第 115 條的"澳門特別行政區根據經濟發展的情況，自行制定勞工政策，完善勞工法律"行文，解讀成作為澳門特別行政區首長的行政長官可自行根據其以特區政府首長的身份所定的勞工政策，以行政法規形式去完善勞工法律，例如透過制定一些與原有勞工法律所框劃的制度不相符的法律規範為之。原因是這種法律解釋只流於對《基本法》有關條文作純粹套用詞語式的字面解釋，而不理《基本法》在眾多關鍵性條文所確立的單軌立法體制的法理邏輯。

再者，就《基本法》各條文中的"澳門特別行政區"一詞的法律解釋，應以明文載於澳門《民法典》第 8 條第 1 款的釋法準則為之，當中尤其須考慮法制的整體性。值得注意的是，這第 8 條有關法律解釋的規範，至少跟同一《民法典》第 1 至第 7、第 9 至第 12 條一樣，同屬本澳現行法制內最重要的、共通適用於不同法律部門的法律一般基本原則，只是根據澳門法律體系所亦遵循的羅馬日耳曼法系或大陸法系的法統，被收納於《民法典》總則內。

同樣，基於單軌立法制的邏輯，行政長官亦不能以行政法規的方式去更改或廢止立法機關所已制訂的仍沿用至今的狹義法律，包括由前澳葡時代的總督和立法會在行使其立法權時所已制定的法令和法律。因為既然特區行政長官沒有立法權，且行政法規的法律層級地位亦低於狹義的法律，行政長官當然依法不能以其制定的行政法規，去修改甚至廢止該等狹義法律，而只可修改或廢止位階同屬低於狹義法律、且亦屬細則性法律規範文件的訓令。

但澳門特別行政區立法會由於是特區的唯一立法機關，則當然有權限在符合《基本法》第 75 條的規定下，透過制定新的法律，去修改或廢止過去澳葡時代的立法會和總督所制定的法律和法令，甚或總督的訓令（見《基本法》第 71 條第（一）項）。

6 月 14 日第 17/2004 號有關禁止非法工作規章的行政法規，正如其第 1 條所宣稱般，"規定禁止非法接受或提供工作，以及訂定相關的處罰制度"，並以此為目的。

《基本法》第 50 條第（五）項對行政長官賦予制定行政法規權，是僅旨在行政法規能以補充性法規之名義，充實原已載於澳門特別行政區立法會所通過的法律內的一般原則，以使特區政府能完全卓有成效地執行其行政管理職責，而不得逾越這個在傳統上被視為澳門民意代表、並因而具備民主正當性以制定包括可把罰則或負擔施加予本地民間社會身上的法律的立法機關在法律內所劃定的範圍，而這些更正是行政長官為履行《基本法》第 50 條第（二）項所交付的職責，予以執行或命令對之遵守的法律。

如此，作為澳門特別行政區政府首長的行政長官在未經立法會預先授權下，不得透過制定上指 6 月 14 日第 17/2004 號行政法規，於澳門法律體系內，在當時仍生效的《非法移民法》（即尤其經 7 月 20 日第 39/92/M 號法令修訂的 5 月 3 日第 2/90/M 號法律）第 9 條所已規定者以外，創設一套全新和獨特的懲治非法工作的制度。

而所指的授權並不等同於過往澳葡時代的 "立法許可" 制度。事實上，《基本法》並沒有為特區設立類似的 "立法許可" 制度，故此特區立法會只能在具體的法律文本內的某一條文，授權作為特區政府首長的行政長官，以行政法規形式去為同一法律所已框劃好的法律制度，制定細則性或補充性的廣義法律規範。

根據上指《非法移民法》第 9 條的規定，在非法僱傭背後的合同關係，必須一如亦於任何合法的他僱僱傭關係所發生的一樣，以工作報酬為前提，而不理報酬的種類為何（另值得一提的是，於該行政法規頒佈後才出台的尤其廢止整個《非法移民法》的 8 月 2 日第 6/2004 號法律的第 16 條的行文，與《非法移民法》第 9 條相同）。這其實亦正完全符合已於澳門《民法典》第 1079 條第 1 款內確立的勞動合同概念。

申言之，行政長官獲《基本法》第 50 條第（五）項賦予的制定行政法規的權力，必須在已確立或歸納於澳門特別行政區法律體系的狹義法律的範圍內和框架下行使，不管彼等是源自澳門特別行政區成立前還是成立後的狹義法律（尤見《基本法》第 18 條的規定）。

有關 "入境、逗留及居留許可制度的一般原則" 的 3 月 17 日第 4/2003 號法律，並不是 6 月 14 日第 17/2004 號行政法規（即禁止非法工作規章）的原則性法律，因為該法律所確立的各項原則早已如數獲其補充性法規即 4 月 14 日第 5/2003 號行政法規所充實，況且這兩份行政法規所述及的事宜明顯不一樣。

此外，7 月 27 日第 4/98/M 號法律（即《就業政策及勞工權利綱要法》）也絕不是第 17/2004 號行政法規的原則性法律，因它本身並非一部真正具法律普遍約束力的法律，而僅是一個在政治層面上作公開政策取向宣示的文件（見該法律的第 10 條），故此不能與在法律技術角度來說，屬真正綱要法的綱要法（如特區的《司法組織綱要法》）或屬真正原則性法律的原則性法律（如旨在 "訂定澳門特別行政區入境、逗留及居留許可制度的一般原則" 的第 4/2003 號法律）相提並論。而即使對在回歸前的澳門法律制度而言，該《就業政策及勞工權利綱要法》亦僅屬一部不具法律普遍約束力的政策綱領文件。

最後，以 "制定行政上之違法行為之一般制度及程序" 為立法目的之 10 月 4 日第 52/99/M 號法令的第 3 條第 1 款，亦沒可能作為第 17/2004 號行政法規的制定依據，因為該法令並沒有指示或鼓勵在沒有事先法律作前提下，創立新的行政違法懲治制度，而僅擬為各種當時現存或後來倘有的被法律定性為行政上的違法行為，制定一套一般制度和程序（見該法令第 3 條第 2 款）。

這樣，特區政府如欲實現其針對各種非法僱傭情況作出更妥善和更有成效的打擊意圖，理應由其首長行使《基本法》第 75 條所賦予的特權，並依照《基本法》規定的立法程序，提出一份有關第 17/2004 號法規所述及的事宜的法律提案，供立法會討論和通過，而不是自行制定同一行政法規，使這法規一俟頒佈就成為違法文件，因其發出機關並無權自主地制定這般內容的法律規範文件。

然而，這論點並不妨礙行政機關當然擁有的自行制定只產生內部效力並僅涉及政府本身運作的獨立或自主的行政法規（亦即不需以任何預先出自立法會的原則性法律為前提的行政法規）的權能，就好像在《基本法》第 50 條第（一）項的框架下，對自身"立法"一樣，而 對民間社會造成任何在人身或金錢上的負擔。

總言之，在《基本法》所劃定的單軌立法體制框架內，舉凡來自行政機關的行政法規，除卻就本身運作，制定僅具內部效力、且不帶有任何可導致民間社會在金錢或人身上有所負擔的具概括性和抽象性的法律規範的情況，均絕不是自主或獨立的行政法規，因它們在合法角度的存在，永須取決於來自作為澳門特別行政區唯一立法機關的立法會的相應載有具體授權政府首長作細則性或補充性立法命令的法律或原則性法律。這是因為當行政法規帶有對民間社會產生外部效力的具概括性和抽象性特徵的法律規範時，它的制定僅是為了以更細則的方式，去規範或補充一些事先已框劃或規定於出自立法機關的法律中的事宜，因而不得逾越這些狹義法律所劃定的界限或來自這些法律的界限。

據此，6 月 14 日第 17/2004 號行政法規不應被視為合法，因澳門特別行政區行政長官無權在未經立法會事先於具體法律文本中授權其作細則或補充性規範的情況下，對這法規所涉及的事宜作出立法。

而鑑於這份行政法規第 1 條所指的標的，基上所述，已是違法，故整個行政法規皆違法，而非僅其個別條文違法。

如此，本司法上訴所針對的行政實體經濟財政司司長確實不應同意單純由於司法上訴人和其丈夫曾在該第 17/2004 號行政法規（第 2 條第 4 款）的框架下被罰款，而在事實層面上認定二人在逗留澳門期間沒有遵守本澳法律，進而認定已發生 3 月 17 日第 4/2003 號法律第 9 條第 2 款第 1 項所指的"經證實不遵守澳門特別行政區法律"的有礙批給居留許可的事實因素，並純粹以此為由否決有關臨時居留申請，而這種做法已導致同一行政決定沾上基於事實前提錯誤的違法瑕疵。

原因是第 17/2004 號行政法規本身並不是合法的廣義法律規範性文件，故即使當時被指"違法"者的上述二人已繳交按該法規所科處的罰款，這服"法"的舉措在法律上並不能把原屬不違法的活動變為"依法"違法的行為。事實上，《基本法》第 50 條第（二）和第（五）項所指的有關命令遵守澳門特別行政區的法律和行政法規的權責，基於在《基本法》第 2 條所規定的實質意義的合法性原則所倡導的事物自然邏輯，只可在本身份屬合法的法規前才存在，否則便會陷入惡性循環的情況。

　　據此，中級法院得應司法上訴人請求，撤銷上述患有違法瑕疵的不批准居留申請的行政行為。

■ 中級法院第 280/2005 號案裁判書摘要（重審）

案件編號：280/2005（重審）
案件類別：司法上訴
司法上訴人：A
司法上訴所針對的行政實體：澳門特別行政區經濟財政司司長
裁判書日期：2008 年 6 月 19 日
主題：三權分立法律原則、單純審理行政行為合法性原則、終審法院第 28/2006 號案 2007 年 7 月 18 日合議庭裁判書、創制性行政法規、法律位階論、法律規範的衝突、禁止非法工作規章、6 月 14 日第 17/2004 號行政法規第 2 條、《民法典》第 1079 條第 1 款、勞動合同、工作報酬、3 月 17 日第 4/2003 號法律第 9 條第 2 款第 1 項、臨時居留申請、事實前提錯誤、違法瑕疵、行政行為撤銷
法官：司徒民正（裁判書製作人在表決中落敗）、陳廣勝和賴健雄
備註：根據《中級法院運作規章》第 19 條規定，本裁判書由第一助審法官陳廣勝製作

　　一、根據實質意義的民主法治國法律原則，和與之相應的明載於《澳門特別行政區基本法》第 2 條的三權分立法律原則，法院理應以單純審議行政行為的合法性為審判原則（見現行澳門《行政訴訟法典》第 20 條的規定），因此不能受理司法上訴人在起訴狀提出的有關行政決定明顯不當的問題。

　　二、這裡所指的僅是三權分立的法律原則，而非三權分立的政治制度。事實上，三權分立的法律原則是可存在於不同的政治制度內。

　　三、根據這三權分立法律原則，行政、立法和司法這三個權力是分別交予不同的機關各司其職地依法行使，而不管立法權相對行政權的倘有的授權立法關係，也不理行政權為其管治權的有效行使而當然享有的僅在狹義法律的框架下，制定地位次於狹義法律並因而不能與之有衝突的具有概括性和抽象性特徵的法律規範的行政法規的權力。

　　四、即使終審法院在其第 28/2006 號案 2007 年 7 月 18 日合議庭裁判書內，認定獨立的創制性行政法規可合法存在於澳門特別行政區現行法制中，這司法見解並不意味著 6 月 14 日第 17/2004 號行政法規可發出與在法規層級上屬較高階的現行澳門《民法典》第 1079 條第 1 款不相容的規定。因為終審法院在該裁判書內，亦在司法層面上確立了在法學界中屬人所共知且毋容置疑的法律位階論：狹義法律優於屬低位階的行政法規。

五、第 17/2004 號行政法規在其第 2 條和第 4 條中，分別定明哪些是被其視為非法工作的情況，和哪些是非本澳居民的非法工作例外情況。

六、雖然根據這行政法規第 2 條的定義，司法上訴人和其丈夫於 2004 年 7 月 23 日在本案所提及的店舖內動手幫父母搬動生果貨物的行為，可被定性為兩人在澳"非法工作"，但根據當時在本澳法律體系內仍生效的《非法移民法》第 9 條規定，在非法僱傭背後的合同關係，必須一如亦於任何合法的他僱僱傭關係所發生的一樣，以工作報酬或酬勞為前提，而這其實最終亦是《民法典》第 1079 條第 1 款就何謂勞動合同而確立的法律基本概念所使然。

七、顯然易見，在《民法典》第 1079 條第 1 款的法律定義必優於與其直接衝突的、第 17/2004 號行政法規第 2 條有關無報酬的勞動亦屬非法工作的法律定義下，上述被本院在本案中認定為既證的有關司法上訴人和其夫的動手幫經營士多店的父母搬動生果貨物的行為，由於並無兩人收取勞動報酬的證據，無論如何也不可在法律上被定性為兩人在澳"非法工作"，即使兩人事後已繳納因"非法工作"的罰款亦然。

八、亦即是說，根據《民法典》第 1079 條第 1 款的規定，司法上訴人和其夫當日被澳門勞工事務局處罰的搬動生果行為，根本不可在法律上被定性為"工作"，故更談不上屬"非法工作"；但如按第 17/2004 號行政法規第 2 條的規定，則被定性為"工作"，更因沒有事前許可而屬"非法工作"。由於同一搬動生果的事實行為，在《民法典》第 1079 條第 1 款和第 17/2004 號行政法規第 2 條的各自規定下，卻有兩種截然不同且互不相容的法律定性，本院須以狹義法律優於行政法規的法律原則，去解決這兩項法律規範的衝突。

九、據此，被上訴的行政實體確實不應同意單純由於司法上訴人和其夫曾遭澳門勞工事務局在該行政法規框架下罰款且已交罰款，而在事實層面上同意認定兩人在澳門逗留期間沒有遵守本澳法律，進而認定已發生 3 月 17 日第 4/2003 號法律第 9 條第 2 款第 1 項所指的"經證實不遵守澳門特別行政區法律"的有礙批給居留許可的事實因素，並純粹以此為由否決有關臨時居留申請。如此，該行政決定患有事實前提錯誤，而應被撤銷。

■ 中級法院第 43/2006 號案、第 44/2006 號案、第 45/2006 號案、第 48/2006 號案、第 53/2006 號案、第 143/2006 號案、第 144/2006 號案、第 145/2006 號案裁判書摘要（一審）

案件編號：43/2006、44/2006、45/2006、48/2006、53/2006、143/2006、144/2006、145/2006
案件類別：司法上訴
司法上訴人：甲

司法上訴所針對的行政實體：澳門特別行政區保安司司長

裁判書日期：2006 年 11 月 9 日

主題：行政法規、法令的修改、拒絕適用違法行政法規、3 月 29 日第 9/2004 號行政法規、12 月 30 日第 66/94/M 號法令、《澳門保安部隊軍事化人員通則》第 101 條的修訂、警官培訓課程就讀時間、《澳門公共行政工作人員通則》第 181 條第 2 款、年資獎金、服務時間、年資獎金起算日的嗣後調整、違法行政行為的補正

法官：陳廣勝（裁判書製作法官）、司徒民正和賴健雄

　　一、澳門特別行政區行政長官無權以行政法規去修改甚或廢止凡已根據《澳門特別行政區基本法》第 8 條規定，過渡至澳門特別行政區法律體系內的、由澳門回歸前的澳門總督制定的法令。

　　二、這是因為份屬低位階的行政法規，不論其所具體規範的內容為何，均不得推翻與澳門立法會所制定的法律一樣，亦屬高位階和狹義法律的前澳門總督法令。

　　三、基此，法院有法律義務在本具體個案中，拒絕適用 3 月 29 日第 9/2004 號行政法規對原為 12 月 30 日第 66/94/M 號法令所核准的《澳門保安部隊軍事化人員通則》第 101 條，所引入的修訂內容。

　　四、被訴行政機關因引用了該行政法規對這《澳門保安部隊軍事化人員通則》第 101 條原本行文所作的修訂內容，以作為駁回行政訴願人的請求，實亦連帶地沾上了違法瑕疵（因適用了不應被視為合法的上述行政法規，而違反了依法原應適用、但並沒有適用的《澳門保安部隊軍事化人員通則》第 101 條的原有行文），故法院應以此具體違法瑕疵為由，撤銷其被訴批示。

　　五、《澳門保安部隊軍事化人員通則》第 101 條第 2 款 a 項所指的在澳門保安部隊高等學校的就讀時間，倘有關學員當時非為已進入公職（例如已進入保安部隊的某一基礎職程 —— 見《澳門保安部隊軍事化人員通則》第 98 條 f 項所指的可能情況）的人士，是不能獲計算為《澳門公共行政工作人員通則》第 180 條第 1 款所指的涉及年資獎金方面的服務時間，即使根據《澳門保安部隊軍事化人員通則》第 101 條第 4 款原有行文的規定，有關就讀時間亦應尤其成為退休金的計算基礎亦然。

　　六、這是由於《澳門公共行政工作人員通則》第 181 條第 2 條已清楚指出，"有關服務時間須自進入公職之日起算，但有特別規定者除外"；而《澳門保安部隊軍事化人員通則》第 101 條第 4 款的規定，只屬有關退休金計算和假期批給這兩方面的特別規定，而非涉及年資獎金所需服務時間起算方面的特別規定；另根據《澳門保安部隊軍事化人員通則》第 79 條第 1 款的明確規定，只有合格完成警官／消防官培訓課程者，才得以副警司或副一等消防區長之職銜進入澳門保安部隊的高級職程編制。

　　七、再者，上述結論亦與規範（第 6/2002 號法律所指的）保安學員培訓課程運作的 8 月

12 日第 13/2002 號行政法規第 33 條第 3 款的立法精神相符。

八、即使如此，被訴行政機關仍不應同意命令對司法上訴人的"原已定好的"年資獎金取得日作出嗣後調整的決定。

九、因為縱使上訴人的首份年資獎金取得日，在過去並沒有根據上述正確的法律觀點去訂定，亦因此從前的有關訂定其年資獎金的取得日的行政決定實屬違法，今被訴的行政機關是不得過期地修正這決定所已定下的日子，因這昔日的屬僅可被撤銷的違法行政決定，早已因未有在法定的司法上訴期內成為司法上訴對象（見《行政訴訟法典》第 25 條第 2 款）而獲得補正（見《行政程序法典》第 124 條、第 125 條和第 130 條第 1 款）。

十、據此，法院也應以這另一具體違法瑕疵為由（亦即違反《行政程序法典》第 130 條第 1 款的明文規定），撤銷被訴批示。

■ 中級法院第 434/2009 號案、第 440/2009 號案、第 28/2011 號案裁判書摘要（二審）

案件編號：434/2009、440/2009、28/2011
案件類別：行政，稅務及海關方面的司法裁判的上訴
司法上訴人：旅遊局局長
被上訴人：A
日期：2011 年 6 月 21 日、2011 年 6 月 23 日、2011 年 12 月 15 日
關鍵詞：行政法規、法律保留
法官：簡德道（裁判書製作法官）、賴健雄和蔡武彬

一、澳門特別行政區政府透過行政長官，有權限自行制定行政法規規範《基本法》第一百二十九條第一款所指的事宜，尤其是修改關於導遊業務的十一月三日第 48/98/M 號法令第六十八條第一及二款 a）項及第八十七條所規定的罰款金額。

二、因此，第 42/2004 號行政法規修改該法令，並未因侵犯法律保留而違反合法性原則。

（張異和譯）

中級法院第 438/2009 號案裁判書摘要（二審）

案件編號：438/2009
案件類別：行政，稅務及海關方面的司法裁判的上訴
司法上訴人：旅遊局局長
被上訴人：A
日期：2011 年 6 月 28 日
主題：行政長官規範權的範圍、在對導遊的行政處罰方面的事實前提錯誤
法官：趙約翰（裁判書製作法官）、簡德道和賴健雄

　　一、《基本法》並不僅僅對於規定權作一般性賦權。其透過一個微妙的甚至有可能不被發現的方式，賦予政府及行政長官在訂定及規範某類關係方面的權力。這種方式表現在基本法的很多條文使用的"自行"這樣的表述中。

　　二、第 48/98/M 號法令是關於總督擁有立法權限的某事項。儘管取代總督的政治和行政實體即行政長官並沒有這些權力，事實是《基本法》賦予其在規範相同事宜（第一百二十九條）方面有相似的權力。因此，在介入的事宜上有一定的延續性和和諧性，但須形式合適。實質上是同樣的權力，改變了的是介入的正式形式。

　　三、因此，在行政長官透過規範介入的事宜上，應承認其有修改法令的規定的權力，否則就違反了一致性。倘其有就有關事宜制定獨立法規的權限，如果認為其不能修改之前存在的法例，這將是矛盾的。

　　四、只要有關事宜並不屬立法會的法律保留範圍內，並不妨礙法規可以為私人設定義務和施加限制。法規所不能做的是限制基本權利。

　　五、第 13/2009 號法律並沒有創新，只是確認和釐清解釋基本法所得出的結果。

　　六、如導遊並未誘導旅客在場所消費，如其工作只是完成旅遊行程，如無法說她們的動機是帶領遊客遊覽相關場所及讓其購買，而這樣的意志要素是滿足不法性的主觀要件的關鍵要素，因此這些事實並不符合經第 42/2004 號行政法規修改的第 48/98/M 號法令第六十八條第二款 a）項的規定，在上訴中所針對的行為帶有前提錯誤的瑕疵。

（張異和譯）

中級法院第 733/2011 號案、第 622/2012 號案裁判書摘要（二審）

案件編號：733/2011、622/2012
案件類別：行政，稅務及海關方面的司法裁判的上訴

司法上訴人：勞工事務局副局長

被上訴人：A 公司

日期：2014 年 6 月 12 日

主題：行政法規的合法性、處罰制度、違反《基本法》

法官：唐曉峰（裁判書製作法官）、賴健雄和趙約翰

　　－行政長官只能依據《基本法》就非屬《基本法》規定之法律保留事項制定法規，且須遵守法律優先原則，法規不能違反上位法，例如基本法、法律，也不能違反法律基本原則，包括這裡所指的行政法的基本原則。

　　－處罰制度有限制權利和自由的性質，因為其規定了違法行為的種類及制訂相應處罰，從而構成對市民權利的限制，主要侵犯了財產權。

　　－因此，第 17/2004 號行政法規第九條規定的處罰制度是非法的，其違反了基本法第四十條第二款的規定。

　　－隨著訂定內部規範的法律制度的第 13/2009 號法律的生效，有關問題已解決。

　　－第 13/2009 號法律於 2009 年 8 月 15 日生效，而行為人被追究的行為是在此之前發生。

　　－在有關事實發生時該法規是非法的，而它成為向行為人科處行政罰款的依據，儘管在此之後第 13/2009 號法律終止了這種非法的狀態，但是考慮到有關規定的處罰性質，前述補正並不具追溯效力。

　　－因行政當局實施了違反《行政程序法典》第三條第一款規定的合法性原則的行為，有關行為應被撤銷。

（張異和譯）

▊ 終審法院第 28/2006 號案裁判書全文（二審）

案件編號：28/2006

案件類別：行政事宜上的司法裁判上訴

備註：刊於 2007 年 09 月 12 日第 37 期《澳門特別行政區公報》第二組

上訴人：甲

被上訴人：保安局局長

裁判日期：2007 年 7 月 18 日

主題：判決之無效、欠缺理據、以轉致作為法律理據、訴訟之正當性、辯論原則、出其不意的決定、程序無效、對基本法的違反、訴訟的形式、對行政法規合法性的附帶審理、行政法規、進入及在特區逗留

法官：利馬（裁判書製作法官）、岑浩輝和朱健

| 摘 要

一、以轉致方式把檢察院司法官根據《行政訴訟法典》第 69 條作出的意見書作為法律理據並不構成《民事訴訟法典》第 571 條第 1 款 b）項所提到的無效。

二、對不批准兩名勞工在澳門延期逗留的請求的決定，被聘請在澳門提供服務，且該兩名技術勞工為其工作的企業具有對該決定提起司法上訴的訴訟正當性。

三、針對《民事訴訟法典》第 3 條第 3 款所提到的遺漏而提出質疑的訴訟途徑不是對判決提起上訴，而是在含有所提到之遺漏的案件中提出程序無效的聲明異議，該判決就眾當事人沒有機會發表意見的法律問題作出決定。

四、在呈交予其審判的案件中，即使沒有任何一方提出合法性的問題，法院也不得適用違反基本法或規定其中的原則的、載於法律或行政法規內的規範，但基本法第 143 條之規定除外。

五、當事人提出的請求決定所使用的訴訟形式。

六、在對行政行為所提起的司法上訴中，法官可以根據法規位階原則，基於其本身之主動，對一個行政法規的合法性作出附帶性審理。

七、在被基本法保留以法律作出規範的事項之外（法律保留原則），以及不違反法律優越原則情況下，行政長官可以僅憑基本法中的規定作為理據核准行政法規。根據法律優越原則，行政法規不得違反具上位效力的規範性文件，尤其如基本法、法律，亦不得違反包括行政法原則在內的法律一般原則。

八、第 17/2004 號行政法規第 4 條可以被認為是載於第 4/2003 號法律制度的補充規範。

裁判書製作法官

利馬

澳門特別行政區終審法院
合議庭裁判全文

一、概述

1. **甲**對**保安司司長**於 2005 年 7 月 20 日作出的批示提起撤銷性司法上訴，該批示為不批准上訴人之勞工乙和丙例外延長在澳門的逗留時間，分別為 130 天和 180 天的請求。

透過 2006 年 3 月 9 日之裁判，**中級法院**裁定上訴勝訴，同時撤銷了所提到的行政行為。

保安司司長不服，向**終審法院**提起本**司法裁判之上訴**，並提出如下之上訴結論：

一、抗辯

1. 經分析原案上訴針對的行政行為所涉的事實後，得出的結論是：一審中的上訴人（合營公司）並未處於“上訴所針對的行為所涉及的爭議法律關係”中。

2. 葡萄牙的司法見解針對相應於澳門《行政訴訟法典》第 33 條 a 項的規定，認為對於“直接、個人及正當的利益”的定性，必須採用“直接主義”，即“對上訴人的權利義務範圍有直接影響的好處”。就本案的情節而言，尤其屬本陳述書的第 7 條至第 11 條的情況，以及現在所面對的是一個尚未產生效力的行為，故本案的上訴人並未獲得這種好處。

3. 基於此，根據《行政訴訟法典》第 33 條 a 項的前半部分及後半部分，不能承認上訴人（合營公司）具提起上訴的正當性，故應按該法典第 46 條第 2 款 d 項的規定，駁回在一審中提起的原案上訴。

4. 中級法院未有對“就上訴所針對的行為不可提起上訴”的抗辯發表意見；事實上，由於有關行政行為對外不產生效力，所以根據《行政訴訟法典》第 28 條第 1 款的規定是不可提起上訴的。因此，應撤銷本上訴所針對的合議庭裁判，並按照該法典第 46 條第 2 款 c 項的規定，駁回在一審中提起的原案上訴。

5. 中級法院對於針對保安司司長作出的行政行為所提起的司法上訴，裁定上訴得直，是基於中級法院對第 17/2004 號行政法規的合法性這附隨問題所採取的立場；法院認為本身具管轄權，對合法性事宜作出審查，而該附隨問題是由法院“依職權”作出審查的，司法上訴的任一方當事人均沒有提出如此要求。

6. 經分析澳門特別行政區《基本法》關於法院管轄權的一般規定，以及分析《司法組織綱要法》第 36 條（8）項及《行政訴訟法典》第 88 條關於法院管轄權的專門規範，我們不認為法院具有這種依職權對合法性作出審理的管轄權；我們認為僅在任一具正當性的實體在本身的訴訟程序或在任何從屬的訴訟程序中明確要求對規範提出爭議時，法院才有這種管轄權對有關附隨事項發表意見。

7. 中級法院認為其依職權作出審查的權力是建基於《民法典》第 7 條及《基本法》第 2 條的規定；然而，經分析該等規範後，實在無法直接或間接從任何原則推論出有關的結論，因為此等規範與該審查權無關。

8. 從上述第 5 點至第 7 點可看出本上訴所針對的合議庭裁判違反了根據《行政訴訟法典》第 1 條適用的《民事訴訟法典》第 3 條所定的“辯論原則”；違反了從《行政訴訟法典》第 42 條體現出來的“符合原則”；違反了“訴訟程序恆定原則”（《民事訴訟法典》第 212 條）；違反了“處分原則”（《民事訴訟法典》第 564 條第 1 款）；違反了補充適用於行政上的司法爭訟程序的《民事訴訟法典》第 7 條所確立的“形式合適原則”（因未有遵守《行政訴訟法典》第 88 條及續後各條的規定）。

9.《司法組織綱要法》、《行政訴訟法典》的規定及學說（雖然澳門特別行政區特別缺乏關於合法性監督這方面的學說）中清楚顯示，合法性監督旨在對具體適用於法院審理的個案的個別規範進行監督，並非就含有該規範的整部法規進行監督。

10. 由於中級法院在審理違法的問題時並非只就具體受爭議的規範是否合法作出審查，該院忽略了此規範，甚至其他規範的合法性問題，但卻以法規標的之性質為基礎對整份法規是否合法進行審查，顯而易見，該院已超越了本身的權限，是在超越法律所賦予的審理權下作出裁判。

II. 爭執

11. 本上訴所針對的合議庭裁判就行政長官是否有權制定自主的行政法規一事所持觀點（其宣告第 17/2004 號行政法規違法），無法完全且忠實地反映澳門特別行政區《基本法》所體現的獨有憲制模式。

12. 由於《基本法》並沒有規定法令的存在，這即意味著捨棄了立法權共享的體制（**但這裡所謂的立法權僅指狹義的立法權，即僅指制定組織、形式及實質意義上的法律權力**），但《基本法》清楚顯示行政長官是可具 "制定規範的權力"，此原始權力體現於藉行政法規創設法律規範（一般性及抽象性的規範）。

13. 本上訴針對的合議庭裁判所持的立場是將葡萄牙學說套用於澳門的行政法規上，而不是適用特區《基本法》的有關規定，該裁判亦未有充分重視《基本法》第 5 章及第 6 章以及其他條文所載的規定。

14. 澳門特別行政區《基本法》是明文賦予行政長官及政府制定行政法規的權力，《基本法》未設與《葡萄牙共和國憲法》第 115 條第 7 款相應的規定，換言之，《基本法》無任何規定禁止制定獨立的行政法規。

15. 本上訴所針對的合議庭裁判未有深入探討獨立規章（獨立的行政法規）此問題（比如《基本法》是否容許它們存在），該裁判是大量吸納了最新的、受葡萄牙憲法條文束縛的學說，但未有顧及一九八二年的修憲大大改變了原有的制度，葡萄牙新設的制度是澳門特別行政區《基本法》未設的。如不是這樣的話，正如在上文提及有關學說，便不會持此立場。即使是這樣，這種學說仍然是接納僅經普通法律或憲法授權而制定的獨立行政法規。

16. 綜觀《基本法》第 1 章、第 3 章、第 4 章、第 5 章及第 6 章的各項規定，尤其是當中的第 4 條、第 6 條、第 40 條、第 43 條、第 50 條、第 64 條、第 65 條、第 71 條、第 103 條、第 115 條、第 116 條、第 118 條、第 121 條、第 123 條至第 127 條、第 129 條、第 130 條及第 132 條，可得出的結論是：《基本法》設定原始的制定規範權（雖然屬單軌體制）的意向是明顯的，而該原始制規權僅受合法性原則約束（指受法律優先原則及法律保留原則約束 —— 第 65 條）。

17. 按照《基本法》的規定，行政長官的行政法規不是為了單純執行一立法機關事先已通過的法律（原則性法律）而制定的，亦無須事先經法律（授權性法律）將主體及客體權限賦予行政長官，他才可制定這些行政法規。當然，這並不表示立法會不能賦予權力給政府讓其在屬立法會權限範圍內的事務上制定規範。

18. 行政長官這種 *"制定行政法規權"* 是指直接源於《基本法》的原始制規權（它並非是次要的，它非指僅可制定執行性的行政法規）。

19. 我們可肯定地說，《基本法》第 4 條、第 6 條、第 40 條及第 43 條的規定採用了 *"依法"*、*"以法律保護"*、*"通過⋯⋯法律"* 及 *"依法"* 的表述時，*"法"*、*"法律"* 兩詞在此只可是指狹義的法律（形式上的法律），這就是《基本法》正式定出關於財產及基本權利事宜是保留給立法會以法律形式處理的事宜，而第 71 條（3）項所規定的事宜亦屬法律保留的事宜。

20. 10 月 4 日第 52/99/M 號法令核准的《行政上的違法行為的一般制度及程序》的第 3 條第 1 款規定，*"適用於行政上之違法行為之實體及程序制度，由規定及處罰該等行為之法律或規章訂定"*。這就清楚表明第 17/2004 號行政法規的處罰規定無論在實質內容上或程序上均屬合法。

21. 即使終審法院不認同上述觀點，而認為第 17/2004 號行政法規的標的或第 4 條的規定涉及 *"基本權利"* 的話，但有關的行政法規仍是合法的，因為《基本法》（第 115 條）對有關事宜是有所規定的；再者，如認為第 1712004 號行政法規屬執行性的行政法規的話，那麼，《就業政策及勞工權利綱要法》（第 4/98/M 號法律）已授權政府制定該行政法規；如認為第 17/2004 號行政法規屬獨立性的行政法規的話，那麼，根本無須任何原則性法律或授權性法律。

22. 第 17/2004 號行政法規的條文完全符合《基本法》第 115 條的規定，該行政法規並未有觸及《基本法》保留給立法會以法律形式處理的基本權利事項，反之，《基本法》是以清晰、協調一致的方法授權行政長官／政府制定關於勞工、就業方面的規範。

23. 此外，第 17/2004 號行政法規是經根據第 1/1999 號法律第 3 條的規定而仍生效的第 4/98/M 號法律授權的，尤其考慮到第 4/98/M 號法律的第 1 條（**就業政策**）、第 6 條的 f 項（泛指居民的失業情況）、第 7 條 a 項（**改善僱傭關係之相關法例及修正其處罰制度**）及第 9 條（允許僱用外地勞工）所定的內容；根據第 4/98/M 號法律第 10 條的規定（結合第 1/1999 號法律第 16 條所指附件四第四款），第 17/2004 號行政法規只是執行上述規定。

24. 本上訴所針對的合議庭裁判除未有考慮到本陳述書列出的各項規定及原則外，尚違反或錯誤適用了下述規定及原則：

1)《行政訴訟法典》第 28 條第 1 款、第 33 條 a 項、第 42 條、第 46 條第 2 款 d 項及第 88 條；

2）根據《行政訴訟法典》第 1 條的規定而適用的《民事訴訟法典》第 3 條、第 7 條、第 212 條及第 564 條第 1 款；

3）《司法組織綱要法》第 36 條第 8 款；

4）《民法典》第 7 條；

5）《基本法》第 2 條、第 50 條（5）項、第 64 條（5）項及第 115 條；

6）十月四日第 52/99/M 法令第 3 條第 1 款；

7）七月二十七日第 4/98/M 法律第 1 條、第 6 條 f 項、第 7 條 a 項、第 9 條及第 10 條；

8）第 17/2004 號行政法規第 4 條第 2 款。

現被上訴人提交了反駁陳述。

尊敬的**助理檢察長**發出意見書，當中認為：

關於由上訴實體所提出的先置問題：

——應認為對不批准其僱員在澳門延期逗留的行政行為，僱主有提起司法上訴的訴訟正當性；

——關於所提出的行為不具對外效力的問題，由於法院同意了檢察院探討了該問題後所持的立場，故不存在被上訴之裁判遺漏審理的問題；

——應認為法院可以依職權審理一個行政法規的合法性問題；

——當只是行政法規的一部分與本案之決定有關，而被上訴之裁判卻認定整個行政法規非法時，該裁判屬過度審理。上訴的這部分，上訴實體有理；

關於實體問題：

——根據中國憲法，賦予國務院制定行政法規的權力，而立法權則被賦予全國人民代表大會及其常務委員會；

——在中國法律，制定法規並非必然取決於存在一項形式上的法律，理論界接受獨立法規這一形式；

——同樣在葡國法律中，獨立或自主性法規也是被接受的；

——《基本法》並不排除獨立法規的可能性；

——行政法規應遵守合法性原則，即不能違反法律規範（法律優先原則），而行政當局所作出的行為必須符合有效法律的規定（法律保留原則）；

——應認為行政長官對屬其職權範圍內而又沒有保留予立法會的事項擁有創設性的制定法規的權力；

——即使認為要存在一項先置法律去授權行政長官制定法規，而在本案中，該法律是肯定存在的，即《就業政策綱要法》（第 4/98/M 號法律）。

二、事實

a）提出乙和丙在澳門延期逗留的申請後，在卷宗內發出如下意見書：

"意見書

事由：逗留許可

利害關係人：乙

　　　　　　　丙

編號：INF.MIGXXX/XXXX/X

緊接著保安司司長對我們 2005 年 5 月 30 日之意見書作出批示後，視該批示在此完全轉錄，申請人在預先聽證中發表看法，概括如下：

—他們所從事的工作是‘屬澳門明顯的公共利益’；

—行政當局在‘對在澳門逗留不加區別地適用法律規定……直接地影響到（公共）衛生’；

—‘這一切均因純法律解釋的浮誇之風……沒有任何理據的解釋’。

—我們如下的解釋是錯誤的：‘涉及的是一個勞動關係……不應適用第 5/2003 號行政法規第 12 條’；

—‘從所提到的第 5/2003 號行政法規第 12 條可見，該權力是為如現在想要解決的例外特別情況所設立的安全閥’；

—對規定於第 17/2004 號行政法規第 4 條第 2 款作出盲目和封閉性的適用……使將要作出的決定沾有嚴重的行政瑕疵——權力偏差。

強烈要求許可請求。

他所提出的所有理由均站不住腳。

有必要在此轉錄部分我們於 2004 年 12 月 15 日就這一事宜所提出的意見書：

‘過去，對於如本案的這些不屬於非本地居民工作立法所規範的範圍，也不受任何其他法規所規範，但澳門特區行政當局應給予特別對待的情況，均使用進入逗留澳門的一般制度予以逗留許可’。

‘但第 17/2004 號行政法規在其第 4 條中，我們認為是以補遺的形式，明確地對這些情況作出規範，尤其將這些情況排除在‘非法工作’概念之外〔第 1 款（一）〕，也就是說不把這些情況視為輸入勞工的制度範圍，同時（第 2 款）將其逗留期間限制為在每六個月期間內，連續或間歇性地最多 45 天’。

‘因此，對於那些提供指導性、技術性、品質監控或業務稽查服務類的不定性為輸入勞工的情況，肯定地必須根據第 17/2004 號行政法規第 4 條的規定並以在那所規定的限制條件作出處理’。

‘但對我們來講有點奇怪的是，現正在審理的個案儘管表面上屬於所提到的第 4 條第 1 款（一）規定的情況，並原則上受其所規範，但最後以輸入勞工的一般請求提出，而因實質理由的原因不被批准，這從勞動關係的性質以及其在澳門逗留的目的來看，與由利害關係人所提出的事實和理據相違背’。

‘因此我們有點不解……故致使我們提出治安警察局向勞工事務局提出澄清請求……’。

該局作出回覆，概括如下：

'毫無疑問，現正在處理的個案屬於規範適用的範圍（第 17/2004 號行政法規第 4 條）'。

在我們 2005 年 5 月 30 日的意見書中，我們澄清道：只要逗留請求的理據完全屬勞動性質，就必須適用該第 4 條，排除適用任何其他法規。

我們還進一步指出：

'肯定的是，在這個個案上，如請求之理據不是從事一項勞動活動，且導致同一請求之目的中有一項屬於期間不超過 45 天的勞動性質的話——儘管在此有所保留，因為我們不信在實際上可被定性為多目的之請求，但仍可接受，那麼我們所有人均同意，根據一般制度，可以給予任何期間的逗留'。

但申請人堅持認為，逗留許可的一般制度可以，且在本案中應該，適用於任何情況，即使屬於第 17/2004 號行政法規第 4 條所規定的情況，也應排除適用之，例外處理之。

而第 17/2004 號行政法規恰恰就是由其對所有與由非本地居民 '提供工作'（以及基於此一理由，為此目的而逗留）以及尤其所有如被認為是 '非法工作' 的事宜作出專門規範，排除任何其他法規適用於該範疇。

另一方面，其制度本身也為那些由非本地居民提供工作而不屬於載於第 2 條之主適用範圍的情況創設了例外規定（第 4 條）。

也就是說，專門適用於禁止和遏制非法工作以及因此也與這一目的有關之逗留的第 17/2004 號行政法規創設了其本身之例外規定，並具體、全面和明確地作出框劃，因此，排除了任何其他法規對這些例外情況的適用。

因此，除這一例外制度外，沒有任何理由可以適用另一更加靈活和沒有限制的制度，更不用說是另一個一般性制度了——否則，第 17/2004 號行政法規內的特別制度的規定邏輯便落空了。

要問的是，怎麼可以對因不履行一項具例外、強制性和明確特性的特別制度而出現的非法性作出補救呢？

恰好同樣不能理解的是，儘管直接與我們無關，為何申請人不如我們所認為應該的那樣，集中努力去實現因其勞動關係的例外性質而獲取其他有權限機關的處理，反而在此強求那明顯不可行的呢？

至於 '那些法律解釋的最基本規則' 問題，我們要說的是在此不是法律解釋的問題，而是法律淵源的位階問題，'更確切' 地講，是由同樣地位機構制定的規範相矛盾的問題。

極其明顯的是一項法規與另一項法規的矛盾，這一矛盾是由第 5/2003 號行政法規的制定與第 17/2004 號行政法規的生效所引起的！

行政當局怎能根據一項法規給予許可，而根據另一項後來的、定性為特別法律制度的法規則是明顯地不能許可的呢？

'那些最基本原則' 不是法律解釋方面的，而是如下法規衝突的問題：

—後法廢除前法；

—特別法取代一般法；

第 5/2003 號行政法規確實不是"自行定名"為原則法律，原則法律是第 4/2003 號法律，恰恰因其只列舉出原則，對有關逗留的問題不作出規定，而將此一任務給予第 5/2003 號行政法規。

還要指出的是，從針對現在審議的事宜所發出的意見書，尤其是針對現具體個案，以及保安司司長向來所持立場，我們認為明顯可見的是，對在涉及本案的工程師總體上所擔當的職責對澳門特區的重要性，完全了解，並以小心、快速、坦然、甚至熱情的態度對相關之請求作出決定。

然而，隨著第 17/2004 號行政法規的生效以及上述理由，同時尤其由於行政當局必須履行法律，我們認為在如本案的這些情形中，不能維持這一態度，否則因這一態度而明顯違反該法規。

因此，根據所提出的法律規定，保安司司長行使其所被賦予的職權，建議：

—由於明顯違反第 17/2004 號行政法規，不批准以現申請人仍維持的、開始時所提出的理據（為從事一項勞動活動）為由提出的請求；

—考慮到圍繞本案所出現的特別情況，特別是其對澳門特區所帶來的利益，中止執行不批准的決定，直至由利害關係人尋求到合適的解決辦法為止，出入境事務廳應向他們提供協助，尤其是部門方面的協助。

—為參考和其認為合適之效力，將本意見書之所有內容轉送經濟財政局司長辦公室，該機構為監管主要負責執行第 17/2004 號行政法規的部門。

這是我們的意見。

謹呈保安司司長決定"。

b）對此意見書，保安司司長於 2005 年 7 月 20 日作出如下批示：

"同意，不批准，依建議執行"。

這就是被上訴的行政行為。

三、法律

下列是要解決的問題：

a）甲是否具有提起司法上訴的正當性；

b）被上訴實體在司法上訴的答辯中所提出的、被上訴行為的不可上訴性問題，即直至為現正在審議的情況找到合適的法律解決辦法前，中止不批准之決定，是否由於被上訴之裁判沒有對此一問題作出審理而無效；

c）在呈交予其審理的案件中，中級法院是否不可以依職權審理違反《基本法》的問題；

d）是否由於沒有讓案件當事人就違反《基本法》的問題發表意見，被上訴之裁判違反了辯論原則；

e）是否因沒有履行《行政訴訟法典》第 88 條之規定，被上訴之裁判違反了訴訟形式合適原則或因作出不同於請求之裁判而違反了處分原則；

f）是否因被上訴之裁判沒有對適用於現正審議的案件的具體法規的合法性作出分析，卻宣佈整個第 17/2004 號行政法規非法而違反了其本身的審理權；

g）是否因被上訴之裁判認為《基本法》不允許制定獨立的行政法規而違反了該法第 2 條、第 50 條第（五）項、第 64 條第（五）項及第 115 條。

A）先置問題

1. 司法上訴中的訴訟正當性

首先要審理的問題是想知道，甲是否具有提起司法上訴的正當性。

本案涉及的在澳門逗留問題的兩名工程師是該企業的僱員，根據該企業與澳門電力公司所簽訂的合同，他們負責電力設施的監督工作以及被委派負責在路環電力生產中心安裝減少排放氧化氮氣體系統的工作。

似乎顯然的是只有逗留在澳門，這些技術員才能開展由他們負責的活動，因為不屬於那些可以遙距能完成的工作。

因此，他們所屬的企業對他們在澳門的逗留有完全的利益，以便可以履行與澳門電力之生產和傳輸企業所簽訂的合同。

而在司法上訴中，除其他外，訴訟的正當性是賦予那些被認為其主觀權利或受法律保護的利益被被上訴之行為侵害的個人或法人，或那些主張對司法上訴勝訴有直接本人和合法的利益的個人或法人〔《行政訴訟法典》第 33 條 a）項〕。

儘管也承認該等技術員擁有提起司法上訴的正當性，但他們為之工作的企業對上訴勝訴也擁有利益，且屬於直接本人和合法的利益，因此是有提起司法上訴的訴訟正當性。

此外，如檢察院司法官所記得的，在與本案相似的一個案件中（2004 年 4 月 28 日在第 8/2004 號案件所作之裁判），終審法院決定對為勞動之效力而拒絕某一特定個人在澳門逗留許可的行為，聘請該非本地勞工的利害關係人有對該行為提起司法上訴的訴訟正當性。

裁定所提出的問題不成立。

2. 被上訴裁判因遺漏審理而無效

上訴實體認為，被上訴實體在司法上訴的答辯中所提出的、被上訴行為的不可上訴性問題，即直至為現正在審議的情況找到合適的法律解決辦法前，中止不批准之決定，由於被上訴之裁判沒有對此一問題作出審理而無效。

一如所知，《民事訴訟法典》第 571 條第 1 款 d）項第一部分所提到的判決無效（當法官未有就其應審理之問題表明立場……判決視為無效）與同一法規第 563 條第 2 款所提到的、在判決中規定予法官的義務相關連：法官應解決當事人交由其審理之所有問題，但有關問題之裁判受其他問題之解決結果影響而無須解決者除外。

而現上訴實體在針對司法上訴所提出的答辯中確實提出了被上訴行為的不可上訴性問題，即直至為現正在審議的情況找到合適的法律解決辦法前，中止不批准之決定，因此訴訟沒有意義。

但關於此一事宜，在其初端檢閱中，檢察院司法官發表了如下內容的意見：

"另一方面，賦予執行不批准決定的中止效力及基於此一中止效力，利害關係人／勞工也被當作可以在澳門特別行政區逗留超過所申請延長的期間，僅此一事實並不意味著因認為他們相關之意願已得到滿足從而使訴訟沒有意義而必須拒絕其上訴"。

針對意見書中的這段，被上訴之裁判作如下陳述：

"而且，一如檢察院代表在其初始意見書中所提醒的及所得出的有見地的結論那樣，對上訴人來說，審理其上訴在法律上是肯定有用的，因為在法律層面上，如其上訴勝訴，那麼其實體狀況將完全得到保護"。

也就是說，被上訴之裁判針對所提出的問題發表了意見 —— 儘管有些簡短，因此不能說因遺漏審理而導致無效。

此外，本終審法院已於 2004 年 7 月 14 日在第 21/2004 號上訴案和於 2006 年 9 月 13 日在第 22/2006 號上訴案所作的裁判作出如下宣示："以轉致方式把檢察院司法官根據《行政訴訟法典》第 69 條作出的意見書作為法律理據並不構成《民事訴訟法典》第 571 條第 1 款 b）項所提到的無效"。

因此裁定所提出的問題不成立。

另一個想要知道的問題是所提到的裁定是否正確，也就是說，被上訴之裁判認為對利害關係企業的意願來講，該行政行為可以被上訴是有用的，這一理解是否有理。但對此一問題，由於上訴實體沒有提出來，而針對此部分，上訴實體只是提出被上訴之裁判無效的爭辯，故我們不能審理此一問題。

3. 違反辯論原則。程序之無效。

現在讓我們看我們已在 d）項所提到的問題：是否由於沒有讓案件當事人就違反《基本法》的問題發表意見，被上訴之裁判違反了辯論原則。

被上訴裁判確實依職權提出了違反《基本法》的問題，而在上訴和本案內，上訴人沒有提出質疑，也沒有被討論。

表面上應認同的是《民事訴訟法典》第 3 條第 3 款被違反了，根據該項規定，在整個訴訟過程中，法官應遵守以及使人遵守辯論原則；在當事人未有機會就法律問題或事實問題作出陳述時，法官不得對該等問題作出裁判，即使屬依職權審理者亦然，但明顯無需要當事人作出陳述之情況除外。

但是，對《民事訴訟法典》第 3 條第 3 款之違反構成一項程序之無效，該違反為沒有就問題邀請當事人發表意見，該遺漏影響到案件之決定（《民事訴訟法典》第 147 第 1 款）[1]。

也就是說，不是被上訴之裁判本身實施了所提到的程序上的違反行為，當事人被通知了被上訴之裁判後，即知道存在遺漏一項訴訟行為，而該遺漏發生於裁判作出之前，並因該遺漏而將引致一項程序之無效，應當在適當之時間內，透過合適的渠道提出這一無效，即向案件之裁判書製作法官提出一個聲明異議（《民事訴訟法典》第 148 條）—— 而不是透過上訴向上級法院提出 —— 根據《民事訴訟法典》第 151 條第 1 款。如程序之無效成立，則根據《民事訴訟法典》第 147 條第 2 款規定，致使撤銷無效之後的後續訴訟行為（被上訴之裁判及附屬行為），以便作出被遺漏之行為，在當事人發表了意見或過了發表意見之期間後，那麼將作出一個新的裁判[2]，該裁判可以與先前之決定一致或其內容不同。

概言之，必須把一項程序之無效與向上級法院提出的司法裁判之上訴區分開來 —— 前者體現在遺漏一個程序性行為，就其向中級法院案件之裁判書製作法官提出聲明異議 —— 後者之標的為審判之錯誤，而現正在審議之問題不屬此情況。

因此，所提出之問題不成立。

4. 由法院對法律是否符合《基本法》作審查

現在我們分析第三部分 c）項的問題，是想知道，中級法院是否可以依職權審理行政法規違反《基本法》。

上訴實體對法院可以審理低位階法規違反《基本法》沒有異議，但認為只有在當事人請求而不是依職權的情況才可以，為此，援引了《行政訴訟法典》第 88 條和《司法組織綱要法》第 36 條第（八）項〔應想提及第（九）項〕，提及 "審判對規範提出爭執的案件"。

好了。

《基本法》是澳門特別行政區根本性法律，是《中華人民共和國憲法》第 31 條明示規定的特區基本制度，它規定了居民和其他人的基本權利、特區政治體制以及要執行的政策。

作為根本性法律，對其之修改遵從一個嚴格的程序[3]：修改提案只能由全國人民代表大會

---

1   A. ANSELMO DE CASTRO：《Direito Processual Civil Declaratório》，科英布拉，Almedina 出版社，1981 年，第三冊，第 109 頁和 M. TEIXEIRA DE SOUSA：《Introdução ao Processo Civil》，里斯本，Lex 出版社，2000 年，第二版，第 54 和 55 頁。

2   正正是這一觀點，參閱 J. LEBRE DE FREITAS、A. MONTALVÃO MACHADO 和 RUI PINTO：《Código de Processo Civil Anotado》，第二冊，科英布拉，科英布拉出版社，2001 年，第 664 和 665 頁和 J. LEBRE DE FREITAS、JOÃO REDINHA 和 RUI PINTO：《Código de Processo Civil Anotado》，第一冊，科英布拉，科英布拉出版社，1999 年，第 351 頁。也參閱 VIRIATO LIMA：《Manual de Direito Processual Civil》，澳門，法律及司法培訓中心，2005 年，第 386 至 389 頁。

3   該嚴格性體現在某些法律內有一限制性修改程序。

常務委員會、國務院或澳門特別行政區提出，而且必須聽取特區基本法委員會的意見（第144 條）。

另一方面，《基本法》處於特區法制層的頂端：根據《基本法》第 11 條第 2 款規定，任何法律、法令、行政法規或規範性文件均不得與之相抵觸。

肖蔚雲[4] 教授在談及澳門特別行政區《基本法》和我國憲法的關係時明確指出 "澳門《基本法》是憲法的具體化、法律化。憲法只在其第 31 條中對 '一國兩制' 方針作了原則的規定，而對較為具體的問題則沒有規定，澳門《基本法》則用一個序言、九章、一百四十五個條文、三個附件，對其產生的歷史背景、我國對澳門的基本方針政策、中央與澳門特別行政區的關係，澳門居民的基本權利與義務，澳門的政治體制、經濟、文化等內容作了詳細的規定，這就使憲法關於 '一國兩制' 的方針具體化、法律化，使憲法第 31 條得到具體落實和切實可行"。

上述同一教授又指出，"它（《基本法》）既明確規定了屬於中央的職權，堅持了國家的統一、主權和領土完整，又清楚地規定了澳門特別行政區的高度自治權，……允許在堅持 '一國' 的前提下，澳門《基本法》的某些規定可以與憲法或法律的某些規定不一致"[5]。

因此，儘管由於澳門特別行政區不是一個國家，《基本法》形式上也不是憲法，但擁有那些與國家政治性憲法相連繫的形式特徵。

《基本法》中也沒有任何條款具體地明示賦予法院對那些位階較低的、載於法律、行政法規或其他規範性文件中的違反《基本法》的法律規範作出審理的可能[6]。

然而，法院的這項權力來自於對《基本法》中的多項規範的聯合解釋。

確實，根據《基本法》第 19 條第 2 款規定 "澳門特別行政區法院除繼續保持澳門原有法律制度和原則對法院審判權所作的限制外，對澳門特別行政區所有的案件均有審判權"。

根據《基本法》第 11 條第 2 款也同樣可見 "澳門特別行政區的任何法律、法令、行政法規或其他規範性文件均不得同本法相抵觸"。

而《基本法》沒有設立任何機制，尤其是政治性的機制去解決在司法訴訟中出現的、《基本法》與載於其他生效法規中的法律規範的可能衝突的問題，因此不得不得出由法院在交付其審理的具體個案中，審理這些問題的結論。

正如王振民[7] 教授在談到澳門特別行政區的違憲審查制度所教導那樣 "根據香港、澳門兩部特別行政區《基本法》的規定，在特別行政區享有違憲審查權的主體有兩個，一是全國人大

---

4   肖蔚雲：《澳門與澳門基本法》，澳門日報出版社，澳門，第一版，1998 年，第 151 頁。

5   肖蔚雲：《澳門……》，第 155 頁。

6   我們知道，在司法覆核的起源國家 - 美利堅合眾國 - 沒有任何憲法規定明示賦予法院法律合憲性的審查權（參閱 JORGE MIRANDA：《Teoria do Estado e da Constituição》，科英布拉，科英布拉出版社，2002 年，第 133 頁）。

7   王振民：《中國違憲審查制度》，北京，中國政法大學出版社，2004 年，第 339 頁。

及其常委會，二是特區的法院，這兩個機構都負有監督特別行政區《基本法》在特區實施的職責，是特別行政區的共同違憲審查機構"。

在談到特別行政區法院實施違憲審查的依據時，上述同一學者指出"《基本法》（香港）第80條（澳門《基本法》第82條）規定，'香港特別行政區各級法院是香港特別行政區的司法機關，行使香港特別行政區的審判權'。'司法'的'法'當然首先包括特區最高法，即《基本法》，特區各級法院負有監督實施《基本法》的職責。加之《基本法》第158條（澳門《基本法》第143條）賦予香港特區法院在審理案件時對特區《基本法》的條款進行解釋的權力。因此，由特區法院在特區獨立實施違憲審查，就是順理成章的了……所以，從各方面來看，沒有人懷疑香港特區的法院在香港回歸後應該繼續享有違憲審查權，特區法院行使違憲審查權有充分的《基本法》依據和事實依據"[8]。

這也是來自於《基本法》第143條的結論，其第2款規定，全國人民代表大會常務委員會授權澳門特別行政區法院在審理案件時對《基本法》關於澳門特別行政區自治範圍內的條款自行解釋，即指不涉及中央人民政府管理的事務（如國防和外交）或中央和澳門特別行政區關係的條款進行解釋。

正如肖蔚雲[9]教授在談到關於澳門《基本法》的解釋權所說"澳門特別行政區法院雖然不享有解釋澳門《基本法》的權力，但是全國人大常委會又特別授予澳門特別行政區法院以部分解釋的權力，即對澳門《基本法》關於澳門特別行政區自治範圍內的條款可以自行解釋，這部分條款的解釋全國人大常委會在澳門特別行政區法院審理的案件中不再進行……澳門《基本法》所以作出這樣的規定，一方面是因為澳門特別行政區享有高度自治權，澳門《基本法》應當尊重澳門特別行政區的高度自治權……另一方面，因為澳門特別行政區法院在審理案件時必須適用法律，包括澳門《基本法》在內，而且澳門特別行政區法院享有終審權，也需要解釋法律，如果不解釋法律、適用法律，則審理案件將無法進行"。

那麼，如果法院在審理案件中可以解釋《基本法》，肯定可以得出某些法律規定或行政法規違反《基本法》的結論，在此情況下，必須執行《基本法》第11條中的規定：因此，不能適用那些違反《基本法》規定或其中規定的原則的那些法規，但該法第143條規定除外。

一如GOMES CANOTILHO[10]解釋道："如適用於某一個案的兩個法律相抵觸，法官應選擇位階高的法律（等於憲法性法律），同時拒絕、不適用低位階的法律"。

從上述所說可見，法院的這一權力—義務不能由當事人處置，即使沒有任何案件當事人

8　王振民：《中國……》，第356和357頁。

9　肖蔚雲：《澳門……》，第215頁。

10　J.J.GOMES CANOTILHO：《Direito Constitucional e Teoria da Constituição》，科英布拉，Almedina 出版社，2003年，第七版，第893頁。

提出此等問題，法院的這一權力也應依職權行使[11]，一如在法官可以求諸於憲法的所有法律秩序中那樣，這也是現在在大部分法律制度中的做法。

5. 司法上訴和為具普遍約束力而宣告規範違法所提出的質疑。對行政法規非法性的附帶審理。

我們現在要審查的是，是否因沒有履行《行政訴訟法典》第 88 條之規定（該法規第 88 條至第 93 條提及一種名為對規範提出之爭議的訴訟途徑）—— 被上訴之裁判違反了訴訟形式合適原則 —— 規定於《民事訴訟法典》第 7 條中，或是否因作出不同於請求的判決而違反了處分原則或訴訟程序穩定性原則。

無論是提出《行政訴訟法典》第 88 條和《司法組織綱要法》第 36 條第（九）項，還是稱之為訴訟形式合適原則 —— 規定於《民事訴訟法典》第 7 條中 —— 或者因所指稱的作出不同於請求的判決而違反處分原則及訴訟程序穩定性原則，所有這些在其理據中，有一個訴訟性質上的誤解。

上訴人所使用的訴訟途徑確實是撤銷性司法上訴 —— 很好 —— 因為其請求宣告一項行政行為無效及撤銷該行為，這來自於《行政訴訟法典》第 20 條中的規定，這是因為現行理論認為當事人提出的請求決定所使用的訴訟形式。

《行政訴訟法典》第 88 條及續後各條所規定的訴訟途徑是其他東西：旨在為具普遍約束力而宣告一項規章性規範違法，也就是說，其目的為在法律秩序中，清除一項違法的規章性規範。

這不是本案中請求的，被上訴裁判也沒有作出如此之決定，裁判僅僅是因行政行為之根據中有非法之規章性規範而撤銷之，但沒有為具普遍約束力而宣告規章性規範違法。即使被上訴裁判之見解成立，第 17/2004 號行政法規也繼續有效且可由行政當局或法院適用於其他個案，所作之決定僅在現正在審理的具體個案內有強制力。

被上訴之裁判所做的是，*附帶性地*，審理了行政行為所適用的一個行政法規的合法性問題，而"以附帶方式，任何法院均可審理行政法規的合法性問題"[12]，但此一問題從來沒有被爭議過，例如可參閱 MARCELO CAETANO[13] 的教程："不能針對載於命令[14]中的規範直接提出上訴，但可以根據在行政法規與該法規所遵從的法律之間存在矛盾而導致的違反法律，對適用該等規範的行政行為提出上訴"。

11　只要有讓當事人就事宜發表看法的可能性即可。

12　SANTOS BOTELHO：《Contencioso Administrativo》，科英布拉，Almedina 出版社，第二版，1999 年，第 322 頁。

13　MARCELO CAETANO：《Manual de Direito Administrativo》，科英布拉，Almedina 出版社，第九版，第二卷，第 1350 頁。

14　這是當時的法律制度。

基於法規位階原則，在一個行政行為的司法上訴中，由法官依職權對一項規章性規範合法性作出附帶性審理，也從來沒有疑問，F. ALVES CORREIA[15] 跟隨 AFONSO QUEIRÓ[16] 的教程解釋道：無論是否提出申請，法規位階原則不只是導致法院拒絕適用違反法律的一項規章性規範 —— 而且在*具體法律個案*中，也不適用那些違反另一項位階較高的規章性規範的規章性規範。

這樣可見，不接受所提出的違反訴訟形式合適原則、處分原則或訴訟程序穩定性原則的質疑。

裁定所提出的問題不成立。

6. 違反法院的審理權

在對案件的實體問題進行審議前，剩下要知道的是，是否因被上訴之裁判沒有對適用於現正審議的案件的具體規範的合法性作出分析，卻宣佈整個第 17/2004 號行政法規非法而違反了其本身的審理權。

但如本案那樣 —— 如法院認為一項法規中的所有規範均沾有非法性瑕疵的話 —— 沒有任何可妨礙一個法院去認定整個法規是非法的。

確實，如法院認為在核准一項規章的程序中存在瑕疵或沒有權力去簽發該法規或認為在沒有一項普通法律許可下，《基本法》不允許制定規章，那麼整個法規均沾有瑕疵而不只是一個或另一個規範。

不存在違反審理權，而其實也沒有提出任何被違反的規範。

所不同的是 —— 在所涉及的行政法規中，儘管存在其他非法規範的情況，但可能有一項規範是作為行政行為的依據 —— 但已涉及*案件之實體問題*，如屬此等情況，將會適時地對之進行審理。

在此層面上，裁定提出的問題不成立。

B）案件的實體問題

1. 要審理的問題

根據被上訴之裁判，《基本法》第 50 條第（五）項所賦予的行政機關的制定規章的權力只能在法律範疇內行使，但沒有任何立法會的法律許可行政機關去制定該法規〔被上訴之裁判應想說行政長官而不是行政機關，因為所提到的規範涉及的是行政長官的職權，而根據《基本法》—— 第 61 條 —— 澳門特別行政區的行政機關是政府，行政長官僅僅是澳門特別行政區政府的最高領導〕。

---

15 F. ALVES CORREIA：《A impugnação jurisdicional de normas administrativas》，載於《Cadernos de Justiça Administrativa》，第 16 期，第 18 頁。

16 AFONSO QUEIRÓ：《Teoria dos regulamentos》，載於《Revista de Direito de Estudos Sociais》，1986 年 1 月 -3 月，I 年（第二組），第 1 期，第 30 頁。

被上訴之裁判還認為，行政長官只可以制定獨立或自主之行政法規 —— 即不需要立法會制定的預先授權法律或原則性法律 —— 該等法規僅具內部效力，即涉及政府的內部運作（儘管被上訴之裁判不完全明確，似乎所使用的*政府*的表述是指公共行政當局的部門和機關，而不是作為澳門特別行政區機關的狹義的政府）。

還根據被上訴之裁判，其觀點之理據為：如果政府透過行政法規，可以制定具對外效力的、普遍和抽象的法律規範，或在沒有任何授權性法律的情況下，制定導致民間社會負擔的該等法律規範的話，源自於《基本法》第 2 條所規定的權力分立制度將受到影響，因為政府透過行政法規去行使了立法權。

那麼，要查究的問題是想知道，儘管沒有任何規定，行政長官就某些事項制定規章性規範時，是否必須有立法會制定的法律給予職權，或者還是相反，行政長官擁有普遍的權力，就任何社會關係透過規章來訂定創始性規條，但該等社會關係之事項不包括*法律保留*之事項，即不包括那些《基本法》規定以（立法會的）法律訂定的事項，也不包括那些不在法律保留事項之內，但已經由法律作出規定（*法律優先*）的事項。

根本上要分析《基本法》。

然而，為了更好地了解問題的各個方面，首先應從中國憲法所規定的立法制度，尤其是中國憲法角度來作出分析，這具有重要和根本性的指導意義，因為一方面，澳門《基本法》是根據中國現行憲法第 31 條的規定，具體地規定和落實 "一國兩制"、"澳人治澳" 和高度自治的澳門特區制度的 "憲制" 性法律，因此，中國現行憲法是澳門《基本法》的立法依據；另一方面，澳門《基本法》是由制定中國憲法的同一立法機關 —— 全國人民代表大會制定的，其在中國法律部門的劃分上，屬於在全國範圍內適用的憲法性法律和基本法律，因此，在許多方面，受中國憲法理論的影響；再次，負責制定澳門《基本法》的基本法委員會中的許多內地成員，曾參與了中國現行憲法的起草和制定工作，該些法律界人士的中國憲法理論思想肯定均反映在中國現行憲法和澳門《基本法》中；最後，在下面我們將會看到，與澳門《基本法》中的規定相似，中國憲法在規定全國人民代表大會及其常務委員會行使國家立法權的同時，也賦予中央人民政府制定行政法規定的權力。

另一方面，由於《基本法》已融入到特定的法律制度中，我們將從葡萄牙的法律以及直至 1999 年 12 月 19 日止的澳門法律中所規定的特點，去分析行政法規存在的可能性問題，而如有需要，也會探討其他法律制度。

探究葡萄牙法律是必須的，這不但由於當在葡萄牙管治之下，澳門地區的法律根植於前者的法律，而且儘管沒有提到，也因為被上訴之裁判在現正在審議的問題上，似乎跟隨葡萄牙法律現行理論中的一種。

對研究澳門法律而言，在 1999 年有效的經 2 月 17 日第 1/76 號法律核准的 1976 澳門《組織章程》具特別重要性，該章程經 9 月 14 日第 53/79 號法律、5 月 10 日第 13/90 號法律和 7

月 29 日第 23-A/96 號法律所修改。

我們將從 1933 和 1976 憲法去分析葡萄牙法律，後者現仍有效。

關於中國憲法，我們將分析 1954、1975、1978 和 1982 憲法，後者仍在生效。

2. 中國憲法中的行政法規

2.1. 行政法規的概念

現行的中國憲法（82 憲法）第 89 條第一次明確地規定了國務院有權根據憲法和法律規定行政措施，制定行政法規，發佈決定和命令。但何為行政法規，法學界大多從行政立法角度予以闡述。對其作出比較權威定義（我們認為）的是"行政法規是我國最高行政機關，即中央人民政府 —— 國務院根據憲法和法律或者全國人大常委會的授權決定，依照法定權限和程序，制定頒佈的有關行政管理的規範性文件"[17]。

"行政法規是指國務院為領導和管理國家各項行政工作，根據憲法和法律，並且按照行政法規規定的程序制定的政治、經濟、教育、科技、文化、外事等各類法規的總稱"[18]。

"是國務院根據憲法和組織法的授權，在其職權範圍內制定的具有普遍約束力的規範性文件，是各類行政機關必須遵守執行的權力依據"[19]。

同時，要指出的是，行政法規並非中國內地規範性文件的具體表現形式，而是由國務院制定和頒佈的一系列規範性文件如：條例、規定和辦法等的總稱。

2.2. 行政法規的性質

從中國憲法和立法理論上看，行政法規是中央人民政府，即國務院行使行政立法權的結果，而行政立法權是國家立法權的組成部分，"行政立法就是享有立法權的行政機關依法制定規範性文件的活動"[20]。

此外，行政法規是中國法的淵源之一，是法的表現形式，是具有普遍約束力的規範性文件，"法的表現形式有法律、行政法規、地方性法規、自治條例、單行條例、國務院部門規章、地方政府規章"[21]。

對於行政法規的上述法淵源的性質，李步雲、汪永清不但持有相同的觀點，並進一步明確指出[22]，根據我國憲法和有關法律的規定，"法是指：全國人民代表大會制定的憲法和基本法

17　張春生：《中華人民共和國立法法釋義》，全國人民代表大會法制工作委員會，北京，法律出版社，2000 年，第 163 頁。

18　馬懷德：《行政法與行政訴訟法》，司法部法學教材編輯部編審，北京，中國法制出版社，2002 年，第 17 頁。

19　馬懷德：《行政……》，第 17 頁。

20　應松年：《當代中國行政法》，北京，中國方正出版社，2005 年，第 546 頁。

21　應松年：《當代……》，第 545 和 546 條。

22　李步雲和汪永清：《中國立法的基本理論和制度》，北京，中國法制出版社，1998 年，第 6 頁。

律；全國人大常委會制定的法律；國務院制定的行政法規；國務院各部委（包括直屬局）制定的部委規章……"。

2.3. 中國憲法規定的立法制度及行政法規

從中華人民共和國成立後至今，一共有過四部憲法，分別是 54 憲法、75 憲法、78 憲法和現行的 82 憲法，透過對該等憲法中有關立法機構和立法權的演進的分析，我們可以看出，行政法規，作為一種具普遍約束力的法源之一和行使立法權的表現，是隨著中國憲法所規定的立法制度的發展而出現的。

2.3.1. 54 憲法

中華人民共和國成立後，於 1954 年 9 月 20 日第一屆全國人民代表大會第一次會議通過了第一部《中華人民共和國憲法》，並於當日頒佈和生效。該憲法第 22 條明確規定，全國人民代表大會是行使國家立法權的唯一機關，有權制定修改憲法，制定法律和監督憲法的實施（第 27 條），而全國人民代表大會常務委員會分別有權解釋法律，制定法令以及撤銷國務院的同憲法、法律和法令相抵觸的決議和命令（第 31 條）。國務院只有根據憲法、法律和法令，規定行政措施，發佈決議和命令，並且審查這些決議和命令的執行情況（第 49 條）。顯然，在這部憲法生效期間，作為中央人民政府和國家最高行政機關的國務院只享有規定行政措施、發佈決議和命令的權力，僅僅是最高國家權力機關的執行機關（第 47 條），不但不享有制定行政法規的權力，更不是立法機關。

2.3.2. 75 憲法和 78 憲法

75 憲法和 78 憲法是在中國特殊的歷史時期制定的憲法，儘管對由 54 憲法所確立的立法體制沒有作出很大的改變，但鑑於 1955 年第一屆全國人民代表大會第二次會議通過了《關於授權常務委員會制定單行法規的決議》，授權全國人大常委會在全國人民代表大會閉會期間，"依照憲法的精神，根據實際需要，適時地制定部分的法律，即單行法規"，這一規定使全國人大常委會實際上獲得了立法權[23]。因此，75 憲法只規定全國人民代表大會有權修改憲法，制定法律（75 憲法第 17 條），再也沒有規定其為行使國家立法權的唯一機關。但該憲法也沒有明確規定全國人民代表大會常務委員會擁有立法權，而是保留 54 憲法中這部分的規定，即全國人民代表大會常務委員會有權解釋法律，制定法令（第 18 條）。國務院即中央人民政府也如 54 憲法所規定的那樣，僅有權根據憲法、法律和法令，規定行政措施，發佈決議和命令（第 20 條），沒有制定行政法規的權力。

於 1978 年 3 月 5 日通過的新憲法基本保留了 75 憲法所設計的立法體制，同樣沒有賦予中央人民政府即國務院制定行政法規的權力。

2.3.3. 82 憲法

23　張春生：《中華……》，第 21 頁。

1982 年 12 月 4 日第五屆全國人民代表大會第五次會議通過了現仍然有效的《中華人民共和國憲法》，一般稱之為 82 憲法。這部憲法是在中國結束了為期 10 年的文化大革命以及決定國家實行對外開放政策後制定的新憲法。在總結了前三部憲法實施的經驗以及配合國家對外開放政策實施所帶來的政治、經濟、文化等發展需要，對國家立法制度作出如下新的規定：

"第 58 條

全國人民代表大會和全國人民代表大會常務委員會行使國家立法權"。

"第 62 條

全國人民代表大會行使下列職權：

（一）修改憲法；

（二）監督憲法的實施；

（三）制定和修改刑事、民事、國家機構的和其他的基本法律"；

"第 67 條

全國人民代表大會常務委員會行使下列職權：

（一）解釋憲法，監督憲法的實施；

（二）制定和修改除應當由全國人民代表大會制定的法律以外的其他法律；

（三）在全國人民代表大會閉會期間，對全國人民代表大會制定的法律進行部分補充和修改，但是不得同該法律的基本原則相抵觸；

（四）解釋法律；

……

（七）撤銷國務院制定的同憲法、法律相抵觸的行政法規、決定和命令；

（八）撤銷省、自治區、直轄市國家權力機關制定的同憲法、法律和行政法規相抵觸的地方性法規和決議"；

"第 89 條

國務院行使下列職權：

（一）根據憲法和法律，規定行政措施，制定行政法規（劃線為我們所加），發佈決定和命令；

……

（十三）改變或者撤銷各部、各委員會發佈的不適當的命令、指示和規章（劃線為我們所加）"；

"第 90 條

各部、各委員會根據法律和國務院的行政法規、決定、命令，在本部門的權限內，發佈命令、指示和規章"。

"第 100 條

省、直轄市的人民代表大會和它們的常務委員會，在不同憲法、法律、行政法規相抵觸的前提下，可以制定地方性法規（劃線為我們所加），報全國人民代表大會常務委員會備案"。

"第 116 條

民族自治地方的人民代表大會有權依照當地民族的政治、經濟和文化的特點，制定自治條例和單行條例（劃線為我們所加）。自治區的自治條例和單行條例，報全國人民代表大會常務委員會批准後生效。自治州、自治縣的自治條例和單行條例，報省或者自治區的人民代表大會常務委員會批准後生效，並報全國人民代表大會常務委員會備案"。

從上述有關憲法條文可以看出，現行的 82 憲法對全國的立法制度作出了全新的如下規定：

（一）首次明確全國人民代表大會及其常務委員會皆為國家的立法機關，共同行使國家的立法權；

（二）首次在憲法中引入行政法規和規章這兩種規範性文件；

（三）分別賦予中央人民政府 —— 國務院和其屬下的部和委員會制定行政法規和規章的權力；

（四）第一次由憲法規定省、直轄市的人民代表大會及常務委員會有制定地方性法規的權力；民族自治地方的人民代表大會有制定自治條例和單行條例的權力；

（五）在全國人民代表大會和其屬下的常務委員會立法權的劃分上，作出一些原則性規定：前者制定和修改刑事、民事、國家機構和其他的基本法律，包括決定特別行政區的設立和制度，而後者則有權制定和修改除由前者制定和修改的基本法律以外的所有其他法律。

對於這一種立法制度，主流法學界認為是屬於一種多層次的立法體制，國家立法權和地方立法權分別由不同的機構行使，"根據憲法、全國人大組織法、國務院組織法以及地方組織法和民族區域自治法的規定，我國的立法體制是：國家的立法權由最高國家權力機關全國人大及其常委會行使，全國人大及其常委會制定法律。除此之外，還有不同層次的立法活動：一是國家最高行政機關國務院制定行政法規的活動；二是省、自治區、直轄市以及省會市和較大市的人大及其常委會制定地方性法規的活動；三是民族自治地方制定自治條例和單行條例。按照全國人大的授權，深圳、廈門等經濟特區制定法規的活動。此外，還有國務院各部門制定部門規章和省、自治區、直轄市及省會市和較大市的人民政府制定政府規章的活動"[24]。

因此，"法的制定主體有全國人大及其常委會、國務院及其部門和直屬機構、省級和較大的市、自治州、自治縣的人大及其常委會、省級和較大的市的人民政府"[25]。

顯然，透過 82 憲法中的第 89 條、90 條、100 條和 116 條的規定，中國的立法制度呈現

24　張春生：《中華……》，第 18 頁。

25　應松年：《當代……》，第 545 頁。

出立法主體和法的表現形式的多樣性，而且立法層級也趨複雜，確實，"我國學者雖對目前我國的立法體制，究竟屬兩級立法體制還是多級立法體制一直存有爭議，但對立法主體應包括行政機關在內，始終不曾有大的爭議，並且承認憲法賦予了行政機關固有立法權（劃線為我們所加）。從總體上看，我國立法主體可分為兩大類，即中央立法機關與地方立法機關，在中央立法機關中，除全國人大及其常委會外，其餘的為行政立法主體：國務院和為數眾多的國務院各部、委、直屬機關。地方立法機關包括人大序列的省級人大及其常委會、省會市人大及其常委員、國務院批准較大的市人大及其常委會、經濟特區市人大及其常委會，政府序列的立法主體是與上述人大相對應的人民政府"[26]。

2.4. 行政法規的制定主體及其表現形式

一如前述，根據現行 82 憲法第 89 條（一）項規定，國務院有權根據憲法和法律，制定行政法規。因此，沒有爭議的是國務院，即中央人民政府，也是最高國家行政機關，是行政法規的制定主體，也就是說，只有國務院才有權制定行政法規。

另一方面，前面也已經說過，行政法規不是中國內地規範性文件的具體表現方式，而是由國務院制定頒佈的有關行政管理的規範性文件的總稱。其表現形式主要有：條例、規定和辦法等。這顯然與澳門特別行政區第 3/1999 號法律第 3 條（二）項把行政長官行使特區《基本法》第 50 條（五）項賦予的職權所制定的規範性文件直接定名為"行政法規"不同。

2.5. 全國人大及其常委會制定的法律與國務院制定的行政法規之間的關係

2.5.1. 法律優先原則

眾所周知，全國人民代表大會是中華人民共和國最高國家權力機關，其所屬的常務委員會是其常設機關（82 憲法第 57 條），兩者均為國家的立法機關，行使國家的立法權（82 憲法第 58 條），由該兩機構所制定的法律，其效力及於全國範圍並對國內所有機構均具約束力，因此，"在我國多層次的立法體制中，全國人大及常委會的立法權處於最高和核心地位，其他任何機關制定的規範性文件都不得與憲法、法律相抵觸……行政法規不得同憲法和法律相抵觸；地方性法規不得同憲法、法律及行政法規相抵觸；自治條例和單行條例不得對憲法和民族區域自治法的規定作出變通規定，不得違背法律和行政法規的基本原則。全國人大及其常委會立法權的最高和核心地位，要求國家立法權之下的任何一級立法權都必須服從國家立法權，以國家立法權為最高準則"[27]。

然而，法律優先於行政法規是毫無疑問的，"具體來說，法律優越（優先）原則包括如下兩個方面的含義：（一）法律的效力等級高於行政立法：法律是指全國人民代表大會制定的規範性文件，行政立法是指行政機關制定行政法規、行政規章的活動。正式法律的效力等級高於

---

26 劉莘：《國內法律衝突與立法對策》，北京，中國政法大學出版社，2003 年，第 73 頁。

27 張春生：《中華……》，第 19 和 20 頁。

行政立法是在我國的行政法律體制中，全國人民代表大會制定的法律具有高於行政法規和行政規章的地位和效力"[28]。

"對擁有行政立法權的行政機關而言，法律優先包含下列涵義：（1）在已有法律規定的情況下，行政法規、規章不得與法律相抵觸，凡有抵觸的，都以法律為準。法律優於行政法規、規章"[29]。

"在我國，全國人大及其常委會有制定憲法和法律的權力，這是最高層次的立法機構，享有最高的法律效力等級；國務院有制定行政法規的權力，它是全國人大的執行機關，是僅次全國人大及其常委會的第二層的立法機構，相應地行政法規為第二等級的立法"[30]。

上述法律的優先原則在 82 憲法第 67 條（七）項和《立法法》第 79 條和 88 條中予以明確規定並由全國人大常委會予以執行。

2.5.2. 法律保留原則

從憲法規定的立法權劃分上看，法律保留是某些社會關係，基於其本身的性質或重要性，憲法規定必須由立法機關以法律這一規範表現形式予以規定，其他機關如行政機關等，不能對該等社會關係透過其他規範的表現形式作出規定，因此，法律保留是指"在國家法秩序的範圍內，有某些事項必由法律來規定，不可由其他國家機構，特別是行政機關代為規定"[31]。

在立法理論上，通常又把法律保留區分為相對保留和絕對保留兩種，相對保留"是指應當作出法律規定的事項，行政機關不得立法，除非有法律的特別授權"[32]。絕對保留"是指某些事項，只能由法律作出規定，不得通過授權法授權行政機關作出規定"[33]。

根據上述提到的 82 憲法，全國人民代表大會除行使對憲法的修改權外，還有權制定和修改刑事、民事、國家機構的和其他的基本法律；決定特別行政區的設立及其制度（憲法第 62 條）等。全國人大常委會則有權制定和修改除應當由全國人民代表大會制定的法律以外的其他法律（憲法第 67 條）。

上述提到的基本法律，"可以從以下兩個方面理解：一方面，從法律的性質上看，'基本法律'對某一類社會關係的調整和規範，在國家和社會生活中應當具有全局的、長遠的、普遍的和根本的規範意義。另一方面，從調整的內容上看，'基本法律'所涉及的事項應當是公民的基本權利和義務關係；國家經濟和社會生活中某一方面的基本關係；國家政治生活各個方面

28　馬懷德：《行政……》，第 43 和 44 頁。

29　應松年：《當代……》，第 87 頁。

30　應松年：《當代……》，第 572 頁。

31　陳新民：《中國行政法原理》，北京，中國政法大學出版社，2002 年，第 35 頁。

32　應松年：《當代……》，第 576 頁。

33　應松年：《當代……》，第 576 頁。

的基本制度；事關國家主權和國內市場統一的重大事項；以及其他基本和重大的事項"[34]。

至於其他應由法律規定的事項，則大多由全國人大常委會以法律規定之，但全國人大如認為必要，也可以行使立法權。如憲法明確規定應當由法律規定的事項共有45處，其表述方式為"由法律規定"、"以法律規定"、"依照法律規定"、"依照法律"和"在法律規定範圍內"等[35]。對於上述這些在憲法中明確以法律予以規定的事項，國家行政機關就不得主動以行政法規作出規範，否則視為侵犯了全國人大及其常委會的立法權。

除了上述這些在憲法中明示保留予全國人大及其常委會通過制定法律作出規範的事項外，法學理論界一致認為，基於憲法明確規定（憲法第57條）全國人大是最高國家權力機關，而常務委員會是其常設機關，同時該兩機關也是行使國家立法權的機關（憲法第58條），因此，該兩機關的立法權限不受限制，也就是說，只要該兩機關本身認為合適，對任何事項都可以行使立法權。

2.5.3. 行政法規的規範範圍

由於國務院擁有的制定行政法規的權力是憲法賦予的行政立法權，主流意見認為是其本身固有的權力，因此，凡涉及其本身行政管理職權範圍（憲法第89條）的事項以及經特定法律授權或為執行具體法律而有需要，即可通過制定行政法規予以規範，但不能就憲法已明示保留予全國人大及其常委會的事項、全國人大及其常委會已透過法律作出規定的事項以行政法規作出規定。

事實上，理論界的這一理解也為後來所制定的《立法法》第56條所確認，"如果有上位法的規定，享有行政立法權的行政機關應當根據上位法的規定制定執行性立法；如果沒有上位法的規定，行政立法機關可以在憲法和組織法規定的職權範圍內制定創制性立法"[36]。

"國務院制定行政法規的權限，包括兩部分：一是憲法規定國務院享有的行政法規制定權，二是全國人民代表大會及其常務委員會授予國務院的行政法規制定權。其中，前一方面的立法權，是直接為實施憲法和法律而設定的，因此，行使這方面的立法權應當以憲法和法律為根據，單行法律已經作出規定的，行政法規不得作出相反的規定；後一部分的立法權，雖不以國家制定相應的單行法律為前提，但是仍應以憲法的規定為根據，從位階和效力上說，它仍然是從屬性的"[37]。

"憲法、法律中關於立法主體可以就某些具體事項行使職權的規定，包含著默示了立法主體享有就這些事項立法的職權。例如，中國憲法第89條關於國務院行使 '領導和管理經濟工

34　張春生：《中華……》，第24頁。

35　張春生：《中華……》，第33和34頁。

36　應松年：《當代……》，第577頁。

37　李步雲和汪永清：《中國……》，第187頁。

作和城鄉建設'，'領導和管理教育、科學、文化、衛生、體育和計劃生育工作' 的職權這類規定中，就包含著默示了國務院享有就管理這些事項制定行政法規的職權" [38]。

"國務院的立法範圍，主要是依憲法和其他憲法性法律確定的國務院職權範圍來劃定。憲法第 89 條確定國務院行使 18 項職權，地方組織法規定國務院行使一定的立法監督權。在這些職權範圍內，如有必要，國務院可以通過制定行政法規等形式對各有關事項實行立法調整" [39]。

2.5.4. 執行性行政法規與獨立性行政法規

國務院制定的行政法規可以根據其功能分為執行性行政法規和獨立性行政法規，前者是行使執行性立法的結果，後者則是行使創制性立法的結果。

"執行性立法是指行政主體為了執行或實現特定法律和法規或者上級行政主體的規範性文件的規定而進行的立法。執行性立法可以依職權也可以依授權而進行，但不得任意增加或減少所要執行的法律、法規或上級規範性文件的內容。通過執行性立法所制定的行政法規和規章，一般稱為 '實施條例'、'實施細則' 或 '實施辦法'，在所執行的法律、法規或上級規範性文件被消滅時也不能獨立存在。

創制性立法是指行政主體為了填補法律和法規的空白或者變通法律和法規的規定以實現行政職能而進行的立法。其中，為了填補法律和法規的空白而進行的創制性立法，即在還沒有相應法律和法規規定的前提下，行政主體適用憲法和組織法所賦予的立法權所進行的立法，稱為自主性立法" [40]。

國務院為具體實施某一法律而制定的行政法規，通常稱之為執行性行政法規；在沒有法律規定的情況下，為履行憲法規定的職權，如第 89 條所規定的行政管理職權而制定的行政法規，以及經全國人大或全國人大常委會特別授權而制定的行政法規，稱之為獨立性行政法規或創制性行政法規。執行性行政法規不能創設新的權利、義務；創制性行政法規可以設立新的權利、義務。

結論：

根據中國現行 82 憲法及憲法規定的立法體制：

—中央人民政府即國務院具有行政立法權，該立法權是國家立法權的組成部分；

—國務院通過制定行政法規來行使行政立法權；

—行政法規是中國法淵源之一，是法的表現形式之一；

—行政法規是國務院制定的各種規範性文件的總稱；

38　周旺生：《立法學》，北京，法律出版社，2004 年，第 133 頁。

39　周旺生：《立法……》，第 207 和 208 條。

40　馬懷德：《行政……》，第 199 頁。

——行政法規所規範的事項不能含有憲法和法律明確保留予全國人大及其常委會通過制定法律作出規範的事項；

——行政法規之效力低於由全國人大及其常委會制定的法律，亦不得與之相抵觸；

——國務院為履行憲法第89條所賦予的職權或經全國人大及其常委會特別授權，可以制定設置權利、義務的獨立行政法規（創制性）；為執行法律制定執行性或從屬性行政法規，該等行政法規不能創設新的權利和義務。

3. 葡萄牙和澳門法律制度中的行政法規

3.1. 行政法規的概念

行政法規是行政機關在行使行政職能過程中制定的法律規範[41]。對此概念，幾乎所有的作者均同意，可以說構成了一個起碼的共同定義。

有時候，根據從這一制度中所採取的角度，某些作者對概念附加一些要素，而另一些[42]則提出不但公共行政當局的機關可以頒佈規章規範，而且其他不包含在行政當局內，但有時執行一些實質上屬行政性工作的公共實體也可以 —— 如議會，當其批准有關公民出席國會全會的規則時 —— 或甚至一些私人實體，如體育聯會。

行政法規是法律規範，也就是說，應具有普遍性和抽象性的特點。作為法律規範的特徵，普遍性是指規範不針對特定對象，而是或多或少的普遍的人。抽象性是指調整或規範某不特定數目的事件、一類範圍或寬或窄的情況，而不是特別針對特定的事件、情況或假設[43]。

"行政法規並不是立法職能的一種體現，其實是行政職能的規範性表現"[44]。

3.2. 制定法規權力的理據

我們從歷史上的理據出發。

隨著舊制度的崩潰，自由國家和憲法國家的出現，由它們的理論家所設想的權力分立原則在現實運作上，碰到了實際困難。確實，馬上發現立法權不能確保有對具體生活而言必不可少的法規數量，因此允許"執行權不光有執行職能，而且擁有法規職能中的一大塊，而從合適

41　AFONSO QUEIRÓ：《Lições de Direito Administrativo》，科英布拉，講義，1976年，第409頁和 ESTEVES DE OLIVEIRA：《Direito Administrativo》，科英布拉，Almedina 出版社，1980年，第一冊，第103頁。與這一概念分別不大，MARCELO CAETANO：《Manual de Direito Administrativo》，科英布拉，Almedina 出版社，第十版，重印，1980年，第一卷，第95頁，認為行政法規是由行政當局就其本身職權事宜制發的、具一般和持續執行性特徵的法律規範。

42　DIOGO FREITAS DO AMARAL：《Curso de Direito Administrativo》，科英布拉，Almedina 出版社，2001年，第二冊，第151頁及續後各頁。

43　正如我們於2005年5月4日在第5/2005號案合議庭裁判中指出，對某些作者來講，當談及法律規則的抽象性時，通常是指由規則所規定的事實和情況並不必然已經出現；是那些預料將來出現的事實或情況。然而，支持這一最後概念的作者認為抽象性並非法律規範的特徵，具普遍性特徵足以成為法律規範。

44　J. J. GOMES CANOTILHO：《Direito Constitucional e Teoria da Constituição》，第833頁。

原則或權力分配的組織範疇與實質範疇相一致原則的本義來看，後一些職能應全部劃歸立法權力"[45]。"但這由於實際上不可行而沒有出現；因此，緊接著法國大革命後的幾年，法律即承認行政當局（尤其在 VIII 年憲法中）在某些範圍內，擁有制定一定的、即使是次級或級別低於法律的法律規則。因此，歷史上，制訂行政法規的權力來自於純粹的權力分立原則在實踐運作中的不可性"[46][47]。

至於行政法規權的實際上的理據則是，除了立法者遠離社會生活的具體情況外，國會也沒有技術手段制訂出具有能穩妥地執行所必需的完善程度的法規[48]，而且立法者不可能全面預測所有情況，這樣必須由行政當局在稍後參與其中，以便填補由法律有意或非願意情況下所留下的空白[49]。

AFONSO QUEIRÓ[50] 還給出另一項理由："在那些國會在行使其立法職權方面被定性為被動角色而執行權又沒有競合立法權的憲法制度中，為'整體上良好地執行法律'而制定獨立的行政法規是特別被理解的"。

最後，基於對合法性原則的尊重，行政法規制定權的現行法律理據體現於憲法和法律之中。

在葡萄牙和澳門法律中，在存在制定行政法規權力的理據方面，根本上建基於憲法，但每一具體行政法規的依據可以來自於法律（即立法文件，包括法律和法令）[51][52]。

3.3. 制定行政法規的職權和形式

在葡萄牙法律中，有權制發行政法規是共和國政府、自治地區本身的政府機關、地方市政機關、中央政府在地區中的代表和公務法人以及公共團體的機關。

在澳門法律中，總督擁有制定規章的權力〔《組織章程》第 16 條第 1 款 c）項〕，經總督

---

45 AFONSO QUEIRÓ：《Teoria……》，第 5 和 6 頁。

46 DIOGO FREITAS DO AMARAL：《Curso……》，第二冊，第 174 和 175 頁。

47 就這一問題，見 J. M. FERREIRA DE ALMEIDA：《Regulamento administrativo》，載於《Dicionário Jurídico da Administração Pública》，里斯本，1996 年，第 194 頁。

48 AFONSO QUEIRÓ：《Teoria……》，第 6 頁。

49 DIOGO FREITAS DO AMARAL：《Curso……》，第二冊，第 174 頁。

50 AFONSO QUEIRÓ：《Teoria……》，第 7 頁。

51 DIOGO FREITAS DO AMARAL：《Curso……》，第二冊，第 175 頁，J. J. GOMES CANOTILHO：《Direito Constitucional e Teoria da Constituição》……，第 834 頁，J. M. FERREIRA DE ALMEIDA：《Regulamento……》，第 199 和 200 頁及 AFONSO QUEIRÓ：《Teoria……》，第 15 頁。

52 作為此一原則的例外，內部行政法規是行政當局組織性規章，只針對機構、機關及行政人員，在行政當局外不產生效力，而行政當局合議機構的規章，認為該等機構在沒有法律明示許可的情況下，可以通過其組織和運作規章。參閱 AFONSO QUEIRÓ：《Teoria……》，第 12 和 13 頁以及 DIOGO FREITAS DO AMARAL：《Curso……》，第二冊，第 176 和 177 頁。

根據《組織章程》第 16 條第 4 款授予制定規章權的政務司也擁有這一權力[53]。

法律也賦予其他實體，如地方市政機構和公務法人制定規章的權力。

在葡萄牙法律中，政府有權制定的規章的表現形式為規章令、訓令和規範性批示，致於內部規章方面，其形為指令和通知。

澳門總督的行政規章採用了訓令和規範性批示的形式（《組織章程》第 15 條第 2 款）。

3.4. 法律與行政法規之間的關係

3.4.1. 議會和政府的立法職權

在葡萄牙和（受葡萄牙管理的）澳門的法律中由議會和政府分享立法職權。

自 1945 憲法修正案開始，葡萄牙政府確實開始擁有與國民議會競合的立法職權 —— 透過法令方式 —— 但不影響憲法保留了一些只可以由國會以法律核准的事項（1933 憲法第 93 條和第 109 條第 2 款，這些條文在經 8 月 16 日第 3/71 號法律核准的憲法修正案內）。但涉及那些非保留的事項，法令擁有與國會法律同樣的價值和位階，可修改或廢止法律。

這一制度在 1976 憲法中予以保留（在 9 月 20 日第 1/97 號憲法性法律文本內的第 164、165 和 198 條）。

在澳門，立法職權也是由立法會和總督行使的，根據澳門《組織章程》第 5 條："立法職能由立法會及總督行使"。

根據《組織章程》第 13 條第 1 款："總督之立法權限以法令行使，其立法範圍包括所有未保留予共和國主權機關或立法會的事宜，但不得違反第 31 條之規定"。

《組織章程》第 31 條第 1 款規定了立法會專屬立法權限事項（絕對保留），第 2 款也是立法會的專屬立法權限的事項，但可以是授予總督立法許可的標的（相對保留）；同條第 3 款則列舉了立法會和總督的競合立法事項，因此，對於這些事項，法律可以修改和廢止法令，相反亦然。

3.4.2. 法律和規章規範之事項

是否基於其本身之性質，有些事項必須由法律予以規定，或者原則上，任何事項均可以透過法律或行政法規作出法規化的規定，對此一直存有爭議[54]。

20 世紀初，某一理論認為由法律來作*原則性規定*，由行政法規規定*細則*。

但很快發現區分的標準是不可行的，因為細則的概念是相對的。

第二項標準立足於法律的*創新性*，而行政法規則沒有。但仔細分析有關問題後發現，規定於法律制度中的獨立的行政法規以及對最為嚴格的理論來講，只需一項授權法律而出現的那

53　AFONSO QUEIRÓ：《Teoria……》，第 16 頁。

54　就這一問題，DIOGO FREITAS DO AMARAL：《Curso……》，第二冊，第 166 頁及續後各頁和 MARCELO CAETANO：《Manual……》，第一卷，第 96 至 98 頁。

些行政法規就排除於此一標準之外了。而這些行政法規並不以那些作出原則規定的法律為前提的。

第三項標準則認為法律和行政法規規定之事項相同，*原則上沒有保留予法律或行政法規的事項*，兩者只可以在形式和機關層面上予以區分。

葡萄牙和澳門的法律制度採用了後一制度。

無論法律還是行政法規，均為法律規範，只是因其制定的機關的不同地位以及體現這些規範的文件的不同價值而有所不同，因此法律可以廢止行政法規，但後者不能廢止法律。

"從現行的成文法來看，所有來自於具有立法權的機關且其表現形式為法律的文件均為法律，即使該等文件之範圍僅涉及個案和含有規章特點的規範亦然；所有來自於具有制定規章權限且其表現形式為行政法規的文件均為行政法規，即使其為獨立或自主法規而具創新性亦然" [55]。

3.4.3. 法律保留。法律優先。

儘管如此，在葡萄牙和澳門法律中，存在一項*法律保留*原則，其意為立法會保留立法職權，也就是說有些事項保留予代表機構。

如前所述，議會和政府均有立法職權，即兩者均核准法律，儘管政府之法律定名為法令。

根據 1976 憲法第 164 條和第 165 條，有些事項僅可以由共和國議會的法律去規定，其中有些完全禁止政府以法令予以核准，即使議會授權亦然（絕對保留）。其他保留予議會的事項是相對的，這意味著通過議會授權，政府可以以法令作出規範。

直至 1999 年 12 月 19 日，同一制度在澳門有效，某些特定的事項絕對保留予立法會，其他則為相對保留，餘下則是立法會和總督的競合立法權限（《組織章程》第 31 條）。

因此，那些保留予立法會的法律規範的事項方面，不承認執行權對其有任何固有的規範權。

同樣沒有爭議的是存在*法律優越原則*：法律高於和優越於行政法規，規章性規範抵觸法律即無效。這來自於葡萄牙憲法第 266 條第 2 款，其中規定行政當局直接服從法律，但同時也是基於法律的統一性和確保法律內在一致性的需要 [56]。"儘管對某一情況有矛盾的規定，但這些規定作為統一法律體的一部分就能保證對該情況而言，只有一項規定的結果是正確和適當的

55　DIOGO FREITAS DO AMARAL：《Curso……》，第二冊，第 169 頁。

56　J. J. GOMES CANOTILHO 和 VITAL MOREIRA：《Constituição da República Portuguesa Anotada》，科英布拉，科英布拉出版社，第三修訂版，1993 年，第 922 和 923 頁和 LUÍS P. PEREIRA COUTINHO：《Regulamentos independentes do Governo》，載於 JORGE MIRANDA 主編的《Perspectivas Constitucionais nos 20 Anos da Constituição da República》，科英布拉，科英布拉出版社，1998 年，第 1011 頁。

（*法律秩序不相矛盾的原則*）[57]。

當然，如存在*行政當局之保留*（保留予執行權，限制立法權及立法權力必須給予尊重）的話，那麼法律優越原則就會出問題了[58]。

最後，有必要講明的是，均接受行政法規也不能"違反行政法的一般原則，理論界承認這些原則具有與法律相同之位階價值（當這些原則沒有規定於憲法中時）"[59]——法律可以與它們相抵觸，但行政法規不能。作為行政遵從法律的合法性在此被理解為*整體合法性或法制化*[60]。

3.4.4. 執行性行政法規和獨立性行政法規

3.4.4.1. 概念

行政法規分為執行性行政法規和獨立性行政法規。

*執行性行政法規*旨在為法律制定實施細則，其他為*獨立性行政法規*，後者之目的不是充實或細化一項法律。

對於獨立性行政法規，爭議的是，儘管沒有任何規範對某事項作出規定，是否必須有一法律授權，政府才可以對該事項制定行政法規，還是"相反，政府從憲法處獲得了普遍的權力就所有及任何不包含在法律保留內的社會關係以行政法規訂定創始性規條"[61]。

3.4.4.2. 1933 葡萄牙憲法中的獨立性行政法規

在 1933 憲法生效時期，關於第 109 條第 3 款，其規定賦予政府"為良好地執行法律，制定命令、行政法規和指令"，享有不可爭辯權威性的 MARCELO CAETANO[62] 論述道：

"1933 憲法第 109 條第 3 款說賦予政府'為良好地執行法律，制定命令、行政法規和指令'的權力，因此就得出行政法規是執行先前某一特定法律的規範，即是對法律中的基本規定的充實嗎？我們認為不是，規定的字面本身並不允許得出這一結論，因為必須得出結論，即也只有當為執行某一法律而需要時，才可以制定非規章性的命令，這顯然是不正確和違反一般和國內的做法。當憲法提及'為良好地執行*法律*'是指由形式上稱之為法律的那些高等級規則所確立的遵從法律秩序而得出的國家某種活動，一句話，憲法制定者恰恰想表達的意圖是：行政法規，正如和簡單的命令、指令一樣，是管理活動的形式，因為從同樣第 109 條第 4 款一開始就可見，管理活動首先就是被構想成一個執行職能，'因此，為良好地執行法律不是執行每項法律，而是對法律秩序的發展'"。

57　AFONSO QUEIRÓ：《Lições……》，第 513 頁。

58　參閱 LUÍS P. PEREIRA COUTINHO：《Regulamento……》，第 1013 頁。

59　SÉRVULO CORREIA：《Legalidade de Autonomia Contratual nos Contratos Administrativos》，科英布拉，Almedina 出版社，1987 年，第 230 頁。

60　LUÍS P. PEREIRA COUTINHO：《Regulamento……》，第 1016 及續後各頁。

61　SÉRVULO CORREIA：《Legalidade……》，第 230 頁。

62　MARCELO CAETANO：《Manual……》，第一卷，第 98 頁。

L. S. CABRAL DE MONCADA [63] 對這一段進行解釋時認為，可以存在獨立性行政法規，首次對某些事項作出規範，同時提到這是自第一次世界大戰後期法國憲法實踐對葡萄牙法律的影響。

3.4.4.3. 1976 葡萄牙憲法（最初文本）中的獨立性行政法規

隨著 1976 憲法的通過及在其最初文本〔第 202 條 c）項〕針對性地規定 "賦予政府在行使管理職能過程中" "為良好地執行法律，制定必需之行政法規的職權"，理論界出現了分歧。

某些學者宣稱，獨立性行政法規不能作為某些事項的原始規範。

其中，GOMES CANOTILHO 後來認為，憲法接受獨立性的行政法規，但這些行政法規是 "那些法律（行政一直受到具體法律約束）僅僅指定可以或應該制定行政法規的機構以及行政法規涉及的事項" [64]。而為了不存在疑問，補充道："如果法律還沒有對某些事項作出規範而行政法規提前將之法規化規定，則法律優先或法律至上這一原則就變成僅具形式而已。而實際上，這幾乎是行政當局不受具體法律約束理論所允許的" [65]。

還在憲法最初文本生效時期，GOMES CANOTILHO 和 VITAL MOREIRA [66] 在對第 202 條注釋時認為：

"三、儘管文本字面如此，'為良好地執行法律而必需的行政法規'〔c）項〕不僅包括那些稱之為*執行性的行政法規*，而且也包括那些*獨立性行政法規*。

前者是純執行法律（*嚴格上講：具體法律*）的行政法規；後者是那些在法律僅確定客體職權（即行政法規可以涉及的事項）和主體職權（即制定行政法規的有權限實體）的情況下制定的行政法規。不能有純獨立性的、即沒有提到任何法律的行政法規"。

ESTEVES DE OLIVEIRA [67] 同樣持相同的觀點，認為 "在立法權不想參與或忘記立法的事項方面，不應接受行政法規"。

不同的是，AFONSO QUEIRÓ [68] 卻認為，在欠缺法律或法令時，"根據廣義理解的憲法第 202 條 c）項規定，'為執行法律'，政府行使其本身權力去制定行政法規"，而所出現的

63　L. S. CABRAL DE MONCADA：《Lei e Regulamento》，科英布拉，科英布拉出版社，2002 年，第 1016 和 1004 頁，注釋（1566），除了前述注譯中提及的作者、著作和地點，還引用 FEZAS VITAL：《Hierarquia das fontes de direito》，載於司法部公報，第 III 年，第 15 期，第 411 頁。但相反的觀點，LUÍS P. PEREIRA COUTINHO：《Regulamento……》，第 1006 頁中所引述的 AFONSO QUEIRÓ 在 1933 憲法生效期間提出的意見。

64　J. J. GOMES CANOTILHO：《Direito Constitucional》，科英布拉，Almedina 出版社，第二版，1980 年，第 409 和 410 頁。

65　J. J. GOMES CANOTILHO：《Direito Constitucional》……，第 410 頁。

66　J. J. GOMES CANOTILHO 和 VITAL MOREIRA：《Constituição da República Portuguesa Anotada》，科英布拉，科英布拉出版社，1978 年，第 390 頁。

67　ESTEVES DE OLIVEIRA：《Direito……》，第 115 頁。

68　AFONSO QUEIRÓ：《Teoria……》，第 13 頁。

是"⋯⋯在此情況下，制定行政法規的權力是基於執行權本身的一項權力，如還存在依法原則的話，也是非常弱和很難被理解的，嚴格來講，所出現的是獨立行政法規的制定權是在遵守議會法律充分允許的範疇內被行使，也只有此意義上，可以說是'為執行法律'而行使該權力的"[69]。

SÉRVULO CORREIA[70]也同樣接受存在以憲法為依據的政府行政法規的可能，不必有一項普通法律作為其基礎。

3.4.4.4. 1976葡萄牙憲法（1982年的修訂）中的獨立行政法規

3.4.4.4.1. 沒有預先授權法即沒有獨立行政法規的論點

然而，在1982年，1976葡萄牙憲法被第1/82號憲法性法律所修訂，在第115條內增加了下列兩項規定：

"6. 當作出規範的法律確定，以及在獨立行政法規的情形中，政府之行政法規以法規命令方式表現出來。

7. 行政法規應明確指出旨在予以進一步規範的法律或確定制定行政法規的主體職權和客體職權的法律"。

這兩項規範仍然有效並構成了現行第112條第7、8款。

透過這一規定，明釋了獨立行政法規的概念，可以說在這次憲法修訂中，憲法確立了如GOMES CANOTILHO和VITAL MOREIRA所主張的觀點，即獨立行政法規是那些在法律僅確定制定的客體職權 —— 行政法規所要規範的事項，和主體職權 —— 有權制定行政法規的實體的情況下制定的行政法規。

正因如此，在新版《憲法注釋》中，GOMES CANOTILHO和VITAL MOREIRA[71]對第115條注釋時寫道：

"從第6和7款整體來看，明確得出的是，第6款所提到的獨立行政法規是那些其本身之授權法律只確定'制定行政法規之主體和客體職權'的行政法規（第7款），在此情形中，法律是一項純轉致性法律或轉致到行政法規的法律；而此時，法律僅僅是一項立法性規範而已。

因此，再也沒有任何稱之為自主性行政法規了（有時它們也被稱為'獨立性行政法規'），意即沒有根植於憲法所賦予的假定的固有權力（參閱第202條c）項：'賦予政府為良好地執行法律而制定必需之行政法規的職權'），不提及任何特定法律，而是整體法律秩序的行政法規了⋯⋯

同樣，提出以憲法第202條g）項作為政府制定獨立行政法規的假定權力的直接和獨立理

69　AFONSO QUEIRÓ：《Lições⋯⋯》，第425和426頁。

70　SÉRVULO CORREIA：《Noções de Direito Administrativo》，I，里斯本，1982年，第108頁。

71　J. J. GOMES CANOTILHO和VITAL MOREIRA：《Constituição da República Portuguesa Anotada》，科英布拉，科英布拉出版社，第三修訂版，1993年，第513和514頁。

據也是毫無意義的，該項賦予政府‘為推動社會—經濟發展及滿足集體所需而作出一切行為和採取一切必要之措施’……的職權。

此外，由於政府已擁有固有之立法權，看不到還有什麼理由在法律之外，還賦予其制定行政法規的權力”。

同樣 GOMES CANOTILHO 在 1982 憲法修訂案後，在其參考書中維持相同之理解[72]。

其他作者也加入此一觀點[73]，這一論點也被憲法法院分別於 1989 年 2 月 1 日和 1991 年 3 月 13 日在第 184/89 號和第 61/91 號案件內所作的裁判所肯定，分別刊登於 1989 年 3 月 9 日和 1991 年 4 月 1 日《共和國日報》第 II 組內。

支持這一觀點的主要論據如下：

a）現行憲法第 112 條第 7 和 8 款的字面要求任何獨立性行政法規要指明確定制發行政法規的主體和客體職權的法律。

這一規範意味著沒有預先的一項特定的法律作為法律依據，就不會有行使制定行政法規的權力[74]。

而這一法律不能是憲法，否則在主體職權方面，憲法之指明就太過無足輕重的了[75]。

關於要求指明授權法律方面，有人接受一項行政法規的普遍法律授權，而不必每一個案都有法律依據[76]。

b）由於政府擁有本身的立法職權，故政府不必制定屬創始性規範的獨立行政法規[77]。

因此，由於政府擁有立法職權，當必須首先透過規範予以規定時，應透過立法方式進行，而不是以行政法規方式。否則將讓政府有擺脫某些要求的可能性，如來自於對法令作合憲性預先審查要求的可能，而這是不適用於行政法規的[78]。

72　J. J. GOMES CANOTILHO：《Direito Constitucional e Teoria da Constituição》……，第 838 頁及續後各頁。

73　J. M. COUTINHO DE ABREU：《Sobre os Regulamentos Administrativos e o Princípio da Legalidade》，科英布拉，Almedina 出版社，1987 年，第 74 頁及續後各頁，VITAL MOREIRA：《Administração Autónoma e Associações Públicas》，科英布拉，科英布拉出版社，1997 年，第 186 頁，注釋 265，MANUEL AFONSO VAZ：《Lei e Reserva de Lei》，波爾圖，葡萄牙天主教大學，1996 年，重印，第 488 頁及續後各頁，DIOGO FREITAS DO AMARAL：《Curso……》，第二冊，第 182 頁，LUÍS P. PEREIRA COUTINHO：《Regulamentos……》，第 1022 頁及續後各頁以及 L. S. CABRAL DE MONCADA：《Lei……》，第 987 頁及續後各頁。

74　J. J. GOMES CANOTILHO 和 VITAL MOREIRA：《Constituição……》，第三版，第 512 頁。

75　L. S. CABRAL DE MONCADA：《Lei……》，第 1003 頁，注釋（1565）。

76　LUÍS P. PEREIRA COUTINHO：《Regulamentos……》，第 1040 和 1041 頁。

77　這一觀點，J. J. GOMES CANOTILHO：《Direito Constitucional e Teoria da Constituição》，……，第 839 頁，J. J. GOMES CANOTILHO 和 VITAL MOREIRA：《Constituição……》，第三版，第 514 頁，L. S. CABRAL DE MONCADA：《Lei……》，第 998 和 1003 頁。

78　L. S. CABRAL DE MONCADA：《Lei……》，第 999 頁。

c）民主原則與將一項即使屬*低於法律的*、普遍制定規範權單純地轉移至政府是不相容的[79]。

在此應提醒的是，即使對於上述所展述的觀點來說，就內部行政法規而言，提及授權法律這一原則是不適用的 —— 這些行政法規為行政當局的組織法規，只涉及機關、機構和行政人員，在行政當局以外不產生效力[80]。但只要其影響到第三者，就應被認為是對外的行政法規，因此而產生相關之後果，如對其提出訴訟質疑。

這些行政法規可以是組織方面的行政法規或指引性的行政法規（指令和通知）。至於那些涉及權力*特別關係*的行政法規：軍人、公務員、囚犯、某些公共機關的使用人士、如公共教育機構的學生等，傳統上被認為屬於內部行政法規，但現在此一理解也不一致了[81]。

3.4.4.4.2. 接受在沒有預先授權法律的情況下也有獨立性行政法規的觀點

SÉRVULO CORREIA 在其重要的博士論文[82]中繼續認為可以存在以憲法為直接依據的行政法規。

為此提醒到，從憲法第 115 條所提出的理據並非決定性的，因為如第 6 款（現行第 112 條第 7 款）只是提到政府之行政法規的話，那麼第 7 款（現行第 112 條第 8 款）提到的是法律制度中所有的行政法規[83]，因此，這些行政法規中，許多有普通法律而不是憲法所確定的主體和客體職權作為其基礎的，而第 7 款所提及是這些職權。

關於沒重複必要的理據（因為政府已擁有正常的立法職權，這是在歐洲其他法律制度中所沒有的，它們原則上，只是在緊急和國會立法許可的情況下才接受的），所提到的作者予以排除，提出相對於立法程序而言，制定規章性命令的方式更加靈活[84]。

反對此一理據的還提出，如果憲法賦予政府立法職能層面的職權，另一方面又同時規定在行政職能層面上有制定法規的權力，但使後者受制於不同的制度的話，那麼這些權力適用於不同職權時就等於沒有了，應當被理解為不同性質權力的表現[85]。如 MANUEL AFONSO VAZ[86]所言 "對規章命令來講，整個法令的程序和相互關係的法律制度揭示了一種不同性質的法規

79　J. J. GOMES CANOTILHO：《Direito Constitucional》，科英布拉，Almedina 出版社，第二冊，1981 年，第 53 頁。

80　L. S. CABRAL DE MONCADA：《Lei……》，第 1063 和 1064 頁。

81　就這一問題，見 DIOGO FREITAS DO AMARAL：《Curso……》，第二冊，第 163 頁及續後各頁，J. M. COUTINHO DE ABREU：《Sobre os Regulamentos……》，第 95 頁及續後各頁。

82　SÉRVULO CORREIA：《Legalidade……》，第 210 頁及續後各頁。

83　這一觀點，見 J. M. CARDOSO DA COSTA：《A jurisprudência constitucional portuguesa em matéria administrativa》，載於《Estudos em Homenagem ao Prof. Doutor Rogério Soares》，科英布拉，科英布拉出版社，2001 年，第 199 和 200 頁，同樣提出憲法性司法見解來支持這一觀點。

84　也見 LUÍS P. PEREIRA COUTINHO：《Regulamento……》，第 1032 和 1033 頁。

85　LUÍS P. PEREIRA COUTINHO：《Regulamento……》，第 1032 和 1033 頁。

86　MANUEL AFONSO VAZ：《Lei……》，第 494 頁。

安排"。

另一方面，在非議會制度中——如葡萄牙的——民主原則屬過度且不能運作——在這些制度中，政府不但從議會中獲取合法性，而且也從一位直接全面選舉而產生的總統處獲取合法性，並在政治上對後者負責。

關於政府管理職權方面，SÉRVULO CORREIA 也提出憲法第 202 條 g）項〔現行第 199 條 g）項〕作為固有的制定行政法規權的理據——根據該項，賦予政府"為推動社會—經濟發展及滿足集體所需作出一切行為和採取一切必要之措施的職權"[87]。

還進一步指出，為有效和恰當地追求公共利益，接受獨立行政法規是唯一的方式，尤其是在如經濟管理和提供服務領域，現實發展與立法程序不可避免的滯後不相符[88]。

由於所提到的這一項，使理據得到加強——與同條的其他項的大部分不同——免除行政法規提及法律，而以追求某些目的代替之：推動社會—經濟發展和滿足集體需要。

但也不乏輕視這一理據的人士，他們認為該項所具有的價值比驟眼看來的要小，由於經字面解釋，賦予了政府在極廣泛範圍內制定獨立行政法規的權力，而在合法性方面，只需提及法律即可，這除了法國的情況外，在歐洲其他憲法文本中是沒有的[89]。同樣進一步指出："不能只是賦予一項普遍性職能就可以導致其行使特定的職權或運用特定的手段或憲法方法"[90]。

支持不提及法律而制定獨立行政法規的還進一步指出，行政當局不能直接依據憲法開展某一活動的理念今天是行不通的，但不妨礙繼續受包含在整體合法性之內的一般原則所限[91]。

在這些可以直接以憲法為依據的行政活動範疇內，在那些不屬法律保留而議會又忘記予以立法的領域，有必要強調以法律以外的方式來行使。

其他一些學者也來支持存在直接依據憲法的獨立行政法規的相同理解[92]。

3.4.4.4.3. 獨立行政法規可以設定針對個人義務或限制

87　SÉRVULO CORREIA：《Legalidade……》，第 208 頁及續後各頁，同一觀點，見 AFONSO QUEIRÓ：《Teoria……》，第 12 頁，PAULO OTERO：《O Poder de Substituição em Direito Administrativo》，里斯本，Lex 出版社，第二冊，1995 年，第 613 頁及續後各頁以及《Legalidade e Administração Pública》，科英布拉，Almedina 出版社，2003 年，第 455 頁及續後各頁。

88　MANUEL AFONSO VAZ：《Lei……》，第 486 頁。

89　L. S. CABRAL DE MONCADA：《Lei……》，第 996 頁。

90　J. J. GOMES CANOTILHO 和 VITAL MOREIRA：《Constituição……》，第三版，第 514 頁。

91　PAULO OTERO：《O Poder de Substituição……》，第 571 頁及續後各頁。

92　VIEIRA DE ANDRADE：《O ordenamento jurídico administrativo português》，載於《Contencioso Administrativo》，布爾阿加，1986 年，第 65 頁及續後各頁，JORGE MIRANDA 和 RUI MEDEIROS：《Constituição Portuguesa Anotada》，科英布拉，科英布拉出版社，第二卷，2006 年，第 724 頁及續後各頁，PAULO OTERO：《O Poder de Substituição……》，第 571 頁及續後各頁以及《Legalidade……》，第 455 頁及續後各頁和第 733 頁及續後各頁。

SÉRVULO CORREIA [93] 特別仔細地研究了這一問題，就是想知道獨立行政法規是否可以設定針對個人的義務或限制，其結論是，憲法沒有任何規定可以得出結論認為政府實施任何剝奪性行為的職權只能由法律或法令來設定。

不能從相對保留予共和國議會就權利、自由和保障事項進行立法這一事宜〔1982 憲法文本第 168 條第 1 款 b）項，現行憲法第 165 條 b）項〕中可以得出支持如下觀點的理據：即否定行政法規可以設定針對個人的義務或限制的可能性。其實如是這樣的話，只能透過立法許可，這一職權的授予才可以透過法令來實現了。正如該作者所提到的 [94]"無論怎樣，不能把上述規定包括在共和國議會相對保留的立法權內的權利、自由和保障事項進行立法，對與任何剝奪性措施的法律規則方面的規定相混淆，這還等於接受'來自於一個幾乎絕對私人自治理念的自由準則，把每項規範看作是對個人權利的限制 [95]'"。

同一教授還提到，"如在我國及其他國家那樣，當法治國家的社會核心導致負擔與受益常常不可分割及為保障個人範疇的尊嚴而使社會負擔重要性增加時，在針對獨立行政法規中就設定被動主觀法律狀況和限制主動主觀法律狀況規定方面維持一個保留是沒有意義的" [96]。

結論：

— 在*葡萄牙理論界*，政府在沒有一項普通法律給予授權的情況下，直接依據憲法制定含有創始性規範的獨立行政法規的可能性仍存在爭議。

— 對此可能性，憲法法院認為是否定的。

— 沒有爭議的是，獨立性行政法規不能含有保留予（絕對和相對保留）共和國議會職權事項的創始性規範。

— 同樣沒有爭議的是，行政法規受制於法律的高位階權力和行政法的一般原則（整體合法性）—— 法律優先原則。

3.4.4.5. 1976 澳門《組織章程》中的獨立行政法規

葡萄牙理論界中的激烈爭論對澄清現在分析的澳門法律制度的問題非常有益，這不但我們將會看到，而且同樣由於在葡萄牙法律制度中，部分直接涉及這一事項的規範與澳門的相似，法律環境 —— 即構成一個法律制度脊柱的一系列原則 —— 在兩個法律制度中是相同的，而且有一種理論和司法見解涉及這兩種法律制度。

澳門《組織章程》由第 1/76 號法律所核准，是一部憲法性法律，一直認為是葡萄牙法律

93　SÉRVULO CORREIA：《Legalidade……》，第 247 頁及續後各頁。

94　SÉRVULO CORREIA：《Legalidade……》，第 249 頁。

95　VIEIRA DE ANDRADE：《Os Direitos Fundamentais na Constituição Portuguesa de 1976》，科英布拉，1983 年，第 225 頁。

96　SÉRVULO CORREIA：《Legalidade……》，第 250 頁。

制度中的一部憲法性法律[97]。

對澳門法律制度來講，《組織章程》也是被認為實質上的憲法性法律，因為其本身的規範履行了一個憲法本身的職能，佔據了這一制度的最高點，對其修改受制於與它相聯繫的特別嚴格的規定，普通的立法者不能抵觸這些規定[98]。

無論是立法會還是總督均擁有正常的立法權，這是《章程》第 5 條所規定的：

"第五條

立法職能由立法會及總督行使"。

總督的立法權載於第 13 條：

"第十三條

一、總督之立法權限以法令行使，其立法範圍包括所有未保留予共和國主權機關或立法會的事宜，但不得違反第三十一條之規定。

二、當立法會賦予總督立法許可或於解散後，其立法權限亦屬於總督。

三、總督具專屬權限充實共和國主權機關的綱要法，以及核准執行機關的架構和運作之法規。"

關於立法會，第 30 條 c）項和 d）項作出規定，賦予立法會：

"c）對於未保留予共和國主權機關或總督的一切事宜制訂法律，但不得違反第三十一條之規定；

d）授予總督立法許可"。

立法會對規定於第 31 條第 1 款中的事項擁有絕對保留的立法權，載於同條第 2 款中的事項是其相對保留的立法權，這意味著在此範圍內，可以許可總督立法。

第 31 條第 3 款中的事項，立法會和總督的立法權是競合的。

對第 13 條第 3 款中的事項，總督同樣擁有一項重要的保留立法權（*法令保留*）。

至於執行職能，第 6 條規定：

"第六條

執行職能由總督行使，並由各政務司輔助。"

且根據第 16 條第 1 款 b）項和 c）項總督有權：

"b）領導整個公共行政；

---

97 J. J. GOMES CANOTILHO 和 VITAL MOREIRA：《Constituição da República Portuguesa Anotada》，第三版，第 1076 和 1077 頁和 CARLOS BLANCO DE MORAIS：《A organização do poder politico-legislativo no Território de Macau – durante e após a transição para a soberania chinesa》，載於《Estudos em Homenagem ao Prof. Doutor Rogério Soares》，科英布拉出版社，2001 年，第 140 頁。正如載於同一著作第 131 頁的注釋中提到，該論文於 1999 年撰寫。

98 VITALINO CANAS：《Relações entre o ordenamento constitucional português e o ordenamento jurídico do Território de Macau》，載於司法部公報單行本，第 365 期，第 24 頁。

ｃ）為實施在當地生效但欠缺規章的法律及其他法規而制訂規章”。

根據第 16 條第 2 款的規定，總督制定行政法規的方式為訓令和規範性批示：

“二、在行使其執行職能時，總督發出訓令後應命令在《政府公報》內公佈，而作出批示後得按其性質訂定公佈方式。”

而根據第 17 條第 4 款的規定，經總督授權後政務司同樣有制定規章的權限[99]：

“四、政務司有行使總督以訓令授予或第十三條第三款所指組織法規賦予的執行職能之權限。”

葡萄牙憲法中賦予政府制定行政法規的主要規範載於 1997 憲法修訂文本的第 112 條第 7、8 款和第 199 條 c）和 g）項[100]〔相當於 1982 修訂文本中的第 115 條第 6、7 款和第 202 條 c）和 g）項〕。

沒有爭議的是葡萄牙憲法中的這些規範在澳門法律制度中不適用[101]。

從對憲法第 199 條 c）項〔在行使其管理職能時，賦予政府：c）為良好執行法律制定必要之行政法規〕與《組織章程》第 16 條第 1 款 c）項〔總督有權⋯⋯ c）為實施在當地生效但欠缺規章的法律及其他法規而制訂規章〕作比較開始，馬上就會發現《組織章程》的規定比葡萄牙憲法中的規定廣得多。

第 16 條第 1 款的該 c）項似乎指出總督有對任何法律 —— 當然是指立法文件，包括形式意義上的法律和法令 —— 均有權制定行政法規 —— 儘管這些法律文件沒有一件一件地授權總督去制定行政法規亦然。也就是說，《組織章程》的字面比葡萄牙憲法中的相應規定還廣 —— 包含總督僅需提出《組織章程》賦予他的職權而不需要另一個普通法律具體地授權，就可以制定其行政法規的意思。

在此順帶一提，章程第 13 條第 3 款賦予總督的職權“充實共和國主權機關的綱要法”其實是一項*立法職權*，如前所述，*保留予法令的*，因此根本不可能用行政法規去做的。

那麼，所提出的、總督制定行政法規的權力，除了《組織章程》外，不需要許可性法律的觀點，似乎也為 AFONSO QUEIRÓ[102] 所支持，關於此款，他說道：

“澳門《組織章程》沒有限定總督制定執行性行政法規的職權，只要一項法律，即使一般上而言，需要細則化，總督予以行政法規化就合法。”

其實這也是澳門地區立法者的理解，明示在 1999 年 12 月 19 日有效的、8 月 20 日第 47/90/M 號法令第 5 條第 6、7 款中：

99　這一觀點，AFONSO QUEIRÓ：《Teoria⋯⋯》，第 16 頁。

100　在本節中我們所提到的是 1997 憲法文本，因為它是在 1999 年 12 月 19 日正在生效的憲法。

101　VITALINO CANAS：《Relações⋯⋯》，第 14 頁及續後各頁和 CARLOS BLANCO DE MORAIS：《A organização⋯⋯》，第 144 頁及續後各頁。

102　AFONSO QUEIRÓ：《Teoria dos regulamentos》，第 16 頁。

"第五條

（格式）

一、應在每一法規之開始部分指明發佈機關，及法規根據澳門憲章、法律或法令之何種規定公佈。

……

六、屬補充訓令或對外規則性之補充批示時，應表述如下：

a）'總督根據 月 日第 / /M 號法律（或法令）第 條之規定及澳門憲章第十六條第一款 項之規定，命令：'

b）'……政務司根據 月 日第 / /M 號法律（或法令）第 條、澳門憲章第十七條第四款及月 日第 / /M 號訓令第 條之規定，命令：'

七、屬獨立訓令或對外規則性之獨立批示時，應表述如下：

a）'總督行使澳門憲章第十六條第一款 項所賦予之權能，下令：'

b）'……政務司行使澳門憲章第十六條第一款 項所賦予之權能及根據 月 日第 / /M 號訓令第 條之規定，下令：'

……"

確實，當補充性或執行性行政法規（如所述的，是那些直接地執行法律的）必須要具體地指出所要執行的法律（第 5 條第 6 款）的話，那麼在獨立性行政法規方面，第 5 條第 7 款只要求指出《組織章程》中直接賦予總督職權的規範即可〔第 16 條第 1 款 c）項〕。

據此可見，澳門的立法者認為不必普通法律授權總督，總督也可以依據《組織章程》制定含有創始性規範的獨立行政法規。

還有補充性論據支持這一理解。

關於現正在審理之問題，一如所提及的在葡萄牙理論界之爭論那樣，不能有*創始的*獨立性行政法規這一觀點的支持者的*主要論據*是 1982 憲法修訂案增訂的第 115 條第 7 款 —— 即現行第 112 條第 8 款所提供的，根據該款 "行政法規應明確指出旨在予以進一步規範的法律或確定制定行政法規的主體職權和客體職權的法律"。

然而，一如已經指出，葡萄牙憲法的這一規範並不在澳門生效，而《組織章程》中也沒有與其相似的規範，因此，對澳門地區法律制度而言，否定存在該類獨立行政法規的觀點的主要理據是不成立的。

那麼，考慮到《組織章程》第 16 條第 1 款 c）項之明確規定以及除了因政府（總督）擁有本身之立法權而沒有必要制定創始性規範的獨立行政法規這一理據外，也沒有發現支持這後一種立場的其他論據，**我們提出如下結論：根據 1976 澳門《組織章程》，總督可以僅依據該章程賦予他的職權制定獨立性行政法規**，但不能以行政法規去進一步規範共和國主權機構制定的綱要性法律（*法令保留*），也不能以行政法規去進一步規範那些保留予立法會立法職權範圍內的事項（第 31 條第 1、2 款）[103] 和載於同一章程第 31 條第 3 款的、與立法會競合的總督的本身立法職權的事項（立法行為保留）。

另一方面，法律和行政法的一般原則具有高於和優先於總督和政務司所制定的行政法規，所有違反前者的規章性規範均無效 —— 法律優先原則 —— 因為從載於憲法第 266 條第 2 款的行政合法性原則（規定行政機關和行政人員必須服從法律）中得出前一原則[104]，且原適用於澳門[105]。

4. 澳門特別行政區法律制度內的獨立行政法規

4.1. 政治體制和澳門特別行政區政治機關的權力

《基本法》明確規定只有立法會擁有立法權（第 67 條），因此，無論是行政長官、政府和行政會均不可以制定法律。毫無疑問的是《基本法》也同樣規定行政長官可以制定行政法規〔第 50 條（五）項〕。

但《基本法》中沒有任何條文規定那些屬法律的事項，那些屬於行政法規的事項，《基本法》中也沒有任何總體性規範去確定立法會保留的立法職權或行政長官保留的規範職權。

所有的是由分散於《基本法》內的多種條文來確定某些事項應以法律規定（立法會的形式上的法律）。

因此，為可以就法律和行政法規的範圍、只以《基本法》為依據而不是其他法律而可以制定含有創始性規範的行政法規作出結論，必須首先對《基本法》的政治體制、政治機關的職權及它們的制定規範的職權作出分析，從而得出某些結論。

特區的政治體制由四個實體組成：行政長官、立法會、行政會和政府。

行政長官主持行政會[106] 並任命行政會委員（《基本法》第 58 和 57 條），是特區的首長（第 45 條），也是政府的最高領導（第 62 條）。

行政長官對中央政府負責（第 45 條），經選舉委員會選舉後（《基本法》附件一），前者由後者任免（第 15 條）。

行政長官 —— 儘管作為政府的領導人以定期向立法會作施政報告和答覆立法會議員質詢的方式向立法會負責（第 65 條）—— 既不受制於立法會的政治不信任案，也如所見，不由立法會選舉產生。

---

103 當然也包括保留予葡萄牙共和國主權機關的職權範圍內的事項。

104 J. J. GOMES CANOTILHO 和 VITAL MOREIRA：《Constituição……》，第三版，第 922 和 923 頁和 LUÍS P. PEREIRA COUTINHO：《Regulamentos……》，第 1010 頁。

105 這一觀點，VITALINO CANAS：《Relações……》，第 16 和 17 頁和 CARLOS BLANCO DE MORAIS：《A organização……》，第 146 頁。事實上，《組織章程》第 2 條命令葡萄牙憲法中的各項原則（以及權利、自由和保障）適用於澳門。

106 行政會為一協助行政長官決策的諮詢機構（第 56 條），該等決策為向立法會提交法案、制定行政法規和解散立法會等（第 58 條）。

行政長官擁有受到限制的解散立法會的權力[107]（第 52 條）。

行政長官對由立法會通過的法律，擁有中止生效的否決權[108]（第 51 條）。

行政長官委任部分立法會議員〔第 50 條（八）項〕。

只有立法會擁有立法權，即只由立法會制定、修改、暫停實施和廢除法律〔第 67 條和 71 條（一）項〕。

行政長官和政府沒有立法權，這也是與在 1976《組織章程》管轄下的澳門法律制度的不同一面，後者中，總督擁有正常的立法權。

政府是特區的行政機關（第 61 條），除其他職權外，賦予其制定並執行政策、管理各項行政事務、編制並提出特區的財政預算、決算（第 64 條）。

行政長官有權制定行政法規，第 50 條（五）項規定賦予行政長官"制定行政法規並頒佈執行"，第 64 條（五）項賦予政府"草擬行政法規"。

還有必要指出的是政府有權向立法會"提出法案、議案"〔第 64 條（五）項〕。

4.2. 法律和行政法規

4.2.1. 法律保留和法律優先，行政法規之保留

一如一般的根本性法律和一般的憲法也沒有規定那樣 ——《基本法》沒有確定何為法律，何為行政法規。

但可從《基本法》中得出〔參閱第 71 條（一）項、第 74 條（二）項、第 75 條、第 77 條和第 78 條〕，*法律是由立法會通過的法規，在特區規範文件中處於最高位階，屬於法律形式的概念*，這與澳門《組織章程》時代相似。

至於*行政法規*，考慮到第 50 條（五）項和第 64 條（五）項（在那規定行政長官可以制定行政法規，政府可以草擬行政法規），我們可以得出的結論是《基本法》所使用的行政法規的概念如下：*行政機關在行使管理職能中所制定的法律規範*。

但應在此指出的是，在現行中國 82 憲法中所使用的行政法規，其內涵和外延廣得多，它是國務院行使憲法賦予的行政立法權的體現，在內地實踐中，其所規範的範圍遠比澳門法律制度中的"行政規章"要廣，許多原有法令所規範的事項，在中國內地，皆由國務院的行政法規予以規定。

因此，經由第 3/1999 號法律第 3 條（二）項所創立的、定名為"行政法規"的規範，僅僅是規定於《基本法》內的行政法規類別中的一種，其實這也是從同一第 3/1999 號法律第 3 條（四）、（五）項、第 13 條第 1 款、第 15 條第 2 款和第 16 條第 2 款中所得出來的，該法在創立了"行政法規"的同時，還創立了由澳門特別行政區行政長官和主要官員作出的"對外規

---

107 CARLOS BLANCO DE MORAIS：《A organização……》，第 171 頁。

108 CARLOS BLANCO DE MORAIS：《A organização……》，第 171 頁。

範性批示"。後者有的以《基本法》第 50 條為依據，另一些則以同一法律第 64 條為依據，同樣是規定於《基本法》中的行政法規。

基本法也沒有集中一條規範確定那些事項應為法律的標的，那些事項應為行政法規之標的。

有些條文指明某些事項應由法律規定，例如第 6 條的內容規定 "澳門特別行政區以法律保護私有財產權"，第 40 條第 2 款規定 "澳門居民享有的權利和自由[109]，除依法規定外不得限制……"，第 84 條第 3 款（澳門特別行政區法院的組織、職權和運作由法律規定），第 90 條第 4 款（檢察院的組織、職權和運作由法律規定），或者儘管根據政府的提案，立法會有權 "決定稅務"〔第 71 條（三）項〕。

同樣，應由法律規定犯罪和相應之刑罰處罰（第 29 條）。

對上述這些事項，行政長官和政府顯然無權予以規範（法律保留）。

從《基本法》似乎沒有明示有*行政法規的保留*，即保留予政府作出規範的事項，以排除於立法會立法權之外[110]。

肯定的是 "凡不涉及公共收支、政治體制或政府運作的議案，可由立法會議員個別或聯名提出"（第 75 條第 2 款），從中可得出明顯*相反的結論*：這些事項只有在政府提出法案的情況才可以作為法律的標的，但也不能因此而保留予行政法規。

另一方面，"凡涉及政府政策的議案，在提出前必須得到行政長官的書面同意"（第 75 條第 3 款）。

那麼從這一規定可見，立法會的立法職權不只限於那些《基本法》明確以法律規定的事項，因為即使是政府政策方面的事項，立法會也有權立法，儘管在此情況下，需要行政長官的預先書面同意。

一如前述，行政長官對由立法會通過的法律，擁有中止生效的否決權，但《基本法》內沒有一個與在原澳門地區制度中存在的對法令追認的相應制度（對總督的立法規範作議會審查）。也就是說，立法會無權追認行政法規，但似乎可以廢止行政法規，不可以直接修改行政法規，因為《基本法》沒有賦予其行政職權。但可以廢止行政法規，並將先前由行政法規規定之事項由法律作出規定[111]。

另一個問題與*法律優先原則*有關，對行政法規而言的，即行政法規不能違反《基本法》和

---

109 涉及《基本法》第三章所指之居民基本權利的規定。

110 所講的例外情況而可以支持*行政法規保留*的是第 129 條所指的事項："澳門特別行政區政府自行確定專業制度，根據公平合理的原則，制定有關評審和頒授各種專業和執業資格的辦法。"

111 此一觀點，在葡萄牙法律方面，SÉRVULO CORREIA：《Legalidade……》，第 219 頁，其論據也適用於澳門法律制度，因為在澳門特區 —— 一如在葡萄牙法律中 —— 立法會沒有行政職權。

整體上的法律[112]。

這一原則載於第 11 條第 2 款 —— 對《基本法》（"澳門特別行政區的任何法律、法令、行政法規和其他規範性文件均不得同本法相抵觸"），對一般法律，第 65 條（"澳門特別行政區政府必須遵守法律……"）。

沒有疑問的是這一原則有效[113]。

4.2.2. 行政長官和政府制定行政法規的權力

1. 關於行政法規的表現形式，《基本法》沒有規定，第 3/1999 號法律第 3 條規定存在行政長官的行政法規和由澳門特別行政區行政長官和主要官員制定的對外規範性批示。

2. 例如在法國，政府沒有立法權，1958 憲法列舉了由法律規定的範圍，而在第 37 條中則規定所有不規定由法律規定的範圍則以規章的特性予以規範。

也就是說，根據法國憲法，執行權制定行政法規的權力延及所有沒有在憲法中規定由法律保留所包含的範圍。

3. 在葡萄牙法律制度中，那些支持在沒有一個確定行政法規之客體和主體職權的普通法律的情況下，政府不能制定具創始性規範的獨立行政法規的人士的其中一個重要論據是在如葡萄牙的制度中，這一權力沒有必要，因為在此等制度中，政府擁有正常的立法權。

說道："現在從一個新的觀點來看，在如我們[114] 那樣的法律秩序中，如果接受政府擁有正常的立法職權而在另一個秩序中則沒有的話，那麼獨立行政法規這種規範形式就不具有相同之含義和內容，只有在後一秩序的情形中，獨立行政法規所具有的含義才可以理解的，以免出現立法者沒有規範的空白區域。也就是說，從一個運作上的觀點來看，在此等條件下，獨立行政法規有一定的合理性[115]。"

同樣指出，只有當政府沒有立法職能時，"政府的制定行政法規權（嚴格來講，獨立行政法規）才合乎邏輯，政府不能正常地立法，因而需要手段以對某些情況作出規範而不必等待議會立法者作出宣示或賦予它必要之立法許可[116]"。

而在澳門的法律制度中，行政長官沒有立法權，因此他可以制定獨立行政法規，即使沒有任何法律 —— 除《基本法》外 —— 具體地為此給予授權，是完全合理的。

4. 在澳門，立法會沒有可與政府比擬的技術力量以使其可以制定足夠數量的具必要質量

---

112 參閱 3.4.3., 3.4.4.4.3. 和 3.4.4.5. 中所提到的原則。

113 參閱楊允中：《澳門基本法釋要》，澳門基本法推廣協會，1998 年，第 72 和 73 頁。

114 指葡萄牙法律制度。

115 L. S. CABRAL DE MONCADA：《Lei……》，第 998 頁。這一觀點，亦見 J. J. GOMES CANOTILHO：《Direito Constitucional e Teoria da Constituição》……，第 839 頁，J. J. GOMES CANOTILHO 和 VITAL MOREIRA：《Constituição……》，第三版，第 514 頁。

116 L. S. CABRAL DE MONCADA：《Lei……》，第 1003 頁。

的法律規範。

還有必要指出的是立法者與日常生活的具體個案有一定的距離，其也不可能全面預測所有情況，這樣必須由行政當局參與其中，以便填補由法律所留下的空白[117]。

效率原則也導致必須承認政府有制定獨立行政法規的權力，一如 MANUEL AFONSO VAZ[118] 所明言那樣，在那些政府沒有立法權的制度中，面對我們今天要國家作出指引和詳細規定的憂慮而議會機構卻不適應時，這些論點是完全站得住腳的。

楊允中及其他人士[119]談到行政法規時，加強了同一意見："澳門特別行政區的效率很大程度上取決於這些行政法規的制定和頒佈。"

5. 另一方面，在《基本法》中沒有任何與葡萄牙憲法第 112 條第 7 款相似的規定，根據該規定："行政法規應明確指出旨在予以進一步規範的法律或確定制定行政法規主體職權和客體職權的法律"，這一規定構成了那些否定在葡萄牙法律制度中存在*創始性*獨立行政法規可能性的觀點的支持者們的*主要理據*。

6.《基本法》賦予政府非常大的自治權去推行其政策，一如與第 64 條（一）項相應的、第 107 條及續後各條所特別指出的那樣。我們也已看到，涉及政府政策的事項，立法會議員只有在政府事先書面同意的情況下，才可以提出法案和決議案（第 75 條）。那麼，在該等事項方面，行政長官和政府需要法律的許可才能對其制定行政法規是不能認同的，因為是立法會需要行政長官的許可才能對其立法，這也是支持獨立行政法規的另一個理據。

7. 被上訴之裁判認為，如果政府透過行政法規，可以制定具對外效力的、普遍和抽象的法律規範，或在沒有任何授權性法律的情況下，制定導致民間社會負擔的該等法律規範的話，源自於《基本法》第 2 條所規定的權力分立制度將受到影響，因為政府透過行政法規去行使了立法權。

但不是這樣的，在許多穩固地確立了權力分立的制度的國家中，如作為這一原則的部分理論家，以及在某種意義上說，其實際施行的搖籃的法國，政府透過獨立行政法規，就憲法沒有保留予議會立法職權範圍的事項，行使了廣泛的創始規範權力。

而在葡萄牙制度中走得更遠，因為是行政機關本身擁有立法權，也沒有因此而聽到對權力分立原則有疑問的聲音。

其實，如在 II，B），3.2. 中所說，關於制定法規的權力的歷史上的理據，其出現的原因正是由於發現立法權不能確保有對社會生活而言必不可少的法規數量，因此，緊接著法國大革命後的幾年，法律即承認行政當局制定一定的法律規則。

---

117 DIOGO FREITAS DO AMARAL：《Curso……》，第二冊，第 174 頁。

118 MANUEL AFONSO VAZ：《Lei……》，第 493 頁。

119 楊允中及其他作者：《One Country, Two Systems and The Macao SAR》，澳門大學澳門研究中心，2004 年，第 312 頁。

8. 最後而且最為重要的是，基於下列幾方面的理由，在審理本案時，我們必須考慮中國憲法中有關行政法規與法律之間關係的規定、理論和實踐：

— 中國現行 82 憲法和澳門特區《基本法》同為全國人大制定的憲法性法律，前者在中國法律體系中具有最高法律地位，後者是依據前者第 31 條所制定的，兩者均在全國範圍內生效；

— 許多參與 82 憲法起草的法學家也同時參與了澳門特區《基本法》的起草工作，他們關於行政法規與法律之間關係的理論肯定有相當程度的關聯性；

— 82 憲法和澳門特區《基本法》中有關立法機構及職權、制定行政法規之主體等規定是基本一致的：

82 憲法第 58 條：全國人民代表大會和全國人民代表大會常務委員會行使國家立法權。

第 62 條（三）項（全國人民代表大會行使下列職權）：制定和修改刑事、民事、國家機構的和其他的基本法律。

第 67 條（二）項（全國人民代表大會行使下列職權）：制定和修改除應當由全國人民代表大會制定的法律以外的其他法律。

第 67 條（三）項（全國人民代表大會行使下列職權）：在全國人民代表大會閉會期間，對全國人民代表大會制定的法律進行部分補充和修改，但是不得同該法律的基本原則相抵觸。

第 89 條（一）項（國務院行使下列職權）：根據憲法和法律，規定行政措施，制定行政法規，發佈決定和命令。

澳門《基本法》第 50 條：澳門特別行政區行政長官行使下列職權：（五）制定行政法規並頒佈執行。

第 67 條：澳門特別行政區立法會是澳門特別行政區的立法機關。

第 71 條：澳門特別行政區立法會行使下列職權：（一）依照本法規定和法定程序制定、修改、暫停實施和廢除法律。

— 中國憲法及立法理論一致認為，行政法規是中國法淵源之一，是中央政府行使行政立法權的表現，國務院既可以根據具體法律的規定制定從屬性或執行性行政法規，也可以對憲法第 89 條所規定的其職權範圍內的事項制定具創設性規範的獨立行政法規而不需全國人大或其常委會具體法律的授權；

—《基本法》中行政法規這一法規制度來自於中國 82 憲法，不同於原澳門法律制度中的行政規章，前者所規範的事項範圍寬廣得多，後者類似於 82 憲法第 90 條所指的國務院各部、各委員會制定的規章；

— 上述關於法律與行政法規關係的理解已被全國人大常委會於 2000 年 3 月 15 日所通過的《立法法》予以規定；

— 事實上，國務院所制定的行政法規涉及範圍非常廣泛，數量非常多，許多是具創設性規範的獨立行政法規並含有對個人和法人的各種義務、負擔和限制方面的內容。自中國改革開放到 2000 年底，所制定的行政法規有 800 多件，而由全國人大及其常委會制定的法律才 271 件 [120]；

應在此指出的是，被上訴裁判中所引用的著作 [121] 中的段落以支持其理解的所說的明顯與其理解相反，該段落說，在中國憲法法律中，可以制定獨立的行政法規：

"……

—《行政法規和規章具有法律效力，必須具備一定的條件。一般來說，可以分為實質要件和形式要件兩方面。實質要件包括：（1）其制定機關必須是依法享有行政立法權的機關，無權機關的所謂'立法'是一種越權行為，沒有法律效力；（2）其規定的內容，必須限於制定機關的權限範圍之內，超出權限範圍的，沒有法律效力（劃線為我們所加）；（3）其內容不得與憲法、法律及上位階的法規相抵觸。形式要件包括：（1）制定程序合法；（2）採用書面表示，註明制定、批准的機關名稱及發佈時間，結構、語言等符合規範化的要求》；

……

—《從立法目的和內容來說，行政立法可以分為以下四類：

……

3. 自主性立法。這是行政機關為履行法律賦予的職權，確定管理對象一定的行為規則而進行的行政立法活動。它是行政機關根據憲法和組織法的有關規定，在自己的職權範圍內，對法律或其他法規未規定的事項獨立地、自主地進行立法活動，因此叫做自主性立法或者獨立性立法。行政立法中大量的是自主性立法。例如，憲法第八十九條規定了國務院的各項職權，國務院就可以在自己的職權範圍內進行自主性立法，不需要全國人大及其常委會授權（劃線為我們所加）。

……"

因此，行政法規需要一項預先法律給予授權的要求是沒有法律依據的。

9. 同樣，不能從《基本法》的任何規定中可以得出行政法規不能設定針對個人的義務或限制的結論，根據第 40 條規定，行政法規所不能做的是，不能對《基本法》第三章所提及的基本權利，以及該第 40 條所提到的國際公約所規定的權利施加限制，這些事項應以法律予以規定。因此，只要有關事項並非保留予立法會法律，就不能阻止行政法規可以設定針對個人的義務或施加限制。

理解 SÉRVULO CORREIA [122] 所作之解釋，我們認為當法治國家的社會核心導致負擔與受

---

120 應松年：《當代……》，第 563 頁。

121 應松年和朱維究：《行政法與行政訴訟法教程》，北京，中國政法大學出版社出版，1989 年，第一版，第 156 頁。

122 SÉRVULO CORREIA：《Legalidade……》，第 250 頁。

益常常不可分割及為保障個人範疇的尊嚴而使社會負擔重要性增加時，在獨立行政法規中就被動主體法律狀況和主動主體法律狀況的限制的設定規定方面維持一個核心保留也是沒有意義的。

10. 因此結論是，在《基本法》規定保留以法律規定的事項以外以及不違反法律優先原則（行政法規定不得違反高位階的法律規範，尤其是基本法和法律，也不得違反包括行政法一般原則在內的法律一般原則）的情況下，行政長官可僅以《基本法》為依據核准行政法規。

這也是澳門理論界的理解，原澳門行政法院法官，LINO RIBEIRO[123]（譯名：李年龍）認為：“關於獨立行政法規的可接受性問題，我們的立場是，在保留予立法會立法權以外的領域，行政長官和政府擁有制定具創始性規章規範的職權：其主體職權來自於第 50 條第 5 款和第 64 條第 5 款；而在賦予政府‘自行’決定特定政策的權力的規定中，含有其客體職權。”

同時，JOSÉ EDUARDO FIGUEIREDO DIAS [124] 寫道：“承認行政長官和政府在制定行政法規上擁有廣泛的職權是與由《基本法》所設定的制度非常協調的，即使針對行政法規內所特定規定的事項，沒有法律給予他們授權，他們也可以制定行政法規。”

僅此就必須撤銷被上訴之裁判。

5. 第 17/2004 號行政法規

我們在上一點已得出結論認為不必有一項授權法之後才能有獨立的行政法規。

被司法上訴之行政行為適用了規定於第 17/2004 號行政法規第 4 條第 1 款（一）項和第 2 款的規範，該規範調整有關非本地居民在沒有獲許可為他人從事活動的情況下，從事有或無報酬之活動而在特區逗留之事宜。

這一事項不受法律保留所限，故行政長官可以制定所提到的行政法規。

6. 第 4/2003 號法律（入境、逗留及居留許可制度的一般原則）

但即使接受被上訴之裁判之觀點，即所有行政法規必須有一普通法律作為其依據，儘管這樣，中級法院之決定也是不能接受的。

事實是澳門特別行政區入境、逗留及居留許可制度的一般原則由一立法文件作出規定，具體地講是由 3 月 17 日第 4/2003 號法律規定的。

在所提到的第 4/2003 號法律第 7 條中，對在特區的逗留的限製作出了規定。

第 8 條允許為求學、家庭團聚或其他可予考慮的類似情況而給予逗留的特別許可。

另一方面，4 月 14 日第 5/2003 號行政法規是對由第 4/2003 號法律所規定的澳門特別行政區入境、逗留及居留許可制度的一般原則作出補充規定。

---

123 LINO RIBEIRO：《Curso de Procedimento Administrativo》，澳門，行政暨公職局，2001 年，第 138 頁。

124 JOSÉ EDUARDO FIGUEIREDO DIAS：《Manual de Formação de Direito Administrativo de Macau》，法律及司法培訓中心，澳門，2006 年，第 180 頁。

在該行政法規第 7 條中，具體規定了特區進入、逗留許可的程序，而在第 9 條和續後各條中，具體規定了在特區逗留的條件。

儘管案中的第 17/2004 號行政法規規定了禁止非法接受或提供工作，以及訂定相關的處罰制度，但事實也是在其第 4 條 —— 正是與本案情況有關 —— 對我們前面已提過的、第 4/2003 號法律第 8 條中提到的為類似情況之人士在特區逗留作出規範。

明顯地第 17/2004 號行政法規第 4 條可以被視為載於第 4/2003 號法律中的制度的補充規範，而在後者的第 15 條規定了之後由行政法規作補充規定。

僅此就必須認為適用於本案情況的規範有一立法行為作為其基礎。

也就是說，當對審理在特區逗留的請求所涉及的有用規範與非法工作無關，更與非法工作的處罰無關，同時儘管與在澳門提供工作或服務有聯繫，但該規範只是對涉及有關人士在特區逗留作出規定的話，第 17/2004 號行政法規有規定禁止非法接受或提供工作，以及訂定相關之處罰制度均完全無關緊要的了。

因此，在本案中，並不涉及任何非法工作的行政處罰，故不明白為何被上訴之裁判觸及如下之問題：在涉及處罰制度方面，第 17/2004 號行政法規是否可以廢止載於 2/90/M 號法律（《秘密移民法》）中的制度。

同樣基於這一理由而必須撤銷被上訴之裁判。

四、決定

綜上所述，撤銷被上訴之裁判，如沒有其他阻礙性原因，中級法院應對司法上訴的上訴人所提出的問題作出審理。

沒有訴訟費用。

2007 年 7 月 18 日，於澳門。

法官：利馬（裁判書製作法官）— 岑浩輝 — 朱健

出席評議會的檢察院司法官：宋敏莉

◎ 第五十一條

澳門特別行政區行政長官如認為立法會通過的法案不符合澳門特別行政區的整體利益，可在九十日內提出書面理由並將法案發回立法會重議。立法會如以不少於全體議員三分之二多數再次通過原案，行政長官必須在三十日內簽署公佈或依照本法第五十二條的規定處理。

◎ 第五十二條

澳門特別行政區行政長官遇有下列情況之一時，可解散立法會：

（一）行政長官拒絕簽署立法會再次通過的法案；

（二）立法會拒絕通過政府提出的財政預算案或行政長官認為關係到澳門特別行政區整體利益的法案，經協商仍不能取得一致意見。

行政長官在解散立法會前，須徵詢行政會的意見，解散時應向公眾說明理由。

行政長官在其一任任期內只能解散立法會一次。

◎ 第五十三條

澳門特別行政區行政長官在立法會未通過政府提出的財政預算案時，可按上一財政年度的開支標準批准臨時短期撥款。

◎ 第五十四條

澳門特別行政區行政長官如有下列情況之一者必須辭職：

（一）因嚴重疾病或其他原因無力履行職務；

（二）因兩次拒絕簽署立法會通過的法案而解散立法會，重選的立法會仍以全體議員三分之二多數通過所爭議的原案，而行政長官在三十日內拒絕簽署；

（三）因立法會拒絕通過財政預算案或關係到澳門特別行政區整體利益的法案而解散立法會，重選的立法會仍拒絕通過所爭議的原案。

◎ 第五十五條

澳門特別行政區行政長官短期不能履行職務時，由各司司長按各司的排列順序臨時代理其職務。各司的排列順序由法律規定。

行政長官出缺時，應在一百二十日內依照本法第四十七條的規定產生新的行政長官。行政長官出缺期間的職務代理，依照本條第一款規定辦理，並報中央人民政府批准。代理行政長官應遵守本法第四十九條的規定。

◎ 第五十六條

澳門特別行政區行政會是協助行政長官決策的機構。

◎ 第五十七條

澳門特別行政區行政會的委員由行政長官從政府主要官員、立法會議員和社會人士中委任，其任免由行政長官決定。行政會委員的任期不超過委任他的行政長官的任期，但在新的行政長官就任前，原行政會委員暫時留任。

澳門特別行政區行政會委員由澳門特別行政區永久性居民中的中國公民擔任。

行政會委員的人數為七至十一人。行政長官認為必要時可邀請有關人士列席行政會會議。

◎ 第五十八條

澳門特別行政區行政會由行政長官主持。行政會的會議每月至少舉行一次。

行政長官在作出重要決策、向立法會提交法案、制定行政法規和解散立法會前，須徵詢行政會的意見，但人事任免、紀律制裁和緊急情況下採取的措施除外。

行政長官如不採納行政會多數委員的意見，應將具體理由記錄在案。

◎ 第五十九條

澳門特別行政區設立廉政公署，獨立工作。廉政專員對行政長官負責。

◎ 第六十條

澳門特別行政區設立審計署，獨立工作。審計長對行政長官負責。

第二節
行政機關

◎ 第六十一條

澳門特別行政區政府是澳門特別行政區的行政機關。

◎ 第六十二條

澳門特別行政區政府的首長是澳門特別行政區行政長官。澳門特別行政區政府設司、局、廳、處。

◎ 第六十三條

澳門特別行政區政府的主要官員由在澳門通常居住連續滿十五年的澳門特別行政區永久性居民中的中國公民擔任。

澳門特別行政區主要官員就任時應向澳門特別行政區終審法院院長申報財產，記錄在案。

◎ 第六十四條

澳門特別行政區政府行使下列職權：

（一）制定並執行政策；

（二）管理各項行政事務；

（三）辦理本法規定的中央人民政府授權的對外事務；

（四）編制並提出財政預算、決算；

（五）提出法案、議案，草擬行政法規；

（六）委派官員列席立法會會議聽取意見或代表政府發言。

◎ 第六十五條

澳門特別行政區政府必須遵守法律，對澳門特別行政區立法會負責：執行立法會通過並已生效的法律；定期向立法會作施政報告；答覆立法會議員的質詢。

◎ 第六十六條

澳門特別行政區行政機關可根據需要設立諮詢組織。

第三節
立法機關

◎ 第六十七條

澳門特別行政區立法會是澳門特別行政區的立法機關。

◎ 第六十八條

澳門特別行政區立法會議員由澳門特別行政區永久性居民擔任。

立法會多數議員由選舉產生。

立法會的產生辦法由附件二《澳門特別行政區立法會的產生辦法》規定。

立法會議員就任時應依法申報經濟狀況。

◎ 第六十九條

澳門特別行政區立法會除第一屆另有規定外，每屆任期四年。

◎ 第七十條

澳門特別行政區立法會如經行政長官依照本法規定解散，須於九十日內依照本法第六十八條的規定重新產生。

◎ 第七十一條

澳門特別行政區立法會行使下列職權：

（一）依照本法規定和法定程序制定、修改、暫停實施和廢除法律；

（二）審核、通過政府提出的財政預算案；審議政府提出的預算執行情況報告；

（三）根據政府提案決定稅收，批准由政府承擔的債務；

（四）聽取行政長官的施政報告並進行辯論；

（五）就公共利益問題進行辯論；

（六）接受澳門居民申訴並作出處理；

（七）如立法會全體議員三分之一聯合動議，指控行政長官有嚴重違法或瀆職行為而不辭職，經立法會通過決議，可委托終審法院院長負責組成獨立的調查委員會進行調查。調查委員會如認為有足夠證據構成上述指控，立法會以全體議員三分之二多數通過，可提出彈劾案，報請中央人民政府決定；

（八）在行使上述各項職權時，如有需要，可傳召和要求有關人士作證和提供證據。

◎ 第七十二條

澳門特別行政區立法會設主席、副主席各一人。主席、副主席由立法會議員互選產生。

澳門特別行政區立法會主席、副主席由在澳門通常居住連續滿十五年的澳門特別行政區永久性居民中的中國公民擔任。

◎ 第七十三條

澳門特別行政區立法會主席缺席時由副主席代理。

澳門特別行政區立法會主席或副主席出缺時，另行選舉。

◎ 第七十四條

澳門特別行政區立法會主席行使下列職權：

（一）主持會議；

（二）決定議程，應行政長官的要求將政府提出的議案優先列入議程；

（三）決定開會日期；

（四）在休會期間可召開特別會議；

（五）召開緊急會議或應行政長官的要求召開緊急會議；

（六）立法會議事規則所規定的其他職權。

◎ 第七十五條

澳門特別行政區立法會議員依照本法規定和法定程序提出議案。凡不涉及公共收支、政治體制或政府運作的議案，可由立法會議員個別或聯名提出。凡涉及政府政策的議案，在提出前必須得到行政長官的書面同意。

◎ 第七十六條

澳門特別行政區立法會議員有權依照法定程序對政府的工作提出質詢。

◎ 第七十七條

澳門特別行政區立法會舉行會議的法定人數為不少於全體議員的二分之一。除本法另有規定外，立法會的法案、議案由全體議員過半數通過。

立法會議事規則由立法會自行制定，但不得與本法相抵觸。

◎ 第七十八條

澳門特別行政區立法會通過的法案，須經行政長官簽署、公佈，方能生效。

◎ 第七十九條

澳門特別行政區立法會議員在立法會會議上的發言和表決，不受法律追究。

◎ 第八十條

澳門特別行政區立法會議員非經立法會許可不受逮捕，但現行犯不在此限。

◎ 第八十一條

澳門特別行政區立法會議員如有下列情況之一，經立法會決定，即喪失其立法會議員的資格：

（一）因嚴重疾病或其他原因無力履行職務；

（二）擔任法律規定不得兼任的職務；

（三）未得到立法會主席同意，連續五次或間斷十五次缺席會議而無合理解釋；

（四）違反立法會議員誓言；

（五）在澳門特別行政區區內或區外犯有刑事罪行，被判處監禁三十日以上。

法院能否審查立法會作出中止議員職務的行為？

中級法院第 20/2018 號案裁判書摘要（一審）

▊ 中級法院第 20/2018 號案裁判書摘要（一審）

（譯本）

案件編號：20/2018

案件類別：效力之中止

聲請人：蘇偉豪

裁判日期：2018 年 2 月 1 日

描述：中止效力、暫時中止、司法管轄權、立法會、中止議員職務、可被中止效力的行為、政治行為

法官：簡德道（裁判書製作法官）、唐曉峰和賴健雄

　　I – 根據《司法組織綱要法》第 36 條（十）項規定，只有在中級法院同樣有管轄權審理對相關行為所提起的司法上訴時，才有管轄權審理中止行為效力的請求。

　　II – 中級法院沒有審判立法會全會所作行為的法定管轄權，因為《司法組織綱要法》第 36 條沒有在任何一處賦予該法院此項權限。對於上述立法機關，中級法院僅僅被賦予了審理其主席【（八）項（1）分項】及執行委員會【（八）項（3）分項】的決定的管轄權。

　　III – 立法會全會根據《立法會立法屆及議員章程》（第 3/2000 號法律）第 27 條第 1 款及第 2 款的規定作出中止某議員職務的議決既不是*行政行為*，也不是可被中止效力的在*行政事宜*上所作的行為，而是政治行為。

　　IV – 如該議決不具行政性質，那麼同理，立法會主席及執行委員會此前的行為也必然不具有行政性質，因為它們都是單純的準備行為。

　　V – 由於法院不具備審理該事宜的管轄權，同時在該訴訟形式中又不存在初端駁回，那麼只能駁回對眾被聲請人的起訴。

第四節
司法機關

◎ 第八十二條

澳門特別行政區法院行使審判權。

◎ 第八十三條

澳門特別行政區法院獨立進行審判，只服從法律，不受任何干涉。

◎ 第八十四條

澳門特別行政區設立初級法院、中級法院和終審法院。

澳門特別行政區終審權屬於澳門特別行政區終審法院。

澳門特別行政區法院的組織、職權和運作由法律規定。

01

對終審法院的判決是否還可以再提起上訴？

02

終審法院是否可以審理在向低一審級提起的上訴中沒有提出的問題？

▌終審法院第 36/2007 號案裁判書全文（一審）

案件編號：36/2007

案件類別：由該法院作為第一審級審理的案件

日期：2007 年 12 月 12 日

主題：終審法院作為第一審級的審判、上訴、《公民權利和政治權利國際公約》、自然法官或法定法官原則

法官：利馬（裁判書製作法官）、岑浩輝和賴健雄

│ 摘 要

一、除統一司法見解的上訴，即在那些上訴中，就同一法律問題，有兩個相矛盾的決定的上訴外，基於如下訴訟法原則的效力：由於沒有擬向其提出上訴的機構，不得對在某一司法組織中由最高級法院作出的決定提起上訴，故不得對由終審法院作出的決定提出上訴。

二、《公民權利和政治權利國際公約》第 14 條第 5 款只是規定了在刑事訴訟中所涉及的有罪判決的兩級審理制度，但並不涉及在刑事性質的訴訟中由一法院所作出的所有其他決定。

三、根據澳門特別行政區的法律，在刑事訴訟中，不得對終審法院作為第一審級作出的有罪判決提起上訴，這不違反《公民權利和政治權利國際公約》第 14 條第 5 款的規定，因在被告以最高級別法院作為第一審審判的情況下，該規定容許排除就該等決定設有一上訴審級的需要。

四、即使澳門特別行政區法律違反了上述結論所提到的規範，其解決辦法並非為接受一法律沒有規定的上訴，利害關係人僅可追究或有的國際責任。

五、如在本案待決過程中及因該案，通過一項法律以便允許對由終審法院作出的可能的有罪判決提起上訴，可能出現違反規定於《司法組織綱要法》第 22 條以及《公民權利和政治權利國際公約》第 14 條第 1 款的如下自然法官或法定法官原則：禁止為審判特定的案件而設立特別法庭 —— 儘管前述兩條條文中的前者可讓位於形式上的法律，但後者不能。

裁判書製作法官
利馬

全文：（中文譯本）

1. 被告對澳門特別行政區終審法院的一項決定提起上訴，該院根據《司法組織綱要法》第 44 條第 2 款（六）項規定，正在以第一審級審理其在履行職務過程中觸犯的罪行。

上述決定並不涉及案件的實體問題，即被告無罪或有罪判處，而僅涉及訴訟程序事宜。

2. 在我們的法律制度中，上訴是指向一個高等級的司法機關提出對某一司法決定進行複議的請求。

在刑事訴訟中，*原則上*是可對司法決定提出上訴，不可上訴是*例外的*（《刑事訴訟法典》第 389 條）。

儘管如此，在刑事訴訟中，是不能對某些決定提出上訴的，《刑事訴訟法典》第 390 條、第 31 條第 1 款、第 128 條第 7 款、第 140 條第 3 款、第 263 條第 5 款、第 273 條第 2 款、第 292 條和第 371 條第 2 款均有明示規定不能對那些決定提起上訴。但也有另一些不可上訴的情況，如法律規定其決定為終局的決定（例如《刑事訴訟法典》第 36 條第 2 款、第 43 條第 2 款、第 395 條第 4 款和第 415 條第 2 款）。

3. 基於一項明顯的訴訟法律原則的效力，不得對終審法院作出的決定提起上訴，根據該項原則，*因沒有擬向其提起上訴的機構，故不能接納對由某一司法組織中最高級法院所作出的決定所提起的上訴。*

事實上，*終審法院不只是澳門特別行政區最高級法院*【《澳門特別行政區基本法》（以下簡稱《基本法》）第 84 條第 2 款】，而且*澳門特別行政區也享有獨立的司法權，包括終審權*（《基本法》第 19 條第 1 款）。

因此可見，對由其審理的案件而言，終審法院擁有最後的決定權，其所作出的決定是終局的，因此，不得就終審法院作出的任何決定向澳門特別行政區或國內的某一司法或政治機關提起上訴，但這並不妨礙那些終審法院不具有管轄權的涉及國家行為的事宜（《基本法》第 19 條）以及遵從由全國人民代表大會常務委員會就《基本法》所作的解釋的事宜，但這些事宜也僅屬於中央人民政府負責或中央機關與澳門特區關係方面的事宜（《基本法》第 143 條）。

現所涉及的事宜不屬於上述中的任一項，顯然的是終審法院的決定即為終局決定。

在統一司法見解的情形中，即就同一法律問題，終審法院所作出的兩項決定相矛盾或中級法院的決定與終審法院的決定相矛盾時，確實可以向終審法院提起上訴，由一例外擴大的五位法官組成合議庭參與審理，為此而徵召中級法院院長和該院年資最長的那位法官，再加上終審法院的三位法官（《司法組織綱要法》第 44 條第 2 款（一）項和第 46 條以及《刑事訴訟法典》第 419 條和第 425 條）。

立法者的這一選擇是可理解的，尤其是當終審法院的兩項決定相矛盾時，由於終審法院是澳門特別行政區最高級法院，規定了一項上訴，但仍然是向終審法院提出並徵召另一高等級的法院法官參與以便解決司法見解的矛盾問題。

但在法律中，只有這一種對終審法院的一項決定向終審法院提起上訴的可能性，沒有其他，而且只有立法者才可以規定上訴的可能性以及創設法庭。

4. 更不能說基於《基本法》第 40 條規定的效力而適用的《公民權利和政治權利國際公約》規定在刑事訴訟中必然有上訴的可能，我們將會看到，不是如此的。

該《公約》第 14 條第 5 款規定：

"凡被判定有罪者，應有權獲得由一個較高級法庭對其過錯和判處之宣告依法進行複審。"

該規範只是規定了在刑事訴訟中所涉及的有罪判決的兩級審理制度，但並不涉及在刑事性質的訴訟中由一法院所作出的所有其他決定，一如被告想對其提出質疑的決定的情形，這也是 A. RIBEIRO MENDES [1] 所教導的："在這一《公約》中，只是在刑事訴訟中，對有罪判決確立了一項兩級審理的制度。" IRENEU CABRAL BARRETO [2] 在對與之相似的歐洲委員會《公民權利和基本自由保護公約第七附加議定書》第 2 條所作注釋時也持同一觀點 [3]："刑事訴訟中的被判刑者有權向高一級法院提出上訴以對其過錯或判處之宣告進行複審，因此，其前提是一項有罪判決，故此條不適用於不含有就刑事事宜上的控訴是否成立所作決定的程序"。

因此，《公民權利和政治權利國際公約》第 14 條第 5 款與現涉及的決定的可上訴性問題

1　A. RIBEIRO MENDES：《Recursos em Processo Civil》，里斯本，Lex 出版社，1994 年，第二版，第 100 頁，注釋（1）。

2　IRENEU CABRAL BARRETO：《A Convenção Europeia dos Direitos do Homem Anotada》，科英布拉，科英布拉出版社，第三版，2005 年，第 377 頁。

3　該議定書第 2 條第 1 款內容如下："被法庭判定為有罪者均有權要求一個較高級法庭對其過錯或判處之宣告進行複審。本權利的行使，包括其行使的依據，將由法律規範。"

無關，該決定沒有因被告觸犯任何罪行而判處他。

5. 無論怎樣，我們現提前指出，即使終審法院的決定是因被告觸犯罪行而對其作出有罪判決，基於已指出的理由，也不可能提出上訴。

終審法院的決定是終局的和不接納對其提出上訴的。

我們認為，在澳門特別行政區的法律制度中，不存在任何違反《公民權利和政治權利國際公約》第 14 條第 5 款的情況，其一般性地規定了可對第一審所作的刑事有罪判決提出上訴。

讓我們看為什麼。

一般來說，高等級法院，即終審法院和中級法院不審理第一審的案件，但有時候也審理【參見《司法組織綱要法》第 44 條第 2 款第（五）、（六）、（七）、（八）、（十一）項及第 36 條第（二）、（三）、（四）、（五）和（八）項】。

當在《司法組織綱要法》第 44 條第 2 款（六）項規定終審法院具權限 "審判行政長官、立法會主席及司長在擔任其職務時作出的犯罪及輕微違反的案件，但法律另有規定者除外" 時，立法者肯定已經考慮到作為澳門特別行政區法院等級中最高級別的終審法院擁有最具經驗和培訓最好的法官，這是應該推定出的。因此，*終審法院作出一審決定，也是最後的決定*，對立法者來講並非不可接受。

另一方面，正如由 FERNANDO AMÂNCIO FERREIRA[4] 所引用的 ANDRÉS DE LA OLIVA 及 MIGUEL ANGEL FERNÁNDEZ[5] 寫道，"第一審之出現是以其終局性為明顯的意圖的，包括所有確保其決定之公正性的訴訟行為，這一規定也同時考慮到只實行一審的可能性"。

同時，與可能的想法相反，一級或更多級上訴的確立不是以下列想法作為理據的，*如第一審沒贏，我們再嘗試一次，以便看我們是否會贏*。不是如此的，或者更確切地說，不應是如此的。

正如 MIGUEL TEIXEIRA DE SOUSA[6] 解釋道 "針對一決定向一個上一級的法院提出質疑……其所立足的前提是該法院比起被上訴法院來講，具備更好的條件去審理該案件，這應該是除其他因素外，與組成該上級法院的法官的經驗和成熟性、高等級法院的合議制……以及他們的精力集中於案件的特定方面有關"。

只要最高級的法院作為第一審去審判，應當認為在此一情況下，不但沒有理由設置一級

4　FERNANDO AMÂNCIO FERREIA：《Manual dos Recursos em Processo Civil》，科英布拉，Almedina 出版社，2000 年，第 55 頁。

5　ANDRÉS DE LA OLIVA 及 MIGUEL ANGEL FERNÁNDEZ：《Derecho Procesal Civil》，第二卷，第四版，第 534 頁。

6　MIGUEL TEIXEIRA DE SOUSA：《Estudos sobre o Novo Processo Civil》，里斯本，Lex 出版社，1997 年，第二版，第 376 頁。

上訴，而且在許多情況下是不可能的，因為該法院沒有足夠的法官，這是由於在上訴審中，那些參與了第一審審判的法官就不能參與上訴審的審理，而終審法院只有三位法官，他們均參與了第一審的審理，只有違背常理的法律才規定針對終審法院所作的裁判向中級法院提起上訴……而法律不能是違背常理的。

正因此一理由，如前所述，歐洲委員會《公民權利和基本自由保護公約第七附加議定書》第 2 條才規定刑事訴訟中對有罪判決提起一次上訴的同時，在其第 2 款規定"這一權利（上訴權）可被排除……當利害關係人是被最高級別法院作為第一審審判時……"。

屬於我們已於前面解釋過的原則的適用，根據該原則，*由於沒有擬向其提出上訴的機構，故不得對在某一司法組織中由最高級法院作出的決定提出上訴。*

《公民權利和政治權利國際公約》第 14 條第 5 款確實沒有明確地作出這一例外的規定，這可能是由於該公約已是 1966 年的，而上述提到的議定書則相當近期，是 1984 年的，因此是最新的。

但這並不導致一如我們所作出的解釋那樣，對所提到的第 14 條第 5 款所作的必然解釋無效，即是：當第一審審判之法院為終審法院時，並不違反《公民權利和政治權利國際公約》第 14 條第 5 款。

除此之外，如認為澳門特別行政區法律違反了該《公約》，也不能因此而導致有必要接納在法律沒有規定的情況下，在刑事訴訟中，對終審法院作為第一審而作出的任何決定提出上訴。但只導致國際法所規定的違反公約時的後果：或有的國際責任[7]。

結論是：根據現在澳門生效的法規，除法律另有規定外，不能就終審法院在刑事訴訟中作為第一審級所作的決定提起上訴。

6. 最後以題外方式作出評論。

根據某一觀點，立法者可以且應該通過一項法律以便允許對終審法院在本案中所作出的決定提出上訴，這樣就避免違反《公民權利和政治權利國際公約》第 14 條第 5 款。

除了如本人在前面所提到的、澳門特區的法律不存在任何違反該規範外，任何立法性解決辦法均為向本身法院提出一個上訴，以一擴大的法官組成去審理，這就導致只徵召下級法官，因為終審法院的三位法官和中級法院院長均在上訴中迴避參與，這在比較法律制度上而言，毫無疑問是獨一無二的。

但除此一理由外——我推測具一定重要性——除更好看法外，有一重要障礙。

《司法組織綱要法》第 22 條規定：

7　NGUYEN QUOC DINH、PATRICK DIALLIER 及 ALAIN PELLET：《Direito Internacional Público》，里斯本，古本江基金會，1999 年，第 204、205、679 頁及續後各頁。以及 JOAQUIM SILVA CUNHA：《Manual de Direito Internacional Público》，科英布拉，Almedina 出版社，第二版，2004 年，第 703 頁及續後各頁。

"第二十二條

轉移的禁止

一、不得將案件從具管轄權的法院轉移至另一法院，但屬法律特別規定的情況除外。

二、不得將刑事案件從之前的法律已確定其管轄權的法院撤出。"

這是有關*自然法官*或*法定法官*的規定：禁止為審判特定的案件而設立*特別*的法庭或禁止將審判權賦予不同於在犯罪時具法定權限的法院。

如關於此點，J. J. GOMES CANOTINHO 和 VITAL MOREIRA[8] 所提到的，這一原則包含如下基本層面：（a）*確定性*要求，這就要求以一盡可能清晰的方法，透過一般法律，被徵召在一具體案件中作出決定的法官（或法官們）已預先明確；（b）*審判權確定原則*，這就要遵守法律賦予法官的作決定的職權以及必須適用那些對確定案件法官而言，無論是以直接或間接方式均為決定性的預設規範……。

同時進一步指出"法定法官不僅僅是指在第一審作出判決的法官，而且包括所有那些被徵召參與一項決定的法官們（法定法官們原則）"。

從這些觀點來看，由法律創設一新的上訴法庭以便審理待決的刑事訴訟中的可能上訴似乎違反了法定法官或自然法官原則。

當然法律可以撤銷載於《司法組織綱要法》第 22 條的原則，但在我看來，現在澳門生效的《公民權利和政治權利國際公約》第 14 條第 1 款所說的"人人有權獲得由一個依法設立的……法庭進行……審訊"。禁止為審判*特定*案件而設立*特別*法庭這一原則，不能被立法會的簡單法律所排除，而根據本院之司法見解，只可能被《基本法》所廢止。關於所提到的第 14 條第 1 款，這是 JORGE MIRANDA 和 RUI MEDEIROS[9] 所支持的觀點。

對於相同但不適用於澳門的規範（《歐洲人權公約》第 6 條第 1 款），IRENEU CABRAL BARRETO[10] 持相同之理解。

在我看來，因一特定的待決案件而創立一個在待決的刑事訴訟中*擁有最後決定權*的法庭將違反所提到的《公民權利和政治權利國際公約》第 14 條第 1 款。

7. 綜上所述，不接納本上訴。

2007 年 12 月 12 日，於澳門。

利馬

---

8   J. J. GOMES CANOTINHO 和 VITAL MOREIRA：《Constituição da República Portuguesa Anotada》，科英布拉，科英布拉出版社，2007 年，第四版，第一卷，第 525 頁。

9   JORGE MIRANDA 和 RUI MEDEIROS：《Constituição Portuguesa Anotada》，科英布拉，科英布拉出版社，2005 年，第一卷，第 362 頁。

10   IRENEU CABRAL BARRETO：《A Convenção……》，第 161 頁。

■ 終審法院第 60-A/2015 號案裁判書全文（一審）

（譯本）
案件編號：60-A/2015
案件類別：由該法院作為第一審級審理的案件
上訴人：前澳門特區檢察長
被上訴人：澳門特別行政區終審法院預審法官
裁判日期：2016 年 4 月 8 日
裁判書製作法官：利馬

裁判書全文

1. 嫌犯針對本人作為澳門特別行政區終審法院的預審法官，根據《司法組織綱要法》第 44 條第 2 款第（九）項結合第（八）項的規定，在對嫌犯於擔任澳門特區檢察長（而不是擔任助理檢察長）時涉嫌實施之犯罪而展開的第 1530/2015 號偵查程序中，行使司法職能作出科處羈押措施的決定提起上訴[1]。

就本人的此一權限，有必要作一些說明。

這是在《司法組織綱要法》生效期間（在時間上與澳門特區成立的時間一致），第二次發生行使第 44 條第 2 款第（九）項所規定之權限的情況。

第一次是在偵查政府某個司長，以及在之後由終審法院對其進行審判時，行使這些司法職能。當時，由於該名政府主要官員被即時免去職務，我個人對於有權對其行使審判權的法院是存有一些疑問的，因為他是在運輸工務司司長的任上實施被指控的那些犯罪的，但在審判時已不再具有司長的身份。

當時，管轄權規定中所指的是相關人士在實施犯罪時而非在第一審級被審理時之身份的觀點佔了上風。

這個問題在當時沒有引發任何爭議。不論是嫌犯還是檢察院都沒有提出相反意見，而媒體也沒有提醒本人有人對於終審法院作為第一審級審理此案提出質疑。

無論如何，由於存在先前的判例，而且法律並沒有更改，謹慎的做法是維持之前對此問

1
　　　　　　　　　　　　“第四十四條

　　　　　　　　　　　　　……

二、終審法院有管轄權：
（九）在（六）項及（八）項所指案件的訴訟程序中，進行預審，就是否起訴作出裁判，以及行使在偵查方面的審判職能；”

題的理解，希望今後有立法權的機關能夠在適當的時候就此表明立場。

在終審法院之前已經接受對前一司長擁有司法管轄權的情況下，如果現在拒絕審理處於相同情況的前檢察長，恐怕是沒有人能夠理解的。甚至有可能引起社會恐慌。

這就是應由終審法院對前檢察長行使偵查方面的司法職能，而且*如果將來有需要*，還要對其進行預審、起訴及審判的原因所在。

2. 有關是否可針對科處羈押措施的決定提起上訴的問題

顯然，被質疑的決定並不涉及案件的根本問題，即嫌犯有罪或無罪的問題，僅涉及強制措施的科處。

正如本人在之前的案件中所說，在我們的法律制度中，上訴是指向一個高等級的司法機關提出對某一司法決定進行複議的請求。

在刑事訴訟中，*原則上*是可對司法決定提出上訴，不可上訴是*例外的*（《刑事訴訟法典》第 389 條）。

儘管如此，在刑事訴訟中，是不能對某些決定提出上訴的，《刑事訴訟法典》第 390 條、第 31 條第 1 款、第 128 條第 7 款、第 140 條第 3 款、第 263 條第 5 款、第 273 條第 2 款、第 292 條和第 371 條第 2 款均有明示規定不能對那些決定提起上訴。但也有另一些不可上訴的情況，如法律規定其決定為終局的決定（例如《刑事訴訟法典》第 36 條第 2 款、第 43 條第 2 款、第 395 條第 4 款和第 415 條第 2 款）。

基於一項明顯的訴訟法律原則的效力，不得對終審法院作出的決定提起上訴，根據該項原則，*因沒有擬向其提起上訴的機構，故不能接納對由某一司法組織中最高級法院所作出的決定所提起的上訴*。

事實上，*終審法院不只是澳門特別行政區最高級法院*【《澳門特別行政區基本法》（以下簡稱《基本法》）第 84 條第 2 款】，而且*澳門特別行政區也享有獨立的司法權，包括終審權*（《基本法》第 19 條第 1 款）。

因此可見，對由其審理的案件而言，終審法院擁有最後的決定權，其所作出的決定是*終局的*，因此，不得就終審法院作出的任何決定向澳門特別行政區或國內的某一司法或政治機關提起上訴，但這並不妨礙那些終審法院不具有管轄權的涉及國家行為的事宜（《基本法》第 19 條）以及遵從由全國人民代表大會常務委員會就《基本法》所作的解釋的事宜，但這些事宜也僅屬於中央人民政府負責或中央機關與澳門特區關係方面的事宜（《基本法》第 143 條）。

現所涉及的事宜不屬於上述中的任一項，顯然的是終審法院的決定即為終局決定。

在統一司法見解的情形中，即就同一法律問題，終審法院所作出的兩項決定相矛盾或中級法院的決定與終審法院的決定相矛盾時，確實可以向終審法院提起上訴，由一例外擴大的五位法官組成合議庭參與審理，為此而徵召中級法院院長和該院年資最長的那位法官，再加上終審法院的三位法官（《司法組織綱要法》第 44 條第 2 款（一）項和第 46 條以及《刑事訴訟法典》第 419 條和第 425 條）。

立法者的這一選擇是可理解的，尤其是當終審法院的兩項決定相矛盾時，由於終審法院是澳門特別行政區最高級法院，規定了一項上訴，但仍然是向終審法院提出並徵召另一高等級的法院法官參與以便解決司法見解的矛盾問題。

但在法律中，只有這一種對終審法院的一項決定向終審法院提起上訴的可能性，沒有其他，而且只有立法者才可以規定上訴的可能性以及創設法庭。

這一原則對以第一審級獨任庭法官的身份審理案件的終審法院法官同樣適用，因為法律從來沒有規定針對獨任庭法官的決定向其所屬的那一級法院上訴的機制。所存在的機制是，在某一上訴案中，針對裁判書製作法官的批示向評議會提起聲明異議（《民事訴訟法典》第 620 條的規定）。但目前被質疑的決定並不是在任何上訴案中作出的，本人的身份是預審法官而不是上訴案中的裁判書製作人。

另外，不能說基於《基本法》第 40 條規定的效力而適用的《公民權利和政治權利國際公約》規定在刑事訴訟中必然有上訴的可能，我們將會看到，不是如此的。

該《公約》第 14 條第 5 款規定：

"凡被判定有罪者，應有權獲得由一個較高級法庭對其過錯和判處之宣告依法進行複審。"

該規範只是規定了在刑事訴訟中所涉及的有罪判決的兩級審理制度，但並不涉及在刑事性質的訴訟中由一法院所作出的所有其他決定，一如嫌犯想對其提出質疑的決定的情形，這也是 A. RIBEIRO MENDES [2] 所教導的："在這一《公約》中，只是在刑事訴訟中，對有罪判決確立了一項兩級審理的制度。" IRENEU CABRAL BARRETO [3] 在對與之相似的歐洲委員會《公民權利和基本自由保護公約第七附加議定書》第 2 條所作注釋時也持同一觀點 [4]："刑事訴訟中的被判刑者有權向高一級法院提出上訴以對其過錯或判處之宣告進行複審，因此，其前提是一項有罪判決，故此條不適用於不含有就刑事事宜上的控訴是否成立所作決定的程序。"

因此，《公民權利和政治權利國際公約》第 14 條第 5 款與現涉及的決定的可上訴性問題無關，該決定沒有因嫌犯觸犯任何罪行而判處他。

無論怎樣，我們現提前指出，即使終審法院的決定是因嫌犯觸犯罪行而對其作出有罪判決，基於已指出的理由，也不可能提出上訴。

終審法院的決定是終局的和不接納對其提出上訴的。

---

2   A. RIBEIRO MENDES 著：《*Recursos em Processo Civil*》，里斯本，Lex 出版社，1994 年，第二版，第 100 頁，注釋（1）。

3   IRENEU CABRAL BARRETO 著：《*A Convenção Europeia dos Direitos do Homem Anotada*》，科英布拉，科英布拉出版社，第三版，2005 年，第 377 頁。

4   該議定書第 2 條第 1 款內容如下："被法庭判定為有罪者均有權要求一個較高級法庭對其過錯或判處之宣告進行複審。本權利的行使，包括其行使的依據，將由法律規範。"

我們認為，在澳門特別行政區的法律制度中，不存在任何違反《公民權利和政治權利國際公約》第 14 條第 5 款的情況，其一般性地規定了可對第一審所作的刑事有罪判決提出上訴。

讓我們看為什麼。

一般來說，高等級法院，即終審法院和中級法院不審理第一審的案件，但有時候也審理【參見《司法組織綱要法》第 44 條第 2 款第（五）、（六）、（七）、（八）、（十一）項及第 36 條第（二）、（三）、（四）、（五）和（八）項】。

當在《司法組織綱要法》第 44 條第 2 款（六）項規定終審法院具權限 "審判行政長官、立法會主席及司長在擔任其職務時作出的犯罪及輕微違反的案件，但法律另有規定者除外" 時，立法者肯定已經考慮到作為澳門特別行政區法院等級中最高級別的終審法院擁有最具經驗和培訓最好的法官，這是應該推定出的。因此，*終審法院作出一審決定，也是最後的決定*，對立法者來講並非不可接受。

另一方面，正如由 FERNANDO AMÂNCIO FERREIRA [5] 所引用的 ANDRÉS DE LA OLIVA 及 MIGUEL ANGEL FERNÁNDEZ [6] 寫道，"第一審之出現是以其終局性為明顯的意圖的，包括所有確保其決定之公正性的訴訟行為，這一規定也同時考慮到只實行一審的可能性"。

同時，與可能的想法相反，一級或更多級上訴的確立不是以下列想法作為理據的，*如第一審沒贏，我們再嘗試一次，以便看我們是否會贏*。不是如此的，或者更確切地說，不應是如此的。

正如 MIGUEL TEIXEIRA DE SOUSA [7] 解釋道 "針對一決定向一個上一級的法院提出質疑……其所立足的前提是該法院比起被上訴法院來講，具備更好的條件去審理*該案件*，這應該是除其他因素外，與組成該上級法院的法官的經驗和成熟性、高等級法院的合議制……以及他們的精力集中於案件的特定方面有關"。

只要最高級的法院作為第一審去審判，應當認為在此一情況下，不但沒有理由設置一級上訴，而且在許多情況下是不可能的，因為該法院沒有足夠的法官，這是由於在上訴審中，那些參與了第一審審判的法官就不能參與上訴審的審理，而終審法院只有三位法官，他們均參與了第一審的審理，只有違背常理的法律才規定針對終審法院所作的裁判向中級法院提起上訴……而法律不能是違背常理的。

正因此一理由，如前所述，歐洲委員會《公民權利和基本自由保護公約第七附加議定書》

5　FERNANDO AMÂNCIO FERREIA 著：《*Manual dos Recursos em Processo Civil*》，科英布拉，Almedina 出版社，2000 年，第 55 頁。

6　ANDRÉS DE LA OLIVA 及 MIGUEL ANGEL FERNÁNDEZ 合著：《*Derecho Procesal Civil*》，第二卷，第四版，第 534 頁。

7　MIGUEL TEIXEIRA DE SOUSA 著：《*Estudos sobre o Novo Processo Civil*》，里斯本，Lex 出版社，1997 年，第二版，第 376 頁。

第 2 條才規定刑事訴訟中對有罪判決提起一次上訴的同時，在其第 2 款規定：

"這一權利（上訴權）可被排除 ⋯⋯ 當利害關係人是被最高級別法院作為第一審審判時⋯⋯"。

屬於我們已於前面解釋過的原則的適用，根據該原則，*由於沒有擬向其提出上訴的機構，故不得對在某一司法組織中由最高級法院作出的決定提出上訴。*

《公民權利和政治權利國際公約》第 14 條第 5 款確實沒有明確地作出這一例外的規定，這可能是由於該公約已是 1966 年的，而上述提到的議定書則相當近期，是 1984 年的，因此是最新的。

但這並不導致一如我們所作出的解釋那樣，對所提到的第 14 條第 5 款所作的必然解釋無效，即是：當第一審審判之法院為終審法院時，並不違反《公民權利和政治權利國際公約》第 14 條第 5 款。

除此之外，如認為澳門特別行政區法律違反了該《公約》，也不能因此而導致有必要接納在法律沒有規定的情況下，在刑事訴訟中，對終審法院作為第一審而作出的任何決定提出上訴。但只導致國際法所規定的違反公約時的後果：或有的國際責任[8]。

結論是：根據現在澳門生效的法規，除法律另有規定外，不能就終審法院在刑事訴訟中作為第一審級所作的決定提起上訴。

但沒有什麼妨礙對法律作出修改，使司法裁判的上訴成為可能（這也是我們法律制度中的規則），將對主要官員和司法官的一審權交給終審法院以外的其他法院，就像在中國內地和香港特別行政區那樣，並不是由最高級法院負責審理相關人員。

3. 最後，就我們對於《司法官通則》第 33 條之規定（"司法官不得在被起訴前或指定聽證日前被拘留或羈押，但屬可處以最高限度超逾三年徒刑犯罪的現行犯者除外"）的理解，即該條不適用於以定期委任方式擔任其他公職，並不實際行使法官或檢察官職能的司法官，作幾點補充說明。

如果說就本批示第 1 點內所談到的問題，關於何者才是對《司法組織綱要法》第 44 條第 2 款第（六）項和第（八）項的更好理解目前仍然存在疑問的話，那麼坦率地講，對於如何理解《司法官通則》第 33 條，認真專研過該條的人（而不是那些不假思索脫口而出的人）對此是不可能存在任何嚴重疑問的。

簡單講，獲確定委任的法官和檢察官（《司法官通則》第 14 條第 2 款），在擔任職務方面，可能處於以下四種基本情況：

8　NGUYEN QUOC DINH、PATRICK DIALLIER 及 ALAIN PELLET 合著：《*Direito Internacional Público*》，里斯本，古本江基金會，1999 年，第 204 頁、第 205 頁、第 679 頁及續後各頁。以及 JOAQUIM SILVA CUNHA：《*Manual de Direito Internacional Público*》，科英布拉，Almedina 出版社，第二版，2004 年，第 703 頁及續後各頁。

—實際履行法官或檢察官職務；

—根據《司法官通則》第 19 條和《澳門公共行政工作人員通則》第 23 條的規定，經法官委員會或檢察長批准，以定期委任方式擔任其他公共職務，但保有原職級；

—處於短期、長期或因公共利益的無薪假（《司法官通則》第 27 條和《澳門公共行政工作人員通則》第 136 條及後續條文）；

—退休。

顯而易見，法律尤其是《司法官通則》中所規定的法官和檢察官的權利、義務、回避、福利及豁免依具體的職業狀況（特別是上指四種狀況之一）而有所不同。

有些權利和義務、回避、福利和豁免適用於所有的職業狀況。還有一些只適用於其中的某些狀況。

只有通過法律解釋才能得出結論。

例如，已完成為出任法官或檢察官職級而設的培訓課程及實習且成績及格的法官或檢察官獲確定委任，即終身委任（《司法官通則》第 14 條第 2 款），適用於除退休以外的所有職業狀況。

然而，獨立性（《司法官通則》第 4 條）則只是對實際履行職務之法官的一種保障，而不是對檢察官的保障，後者要聽從上級命令。

獲定期委任的司法官也不具有獨立性，他受上級領導權的約束，其中包括上級發出指令的權力和司法官遵守指令的義務。因為在公共行政當局擔任職務的法官或檢察官就此效力而言屬於公務員，而不是司法官。不是很理解為什麼會存在相反理解……

司法官以定期委任制度提供的服務時間，為年資及退休的效力，均視為實際履行司法官職務的時間（《司法官通則》第 19 條第 4 款），這是定期委任的司法官區別於處於無薪假的司法官的一個方面，除非是因公共利益的無薪假，在這種情況下，如果利害關係人繼續作退休金扣除，服務時間仍可為退休之效力計算（《澳門公共行政工作人員通則》第 144 條）。

至於司法官的*不得兼任制度*，即除屬教授法律、法律培訓或法律學術研究的職務，立法、司法見解或學說上的研究及分析的職務，以及自願仲裁或必要仲裁方面的仲裁員職務外，司法官不得擔任其他公共或私人職務（《司法官通則》第 22 條），或*禁止從事政治活動*（《司法官通則》第 24 條），*住所必須在澳門*（《司法官通則》第 26 條），*禁止離開澳門*（《司法官通則》第 28 條），*只能在司法假期期間享受年假*（《司法官通則》第 29 條），這些規定只有在適用於實際履行職務的法官或檢察官時才是有意義的。

不適用於那些定期委任的司法官，他們受所屬部門的組織章程的約束，也不適用於處於無薪假或已經退休的司法官。

還有許多例子……

下面我們專門對《司法官通則》第 33 條所規定的職務特權以及它是否適用於上訴人作出

分析。

嫌犯目前並不履行助理檢察長的職務。

事實上，嫌犯獲行政長官任命以定期委任方式擔任刑事法律制度研究委員會主任（2015年2月1日第二組《政府公報》）。

根據8月11日第85/84/M號法令第10條的規定，該委員會具有項目組性質，並非必須由司法官擔任主任。可以是司法官，也可以不是司法官。

該委員會的宗旨是：

1）跟進刑事法律領域的法律及司法改革的發展，並就此提出建議或修改意見；

2）監察上項所指改革的實施情況；

3）開展社會法律領域的研究計劃，以持續完善刑事法律制度；

4）開展刑事政策研究，以協助有權限機關制定相關政策；

5）就開展的活動，每年向檢察長提交一份綜合報告。

也就是說，上訴人在行政當局以定期委任的方式在一個研究委員會履行主任的職務，儘管該委員會的後勤及技術方面的保障是由檢察長辦公室提供。

事實上，第85/84/M號法令訂定了澳門公共行政當局組織結構的一般基礎。因此，依據該法令第10條所建立的項目組顯然隸屬公共行政架構範疇。出於事物本身的性質，司法官只能以定期委任或無薪假方式在項目組內任職。

一名司法官，作為司法官，並不在行政當局履行職務。如果以定期委任或無薪假方式履行公職，那麼就一般效力而言，他屬於一名公務員，而不是一名司法官。

因此，不享有《司法官通則》賦予司法官的那些職務特權。

也就是說，上訴人以定期委任制度履行司法官以外的其他職務，與其他以定期委任制度在政府或局或等同於局的機構（如項目組）擔任公職的司法官一樣。

因此，在目前所涉及的問題上，上訴人的狀況與一名處於無薪假的司法官無異。

嫌犯的名字被列入檢察官年資表並不出奇，因為他仍保有檢察官的身份，一如前文所述，司法官以定期委任制度提供的服務時間，為年資及退休的效力，均視為實際履行司法官職務的時間。

在這種情況下，上訴人顯然不享有除非屬可處以最高限度超逾三年徒刑犯罪的現行犯，否則不得在被起訴前或指定聽證日前被拘留或羈押的職務特權，因為，為享有該項特權，當事人必須實際履行司法官的職務。

這是對司法官職務的保護及保障，而不是給予那些只有職銜而沒有實際履行職務的司法官的一項完全沒有理由的階級特權。

實際上，現在的制度已經不再是*舊制*，不再是上述職務特權構成真正意義上的身份特權，例如管轄權特權可以延伸至司法官遺孀的那個年代[9]。

最後，接受終審法院有權就針對前檢察長的偵查程序行使司法職能與認為前檢察長現在並不行使可使其享有除非屬特殊情況否則不得被羈押之特權的職能之間並不存在任何對立。

法律規定就法院的刑事管轄權而言重要的是行為人在顯示跡象的事實發生之日所擔任的職務是一回事，同一法律或其他法律規定只有正在實際履行該等職務的司法官才享有免於被羈押之權利是另一回事。這是兩個不同的規定，具有各自的特別理由。

4. 綜上所述，決定不受理上訴。

2016 年 4 月 8 日，於澳門

法官：利馬

終審法院第 12/2002 號案裁判書摘要（二審）

（譯本）

案件編號：12/2002

案件類別：行政方面的司法上訴

上訴人：甲

被上訴人：社會文化司司長

會議日期：2002 年 11 月 27 日

主題：上訴、新的問題、越權、無效、依職權審理瑕疵、司法上訴、調查證據、完全證據、辯論原則、當事人平等原則、一併考慮《行政訴訟法典》第 63 條第 1 款和第 65 條第 3 款得出的原則、舉證責任、司法推定、自由證據、終審法院對中級法院審理事實事宜方面的管轄權

法官：利馬（裁判書製作法官）、岑浩輝和朱健

一、向終審法院提起的對司法裁判的上訴不是為了對新的問題做出裁判，因此，除依職權審理的事宜外，不得審理在向低一審級提起的上訴中沒有提出的問題。

二、對於越權的瑕疵，即使未在司法上訴中提出，也應在對司法裁判的上訴中予以審理，因為對該瑕疵的制裁是無效，可依職權進行審理。

三、與在民事訴訟中一樣，在對行政行為提起的司法上訴中，只有在陳述已經結束、沒有已經提出需調查的補充證據，而且與裁判相關的事實均已認定的情況下，法院才可以審理案件的根本問題。

9　ANTÓNIO PEDRO NARBAS HOMEM 著：《*Judex Perfectus, Função Jurisdicional e Estatuto Judicial em Portugal*》，科英布拉，Almedina 書局，2003 年，第 734 頁，第 3136 項注釋。

四、如果法院把有爭議的、未被完全法定證據證明的事實當作已認定事實，且不允許當事人對提出的證據進行調查，則違反了辯論原則和當事人平等原則以及一併考慮《行政訴訟法典》第 63 條第 1 款和第 65 條第 3 款的規定得出的原則 —— 根據這一原則，只有在結束陳述之後，如果有可能審理上訴的實質問題，並且因為對做出裁判屬重要的事實均已被認定而無需更多的證據，法院才可以審理司法上訴的實體問題。

五、對行政當局作為被上訴行為的前提提出的事實，如果該行為屬**侵害性**（主動和不利的）行政範圍內實施的行政行為，應由行政當局予以證明。

六、司法推定是一種自由證據，允許反證，且更有理由允許完全反證。

七、在對司法裁判的上訴中，終審法院不得譴責各審級在證據方面形成的心證，但是，如果各審級在事實事宜的審理中違反了法律規定或法律原則，則可以承認並宣告該心證的形成有法律障礙。這種譴責僅限於針對查明事實的合法性，不直接涉及存在或不存在該等事實。

■ 終審法院第 10/2016 號案裁判書摘要（二審）

案件編號：10/2016
案件類別：對行政司法裁判的上訴
上訴人：甲
被上訴人：行政法務司司長
裁判日期：2016 年 5 月 25 日
主題：對所決定之問題的質疑
法官：利馬（裁判書製作法官）、宋敏莉和岑浩輝

如果在針對中級法院在司法上訴案中所作之決定提起的司法裁判的上訴中，（這兩宗上訴）的上訴人僅重複其在司法上訴中所使用的理據，沒有就中級法院合議庭裁判為（1）不審理上訴人所提出的問題和（2）裁定司法上訴敗訴所使用的理據提出質疑，那麼司法裁判的上訴的決定只能裁定此上訴敗訴，無需對所使用的理據是否成立作出審理。

◎ 第八十五條

澳門特別行政區初級法院可根據需要設立若干專門法庭。

原刑事起訴法庭的制度繼續保留。

◎ 第八十六條

澳門特別行政區設立行政法院。行政法院是管轄行政訴訟和稅務訴訟的法院。不服行政法院裁決者，可向中級法院上訴。

◎ 第八十七條

澳門特別行政區各級法院的法官，根據當地法官、律師和知名人士組成的獨立委員會的推薦，由行政長官任命。法官的選用以其專業資格為標準，符合標準的外籍法官也可聘用。

法官只有在無力履行其職責或行為與其所任職務不相稱的情況下，行政長官才可根據終審法院院長任命的不少於三名當地法官組成的審議庭的建議，予以免職。

終審法院法官的免職由行政長官根據澳門特別行政區立法會議員組成的審議委員會的建議決定。

終審法院法官的任命和免職須報全國人民代表大會常務委員會備案。

◎ 第八十八條

澳門特別行政區各級法院的院長由行政長官從法官中選任。

終審法院院長由澳門特別行政區永久性居民中的中國公民擔任。

終審法院院長的任命和免職須報全國人民代表大會常務委員會備案。

◎ 第八十九條

澳門特別行政區法官依法進行審判，不聽從任何命令或指示，但本法第十九條第三款規定的情況除外。

法官履行審判職責的行為不受法律追究。

法官在任職期間，不得兼任其他公職或任何私人職務，也不得在政治性團體中擔任任何職務。

◎ 第九十條

澳門特別行政區檢察院獨立行使法律賦予的檢察職能，不受任何干涉。

澳門特別行政區檢察長由澳門特別行政區永久性居民中的中國公民擔任，由行政長官提名，報中央人民政府任命。

檢察官經檢察長提名，由行政長官任命。

檢察院的組織、職權和運作由法律規定。

◎ 第九十一條

原在澳門實行的司法輔助人員的任免制度予以保留。

◎ 第九十二條

澳門特別行政區政府可參照原在澳門實行的辦法，作出有關當地和外來的律師在澳門特別行政區執業的規定。

◎ 第九十三條

澳門特別行政區可與全國其他地區的司法機關通過協商依法進行司法方面的聯繫和相互提供協助。

◎ 第九十四條

在中央人民政府協助和授權下，澳門特別行政區可與外國就司法互助關係作出適當安排。

第五節
市政機構

◎ 第九十五條

澳門特別行政區可設立非政權性的市政機構。市政機構受政府委托為居民提供文化、康樂、環境衛生等方面的服務，並就有關上述事務向澳門特別行政區政府提供諮詢意見。

◎ 第九十六條

市政機構的職權和組成由法律規定。

第六節
公務人員

◎ 第九十七條

澳門特別行政區的公務人員必須是澳門特別行政區永久性居民。本法第九十八條和九十九條規定的公務人員，以及澳門特別行政區聘用的某些專業技術人員和初級公務人員除外。

◎ 第九十八條

澳門特別行政區成立時，原在澳門任職的公務人員，包括警務人員和司法輔助人員，均可留用，繼續工作，其薪金、津貼、福利待遇不低於原來的標準，原來享有的年資予以保留。

依照澳門原有法律享有退休金和贍養費待遇的留用公務人員，在澳門特別行政區成立後退休的，不論其所屬國籍或居住地點，澳門特別行政區向他們或其家屬支付不低於原來標準的應得的退休金和贍養費。

01

澳門特別行政區成立前已退休的公務人員的退休金、撫恤金及相關福利待遇的支付責任是否由澳門特別行政區政府承擔？

中級法院第 297/2012 號案、第 309/2012 號案、第 317/2012 號案、第 331/2012 號案裁判書摘要（一審）

中級法院第 534/2012 號案裁判書摘要（一審）

終審法院第 35/2014 號案（已合併第 37/2014 號案、第 39/2014 號案、第 40/2014 號案、第 44/2014 號案、第 45/2014 號案、第 48/2014 號案、第 51/2014 號案、第 55/2014 號案、第 56/2014 號案、第 57/2014 號案、第 58/2014 號案、第 61/2014 號案及第 62/2014 號案）裁判書全文（二審）

02

澳門特別行政區成立後退休的公務人員是指哪些公務人員？

終審法院第 36/2014 號案（已合併第 38/2014 號案、第 41/2014 號案、第 42/2014 號案、第 46/2014 號案、第 47/2014 號案、第 50/2014 號案、第 52/2014 號案、第 53/2014 號案、第 54/2014 號案、第 59/2014 號案、第 60/2014 號案及第 63/2014 號案）裁判書全文（二審）

03

對回歸前不繳納職業稅的公務人員徵收職業稅是否違反《基本法》第九十八條？

第九十八條

澳門特別行政區成立時，原在澳門任職的公務人員，包括警務人員和司法輔助人員，均可留用，繼續工作，其薪金、津貼、福利待遇不低於原來的標準，原來享有的年資予以保留。

依照澳門原有法律享有退休金和贍養費待遇的留用公務人員，在澳門特別行政區成立後退休的，不論其所屬國籍或居住地點，澳門特別行政區向他們或其家屬支付不低於原來標準的應得的退休金和贍養費。

中級法院第 106/2004 號案裁判書摘要（一審）

終審法院第 9/2006 號案裁判書全文（二審）

■ 中級法院第 297/2012 號案、第 309/2012 號案、第 317/2012 號案、第 331/2012 號案裁判書摘要（一審）

案件編號：297/2012、309/2012、317/2012、331/2012

案件類別：司法上訴

上訴人：A

被訴實體：澳門經濟財政司司長

日期：2014 年 2 月 27 日、2014 年 3 月 13 日、2014 年 2 月 27 日、2014 年 3 月 13 日

關鍵詞：聽證、房屋津貼、法律解釋及適用

法官：何偉寧（裁判書製作法官）、簡德道和唐曉峰

設立聽證制度之目的，是讓利害關係人可參與有關程序，發表自己的意見，以供行政當

局參考及避免意料之外之決定。

倘有關行政程序是應上訴人的聲請而展開，當中只涉及法律適用的問題，而上訴人在最初聲請書及其後的必要訴願訴狀中均已充份表明相關立場及對法律適用的意見，並不存在違反對當事人聽證之瑕疵。

再者，行政當局在審批上訴人房屋津貼中並不享有自由裁量權。相反，該審批權是一受約束的權力（poder vinculado）：若符合法定資格，則必須批准，相反則須否決，不存在任何自由裁量的空間，故上訴人或其所屬退休協會的意見並不能改變行政當局須依法作出之決定。在此情況下，不對彼等作出聽證並不構成無效或可撤銷之瑕疵。

上訴人能否獲得房屋津貼並不取決於其是否已領取了機票及津貼以返回葡國定居及其是否常居於澳門，茲因有關法規並沒有就此作出要求。

解釋和適用法律時不應僅限於有關法律條文之字面含義，應從法制的整體性（系統要素）配合其他要素，例如歷史要素、目的要素等，加以參考而作出。

因此，在解釋和適用第 2/2011 號法律第 10 條第 1 款時，不能忽略同一法律第 1 條第 1 款所界定的適用範圍。

這樣，上述法律第 10 條第 1 款所指的人員，在配合同一法律第 1 條第 1 款所界定的範圍下，必須是在澳門特別行政區成立後的"在職、離職待退休及已退休的公務人員"，即和澳門特別行政區公職制度仍有聯繫之在職、離職待退休及已退休的公務人員，當中顯然不包括在澳門特別行政區成立前已退休並已將退休金支付責任轉移予葡國退休事務管理局的公務人員，茲因後者和澳門特別行政區的公職制度已沒有任何聯繫（vínculo）。

《中葡聯合聲明》和澳門《基本法》均明確表明澳門特別行政區並不承擔在其成立前已退休的公務人員的退休金、撫恤金及相關福利待遇的支付責任。

根據《中葡聯合聲明》和澳門《基本法》的規定和精神，回歸前退休且已將退休金支付責任轉移予葡國退休事務管理局之公務人員的退休事宜和相關的福利待遇與澳門特別行政區無關，故不能按照澳門特別行政區現行公職法的規定，享有房屋津貼。

■ 中級法院第 534/2012 號案裁判書摘要（一審）

案件編號：534/2012
案件類別：司法上訴
上訴人：A
被訴實體：澳門經濟財政司司長

日期：2014 年 3 月 6 日

關鍵詞：聽證、房屋津貼、法律解釋及適用

法官：何偉寧（裁判書製作法官）、簡德道和唐曉峰

設立聽證制度之目的，是讓利害關係人可參與有關程序，發表自己的意見，以供行政當局參考及避免意料之外之決定。

倘有關行政程序是應上訴人的聲請而展開，當中只涉及法律適用的問題，而上訴人在最初聲請書及其後的必要訴願訴狀中均已充份表明相關立場及對法律適用的意見，並不存在違反對當事人聽證之瑕疵。

再者，行政當局在審批上訴人房屋津貼中並不享有自由裁量權。相反，該審批權是一受約束的權力（poder vinculado）：若符合法定資格，則必須批准，相反則須否決，不存在任何自由裁量的空間，故上訴人或其所屬退休協會的意見並不能改變行政當局須依法作出之決定。在此情況下，不對彼等作出聽證並不構成無效或可撤銷之瑕疵。

撫恤金為供款人在死亡之日所收取或假設在該日離職待退休有權收取之退休金金額之50% 或 70%（根據《澳門公共行政工作人員通則》第 271 條之規定）。

撫恤金在某程度上是退休金的延續，令有權領取退休金的公務人員在死亡後，其配偶和依法享有家庭津貼的親屬可繼續領取該名退休公務人員的部分退休金。

根據第 2/2011 號法律第 10 條第 1 款所指的人員，在配合同一法律第 1 條第 1 款所界定的範圍下，必須是在澳門特別行政區成立後的 "在職、離職待退休及已退休的公務人員"，即和澳門特別行政區公職制度仍有聯繫之在職、離職待退休及已退休的公務人員，當中並不包括撫恤金受領人。

此外，在回歸前透過第 87/89/M 號法令通過的《澳門公共行政工作人員通則》也沒有給予撫恤金受領人享有房屋津貼之福利。根據上述通則第 203 條第 1 款之規定，僅在職、離職待退休或已退休之公務員及服務人員有權收取房屋津貼。

按照澳門《基本法》和《中葡聯合聲明》之規定，澳門特別行政區並不承擔在其成立前已退休的公務人員的退休金、撫恤金及相關福利待遇的支付責任。

既然在回歸前退休且已將退休金支付責任轉移予葡國退休事務管理局的退休公務人員本身都不能按照澳門特別行政區現行公職法的規定享有房屋津貼，彼等之撫恤金受領人則更不能享有此津貼。

案件編號：35/2014（已合併第 37/2014 號案、第 39/2014 號案、第 40/2014 號案、第 44/2014 號案、第 45/2014 號案、第 48/2014 號案、第 51/2014 號案、第 55/2014 號案、第 56/2014 號案、第 57/2014 號案、第 58/2014 號案、第 61/2014 號案及第 62/2014 號案）

案件類別：對行政司法裁判的上訴

上訴人：甲、乙、丙、丁、戊、己、庚、辛、壬、癸、甲甲、甲乙、甲丙和甲丁

被上訴人：經濟財政司司長

會議日期：2014 年 7 月 16 日

主題：《基本法》第 98 條、澳門已退休公務人員、退休金、第 2/2011 號法律第 10 條第 1 款、房屋津貼、符合《基本法》的解釋

法官：宋敏莉（裁判書製作法官）、岑浩輝和利馬

｜ 摘 要

一、根據《基本法》第 98 條，澳門已退休公務人員指的是澳門特別行政區的已退休公務人員，而這些人又僅指在 1999 年 12 月 20 日之後退休的公務員。

二、已退休公務人員的法律狀況包含一項根本權利和其他若干項補充性或者輔助性權利，前者指的是收取退休金的權利，退休金是一項終生按月發放並按照最後月薪金（那些擁有 36 年年資的）及在職年期計算的金錢補助。

三、補充性或者輔助性權利主要包括：醫療護理，在澳門該項權利是以無償的方式享有【《澳門公共行政工作人員通則》（《通則》）第 145 條、第 146 條及第 147 條第 1 款 c 項】；一份於 11 月支付，金額與退休金相同的聖誕津貼（《通則》第 187 條）；一份於每年 5 月收取，金額與當年 5 月 1 日有權領取的退休金相同的第 14 個月津貼（8 月 6 日第 9/90/M 號法律）；租用屬特區財產的房屋，條件是在職時已享有這一權利（6 月 17 日第 31/96/M 號法令第 20 條第 2 款）；在職時已經收取的年資獎金、家庭津貼及房屋津貼（《通則》第 183 條、第 205 條第 2 款及第 203 條，該等條文分別被第 2/2011 號法律第 9 條、第 12 條第 1 款及第 10 條第 1 款廢止和取代）。

四、要與《基本法》相一致而對第 2/2011 號法律的第 10 條第 1 款作出解釋，就必須認為此規定中所提及的 "已退休公務人員" 肯定是指澳門特別行政區的已退休公務人員，因為就

《基本法》而言，只有這些人才算是澳門的已退休公務人員。

裁判書製作法官

宋敏莉

澳門特別行政區終審法院裁判

一、概述

甲，乙，丙，丁，戊，己，庚，辛，壬，癸，甲甲，甲乙，甲丙和甲丁（以下也稱**眾上訴人**）是根據 10 月 14 日第 357/93 號法令（1993 年 10 月 25 日《澳門政府公報》第一組）第 9 條或第 10 條的規定由葡萄牙退休事務管理局負責支付退休金的澳門公共行政當局的已退休公務員，針對**經濟財政司司長**於 2012 年 3 月 1 日的批示提起撤銷性司法上訴，該等批示駁回了眾上訴人根據第 2/2011 號法律第 10 條提出的發放房屋津貼補助的申請。

透過 2014 年 3 月 13 日、3 月 13 日、3 月 6 日、3 月 13 日、3 月 20 日、3 月 27 日、3 月 27 日、4 月 3 日、3 月 27 日、3 月 27 日、3 月 20 日、3 月 20 日、3 月 20 日及 4 月 3 日的合議庭裁判，**中級法院**裁定眾上訴人提起的上訴敗訴。

眾上訴人不服，向**終審法院**提起司法裁判的上訴，指眾被上訴的合議庭裁判違反了第 2/2011 號法律第 10 條的規定。

助理檢察長發表意見，認為眾上訴理由成立。

由於涉及對相同法律規定和原則的解釋及適用，並且眾上訴人的事實情況相似，因此，根據裁判書製作法官的批示，命令將眾上訴案的卷宗合併，予以一併審理。

二、獲認定的事實

以下事實獲得認定（至於其他事實，根據經《行政訴訟法典》第 149 條第 1 款轉用的《民事訴訟法典》第 631 條第 6 款的規定，引用眾多被上訴的合議庭裁判中所確定的事實事宜）：

— 眾上訴人是澳門公共行政當局的已退休公務員，根據第 357/93 號法令第 9 條或第 10 條的規定，他們的退休金由葡萄牙退休事務管理局負責支付。

—2011 年，眾上訴人根據第 2/2011 號法律第 10 條的規定申請發放房屋津貼補助，但被經濟財政司司長通過於 2012 年 3 月 1 日作出的批示予以駁回。

三、法律

1. 要解決的問題

要知道的問題是，根據第 357/93 號法令第 9 條或第 10 條的規定，由葡萄牙退休事務管理局負責支付退休金的澳門公共行政當局的已退休公務員是否有權收取第 2/2011 號法律第 10 條所規定的房屋津貼補助。

2. 於 1999 年 12 月 19 日之前退休的澳葡政府時期的澳門公共行政當局的公務員的情況

本案所涉及的人員是在 1999 年 12 月 19 日之前退休的澳葡政府時期澳門地區的公務員。

眾所周知，中葡兩國政府透過 1987 年 3 月 26 日在北京簽訂的《中華人民共和國政府和葡萄牙共和國政府關於澳門問題的聯合聲明》約定中華人民共和國政府於 1999 年 12 月 20 日起恢復對澳門行使主權。

透過《聯合聲明》的第 2 條，中華人民共和國政府聲明，根據 "一個國家，兩種制度" 的方針，將對澳門實行某些政策，當中包括 "原在澳門任職的中國籍和葡籍及其他外籍公務（包括警務）人員可以留用"（第 2 條第 3 款）。

根據《聯合聲明》附件一第六點，中華人民共和國政府就《聯合聲明》第 2 條中所載的中華人民共和國對澳門的基本政策作了幾點說明，其中包括：

"澳門特別行政區成立後，原在澳門任職的中國籍和葡籍及其他外籍公務（包括警務）人員均可留用，繼續工作，其薪金、津貼、福利待遇不低於原來的標準。澳門特別行政區成立後退休的上述公務人員，不論其所屬國籍或居住地點，有權按現行規定得到不低於原來標準的退休金和贍養費。"

因應所簽訂的《聯合聲明》，中華人民共和國全國人民代表大會於 1993 年 3 月 31 日通過了《澳門特別行政區基本法》，以便於 1999 年 12 月 20 日起開始生效，該法第 98 條規定：

"第九十八條

澳門特別行政區成立時，原在澳門任職的公務人員，包括警務人員和司法輔助人員，均可留用，繼續工作，其薪金、津貼、福利待遇不低於原來的標準，原來享有的年資予以保留。

依照澳門原有法律享有退休金和贍養費待遇的留用公務人員，在澳門特別行政區成立後退休的，不論其所屬國籍或居住地點，澳門特別行政區向他們或其家屬支付不低於原來標準的應得的退休金和贍養費。"

該條第 2 段明確規定，對於在澳門特別行政區成立之後退休的公務人員，不論其所屬國籍或居住地點，澳門特別行政區將向他們支付退休金。反過來講，也就是說澳門特別行政區將不向 1999 年 12 月 19 日之前退休（嚴格講是已經退休）的公務人員支付退休金。這肯定是因為認為向該等人士支付退休金的責任應由澳門地區政府或葡萄牙共和國政府承擔。這與以上引述的中華人民共和國政府在《聯合聲明》附件一第六點中所聲明的內容是一致的。

《基本法》通過之後，葡萄牙政府通過了 10 月 14 日第 357/93 號法令，該法令刊登於（93 年 10 月 25 日的）《澳門政府公報》第一組，當中規定：

"第九條

（在退休事務管理局之登錄）

一、自第三條第一款所指批示在《澳門政府公報》公佈後之翌月起，將獲承認有納入之權利之人員登錄於退休事務管理局。

二、具備於一九九九年十二月十九日前退休之條件且明示提出擬在該日期前退休之人員，可申請將有關退休金及撫恤金之責任轉移予退休事務管理局。

三、上款所指申請書應在第十二條第一款所規定之規章開始生效時起一年內呈交，而在退休事務管理局之登錄應自澳門總督批准請求之日之翌月首日起作出。

四、上數款所指人員在退休事務管理局登錄時，應將其在登錄前所提供之全部服務時間計算在供款人之供款時間內，但須對有關供款作出結算，而該供款係按澳門當時生效之法律就供款之扣除率所作之規定而計得者。

五、如有關人員在葡萄牙登錄後繼續在澳門提供服務，在該服務期間內，澳門地區應每月將按澳門當時生效之法律之規定而計得之有關供款人及澳門行政當局應繳之退休及撫恤供款之款項，送交退休事務管理局。

第十條

（退休金及撫恤金）

一、與澳門地區行政當局人員之退休金、其繼承人之撫恤金或軍人撫恤金有關之負擔責任及支付責任，於本法規開始生效之日可轉移予退休事務管理局，但有關退休金、撫恤金或軍人撫恤金之受領人必須在第十二條第一款所規定之規章開始生效之日起一年內，向澳門總督申請，而該責任之轉移並不影響本條第六款之規定。

二、澳門行政當局之人員，如其退休程序或撫恤程序在辦理中，或在上款規定之期限內辦理，則包括在上款之規定內。

三、上兩款所指責任之轉移，自退休事務管理局收到有關卷宗後之翌月首日起產生效力。

四、上數款所指責任之轉移，引致以追溯方式計算作為發放退休金、撫恤金或軍人撫恤金基礎之全部服務時間，但須對有關供款作出結算，而該供款係按澳門當時生效之法律就受領之退休金、撫恤金或軍人年撫恤金及供款之扣除率所作之規定而計得者。

五、根據澳門制度而計得之上數款所指退休金及撫恤金，其將來之變化，應受規範退休事務管理局之其他退休人員及撫恤金受領人之當時生效之制度所約束。

六、《澳門組織章程》第六十條第二款 d 項之規定適用於上數款所指之退休金、撫恤金及軍人撫恤金。"

第 12 條第 1 款規定澳門總督自該法令開始生效之日起 120 日內，為其施行制定規章。

於是，根據該第 357/93 號法令的第 12 條，通過了 2 月 23 日第 14/94/M 號法令，其中第 9 條第 1 款規定：

"一、本法規所指之公務員及服務人員[1]，應自本法規開始生效之日起一年內向總督申請，以承認應在一九九九年十二月十九日前行使之下列任一權利：

a）納入葡萄牙共和國公共部門之編制；

b）退休並將退休金及撫恤金之責任轉移予葡萄牙退休事務管理局；"

另外，該法令第 13 條第 1 款還規定：

"一、十月十四日第 357/93 號法令第十條第一款及第二款所指之人員自本法規開始生效之日起一年內，得向總督申請將其退休金及撫恤金之責任轉移予葡萄牙退休事務管理局。"

也就是說，在得知因應《聯合聲明》所頒佈的《基本法》僅規定向於 1999 年 12 月 20 日之後退休的澳門公共行政當局的公務員支付退休金之後，葡萄牙政府和澳門地區政府都通過法律文件規定，不論是將於 1999 年 12 月 19 日之前退休的公務員，還是在 1993 年 10 月（這是第 357/93 號法令在澳門開始生效的時間）已處於退休狀態的公務員，都可以申請將退休金的支付責任轉移至葡萄牙退休事務管理局。

因此，我們的結論是，根據《基本法》第 98 條，澳門已退休公務人員指的是澳門特別行政區的已退休公務人員，而這些人又僅指在 1999 年 12 月 20 日之後退休的公務員。

3. 已退休公務人員的權利

下面我們將對澳門法律體制中退休法律關係的制度作出說明。

眾所周知，隨著第 8/2006 號法律所建立的公積金制度從 2007 年 1 月 1 日起開始實施，除了某些例外情況之外，已不可能登記成為《澳門公共行政工作人員通則》（《通則》）第 258 條及後續條文所規定的退休及撫恤制度的受益人。

然而，退休及撫恤制度對於 2007 年 1 月 1 日之前已經入職，並登記成為該制度的受益人，且沒有根據第 8/2006 號法律第 25 條的規定加入公積金制度的公務員和少數仍可以登記成為退休及撫恤制度受益人的公務員仍然有效。

"退休對於公務員來說是其在長期無能力及年老時實現福利保障的方式[2]"。

JOÃO ALFAIA[3] 對退休法律狀況的定義尚未過時："退休指的是因年齡、疾病或無能力，又或者因為實施了刑事違法或極為嚴重的違紀行為而被視為不能勝任工作，從而導致公職法律關係終結，但仍通過一種新的法律關係（即退休法律關係）與公共行政當局保持聯繫的公務員及服務人員所處的法律狀況。這種新的法律關係是在已宣告終結的法律關係的基礎之上完全為

1　指的是根據第 357/93 號法令的規定滿足加入葡萄牙共和國編制條件的人員或者滿足將退休金及撫恤金的支付責任轉給葡萄牙退休事務管理局條件的人員。

2　MARCELLO CAETANO 著：《*Manual de Direito Administrativo*》，科英布拉，Almedina 出版，第二卷，第九版，重印，1980 年，第 794 頁。

3　JOÃO ALFAIA 著：《*Conceitos Fundamentais do Regime Jurídico do Funcionalismo Público*》，科英布拉，Almedina 出版，第二卷，1988 年，第 1055 頁。

公務員及服務人員的利益而建立的，它包含了一系列新的權利、義務及禁制[4]。"

已退休公務人員的法律狀況包含一項根本權利和其他若干項補充性或者輔助性權利[5]，這些補充性或者輔助性權利是已退休人士在職之時已經擁有的可與其在職工作人員的身份相分離的權利的延續[6]。

根本權利指的是收取退休金的權利，退休金是一項終生按月發放並按照最後月薪金（那些擁有 36 年工齡的）及在職年期計算的金錢補助。

至於其他補充性或輔助性權利，則可能會隨著時間的推移，根據經濟或社會的整體狀況而有所改變。通常總是包括衛生護理；在澳門，該項權利是以無償的方式享有【《通則》第 145 條、第 146 條及第 147 條第 1 款 c 項】。

現今，這些補充性或輔助性權利主要包括：一份於 11 月支付，金額與退休金相同的聖誕津貼（《通則》第 187 條）；一份於每年 5 月收取，金額與當年 5 月 1 日有權領取的退休金相同的第 14 個月津貼（8 月 6 日第 9/90/M 號法律）；租用屬特區財產的房屋，條件是在職時已享有這一權利（6 月 17 日第 31/96/M 號法令第 20 條第 2 款）；在職時已經收取的年資獎金、家庭津貼及房屋津貼（《通則》第 183 條、第 205 條第 2 款及第 203 條，該等條文分別被第 2/2011 號法律第 9 條、第 12 條第 1 款及第 10 條第 1 款廢止和取代）[7]。

4. 第 2/2011 號法律制度的受益人

一如前段所述，第 2/2011 號法律規範了年資獎金、房屋津貼及家庭津貼制度，廢止了《通則》中有關該等權利的相關規定。

要解決本案的問題，沒有必要詳細研究第 2/2011 號法律的整個制度。只需要研究與受益人有關的條文。

該法律第 1 條第 1 款規定：

"本法律規範澳門特別行政區公務人員的年資獎金、房屋津貼及家庭津貼制度。"

---

4 但自願退休的情況不能被認為是無法勝任工作。而在因年齡限制而退休的情況中，無能力則是推定的。

5 JOÃO ALFAIA 著：《*Conceitos Fundamentais do Regime Jurídico do Funcionalismo Público*》，科英布拉，Almedina 出版，第二卷，第 1084 頁。

6 MARCELLO CAETANO 著：《*Manual de Direito Administrativo*》，科英布拉，Almedina 出版，第二卷，第 795 頁。

7 在公積金制度中，若在年滿 50 歲且供款時間不少於 25 年或已滿 65 歲，以及其他一些特殊情況下註銷登記，工作人員仍可享受當中的某些權利，如衛生護理權（第 8/2006 號法律第 19 條）及繼續租用在職時已租用的澳門特別行政區房屋的權利（第 8/2006 號法律第 20 條）。然而，卻沒有任何規定明確賦予他們收取家庭津貼及房屋津貼，或任何與年資獎金相似的津貼的權利，因為供款時間獎金（第 8/2006 號法律第 9 條）只有在職才能發放。在本合議庭裁判中，我們將不針對在沒有法律明文規定的情況下，工作人員是否可以通過解釋法律或填補或有之法律漏洞的方式享有該等權利發表意見。

第 2 條規定：

"本法律的規定適用於在公共部門內以臨時委任、確定委任、定期委任、編制外合同、散位合同或個人勞動合同制度任用的工作人員。"

涉及已退休或離職待退休公務人員的年資獎金的第 9 條第 1 款規定：

"處於退休或待退休狀況的屬退休及撫恤制度供款人的工作人員繼續保持收取在職時所收取的年資獎金的權利。"

規範已退休或離職待退休公務人員的房屋津貼的第 10 條的內容如下：

"第十條

收取津貼的權利

一、在職、離職待退休及已退休的公務人員，包括已退休的司法官，均有權按本法律的規定每月收取房屋津貼，即使他們有親屬關係且居住在同一單位內亦然。

二、如上述人員居住於屬澳門特別行政區或其他公法人財產的房屋，或每月收取租賃津貼或同類津貼者，無權收取房屋津貼。"

與已退休或離職待退休公務人員的家庭津貼有關的第 12 條第 1 款規定：

"在職、離職待退休及已退休的公務人員如負擔配偶、卑親屬、尊親屬，又或根據本法律或適用於公共行政工作人員的一般法的規定其等同者的生活，有權因與他們每一人的關係每月收取相關的家庭津貼。"

那麼，澳門地區的已退休公務員，或者說在 1999 年 12 月 19 日之前退休的公務員包含在第 2/2011 號法律所規定的房屋津貼的受益人範圍之內嗎？

第 2/2011 號法律第 10 條第 1 款的行文只是提及了"已退休公務人員"，它包含澳門地區的已退休公務員嗎？

我們認為並不包括，理由很簡單。如前所述，根據《基本法》第 98 條的規定，澳門已退休公務人員指的是澳門特別行政區的已退休公務人員，而這些人又僅指在 1999 年 12 月 20 日之後退休的公務員。

因此，當澳門特別行政區的某個法律提到已退休公務人員時，它所指的必然是澳門特別行政區的已退休公務人員，因為對於所有法律都必須服從的根本法—《基本法》而言，只有這些人算是澳門的已退休公務人員。

也就是說，要與《基本法》相一致而對第 2/2011 號法律作出解釋，"已退休公務人員"就必然應被理解為澳門特別行政區的已退休公務人員，因為根據這項根本性法律的規定，已退休公務人員僅指那些於 1999 年 12 月 20 日之後取得該身份的人。

一如我們在 2011 年 5 月 30 日第 25/2011 號案的合議庭裁判中所說，在符合法律解釋規則的前提下，對普通法律的解釋應以與《基本法》相一致的解釋為優先。

根據《基本法》，只有那些在特區成立之後退休的公務人員才有權收取退休金。

如前所述，已退休公務人員的根本權利是收取退休金，其他所有與已退休公務人員的身份相關的權利和福利都僅僅是補充性或輔助性的權利。

在《基本法》沒有賦予某類人上述補充性或輔助性權利所依附的根本權利，並且沒有明確及清楚的條文規定的情況下[8]，法律賦予這些人補充性或輔助性權利，是令人費解的。

簡而言之，我們認為，要與《基本法》相一致而對第 2/2011 號法律作出解釋，就必然得出結論認為，該法所提及的已退休公務人員僅指澳門特別行政區的已退休公務人員。

被上訴的眾合議庭裁判認為眾上訴人無權收取第 2/2011 號法律所規定的房屋津貼，這一觀點並無需要作出指正之處。

四、決定

綜上所述，合議庭裁定眾上訴敗訴。

訴訟費用由眾上訴人承擔，司法費訂為每人 2 個計算單位。

澳門，2014 年 7 月 16 日

法官：宋敏莉（裁判書製作法官）— 岑浩輝 — 利馬

出席評議會的檢察院司法官：高偉文

▊ 終審法院第 36/2014 號案（已合併第 38/2014 號案、第 41/2014 號案、第 42/2014 號案、第 46/2014 號案、第 47/2014 號案、第 50/2014 號案、第 52/2014 號案、第 53/2014 號案、第 54/2014 號案、第 59/2014 號案、第 60/2014 號案及第 63/2014 號案）裁判書全文（二審）

案件編號：36/2014（已合併第 38/2014 號案、第 41/2014 號案、第 42/2014 號案、第 46/2014 號案、第 47/2014 號案、第 50/2014 號案、第 52/2014 號案、第 53/2014 號案、第 54/2014 號案、第 59/2014 號案、第 60/2014 號案及第 63/2014 號案）

案件類別：對行政司法裁判的上訴

上訴人：甲、乙、丙、丁、戊、己、庚、辛、壬、癸、甲甲、甲乙和甲丙

被上訴人：經濟財政司司長

裁判日期：2014 年 7 月 16 日

主題：《基本法》第 98 條、澳門已退休公務人員、退休金、第 2/2011 號法律第 10 條第 1 款、房屋津

---

8 在此我們將不針對這樣的條文是否符合《基本法》的規定發表意見，因為在我們的法律體制中並不存在這樣的條文。

貼、符合《基本法》的解釋

法官：利馬（裁判書製作法官）、宋敏莉和岑浩輝

｜ 摘 要

一、根據《基本法》第 98 條，澳門已退休公務人員指的是澳門特別行政區的已退休公務人員，而這些人又僅指在 1999 年 12 月 20 日之後退休的公務員。

二、已退休公務人員的法律狀況包含一項根本權利和其他若干項補充性或者輔助性權利，前者指的是收取退休金的權利，退休金是一項終生按月發放並按照最後月薪金（那些擁有 36 年工齡的）及在職年期計算的金錢補助。

三、補充性或者輔助性權利主要包括：醫療護理，在澳門該項權利是以無償的方式享有【《澳門公共行政工作人員通則》（《通則》）第 145 條、第 146 條及第 147 條第 1 款 c 項】；一份於 11 月支付，金額與退休金相同的聖誕津貼（《通則》第 187 條）；一份於每年 5 月收取，金額與當年 5 月 1 日有權領取的退休金相同的第 14 個月津貼（8 月 6 日第 9/90/M 號法律）；租用屬特區財產的房屋，條件是在職時已享有這一權利（6 月 17 日第 31/96/M 號法令第 20 條第 2 款）；在職時已經收取的年資獎金、家庭津貼及房屋津貼（《通則》第 183 條、第 205 條第 2 款及第 203 條，該等條文分別被第 2/2011 號法律第 9 條、第 12 條第 1 款及第 10 條第 1 款廢止和取代）。

四、要與《基本法》相一致而對第 2/2011 號法律的第 10 條第 1 款（給予在職、離職待退休及已退休的公務人員包括已退休的司法官按月發放的房屋津貼）作出解釋，就必須認為此規定中所提及的"已退休公務人員"肯定是指澳門特別行政區的已退休公務人員，因為就《基本法》而言，只有這些人才算是澳門的已退休公務人員。

裁判書製作法官
利馬

澳門特別行政區終審法院
合議庭裁判

一、概述

甲、乙、丙、丁、戊、己、庚、辛、壬、癸、甲甲、甲乙和甲丙（以下也稱**眾上訴人**）是根據 10 月 14 日第 357/93 號法令（1993 年 10 月 25 日《澳門政府公報》第一組）第 9 條或第 10 條的規定由葡萄牙退休事務管理局負責支付退休金的澳門公共行政當局的已退休公務

員，針對**經濟財政司司長**分別於 2012 年 2 月 2 日、3 月 1 日、3 月 1 日、11 月 26 日、3 月 1 日、3 月 1 日、3 月 1 日、3 月 1 日、10 月 11 日、3 月 1 日、3 月 1 日、3 月 1 日及 3 月 1 日的批示提起撤銷性司法上訴，該等批示駁回了眾上訴人根據第 2/2011 號法律第 10 條提出的發放房屋津貼補助的申請。

透過 2014 年 2 月 27 日、2 月 27 日、3 月 13 日、3 月 6 日、3 月 20 日、3 月 27 日、3 月 27 日、4 月 3 日、3 月 20 日、3 月 27 日、3 月 27 日、3 月 27 日及 4 月 3 日的合議庭裁判，**中級法院**裁定眾上訴人提起的上訴敗訴。

眾上訴人不服，向**終審法院**提起司法裁判的上訴，指眾被上訴的合議庭裁判違反了第 2/2011 號法律第 10 條的規定。

助理檢察長發表意見，認為眾上訴理由成立。

由於涉及對相同法律規定和原則的解釋及適用，並且眾上訴人的事實情況相似，因此我們將幾個上訴案的卷宗合併，予以一併審理。

二、事實

以下事實獲得認定（至於其他事實，根據經《行政訴訟法典》第 149 條第 1 款轉用的《民事訴訟法典》第 631 條第 6 款的規定，引用眾多被上訴的合議庭裁判中所確定的事實事宜）：

眾上訴人是澳門公共行政當局的已退休公務員，根據第 357/93 號法令第 9 條或第 10 條的規定，他們的退休金由葡萄牙退休事務管理局負責支付。

2011 年，眾上訴人根據第 2/2011 號法律第 10 條的規定申請發放房屋津貼補助，但被經濟財政司司長先後通過 2012 年 2 月 2 日、3 月 1 日、3 月 1 日、11 月 26 日、3 月 1 日、3 月 1 日、3 月 1 日、3 月 1 日、10 月 11 日、3 月 1 日、3 月 1 日、3 月 1 日及 3 月 1 日的批示予以駁回。

三、法律

1. 要解決的問題

要知道的問題是，根據第 357/93 號法令第 9 條或第 10 條的規定，由葡萄牙退休事務管理局負責支付退休金的澳門公共行政當局的已退休公務員是否有權收取第 2/2011 號法律第 10 條所規定的房屋津貼補助。

2. 於 1999 年 12 月 19 日之前退休的澳葡政府時期的澳門公共行政當局的公務員的情況

本案所涉及的人員是在 1999 年 12 月 19 日之前退休的澳葡政府時期澳門地區的公務員。

眾所周知，中葡兩國政府透過 1987 年 3 月 26 日在北京簽訂的《中華人民共和國政府和葡萄牙共和國政府關於澳門問題的聯合聲明》約定中華人民共和國政府於 1999 年 12 月 20 日起恢復對澳門行使主權。

透過《聯合聲明》的第 2 條，中華人民共和國政府聲明，根據"一個國家，兩種制度"的方針，將對澳門實行某些政策，當中包括"原在澳門任職的中國籍和葡籍及其他外籍公務（包括警務）人員可以留用"（第 2 條第 3 款）。

根據《聯合聲明》附件一第六點，中華人民共和國政府就《聯合聲明》第 2 條中所載的中華人民共和國對澳門的基本政策作了幾點說明，其中包括：

"澳門特別行政區成立後，原在澳門任職的中國籍和葡籍及其他外籍公務（包括警務）人員均可留用，繼續工作，其薪金、津貼、福利待遇不低於原來的標準。澳門特別行政區成立後退休的上述公務人員，不論其所屬國籍或居住地點，有權按現行規定得到不低於原來標準的退休金和贍養費。"

因應所簽訂的《聯合聲明》，中華人民共和國全國人民代表大會於 1993 年 3 月 31 日通過了《澳門特別行政區基本法》，以便於 1999 年 12 月 20 日起開始生效，該法第 98 條規定：

"第九十八條

澳門特別行政區成立時，原在澳門任職的公務人員，包括警務人員和司法輔助人員，均可留用，繼續工作，其薪金、津貼、福利待遇不低於原來的標準，原來享有的年資予以保留。

依照澳門原有法律享有退休金和贍養費待遇的留用公務人員，在澳門特別行政區成立後退休的，不論其所屬國籍或居住地點，澳門特別行政區向他們或其家屬支付不低於原來標準的應得的退休金和贍養費。"

該條第 2 段明確規定，對於在澳門特別行政區成立之後退休的公務人員，不論其所屬國籍或居住地點，澳門特別行政區將向他們支付退休金。*反過來講*，也就是說澳門特別行政區將不向 1999 年 12 月 19 日之前退休（嚴格講是已經退休）的公務人員支付退休金。這肯定是因為認為向該等人士支付退休金的責任應由澳門地區政府或葡萄牙共和國政府承擔。這與以上引述的中華人民共和國政府在《聯合聲明》附件一第六點中所聲明的內容是一致的。

《基本法》通過之後，葡萄牙政府通過了 10 月 14 日第 357/93 號法令，該法令刊登於（93 年 10 月 25 日的）《澳門政府公報》第一組，當中規定：

"第九條

（在退休事務管理局之登錄）

一、自第三條第一款所指批示在《澳門政府公報》公佈後之翌月起，將獲承認有納入之權利之人員登錄於退休事務管理局。

二、具備於一九九九年十二月十九日前退休之條件且明示提出擬在該日期前退休之人員，可申請將有關退休金及撫恤金之責任轉移予退休事務管理局。

三、上款所指申請書應在第十二條第一款所規定之規章開始生效時起一年內呈交，而在退休事務管理局之登錄應自澳門總督批准請求之日之翌月首日起作出。

四、上數款所指人員在退休事務管理局登錄時，應將其在登錄前所提供之全部服務時間計算在供款人之供款時間內，但須對有關供款作出結算，而該供款係按澳門當時生效之法律就供款之扣除率所作之規定而計得者。

五、如有關人員在葡萄牙登錄後繼續在澳門提供服務，在該服務期間內，澳門地區應每月將按澳門當時生效之法律之規定而計得之有關供款人及澳門行政當局應繳之退休及撫恤供款之款項，送交退休事務管理局。

第十條
（退休金及撫恤金）

一、與澳門地區行政當局人員之退休金、其繼承人之撫恤金或軍人撫恤金有關之負擔責任及支付責任，於本法規開始生效之日可轉移予退休事務管理局，但有關退休金、撫恤金或軍人撫恤金之受領人必須在第十二條第一款所規定之規章開始生效之日起一年內，向澳門總督申請，而該責任之轉移並不影響本條第六款之規定。

二、澳門行政當局之人員，如其退休程序或撫恤程序在辦理中，或在上款規定之期限內辦理，則包括在上款之規定內。

三、上兩款所指責任之轉移，自退休事務管理局收到有關卷宗後之翌月首日起產生效力。

四、上數款所指責任之轉移，引致以追溯方式計算作為發放退休金、撫恤金或軍人撫恤金基礎之全部服務時間，但須對有關供款作出結算，而該供款係按澳門當時生效之法律就受領之退休金、撫恤金或軍人年撫恤金及供款之扣除率所作之規定而計得者。

五、根據澳門制度而計得之上數款所指退休金及撫恤金，其將來之變化，應受規範退休事務管理局之其他退休人員及撫恤金受領人之當時生效之制度所約束。

六、《澳門組織章程》第六十條第二款 d 項之規定適用於上數款所指之退休金、撫恤金及軍人撫恤金。"

第 12 條第 1 款規定澳門總督自該法令開始生效之日起 120 日內，為其施行制定規章。

於是，根據該第 357/93 號法令的第 12 條，通過了 2 月 23 日第 14/94/M 號法令，其中第 9 條第 1 款規定：

"一、本法規所指之公務員及服務人員[1]，應自本法規開始生效之日起一年內向總督申請，以承認應在一九九九年十二月十九日前行使之下列任一權利：

a）納入葡萄牙共和國公共部門之編制；

b）退休並將退休金及撫恤金之責任轉移予葡萄牙退休事務管理局；"

另外，該法令第 13 條第 1 款還規定：

"一、十月十四日第 357/93 號法令第十條第一款及第二款所指之人員自本法規開始生效之

1　指的是根據第 357/93 號法令的規定滿足加入葡萄牙共和國編制條件的人員或者滿足將退休金及撫恤金的支付責任轉給葡萄牙退休事務管理局條件的人員。

日起一年內，得向總督申請將其退休金及撫恤金之責任轉移予葡萄牙退休事務管理局。"

也就是說，在得知因應《聯合聲明》所頒佈的《基本法》僅規定向於 1999 年 12 月 20 日之後退休的澳門公共行政當局的公務員支付退休金之後，葡萄牙政府和澳門地區政府都通過法律文件規定，不論是將於 1999 年 12 月 19 日之前退休的公務員，還是在 1993 年 10 月（這是第 357/93 號法令在澳門開始生效的時間）已處於退休狀態的公務員，都可以申請將退休金的支付責任轉移至葡萄牙退休事務管理局。

因此，我們的結論是，根據《基本法》第 98 條，澳門已退休公務人員指的是澳門特別行政區的已退休公務人員，而這些人又僅指在 1999 年 12 月 20 日之後退休的公務員。

3. 已退休公務人員的權利

下面我們將對澳門法律體制中退休法律關係的制度作出說明。

眾所周知，隨著第 8/2006 號法律所建立的公積金制度從 2007 年 1 月 1 日起開始實施，除了某些例外情況之外，已不可能登記成為《澳門公共行政工作人員通則》（《通則》）第 258 條及後續條文所規定的退休及撫恤制度的受益人。

然而，退休及撫恤制度對於 2007 年 1 月 1 日之前已經入職，並登記成為該制度的受益人，且沒有根據第 8/2006 號法律第 25 條的規定加入公積金制度的公務員和少數仍可以登記成為退休及撫恤制度受益人的公務員仍然有效。

"退休對於公務員來說是其在長期無能力及年老時實現福利保障的方式[2]。"

JOÃO ALFAIA[3] 對退休法律狀況的定義尚未過時："退休指的是因年齡、疾病或無能力，又或者因為實施了刑事違法或極為嚴重的違紀行為而被視為不能勝任工作，從而導致公職法律關係終結，但仍通過一種新的法律關係（即退休法律關係）與公共行政當局保持聯繫的公務員及服務人員所處的法律狀況。這種新的法律關係是在已宣告終結的法律關係的基礎之上完全為公務員及服務人員的利益而建立的，它包含了一系列新的權利、義務及禁制[4]。"

已退休公務人員的法律狀況包含一項根本權利和其他若干項補充性或者輔助性權利[5]，這些補充性或者輔助性權利是已退休人士在職之時已經擁有的可與其在職工作人員的身份相分離的權利的延續[6]。

2　MARCELLO CAETANO 著：《*Manual de Direito Administrativo*》，科英布拉，Almedina 出版，第二卷，第九版，重印，1980 年，第 794 頁。

3　JOÃO ALFAIA 著：《*Conceitos Fundamentais do Regime Jurídico do Funcionalismo Público*》，科英布拉，Almedina 出版，第二卷，1988 年，第 1055 頁。

4　但自願退休的情況不能被認為是無法勝任工作。而在因年齡限制而退休的情況中，無能力則是推定的。

5　JOÃO ALFAIA 著：《*Conceitos……*》，第二卷，第 1084 頁。

6　MARCELLO CAETANO 著：《*Manual……*》，第二卷，第 795 頁。

根本權利指的是收取退休金的權利，退休金是一項終生按月發放並按照最後月薪金（那些擁有 36 年工齡的）及在職年期計算的金錢補助。

至於其他補充性或輔助性權利，則可能會隨著時間的推移，根據經濟或社會的整體狀況而有所改變。通常總是包括衛生護理；在澳門，該項權利是以無償的方式享有【《通則》第 145 條、第 146 條及第 147 條第 1 款 c 項】。

現今，這些補充性或輔助性權利主要包括：一份於 11 月支付，金額與退休金相同的聖誕津貼（《通則》第 187 條）；一份於每年 5 月收取，金額與當年 5 月 1 日有權領取的退休金相同的第 14 個月津貼（8 月 6 日第 9/90/M 號法律）；租用屬特區財產的房屋，條件是在職時已享有這一權利（6 月 17 日第 31/96/M 號法令第 20 條第 2 款）；在職時已經收取的年資獎金、家庭津貼及房屋津貼（《通則》第 183 條、第 205 條第 2 款及第 203 條，該等條文分別被第 2/2011 號法律第 9 條、第 12 條第 1 款及第 10 條第 1 款廢止和取代）[7]。

4. 第 2/2011 號法律制度的受益人

一如前段所述，第 2/2011 號法律規範了年資獎金、房屋津貼及家庭津貼制度，廢止了《通則》中有關該等權利的相關規定。

要解決本案的問題，沒有必要詳細研究第 2/2011 號法律的整個制度。只需要研究與受益人有關的條文。

該法律第 1 條第 1 款規定：

"本法律規範澳門特別行政區公務人員的年資獎金、房屋津貼及家庭津貼制度。"

第 2 條規定：

"本法律的規定適用於在公共部門內以臨時委任、確定委任、定期委任、編制外合同、散位合同或個人勞動合同制度任用的工作人員。"

涉及已退休或離職待退休公務人員的年資獎金的第 9 條第 1 款規定：

"處於退休或待退休狀況的屬退休及撫恤制度供款人的工作人員繼續保持收取在職時所收取的年資獎金的權利。"

規範已退休或離職待退休公務人員的房屋津貼的第 10 條的內容如下：

"第十條

收取津貼的權利

7　在公積金制度中，若在年滿 50 歲且供款時間不少於 25 年或已滿 65 歲，以及其他一些特殊情況下註銷登記，工作人員仍可享受當中的某些權利，如衛生護理權（第 8/2006 號法律第 19 條）及繼續租用在職時已租用的澳門特別行政區房屋的權利（第 8/2006 號法律第 20 條）。然而，卻沒有任何規定明確賦予他們收取家庭津貼及房屋津貼，或任何與年資獎金相似的津貼的權利，因為供款時間獎金（第 8/2006 號法律第 9 條）只有在職才能發放。在本合議庭裁判中，我們將不針對在沒有法律明文規定的情況下，工作人員是否可以通過解釋法律或填補或有之法律漏洞的方式享有該等權利發表意見。

一、在職、離職待退休及已退休的公務人員，包括已退休的司法官，均有權按本法律的規定每月收取房屋津貼，即使他們有親屬關係且居住在同一單位內亦然。

二、如上述人員居住於屬澳門特別行政區或其他公法人財產的房屋，或每月收取租賃津貼或同類津貼者，無權收取房屋津貼。"

與已退休或離職待退休公務人員的家庭津貼有關的第 12 條第 1 款規定：

"在職、離職待退休及已退休的公務人員如負擔配偶、卑親屬、尊親屬，又或根據本法律或適用於公共行政工作人員的一般法的規定其等同者的生活，有權因與他們每一人的關係每月收取相關的家庭津貼。"

那麼，澳門地區的已退休公務員，或者說在 1999 年 12 月 19 日之前退休的公務員包含在第 2/2011 號法律所規定的房屋津貼的受益人範圍之內嗎？

第 2/2011 號法律第 10 條第 1 款的行文只是提及了 "已退休公務人員"，它包含澳門地區的已退休公務員嗎？

我們認為並不包括，理由很簡單。如前所述，根據《基本法》第 98 條的規定，澳門已退休公務人員指的是澳門特別行政區的已退休公務人員，而這些人又僅指在 1999 年 12 月 20 日之後退休的公務員。

因此，當澳門特別行政區的某個法律提到已退休公務人員時，它所指的必然是澳門特別行政區的已退休公務人員，因為對於所有法律都必須服從的根本法—《基本法》而言，只有這些人算是澳門的已退休公務人員。

也就是說，要與《基本法》相一致而對第 2/2011 號法律作出解釋，"已退休公務人員" 就必然應被理解為澳門特別行政區的已退休公務人員，因為根據這項根本性法律的規定，已退休公務人員僅指那些於 1999 年 12 月 20 日之後取得該身份的人。

一如我們在 2011 年 5 月 30 日第 25/2011 號案的合議庭裁判中所說，在符合法律解釋規則的前提下，對普通法律的解釋應以與《基本法》相一致的解釋為優先。

根據《基本法》，只有那些在特區成立之後退休的公務人員才有權收取退休金。

如前所述，已退休公務人員的根本權利是收取退休金，其他所有與已退休公務人員的身份相關的權利和福利都僅僅是補充性或輔助性的權利。

在《基本法》沒有賦予某類人上述補充性或輔助性權利所依附的根本權利，並且沒有明確及清楚的條文規定的情況下[8]，法律賦予這些人補充性或輔助性權利，是令人費解的。

簡而言之，我們認為，要與《基本法》相一致而對第 2/2011 號法律作出解釋，就必然得出結論認為，該法所提及的已退休公務人員僅指澳門特別行政區的已退休公務人員。

---

8   在此我們將不針對這樣的條文是否符合《基本法》的規定發表意見，因為在我們的法律體制中並不存在這樣的條文。

被上訴的眾合議庭裁判認為眾上訴人無權收取第 2/2011 號法律所規定的房屋津貼，這一觀點並無需要作出指正之處。

四、決定

綜上所述，合議庭裁定眾上訴敗訴。

訴訟費用由眾上訴人承擔，司法費訂為每人 2 個計算單位。

2014 年 7 月 16 日，於澳門。

法官：利馬（裁判書製作法官）— 宋敏莉 — 岑浩輝

出席評議會的檢察院司法官：高偉文

中級法院第 106/2004 號案裁判書摘要（一審）

（譯本）

案件編號：106/2004

案件類別：司法上訴

上訴人：甲

被上訴人：澳門特別行政區行政長官

合議庭裁判書日期：2005 年 12 月 1 日

主題：職業稅、說明理由義務、平等原則、《基本法》第 98 條、納稅及豁免納稅、獨立的義務及基本權利、職業稅法

法官：蔡武彬（裁判書製作法官）、賴健雄和趙約翰

一、現行法律制度（參閱《行政程序法典》第 114 條）要求，對於影響行政相對人受法律保護之權益的決定，行政當局有責任作出事實上的及法律上的理由說明，以便對該等決定作出完全澄清，以使行政相對人接受之或對行為提出爭執。

二、有關決定明示、明確及充分考慮了據以決定取消某些納稅人階層（其中很多是公共行政當局的工作人員）在繳付職業稅方面的豁免的理由，發現，鑑於與從未受益於類似豁免的私人領域的納稅人之間在收入及工作條件上的不平等，在法律賦予納稅人的地位方面存在不平等及不公平的情況。

三、沒有違反《基本法》第 98 條之規定，因為此規定旨在確保澳門特別行政區的公務人員不會因為回歸而影響工作的延續性。

四、我們不能將納稅與《基本法》第 98 條規定的權利相混淆，因為它們是不同的事情，稅款的繳納不能被視作 1999 年 12 月 20 日前收取的薪金、津貼和福利發生變更的一個必然

原因。

五、豁免納稅不是一項權利，而是豁免義務的行為。納稅是任何公民的義務。

六、有關豁免不是一項權利，不是公務員的一項基本權利，而是一項保障，即不縮減澳門特別行政區成立之前收取的薪金、津貼和福利。

七、這是一項獨立的義務，與任何權利或者基本權利無關。

八、在第 12/2003 號法律生效後，公職人員仍然依照之前生效的制度，維持因行使相關職務而收取酬金的權利，在薪金、津貼和福利方面沒有對權利的扣減，沒有任何違反《基本法》之處。

（編者製）

終審法院第 9/2006 號案裁判書全文（二審）

案件編號：9/2006
案件類別：稅務事宜的司法裁判上訴
上訴人：甲博士
被上訴人：行政長官
評議會日期：2006 年 10 月 25 日
主題：《基本法》、法定上訴利益限額、向終審法院上訴、法律是否符合《基本法》的審查
法官：利馬（裁判書製作法官）、岑浩輝和朱健

| 摘 要

一、在稅務事宜的司法上訴方面，當案件利益值低於中級法院法定上訴利益限額時，不得對中級法院在司法上訴中所作出的合議庭裁判向終審法院提起司法裁判的上訴。

二、在澳門特別行政區法律秩序中，法院在審理案件時，可以審理法律是否符合《基本法》的問題，法院在遵從《基本法》第 11 條規定的同時，不得適用那些違反《基本法》或者違反其中所規定的原則的法規，但並不影響《基本法》第 143 條所作的規定。

三、在澳門法律秩序中，由於不存在任何審查法律是否符合《基本法》的特定訴訟途徑，因此，法院在適用於具體案件的訴訟途徑中對法律是否符合《基本法》進行審理。

裁判書製作法官
利馬

澳門特別行政區終審法院
合議庭裁判

一、概述

1. 時為國際法事務辦公室助理協調員的**甲博士**，針對**行政長官**於 2004 年 3 月 19 日作出的批示提出撤銷性司法上訴。上述批示駁回了上訴人對財政局局長不批准其提出的聲明異議所作的批示而提起的訴願。其訴願為希望繼續享有第 12/2003 號法律修改前的、《職業稅章程》第 9 條所規定的惠及公務員的職業稅支付的豁免。

透過 2005 年 11 月 24 日的合議庭裁判，**中級法院**駁回其上訴。

甲博士不服，向**終審法院**提起司法裁判的上訴，辯稱被上訴之裁判構成了對《基本法》第 98 條的違反。

在終審法院，透過案件裁判書製作法官作出的、已轉為確定的批示，司法上訴之案件利益值被訂定為 1,744.00（壹仟柒佰肆拾肆）澳門元，而價值是由上訴人申報的。

經本院裁判書製作法官於 2006 年 9 月 15 日作出的批示，**決定不審理本司法裁判上訴**，其理據如下：

"《司法組織綱要法》（第 9/1999 號法律）第 18 條第 3 款規定：'在稅務及海關上的司法爭訟方面，如案件的利益值係可確定者，第一審法院的法定上訴利益限額為澳門幣一萬五千元，中級法院的法定上訴利益限額為澳門幣一百萬元。'

根據《行政訴訟法典》第 1 條規定補充適用的《民事訴訟法典》第 583 條，除另有規定外，只有當案件利益值高於上訴所針對的法院的法定利益限額時，才接納通常上訴。

由於本案之利益值明顯低於中級法院的法定上訴利益限額，故不接受針對該法院所作決定而提起的司法裁判的上訴。

3. 就有可能因這一理解而不接納上訴徵詢其意見，甲博士回應道：把從其 2003 年 12 月薪酬中所作的稅務扣除指定為本案的利益值，其實可以一如有人所說的，指定非物質行為的利益值作為標準，可以確定一個高於中級法院法定上訴利益限額的案件利益值（《民事訴訟法典》第 254 條）。

確實，上訴人可以指定另一個案件利益值，但法院沒有義務去接受這一指定，無論另一方是否同意（《民事訴訟法典》第 257 條第 1 款和第 259 條）。

無論如何，上訴人所指定的、作為案件利益值的金額為 1,744.00 澳門元，這做得對，因為該價值代表了請求的經濟利益。這一數額是上訴人希望取回的，因為其只是對關於 2003 年 12 月的就源所作的職業稅款項的扣除提出質疑 —— 這與所提到的金額相吻合 —— 而在 2003

年 12 月 31 日，上訴人停止向澳門行政當局提供服務。

總之，確定案件利益值的批示不是現在要討論的，因為屬於法官之司法權已用盡的範圍。

上訴人說，每當提出此問題時，在所有法律制度中，均不存在憲法法院的法定上訴利益限額，因為一般認為問題在於法律制度須符合其根本法律這一公共利益。

只是在澳門特別行政區，沒有憲法法院，也不存在審查法律是否與《基本法》相一致的特定訴訟的途徑。法院在審判案件過程中，可以審理此等事宜，在遵從《基本法》第 11 條規定的同時，不得適用那些違反《基本法》或者違反其中所規定的原則的法規，但並不影響《基本法》第 143 條所作的規定。但在澳門法律秩序中，由於不存在任何審查法律是否符合《基本法》的特定上訴途徑，因此，法院在適用於具體案件的訴訟途徑中對法律是否符合《基本法》進行審理。

因此，要想知道，無論案件利益值為何，是否存在上訴，此一問題由《民事訴訟法典》第 583 條第 2 款予以規範。從該規範可見，當以指控違反《基本法》為據，無論其利益值為何，並不肯定接納上訴的。

最後，上訴人還辯稱，對爭議的中心問題的不審理還將造成'對兩級上訴這一對澳門特別行政區具國際約束力的保障的否定，同時也是對求諸司法和法院的最為嚴重的否定'。

但上訴人沒有澄清何種文件在國際上要求澳門特別行政區在如本案的情形下，設立一個兩級審判制度（而不是兩級上訴，肯定是因上訴人疏忽才這樣說），而這一文件也不存在。

確實，沒有任何一項在澳門生效的法律或國際公約規定要有一級司法上訴，但刑事方面除外，即當涉及因觸犯罪行而被判處時，根據《公民權利和政治權利國際公約》第 14 條第 5 款的規定：'凡被判定有罪者，應有權由一個較高級法庭對其定罪及刑罰依法進行複審。'

其實比如在葡萄牙，憲法僅在刑事方面規定一個兩級審判制度 —— 即意味著有一級司法上訴（第 32 條第 1 款）。而在其他事宜上，憲法法院的司法見解是一致的，而在理論界也沒有爭議（J. J. GOMES CANOTILHO 和 VITAL MOREIRA，Constituição da República Portuguesa Anotada，科英布拉，科英布拉出版社，第三修訂版，1993 年，第 164 頁），這其實是一個屬於立法者有是否認同的自由的問題。

同時認為不可能上訴造成了對求諸司法和法院的最為嚴重的否定，上訴人提出此一理解的唯一解釋是他所具有的捍衛其所持立場中體現的熱情。由上訴人所提起的案件已由一個獨立的法院予以審理，在透過一個公正的、上訴人在此中有機會自由地捍衛其觀點的程序後，法院才作出決定。

從法律得出不存在司法裁判的上訴 —— 而上訴人也沒有從既有法律層面上進行討論 —— 既不違反《基本法》，也沒有違反任何國際公約。"

2. 對該批示不服，甲博士向評議會提出聲明異議。

行政長官和助理檢察長認為聲明異議理由不成立。

二、理據

1. 現審理聲明異議。

在此把前面轉述的裁判書製作法官批示之內容視為轉錄，且因同意其內容而予以贊同。

聲明異議人認為裁判書製作法官把本案視為針對行政決定的最後審級來處理是錯誤的，而從《司法組織綱要法》第18條第4款可見，存在一種法規違法性審查的訴訟途徑。

在這點上，上訴人令人費解，因為是他用司法上訴這一訴訟途徑向中級法院提起訴訟的（起訴狀第2及續後各頁）。

《司法組織綱要法》第18條第4款所提到的訴訟途徑 —— 在此等訴訟中沒有法定上訴利益限額 —— 是規定於《行政訴訟法典》第88條及續後各條的訴訟，是對載於行政法規中的規範提出爭議，目的為宣告其違法，而宣告具普遍約束力。

但現聲明異議人沒有請求對任何法律規範作出違法的、具普遍約束力的宣告。

現聲明異議人所做的是對一行政行為提出司法上訴，並請求撤銷該行為。

也就是說，現聲明異議人提出了一個撤銷性司法上訴，該訴訟途徑規定於《行政訴訟法典》第20條及續後各條中。對此，沒有提出任何疑問。訴訟形式由訴訟請求所決定，而現聲明異議人請求撤銷一個行政行為，沒有對任何規範提出爭議，也沒有請求對其作出具普遍約束力的違法性宣告。這樣，適用於其請求的訴訟形式是撤銷性司法上訴，這是他的選擇，且選得好。

聲明異議人只是現在才來說所使用的訴訟途徑是合法性審查，同時請求改變對案件的分類。但現在已晚了。明顯的是，在屬於第二審級的司法裁判上訴的階段，聲明異議人不可以希望以第一審級從頭開始，同時改變訴訟請求。

此外，聲明異議人也絕不可以使用旨在作出具普遍約束力宣告的對規範提出爭議的訴訟途徑，因為有明示性規範把違反《基本法》的、規定於行政法規中的規範排除於《行政訴訟法典》第88條及續後各條所規定的爭議制度之外。

確實，《行政訴訟法典》第88條第2款a）項規定：

"二、本章所規範之可對規範提出爭議之制度，不適用於載於行政法規之下列規範：

a）違反根本法律所載規範或從該法律所體現之原則之規範。"

也就是說，即使聲明異議人選擇訴訟途徑上出錯，也絕不可以選擇對規範的爭議這一途徑。因為在此途徑中，不得以違反《基本法》為理據對規範提出爭議，《基本法》屬於《行政訴訟法典》第88條第2款a）項所提到的根本法律。而這一制度的理由如下：《行政訴訟法典》（於1999年12月核准）的立法者預料，在澳門特別行政區的法律制度中，將會規定一種以違反《基本法》為理據的法規合法性審查的上訴，並屬終審法院的管轄權（參見《法院訴訟費用制度》第93條及續後各條）。但由於不屬在此處理的過渡過程的多種變化，這種預料沒有出現。因此在終審法院的管轄權中，並不載有任何法規合法性審查的特定訴訟途徑（《司法組織

《綱要法》第 44 條）。

無論如何，利害關係人均可就位階較低的法規違反《基本法》而提請司法審查，但必須使用一般的訴訟程序。

結論是，我們面對的是稅務司法爭訴，而在此事宜方面，中級法院的法定上訴利益限額為 1,000,000.00 澳門元。從中得出，如案件利益值低於此一金額，一如本案，就不得向終審法院提出上訴。

2. 最後，聲明異議人堅持如下論點：面對違反基本權利，有向上一級法院上訴的必要。但聲明異議人沒有具體指明哪種在澳門生效的法規，尤其是《基本法》，在出現如本案的問題時，規定向上級法院提起一級上訴，而其實該等法規不存在。

因此，聲明異議理由不成立。

三、決定

綜上所述，駁回對裁判書製作法官決定的、不審理提起的司法裁判上訴的批示所提出的聲明異議。

訴訟費用由上訴人負擔，其中司法費為 2 個計算單位。

2006 年 10 月 25 日，於澳門。

法官：利馬（裁判書製作法官）— 岑浩輝 — 朱健

出席評議會的檢察院司法官：宋敏莉

◎ 第九十九條

澳門特別行政區可任用原澳門公務人員中的或持有澳門特別行政區永久性居民身份證的葡籍和其他外籍人士擔任各級公務人員，但本法另有規定者除外。

澳門特別行政區有關部門還可聘請葡籍和其他外籍人士擔任顧問和專業技術職務。

上述人員只能以個人身份受聘，並對澳門特別行政區負責。

◎ 第一百條

公務人員應根據其本人的資格、經驗和才能予以任用和提升。澳門原有關於公務人員的錄用、紀律、提升和正常晉級制度基本不變，但得根據澳門社會的發展加以改進。

第七節
宣誓效忠

◎ 第一百零一條

澳門特別行政區行政長官、主要官員、行政會委員、立法會議員、法官和檢察官，必須擁護中華人民共和國澳門特別行政區基本法，盡忠職守，廉潔奉公，效忠中華人民共和國澳門特別行政區，並依法宣誓。

◎ 第一百零二條

澳門特別行政區行政長官、主要官員、立法會主席、終審法院院長、檢察長在就職時，除按本法第一百零一條的規定宣誓外，還必須宣誓效忠中華人民共和國。

第五章

經濟

別行政區自行支配，不上繳中央人民政府。

中央人民政府不在澳門特別行政區徵稅。

◎ 第一百零五條

澳門特別行政區的財政預算以量入為出為原則，力求收支平衡，避免赤字，並與本地生產總值的增長率相適應。

◎ 第一百零六條

澳門特別行政區實行獨立的稅收制度。

澳門特別行政區參照原在澳門實行的低稅政策，自行立法規定稅種、稅率、稅收寬免和其他稅務事項。專營稅制由法律另作規定。

◎ 第一百零三條

澳門特別行政區依法保護私人和法人財產的取得、使用、處置和繼承的權利，以及依法徵用私人和法人財產時被徵用財產的所有人得到補償的權利。

徵用財產的補償應相當於該財產當時的實際價值，可自由兌換，不得無故遲延支付。

企業所有權和外來投資均受法律保護。

◎ 第一百零七條

澳門特別行政區的貨幣金融制度由法律規定。

澳門特別行政區政府自行制定貨幣金融政策，保障金融市場和各種金融機構的經營自由，並依法進行管理和監督。

◎ 第一百零四條

澳門特別行政區保持財政獨立。

澳門特別行政區財政收入全部由澳門特

◎ 第一百零八條

澳門元為澳門特別行政區的法定貨幣，繼續流通。

澳門貨幣發行權屬於澳門特別行政區政府。澳門貨幣的發行須有百分之百的準備金。澳門貨幣的發行制度和準備金制度，由法律規定。

澳門特別行政區政府可授權指定銀行行使或繼續行使發行澳門貨幣的代理職能。

◎ 第一百零九條

澳門特別行政區不實行外匯管制政策。澳門元自由兌換。

澳門特別行政區的外匯儲備由澳門特別行政區政府依法管理和支配。

澳門特別行政區政府保障資金的流動和進出自由。

◎ 第一百一十條

澳門特別行政區保持自由港地位，除法律另有規定外，不徵收關稅。

◎ 第一百一十一條

澳門特別行政區實行自由貿易政策，保障貨物、無形財產和資本的流動自由。

◎ 第一百一十二條

澳門特別行政區為單獨的關稅地區。

澳門特別行政區可以"中國澳門"的名義參加《關稅和貿易總協定》、關於國際紡織品貿易安排等有關國際組織和國際貿易協定，包括優惠貿易安排。

澳門特別行政區取得的和以前取得仍繼續有效的出口配額、關稅優惠和其他類似安排，全由澳門特別行政區享有。

◎ 第一百一十三條

澳門特別行政區根據當時的產地規則，可對產品簽發產地來源證。

◎ 第一百一十四條

澳門特別行政區依法保護工商企業的自由經營，自行制定工商業的發展政策。

澳門特別行政區改善經濟環境和提供法律保障，以促進工商業的發展，鼓勵投資和技術進步，並開發新產業和新市場。

◎ 第一百一十五條

澳門特別行政區根據經濟發展的情況，自行制定勞工政策，完善勞工法律。

澳門特別行政區設立由政府、僱主團

體、僱員團體的代表組成的諮詢性的協調組織。

◎ 第一百一十六條

澳門特別行政區保持和完善原在澳門實行的航運經營和管理體制，自行制定航運政策。

澳門特別行政區經中央人民政府授權可進行船舶登記，並依照澳門特別行政區的法律以“中國澳門”的名義頒發有關證件。

除外國軍用船隻進入澳門特別行政區須經中央人民政府特別許可外，其他船舶可依照澳門特別行政區的法律進出其港口。

澳門特別行政區的私營的航運及與航運有關的企業和碼頭可繼續自由經營。

◎ 第一百一十七條

澳門特別行政區政府經中央人民政府具體授權可自行制定民用航空的各項管理制度。

◎ 第一百一十八條

澳門特別行政區根據本地整體利益自行制定旅遊娛樂業的政策。

◎ 第一百一十九條

澳門特別行政區政府依法實行環境保護。

◎ 第一百二十條

澳門特別行政區依法承認和保護澳門特別行政區成立前已批出或決定的年期超過一九九九年十二月十九日的合法土地契約和與土地契約有關的一切權利。

澳門特別行政區成立後新批或續批土地，按照澳門特別行政區有關的土地法律及政策處理。

01

在《基本法》所規定的保護下，在土地租賃期限過後，不論批給是否續期，批給合同所衍生的權利都繼續受到保護嗎？

終審法院第 88/2018 號案裁判書摘要（二審）

終審法院第 102/2018 號案裁判書摘要（二審）

終審法院第 2/2019 號案、第 12/2019 號案、第 13/2019 號案裁判書摘要（二審）

終審法院第 88/2018 號案裁判書摘要（二審）

案件編號：88/2018

案件類別：對行政司法裁判的上訴

上訴人：Polymar Internacional–Fibras Ópticas, Limitada

被上訴人：行政長官

裁判日期：2018 年 12 月 5 日

主題：租賃批給合同、未對獲批土地進行利用、1980 年《土地法》中臨時批給不可續期、新舊《土地法》的第 166 條、情事的非正常變遷、限定性行為、承批人過錯、2013 年《土地法》第 215 條（三）項、不確定概念

法官：利馬（裁判書製作法官）、宋敏莉和岑浩輝

　　一、從《基本法》第 120 條中可以看出，合同所規定的土地承批人的權利受到承認和保護。在合同未規定的事宜上，新法可以與當時生效的舊法所規定的制度有所不同。

　　二、將臨時批給不可續期作為一項原則予以確定的新《土地法》（第 10/2013 號法律）第 48 條第 1 款並非新創的規定。儘管舊《土地法》（第 6/80/M 號法律）中沒有像第 48 條第 1 款這樣的明確規定，但舊《土地法》期間實行的也是這種制度，從該法律第 49 條、第 54 條以及第 55 條的規定中便能看到，臨時批給不可續期。

　　三、在以租賃方式作出的都市性土地的臨時批給的失效方面，新《土地法》第 166 條與

舊《土地法》第 166 條之間唯一的區別在於新《土地法》第 1 款（一）項結尾部分的規定（"且不論之前曾否被科處罰款"）。

四、應由土地承批人證明各當事人作出訂立合同之決定所依據之情勢遭受非正常變遷，要求其履行所承擔的義務嚴重違反善意原則，且提出該要求係超越因訂立合同所應承受之風險範圍，因而阻礙其在合同訂定的期限內完成土地的利用。

五、從 1980 年的《土地法》第 105 條第 5 款中可以得出，承批人本可以就未遵守期限的原因提交合理解釋。

六、行政長官根據 2013 年的《土地法》第 166 條的規定宣告因未利用土地而批給失效的行為屬於限定性行為。

七、2013 年的《土地法》第 215 條（三）項的過渡規定中規定的承批人過錯是不確定概念，屬於單純解釋法律的限定性活動，可受法院審查。

終審法院第 102/2018 號案裁判書摘要（二審）

案件編號：102/2018
案件類別：對行政司法裁判的上訴
上訴人：保利時發展有限公司
被上訴人：行政長官
會議日期：2019 年 2 月 20 日
主題：批給失效、未進行土地的利用、過期失效、限定性行為、《澳門特別行政區基本法》
法官：宋敏莉（裁判書製作法官）、岑浩輝和利馬

一、根據《中葡聯合聲明》附件一第十四點以及《澳門特別行政區基本法》第 120 條和第 145 條的規定，澳門特區承認和保護 1999 年 12 月 20 日之前訂立的土地批給合同，以及從中衍生的權利。而對於上述日期之後作出的批給續期，則適用當時所生效的法律，在合同未規定的事宜上，新法可以與當時生效的舊法所規定的制度有所不同。

二、這些合同以及承批人的權利在最初租賃期限過後所受到的保護，總是取決於根據續期時生效的法律而作出的相關批給的續期。

三、將臨時批給不可續期作為一項原則予以明確確定的新《土地法》（第 10/2013 號法律）第 48 條第 1 款並非新創的規定。儘管舊《土地法》中沒有確立此原則的明確規定，但整體解釋該法律第 49 條、第 54 條以及第 55 條的規定便能得出相同的立法意圖。

四、不管是在舊《土地法》生效期間，還是在新《土地法》生效期間，未能在合同訂定的

期間及按合同的規定利用獲批土地都會導致有關土地批給失效。

五、根據新《土地法》第 215 條（三）項的規定，對於該法生效之前的臨時批給的失效，適用新法第 166 條的規定。

六、因租賃期屆滿而導致的臨時批給失效為過期失效，因此，25 年的臨時批給期間屆滿後（如合同未另外訂定期間），行政長官如認為在上述期間內事先訂定的利用條款未獲履行，則應宣告合同失效，且無須查明相關利用條款是否因不可歸責於承批人的原因而未獲履行。

七、行政長官根據 2013 年《土地法》第 166 條的規定宣告因未利用土地而批給失效的行為屬於限定性行為。

八、面對現行《土地法》，行政長官沒有宣告或不宣告批給失效的選擇空間，而是必須宣告失效，因此這裡不適用自由裁量行為所特有的瑕疵，例如違反行政法的一般原則（如善意原則、公正原則和無私原則）。

九、審理上訴人所提出的違反作出決定原則的情況同樣沒有意義。

■ 終審法院第 2/2019 號案、第 12/2019 號案、第 13/2019 號案裁判書摘要（二審）

案件編號：2/2019、12/2019、13/2019
案件類別：對行政司法裁判的上訴
上訴人：富景灣置業發展股份有限公司和文景灣建築置業股份有限公司、創基紙品廠有限公司、Plasbor-Fábrica de Plásticos e Borrachas, S. A. R. L.
被上訴人：運輸工務司司長、澳門特別行政區行政長官、澳門特別行政區行政長官
會議日期：2019 年 4 月 4 日、2019 年 7 月 10 日、2019 年 7 月 10 日
主題：過期失效、善意原則、阻礙失效之原因，《民法典》第 323 條第 2 款、《澳門特別行政區基本法》（第 103 條）
法官：宋敏莉（裁判書製作法官）、岑浩輝和利馬

一、未在規定期限內進行土地利用的過錯問題並不重要，因為，只要不屬於法律規定的例外情況，那麼在未能於臨時批給的最長期限屆滿前完成土地利用的情況下，相關批給不可續期，應被宣告失效。這屬於過期失效。

二、在限定性活動中，不存在所謂的對善意原則（以及公正原則、適度原則、保護信任原則和平等原則）的違反。

三、土地工務運輸局的內部通知，以及該局在通知兩上訴人他們提交的計劃可獲核准、但行政程序在獲批土地所處地區新的城市發展規劃獲核准之前暫時中止的公函中所表露的態

度，絕不可能構成澳門特區對上訴人任何權利的承認，因為其中包含的資訊或意見不代表亦不約束澳門特區，更何況是在土地租賃期限屆滿之後。

四、不存在《民法典》第 323 條第 2 款所規定的阻礙失效之原因。

五、《基本法》第 103 條所規定的對所有權的保護應“依法”進行。

六、必須注意本案中相關租賃批給所具有的臨時性，這一性質在批給轉為確定之前一直維持，因此獲批土地的使用權同樣具有臨時性。

七、不能接受的是：在《基本法》所規定的保護之下，在土地租賃期限過後，不論批給是否續期，批給合同所衍生的權利都繼續受到保護。因為按照邏輯和法律，這些權利在最初租賃期限過後所受到的保護，總是取決於根據續期時生效的法律而作出的相關批給的續期，正如《基本法》第 120 條第二部分所規定的，澳門特別行政區成立後續批土地應按照澳門特別行政區有關的土地法律及政策處理。

八、如不屬於第 10/2013 號法律第 55 條所規定的任一可豁免公開招標的情況，那麼將有關土地直接批出在法律上是不可行的，因為根據同一《土地法》第 54 條的規定，一般情況下在臨時批給之前須進行公開招標（第 2/2019 號案和第 13/2019 號案裁判書摘要無此點）。

第六章

文化和社會事務

性，依法享有教學自由和學術自由。
各類學校可以繼續從澳門特別行政區
以外招聘教職員和選用教材。學生享
有選擇院校和在澳門特別行政區以外
求學的自由。

◎ 第一百二十三條

澳門特別行政區政府自行制定促進醫
療衛生服務和發展中西醫藥的政策。
社會團體和私人可依法提供各種醫療
衛生服務。

◎ 第一百二十四條

澳門特別行政區政府自行制定科學技
術政策，依法保護科學技術的研究成
果、專利和發明創造。
澳門特別行政區政府自行確定適用於
澳門的各類科學技術標準和規格。

◎ 第一百二十一條

澳門特別行政區政府自行制定教育政
策，包括教育體制和管理、教學語言、
經費分配、考試制度、承認學歷和學位
等政策，推動教育的發展。
澳門特別行政區政府依法推行義務
教育。
社會團體和私人可依法舉辦各種教育
事業。

◎ 第一百二十五條

澳門特別行政區政府自行制定文化政
策，包括文學藝術、廣播、電影、電
視等政策。
澳門特別行政區政府依法保護作者的
文學藝術及其他的創作成果和合法
權益。
澳門特別行政區政府依法保護名勝、

◎ 第一百二十二條

澳門原有各類學校均可繼續開辦。澳門
特別行政區各類學校均有辦學的自主

古蹟和其他歷史文物，並保護文物所有者的合法權益。

◎ 第一百二十六條

澳門特別行政區政府自行制定新聞、出版政策。

◎ 第一百二十七條

澳門特別行政區政府自行制定體育政策。民間體育團體可依法繼續存在和發展。

◎ 第一百二十八條

澳門特別行政區政府根據宗教信仰自由的原則，不干預宗教組織的內部事務，不干預宗教組織和教徒同澳門以外地區的宗教組織和教徒保持及發展關係，不限制與澳門特別行政區法律沒有抵觸的宗教活動。

宗教組織可依法開辦宗教院校和其他學校、醫院和福利機構以及提供其他社會服務。宗教組織開辦的學校可以繼續提供宗教教育，包括開設宗教課程。

宗教組織依法享有財產的取得、使用、處置、繼承以及接受捐獻的權利。宗教組織在財產方面的原有權益依法受到保護。

◎ 第一百二十九條

澳門特別行政區政府自行確定專業制度，根據公平合理的原則，制定有關評審和頒授各種專業和執業資格的辦法。

在澳門特別行政區成立以前已經取得專業資格和執業資格者，根據澳門特別行政區的有關規定可保留原有的資格。

澳門特別行政區政府根據有關規定承認在澳門特別行政區成立以前已被承認的專業和專業團體，並可根據社會發展需要，經諮詢有關方面的意見，承認新的專業和專業團體。

◎ 第一百三十條

澳門特別行政區政府在原有社會福利制度的基礎上，根據經濟條件和社會需要自行制定有關社會福利的發展和改進的政策。

◎ 第一百三十一條

澳門特別行政區的社會服務團體，在不抵觸法律的情況下，可以自行決定其服務方式。

◎ 第一百三十二條

澳門特別行政區政府根據需要和可能逐

步改善原在澳門實行的對教育、科學、
技術、文化、體育、康樂、醫療衛生、
社會福利、社會工作等方面的民間組織
的資助政策。

◎ 第一百三十三條

澳門特別行政區的教育、科學、技術、
文化、新聞、出版、體育、康樂、專
業、醫療衛生、勞工、婦女、青年、歸
僑、社會福利、社會工作等方面的民間
團體和宗教組織同全國其他地區相應的
團體和組織的關係，以互不隸屬、互不
干涉、互相尊重的原則為基礎。

◎ 第一百三十四條

澳門特別行政區的教育、科學、技術、
文化、新聞、出版、體育、康樂、專
業、醫療衛生、勞工、婦女、青年、歸
僑、社會福利、社會工作等方面的民間
團體和宗教組織可同世界各國、各地區
及國際的有關團體和組織保持和發展關
係，各該團體和組織可根據需要冠用
"中國澳門"的名義，參與有關活動。

第七章

對外事務

◎ 第一百三十五條

澳門特別行政區政府的代表，可作為中華人民共和國政府代表團的成員，參加由中央人民政府進行的同澳門特別行政區直接有關的外交談判。

◎ 第一百三十六條

澳門特別行政區可在經濟、貿易、金融、航運、通訊、旅遊、文化、科技、體育等適當領域以"中國澳門"的名義，單獨地同世界各國、各地區及有關國際組織保持和發展關係，簽訂和履行有關協議。

◎ 第一百三十七條

對以國家為單位參加的、同澳門特別行政區有關的、適當領域的國際組織和國際會議，澳門特別行政區政府可派遣代表作為中華人民共和國代表團的成員或以中央人民政府和上述有關國際組織或國際會議允許的身份參加，並以"中國澳門"的名義發表意見。

澳門特別行政區可以"中國澳門"的名義參加不以國家為單位參加的國際組織和國際會議。

對中華人民共和國已參加而澳門也以某種形式參加的國際組織，中央人民政府將根據情況和澳門特別行政區的需要採取措施，使澳門特別行政區以適當形式繼續保持在這些組織中的地位。

對中華人民共和國尚未參加而澳門已以某種形式參加的國際組織，中央人民政府將根據情況和需要使澳門特別行政區以適當形式繼續參加這些組織。

◎ 第一百三十八條

中華人民共和國締結的國際協議，中央人民政府可根據情況和澳門特別行政區的需要，在徵詢澳門特別行政區政府的意見後，決定是否適用於澳門特別行政區。

中華人民共和國尚未參加但已適用於澳門的國際協議仍可繼續適用。中央人民政府根據情況和需要授權或協助澳門特別行政區政府作出適當安排，使其他與其有關的國際協議適用於澳門特別行政區。

01 國際協議在澳門特別行政區法律體系中處於什麼樣的位階？

中級法院第 174/2002 號案、第 164/2003 號案裁判書摘要（二審）

終審法院第 2/2004 號案裁判書全文（二審）

▊ 中級法院第 174/2002 號案、第 164/2003 號案裁判書摘要（二審）

（譯本）

案件編號：174/2002、164/2003

案件類別：民事及勞動訴訟程序的上訴

上訴人：甲銀行

被上訴人：乙、乙及丙

合議庭裁判書日期：2002 年 10 月 31 日、2003 年 10 月 30 日

主題：本票、遲延利息、適用於本票的利率、國內法與國際法的關係

法官：趙約翰（裁判書製作法官）、蔡武彬和賴健雄

　　一、一般而言，利率是因為臨時利用他人資本而應付的金錢補償。被執行人除了支付所欠金額，還應支付遲延支付的利息，這種利息不應混同於約定的利息，後者是按本金的報價而規定。

　　二、1930 年 6 月 7 日日內瓦公約採納的統一法，自 1960 年 2 月 8 日公佈於《澳門政府公報》之日起即在澳門內部秩序中生效，直至 1999 年 12 月 19 日（按：第 174/2002 號案裁判書摘要無此點）。

　　三、對於中華人民共和國締結的國際協定，中央人民政府可根據情況和特別行政區的需要，在徵詢澳門特別行政區政府意見後決定是否適用於澳門特別行政區（《基本法》第 138 條第 1 段）；中華人民共和國尚未參加但已適用於澳門的國際協議，亦可繼續在澳門特別行政區適用（《基本法》第 138 條第 2 段）。

　　四、在澳門特別行政區公佈，並由中央人民政府通知保存實體後，認為《日內瓦公約》在澳門法律秩序中生效的全部要件均告具備，而不論其內容是否納入國內法。

五、如公約國際法與國內法有衝突，適用於澳門特別行政區的國際公約優於內部普通法律。

六、一旦履行必須之條件，國際法自動成為澳門特別行政區法律秩序的一部分，而其執行方式與所有法律無異。

七、在不存在導致適用情勢變遷條款之經濟、匯兌及財政理由的情況下，無理由不適用《統一匯票本票法》得出的利率（第 174/2002 號案裁判書摘要無此點）。

八、在本票及匯票領域訂定之 6% 之債務人利率，隱含著一項遲延利息。

■ 終審法院第 2/2004 號案裁判書全文（二審）

（譯本）
案件編號：2/2004
案件類別：民事司法上訴
上訴人：甲
被上訴人：乙、丙、丁、戊、己、辛
庭審日期：2004 年 6 月 2 日
主題：國際公約、法源位階、基本法、《統一匯票和本票法公約》、利率、第 40/99/M 號法令第 5 條、商業債權、2% 的附加利率、《商法典》第 569 條第 2 款
法官：利馬（裁判書製作法官）、岑浩輝和朱健

| 摘 要

一、法律的層級效力只低於憲法性規範，只有憲法性規範才可賦予國際公約的高於法律的位階效力，因此《民法典》第 1 條第 3 款中關於賦予國際公約高於法律的位階效力部分不具任何效力。

二、基本法第 138 條第 2 段首句所指的、在 1999 年 12 月 20 日前及後來在澳門生效且中華人民共和國沒有參加的國際公約，具有高於內部法的層級效力。

三、因第 40/99/M 號法令第 5 條違反《統一匯票和本票法公約》第 48 條第 2 款規定，為此各法院應拒絕適用之。

四、自 1960 年 2 月 8 日開始，《統一匯票和本票法公約》一直在澳門不間斷地生效。

五、《商法典》第 569 條第 2 款中允許債權人在債務人遲延付款時，要求獲得《統一匯票和本票法公約》第 48 條第 2 款規定對延付利率支付 2% 的額外利率的部分不合法，因此各法

院應拒絕適用之。

裁判書製作法官

利 馬

（譯本）
澳門特別行政區合議庭裁判：

一、概述

透過 2003 年 9 月 18 日的合議庭裁判，**中級法院**裁定駁回由甲對初端部分駁回最初申請的批示而提起的司法上訴，該上訴是在由上指甲針對乙、丙、丁、戊、己、庚及辛提起的執行程序中作出的，涉及執行中申請人要求獲得到期而未兌付本票的高於 6% 的利率以及 2% 的額外利率的到期及將到期利息。

執行銀行再向本**終審法院**提起上訴，並以下列結論結束其上訴陳述：

1. 本上訴是針對中級法院在第 174/2002 號上訴案中所作合議庭裁判提起的上訴，該裁判支持初級法院的決定並維護如下論點：在第 1 庭編號為 CEO-035-02-1 普通執行程序中，到期及將到期之利息以 6% 的利率進行計算，而不是如申請人請求的那樣，2000 年 9 月 3 日（包括該日）至 2002 年 4 月 1 日期間以 9.5% 計算，外加 2% 的延付利息。

2. 本上訴中爭論的問題是想知道對本案而言，應採用哪個利率。另一方面，由於債務人延付，可否外加 2% 的附加利率。

3. 根據 12 月 20 日第 3/1999 號法律第 3 條和第 5 條規定，該《日內瓦公約》在澳門特區法律體系內的適用取決於在《政府公報》內的相關公佈，而該公報出現於 2002 年 2 月 12 日（公佈後的第 6 日）。

4. 因此，起碼直至 2002 年 2 月 12 日，上訴人可以要求經 12 月 26 日第 330/95/M 號訓令訂定的利率為 9.5% 的利息。

5. 附列於《日內瓦公約》的《統一法》只具有內部約束性質，因其取決於將其轉化為內部法律的頒佈。

6. 因《統一法》具有此性質，因此當本票、匯票和支票不涉及任何外部法律體系的聯繫要素時，對其利率進行調整並不損害《日內瓦公約》之目的。

7. 根據 8 月 3 日第 40/99/M 號法令第 5 條規定："在澳門簽發及付款之匯票、本票及支票之持有人，對於遲延付款，仍得繼續請求按法定利率計算之相應於遲延期間的損害賠償"。

8. 此屬一項特別規範，其適用範圍限於在澳門簽發及承兌的憑證（本票、匯票和支票），對於其他憑證，則適用《商法典》第 1181 條。

9. 作為本執行程序案基礎的執行憑證是於 2000 年 1 月 10 日簽發的本票，面額為港幣 12,200,000.00 元，由被申請執行公司簽發且有其他被申請執行人作保，該憑證在澳門簽發且可在澳門承兌。

10. 這就賦予上訴人以該憑證持有人身份，要求被申請執行人支付已到期及將到期的、從到期日至實際和完全付清申請執行之債務之日的、以法定利率計算的利息的權利。

11. 於 1995 年 12 月 21 日核准的 11 月 26 日第 330/95/M 號訓令自 1996 年 1 月 1 日起直至 2002 年 4 月 1 日一直生效，而且在此期間確定的法定利率為 9.5%。

12. 最近，該訓令因 2002 年 3 月 26 日第 9/2002 號行政命令的開始生效而被撤銷。自該年 4 月 1 日開始，法定利率確定為 6%（見 2002 年 3 月 26 日第 9/2002 號行政命令第 1 條至第 3 條）。

13. 即使在修改《商法典》時，立法者明確的立法意圖為維持第 40/99/M 號法令第 5 條的適用性。

14. 如上訴人認同《統一法》作為《日內瓦公約》所載的規範已被納入澳門特區法律體系內的理解，那麼就該執行情勢的實質變更這一條款，因為被申請執行之債權到期時出現經濟衰退，而立法者在那時採取了如第 330/95/M 號訓令等相應之立法措施，但該訓令只因 3 月 26 日第 9/2002 號行政命令的公佈才消失。

15. 上指第 40/99/M 號法令第 5 條沒有被 4 月 27 日第 6/2000 號法律廢除，也沒有排除第 330/95/M 號訓令。該訓令只是後來被第 9/2002 號行政命令所廢止。

16. 只是從 2002 年 4 月 1 日第 9/2002 號行政命令生效之日開始，才可能出現後法廢止前法的原則問題，且只涉及第 330/95/M 號訓令，而第 40/99/M 號法令第 5 條不被觸及。

17. 正是在此背景下，上訴人才正當提出該訓令的法定效力至 2002 年 4 月 1 日，包括該日。

18. 根據《商法典》第 569 條第 2 款規定，既然在本案中我們面對的是一項商業性質的債權，因此由於被申請執行人的延付，有 2% 的附加利率。

19. 相反，則可能剝奪了有關特別懲罰性的規定，從而鼓勵不履行該規定。

被申請執行人沒有呈交陳述理由。

二、事實

由被上訴合議庭裁判認定的事實如下：

執行申請人為一張簽發於 2000 年 1 月 10 日、面額為港幣 123,000,000.00 元本票的合法持有人，該本票由被申請執行公司簽發並由其他被申請執行人作保。

上指本票於 2000 年 9 月 2 日到期，儘管經多次催促還款，但至 2002 年 5 月 16 日為止，被申請執行人仍欠執行申請人、現上訴人港幣 14,615,767.10 元，其中港幣 12,200,000.00 元為本金，港幣 2,415,767.12 元為已經到期而未付之利息。

因此，在本案中執行申請人要求各位被申請執行人支付港幣 14,615,767.12 元，相當於澳門幣 15,068,855.90 元的執行金額或指定財產予以扣押。

執行申請人除了請求支付上述提到的未付之本金外，還根據 8 月 3 日第 40/99/M 號法令第 5 條和《商法典》第 569 條第 2 款的規定，請求以 6% 的整體利率另加 2% 的延付，支付已經到期及未到期的利息，直至所欠款項完全支付完畢為止。

透過載於卷宗內第 15 頁的原審法院法官的批示，債權的接受金額為澳門幣 12,200,000.00 元，但是認為已經到期及未到期的利息應以 6% 的利率計算。

上述提及的法官批示內容如下：

"以出具收件回執的方式傳喚被申請執行人乙、甲、乙、丙、丁、戊及己於連續的 20 天期間內支付執行款項予執行申請人甲 —— 本金（港幣 12,200,000.00 元）和以 6% 計算的已經到期和未到期的利息，或指定財產予以扣押，否則，根據《澳門民事訴訟法典》第 695 條、696 條和 720 條第 1 款 a 項以及《澳門商法典》第 1181 條第 1 款 b 項和 c 項規定，指定財產予以查封的權利交由執行申請人行使，或者在相同期限內，針對執行提出反對。

根據《澳門民事訴訟法典》第 375 條第 1 款、第 394 條第 1 款 d 項和第 697 條 a 項規定，因缺乏執行憑證，初端駁回其他部分請求。

通知及採取應有的措施。"

三、法律

（一）要解決之問題

經 1930 年 6 月 7 日《日內瓦公約》核准的《統一匯票和本票法公約》（下稱《統一法》）第 48 條第 2 款規定，持票人可自票據到期日開始，通過行使自己訴權，要求獲得利率 6% 的利息。

可是，7 月 6 日第 4/92/M 號法律第 3 條卻規定，當匯票、本票或支票到期而未能承兌時，持票人可要求獲得相當於法定利率的賠償。

後來之法規也保留此項規定。

在某些時候，法定利率超過了 6%。

另一方面，《商法典》第 569 條第 1、2 款允許商業性質的債權的權利人要求法定利率之外的 2% 的附加利率。

除本票之金額外，執行申請人還請求支付法定利息和 2% 的附加利率，但該請求沒有獲得批准，而且該不批准獲得中級法院認定。

中級法院得出結論認為，由於國際法高於一般的內部法，因此澳門的普通立法者不能規定當匯票、本票和支票延遲支付時，持票人所獲之賠償為法定利息。即使不這樣理解，8 月 3

日第 40/99/M 號法令第 5 條 —— 對所提到的第 4/92/M 號法律第 3 條規範重新作出規定 ——
也已經被 4 月 27 日第 6/2000 號法律所廢止。

至於《商法典》第 569 條第 1、2 款規定的 2% 的附加利率，中級法院認為該規定不適用
於匯票、本票和支票的情況。

應該強調的是，對審理本案有意義的階段為，2000 年 9 月 2 日本案中本票到期日和第
9/2002 號行政命令公佈之日的 2002 年 4 月 1 日[1] 之階段，該命令確定法定利率為 6%，與《統
一法》之利率相同。這是與利率問題相關的。

還應該指出的是，根據我們正討論的《日內瓦公約》第 1 條，締約方可從該公約附件二
中挑選出部分內容作為對《統一法》提出的保留，而附件二第 13 條的保留正是賦予締約方權
利，以便在其地域內，針對在其地域內簽發和承兌的匯票，以有效的法定利率代替《統一法》
第 48、49 條第 2 款規定的利率[2]。可是，葡萄牙沒有就《統一法》提出保留，而中華人民共和
國在對澳門繼續適用該公約作出通知時也沒有就此作出保留，關於它是否可以如此做，因為不
是締約方，該問題不屬本案解決範圍。

這些就是要解決的問題。

（二）國際公約在澳門法源層級中的地位

《統一法》自 1960 年 2 月 8 日公佈於《政府公報》開始至澳門特別行政區成立前在澳門
地區生效。

中華人民共和國不屬於核准《統一法》的《日內瓦公約》的締約方。根據作為《中葡聯合
聲明》附件一的《中華人民共和國政府對澳門的基本政策的具體說明》第 8 節和《基本法》第
138 條規定，它通知作為《公約》保管人的聯合國秘書長，有關公約自 1999 年 12 月 20 日起
繼續在澳門特別行政區適用。

基於行政長官之命令，該通知被公佈於 2002 年 2 月 6 日《澳門特別行政區公報》第二
組內。

《統一法》被編入經第 40/99/M 號法令核准的《商法典》中。根據 9 月 27 日第 48/99/M
號法令第 2 條規定，該法典於 1999 年 11 月 1 日開始生效。

中級法院的觀點為，一般法 —— 尤其是第 40/99/M 號法令第 5 條，其規定："在澳門簽發
及付款之匯票、本票及支票之持有人，對於遲延付款，仍得繼續請求按法定利率計算的相應於
遲延期間的損害賠償"—— 不得違反《統一法》第 48 條之規定。

因為對中級法院而言，國際協約法具有高於澳門一般法的位階。

---

1   第 9/2002 號行政命令自欺公佈次日起生效（第 3 條）。

2   關於此問題，參見 A.M. Barbosa de Melo 的著作："當與接受的國際規範衝突時，後法優先"，在
     "司法見解彙編"，IX 年度，第 4 卷，第 13 頁，以及 J. Simões Patrício 的著作："內部法與國際法
     源之衝突：第 262/82 號法令第 4 條"，在司法部公報第 332 期，第 145 頁。

為此，被上訴的合議庭裁判援引了經 8 月 3 日第 39/99/M 號法令核准的《民法典》第 1
條第 3 款的如下規定：

"第 1 條

（直接淵源）

一、法律為法的直接淵源。

二、來自澳門地區有許可權機關或來自國家機關在其對澳門之立法權限範圍的一切概括
性規定，均視為法律。

三、適用於澳門之國際協約優於普通法律。"

但是，基於明顯的法律邏輯理由，簡單的道理是，沒有任何一項規範可以賦予另一項或一
組規範具有高於其本身的法源位階，因此《民法典》第 1 條第 3 款的這項規定沒有任何效力。

一個法律不得設定或賦予一項法源具有高於法律的位階，如一項行政法規不得設定或賦
予一項法源具有高於行政法規的位階。

那麼，前述所見，由於澳門《民法典》是由法令核准的，而該法令具有立法性質《澳門組
織章程》第 13 條第 1 款 [3]，因此它沒有賦予如國際協定等其他規範高於法律位階的權能。

法律只具有低於憲制性法律的位階效力，而只有後者才可賦予國際協議高於法律的位階
效力。

我們認為，這是法學理論中不容置疑的結論。

ALBINO DE AZEVEDO SOARES[4] 寫道："國際法與國內法之間的地位只可由憲制權力來
決定。"

J.J. GOMES CANOTILHO e VITAL MOREIRA [5] 指出，在已經接受為內部法律制度的國
際公法與國內一般法之間的關係上，葡萄牙憲法沒有作出規定，之後補充指出："然而，這是
一個完全屬憲制性問題 [6]，因此應由作為法制根本法的憲法來確定每一類法源體系中的位置"。

P. LARDY[7] 也認同，表明："國際法的接收方式及其法律地位仍然是一個憲法技術問
題……" [8]。

3　由 2 月 17 日第 1/76 號法律核准，後被 9 月 14 日第 53/79 號，5 月 10 日第 13/90 號和 7 月 29 日
　　第 23-A/96 號等法律修改。

4　Albino de Azevedo Soares 的著作：《國際公法教程》，第 54 頁。

5　J.J.Gomes Canotilho 和 Vital Moreira 的著作：《葡萄牙共和國憲法》注釋，科英布拉出版社，
　　1993 年，第三版，第 86 頁。

6　由我們改為斜體字的。

7　P.Lardy 的著作：《*La Force Obligatoire du Droit International en Droit Interne*》，巴黎，1996 年，
　　第 247 頁及續後各頁，經 J. SIMÕES PATRÍCIO 引用於 *Conflito da Lei Interna com as Fontes
　　Internacionais*，第 262/82 號法令第 4 條，司法部簡報第 332 期，第 117 頁。

8　由我們改為斜體字的。

結論是，在涉及屬於憲制性立法者職權事宜方面，《民法典》第 1 條第 3 款僅屬普通立法者表達的良好意願，因此，對審理本案來講，該規定毫無意義。

（三）、澳門特別行政區的管理權

為此，應該從處於特區法規最頂層的《基本法》中尋找解決審議中的問題的答案。

事實是，經分析整部《基本法》，我們沒有找到涉及本問題的明示條款。

剩下要探求的是，在涉及國際法或國際關係的條款中，是否可以得出任何關於國際協議法在法源中的法律位階的原則。

答案是正面的，一如將在後面所述。

眾所周知，相對於中華人民共和國而言，《基本法》賦予澳門特別行政區高度的自治權，享有行政管理權、立法權和獨立的司法權〔《基本法》第 2 及 12 條〕。

但是，在某些領域，澳門特別行政區不享有自治權，例如從《基本法》第二章，尤其是第 13、14 和 19 條可見，如涉及國防和外交事務方面，則由國家負責，儘管在此等領域，特區也享有一些權力。

因此，涉及澳門特別行政區的外交和國防事務，由中央人民政府負責（第 13 及 14 條）。

儘管如此，在對外事務方面，經中央人民政府授權，特別行政區也可以自行處理與其有關的對外事務（第 13 條第 3 款）。

涉及特區安全方面，《基本法》賦予澳門特別行政區維持內部治安的責任（第 14 條第 2 款）。

《基本法》第 19 條涉及澳門特別行政區司法權方面，也確認了澳門特別行政區自治權的該等限制。儘管特區享有獨立的司法權，包括終審權，但澳門特別行政區法院對國防和外交等國家行為沒有管轄權，因此，如涉及該方面的事實問題時，特區法院應取得行政長官就該等事實問題發出的證明文件，該等證明文件是由他作為特區代表（第 45 條）向中央人民政府獲取（第 19 條第 3 款）。

至於在簽訂協定的職權方面，澳門特別行政區享有一些自治權：在中央人民政府授權或協助下，特區政府可與其他國家和地區談判和簽定互免簽證協定（第 140 條）。

另一方面，澳門特區可在經濟、貿易、金融、航運、通訊、旅遊、文化、科技、體育等適當領域以“中國澳門”的名義，單獨地同世界各國、各地區及有關國際組織簽訂協定（第 136 條）。

在司法合作領域，同樣在中央人民政府授權或協助下，澳門特別行政區可與外國就司法互助關係作出適當安排（第 94 條）。

對於中華人民共和國締結的國際協議，中央人民政府在徵詢澳門特別行政區政府的意見後，決定是否適用於澳門特別行政區（第 138 條第 1 款）。

對於中華人民共和國尚未參加但於 1999 年 12 月 19 日已適用於澳門的國際協議，在此日之後，仍可繼續適用（第 138 條第 2 款首句）。因此，在中華人民共和國恢復行使對澳門的管治權後，中央人民政府可以決定該等協議不繼續適用於澳門。

第 138 條所涉及的國際協議 —— 中華人民共和國已參加以及尚未參加但於 1999 年 12 月 19 日在澳門適用 —— 於澳門特別行政區的適用是由中央政府決定的。這樣的決定從來就不是由澳門特別行政區機構作出。

由此可以肯定得出，在法源位階上，上述提到的國際協定中的各項規範高於澳門特區內部的其他法源。

如換一種理解，即如認為該等國際協議於澳門特別行政區其他法源處於同等位階上，也就意味著該等國際協議可以撤銷或修改特區法律，而特區法律也可以修改或撤銷該等國際協議，因為適用後法（或規範）廢除前法的原則。

那麼，這種制度將會違反上面提到的載於《基本法》中的原則，就是，涉及如對外事務等屬於國家職權方面，澳門特別行政區不享有自治權，而是由中央人民政府處理。因此，澳門特別行政區的立法機關不得撤銷《基本法》第 138 條所述的國際協議中的規定，否則，會以另一種方式侵犯《基本法》中屬於中央人民政府的職權。

當然，在《基本法》第 138 條提及的國際協議與澳門特別行政區內部法源，即法律、行政法規等的位階上，前者優於後者。

由於核准《統一法》的《日內瓦公約》屬於《基本法》第 138 條第 2 款所指的國際協議之 —— 因此由中華人民共和國通知作為該公約保管實體的聯合國秘書長，有關公約將自 1999 年 12 月 20 日始繼續在澳門特別行政區適用 —— 因此該公約優於內部法源，尤其優於第 40/99/M 號法令第 5 條。

第 40/99/M 號法令第 5 條規定："在澳門簽發及付款之匯票、本票及支票之持有人，對於遲延付款，仍得繼續請求按法定利率計算的相應於遲延期間之損害賠償"。這條規定違反了《統一法》第 48 條第 2 款確定的 6% 的遲付利息。

基於此，各法院應拒絕適用第 40/99/M 號法令第 5 條。

（四）情勢根本變遷條款

上訴人聲稱，即使認為國際協議優與內部法，也應該認為，面對執行債權到期時所出現的經濟收縮環境而採取的那些違反《統一法》規定的立法措施因情勢根本變遷條款變為有效。

在現代國際法中，條約法中的情勢根本變遷條款越來越被重視和接受，這意味著條約方可以就其簽約時之情勢已經出現根本性變化為由，援引該條款以便終止條約之全部或部分[9]。

但不明白，上訴人也沒有解釋，為何負面的經濟環境會導致立法者允許向那些通常是請

9 　關於此事宜，Eduardo Correia Baptista 的著作《*Direito Internacional Público, Conceito e Fontes*》，里斯本，Lex 出版社，1998 年，第一卷，第 335 頁及續後各頁，及 A. Gonçalves Pereira 和 Fausto de Quadros 的著作《*Manual de Direito Internacional Público*》，科英布拉，Almedina 出版社，1997 年，第三版，第 251 頁及續後各頁。

求借貸的本票簽發者要求更多的利息。如相反，則更合理……[10]

故提出的問題不成立。

（五）關於公佈中華人民共和國向聯合國秘書長作出在澳門特別行政區繼續適用《日內瓦公約》的通知

上訴人提出，即使認為《統一法》優於內部法，中華人民共和國向聯合國秘書長就在澳門特別行政區繼續適用該公約所作的通知於 2002 年 2 月 6 日才在《澳門特別行政區公報》第二組公佈。按上訴人的理解，《統一法》自 2002 年 2 月 12 日，即行政長官《公告》頒佈後的第6 日，才納入到澳門特別行政區內部法制內，因此，第 40/99/M 號法令第 5 條一直生效，直至該日。

讓我們看。

自 1960 年 2 月 8 日公佈於《政府公報》至 1999 年 12 月 19 日，《統一法》無可爭議的在澳門生效。

基於立法者的選擇，《統一法》文本被納入《商法典》中，列為第 1134 至 1211 條[11]。

然而，不屬於核准《統一法》的《日內瓦公約》締約方的中華人民共和國根據《基本法》第 138 條規定，通知作為《公約》保管機構負責人的聯合國秘書長，該《公約》繼續在澳門特別行政區適用。

經行政長官命令，該通知公佈於 2002 年 2 月 6 日《澳門特別行政區公報》第二組。

要了解的問題，有效至 1999 年 12 月 19 日的《統一法》是在 1999 年 12 月 20 日始繼續有效，還是僅於 2002 年 2 月 12 日，即中華人民共和國向聯合國秘書長作出的有關通知在《特區公報》公佈後第 6 日，才重新開始生效。

解決問題的關鍵在於對《基本法》第 138 條第 2 款首句的解釋。該款規定："中華人民共和國尚未參加但已適用於澳門的國際協議仍可繼續適用"。同時前面已經提到，中央人民政府可以決定在中華人民共和國恢復對澳門行使管治權後，該等公約不繼續在澳門生效。然而，並在對外關係上，並不排除中華人民共和國必須就原在澳門有效的國際公約，在 1999 年 12 月 20 日後繼續在澳門特別行政區適用事宜，向有許可權機構作出通知 —— 不應在此討論這一問題 —— 在內部方面，在《特區公報》上公佈中華人民共和國之聲明不是《日內瓦公約》及相關《統一法》在特區生效的條件。因為《統一法》已經於澳門地區《政府公報》公佈且在此於 1999 年 12 月 19 日生效。同時，根據所提到的《基本法》，沒有任何規範規定必須要公佈中

---

10 該條款曾經被葡萄牙憲法法院提起，理由是在上世紀 80 年代葡萄牙出現通漲現象，利率遠遠超過了《統一匯票和本票法公約》為遲延利息規定的 6% 利率。見 Eduardo Correia Baptista 的同一著作，第 384 頁，第 1164 注釋。但這與 1999 年底公佈第 40/99/M 法令時的澳門情況不同，與現在的也不同。

11 見第 40/99/M 號法令第 4 條第 1 款。

華人民共和國的聲明。的確，第 3/1999 號法律第 5 條第 1 項規定須於《特區公報》第二組公佈適用於澳門特別行政區的國際協議。而這在之前已經作出了，但沒有規定必須公佈所提到的聲明。

因此，自 1999 年 12 月 20 日開始，《統一法》繼續在澳門生效。

（六）除法定利率外，匯票和本票的持有人是否可以要求《商法典》第 569 條第 1、2 款提及的 2% 的附加利率。

剩下要考慮的是，除法定利息外，執行申請人是否可以要求《商法典》第 569 條第 1 及 2 款提及的 2% 的附加利率。

該條規定：

"第 569 條

（商業利息）

一、商業利率為法定利率，但不影響關於確定利率之方式及利率變動之其他書面約定之適用。

二、如債務人遲延償付商業性質之債權，則上款所定之利率須另加 2% 附加利率，但不影響特別法之規定。

該問題之答案與認為第 40/99/M 號法令第 5 條的非法性答案相似，該條規定，在澳門簽發及付款的匯票、本票及支票的持有人，對於遲延付款，仍得繼續請求按法定利率計算的相應於遲延期間之損害賠償。

的確，《商法典》第 569 條允許，當債務人遲延償付時，匯票、本票和支票之持有人可以要求法定利息外的 2% 的附加利率。那麼，基於同樣的理由，該項規定也同樣違反了《統一法》第 48 條。不完全是因為法律對附加利率有所增加，從而帶來一些變化。無論如何也是一項遲延利率，是對《統一法》遲延利息的附加利率。

因此，由於與《統一法》第 48 條第 2 款相對立，《商法典》第 569 條第 2 款是非法的。

被上訴合議庭裁判在該部分也不應受到指責。

四、決定

綜上所述，駁回上訴。

上訴費用由上訴人負擔。

二零零四年六月二日於澳門

法官：利馬（裁判書製作法官）—岑浩輝—朱健

◎ 第一百三十九條

中央人民政府授權澳門特別行政區政府依照法律給持有澳門特別行政區永久性居民身份證的中國公民簽發中華人民共和國澳門特別行政區護照，給在澳門特別行政區的其他合法居留者簽發中華人民共和國澳門特別行政區的其他旅行證件。上述護照和旅行證件，前往各國和各地區有效，並載明持有人有返回澳門特別行政區的權利。

對世界各國或各地區的人入境、逗留和離境，澳門特別行政區政府可實行出入境管制。

◎ 第一百四十條

中央人民政府協助或授權澳門特別行政區政府同有關國家和地區談判和簽訂互免簽證協議。

◎ 第一百四十一條

澳門特別行政區可根據需要在外國設立官方或半官方的經濟和貿易機構，報中央人民政府備案。

◎ 第一百四十二條

外國在澳門特別行政區設立領事機構或其他官方、半官方機構，須經中央人民政府批准。

已同中華人民共和國建立正式外交關係的國家在澳門設立的領事機構和其他官方機構，可予保留。

尚未同中華人民共和國建立正式外交關係的國家在澳門設立的領事機構和其他官方機構，可根據情況予以保留或改為半官方機構。

尚未為中華人民共和國承認的國家，只能在澳門特別行政區設立民間機構。

第八章

本法的解釋和修改

本法的解釋權屬於全國人民代表大會常務委員會。

全國人民代表大會常務委員會授權澳門特別行政區法院在審理案件時對本法關於澳門特別行政區自治範圍內的條款自行解釋。

澳門特別行政區法院在審理案件時對本法的其他條款也可解釋。但如澳門特別行政區法院在審理案件時需要對本法關於中央人民政府管理的事務或中央和澳門特別行政區關係的條款進行解釋，而該條款的解釋又影響到案件的判決，在對該案件作出不可上訴的終局判決前，應由澳門特別行政區終審法院提請全國人民代表大會常務委員會對有關條款作出解釋。如全國人民代表大會常務委員會作出解釋，澳門特別行政區法院在引用該條款時，應以全國人民代表大會常務委員會的解釋為準。但在此以前作出的判決不受影響。

全國人民代表大會常務委員會在對本法進行解釋前，徵詢其所屬的澳門特別行政區基本法委員會的意見。

■ 終審法院第 16/2009 號案裁判書全文（二審）

案件編號：16/2009

案件類別：民事統一司法見解上訴

上訴人：甲

被上訴人：乙、丙

會議日期：2009 年 12 月 17 日

主要法律問題：統一司法見解上訴的可受理性、糾正關於訴訟費用的判決

法官：朱健（裁判書製作法官）、利馬和岑浩輝

| 摘 要

一個前高等法院的裁判不能作為民事訴訟法典第 583 條第 2 款 d 項規定的統一司法見解上訴依據的裁判。

民事訴訟法典第 572 條 b 項規定的糾正裁判所針對的訴訟費用是指有關審級的訴訟費用。

不能利用糾正關於訴訟費用判決的便捷手段來重新討論上訴之標的，否則將製造多一級的上訴來再審查上訴之標的本身。

裁判書製作法官
朱健

（譯本）
澳門特別行政區終審法院裁判：

民事統一司法見解上訴

第 16/2009 號

上訴人：甲

被上訴人：乙、丙

對於本法院 2009 年 7 月 17 日作出的合議庭裁判及關於澄清申請，本保全措施程序之被申請人現提起統一司法見解的上訴，且連帶提出糾正關於訴訟費用之裁決的請求。

A. 統一司法見解的上訴

上訴人提出兩個基本的法律問題，也就是認為現在被上訴的合議庭裁判之內容顯示與所指另外的合議庭裁判相對立。

一方面，要知道的問題是對訴訟前提（具體為各方當事人的合法性及訴訟自始用途的前提）的存在及規範的審理是否是這樣的問題，即必須在對有關嗣後出現訴訟屬無用及確定承擔訴訟費用責任的任何判斷或審理之前對其做出審理。

另一方面要知道的問題是，執行一則公司決議是否必然構成中止執行公司決議（或中止效力）的保全訴訟程序終止的原因，且最終構成歸責被訴人訴訟費用的原因。

關於第一個問題，上訴人認為被上訴合議庭裁判的決定與原澳門高等法院 1997 年 6 月 18 日對第 640 號上訴案和 1999 年 11 月 10 日對第 1243 號上訴案作出的合議庭裁判的決定對立。關於第二個問題，終審法院 2008 年 7 月 30 日對第 13/2008 號上訴案作出的合議庭裁判構成作為理據的合議庭裁判。

不過，不應受理統一司法見解的本上訴。

一、關於第一個問題─原澳門高等法院的一則合議庭裁判作為《民事訴訟法典》第 583 條第 2 款 d 項所指上訴的理據裁判的可能性。

關於統一司法見解的上訴，經 2000 年 6 月 5 日澳門特別行政區政府公報第一組頒佈的第 9/1999 號法律第 80 條規定修改的《民事訴訟法典》第 583 條第 2 款 d 項和 e 項規定如下：

"二、遇有下列情況，不論利益值為何，均得提起上訴：

a）...

b）...

c）...

d）屬終審法院之合議庭裁判，而此裁判與該法院在同一法律範圍內，就同一法律基本問題所作之另一合議庭裁判互相對立，但如前一合議庭裁判符合具強制性之司法見解者除外；

e）屬中級法院所作之合議庭裁判，而基於與該法院之法定上訴利益限額無關之理由不得對該裁判提起平常上訴，且該裁判與該法院在同一法律範圍內，就同一法律基本問題所作之另一裁判互相對立，但該合議庭裁判符合具強制性之司法見解者除外。"

這些屬於根據修訂過的第 9/1999 號法律規定、或者是在成立澳門特別行政區及設立中級法院和終審法院時所規定的新的上訴。

原澳門高等法院因此被取消，新的法院組織由前面提到的第 9/1999 號（《司法組織綱要法》）法律規定，根據俗稱為《回歸法》的第 1/1999 號法律第 8 條第 2 款規定，此法律與澳門特別行政區《基本法》一起作為司法制度從前澳門地區向現澳門特別行政區有條件過渡的選擇標準和措施。

在新的司法組織體系中，除了第一審法院和中級法院，還設立了終審法院（第 9/1999 號法律第 10 條第 1 款）。

而根據《回歸法》附件四第 3 款規定，對原有法律中載有的"高等法院"的名稱應相應地解釋為澳門特別行政區中級法院。

這樣，現在的中級法院原則上相當於原澳門高等法院，二者均屬於第二審法院。

因此，《民事訴訟法典》第 583 條第 2 款 d 項所指的上訴僅僅是為了解決同一個終審法院的司法裁判之間的對立，而同一款 e 項規定的上訴針對的是同一中級法院作出的裁判之間的對立，以及還可能是針對中級法院和原高等法院裁判之間的對立。

儘管認為原高等法院過去運作中大部分是作為前澳門地區的終審判決，但從 d 項看不出原高等法院可以等同於如今的終審法院，即那個法院的合議庭裁判在 d 項規定的統一司法見解的上訴中具有作為理據的合議庭裁判的效力。

在應約對本上訴不可受理所作出的答覆中，上訴人提出了終審法院在第 1/2001 號上訴案中作出的合議庭裁判，以此主張也可以用原高等法院作出的合議庭裁判支持統一司法見解。

但是，這一論點不成立，很簡單因為 2001 年 1 月 17 日對第 1/2001 號上訴案作出的合議庭裁判的依據和目的不同。

當時爭議的是經 2000 年 1 月 24 日澳門特別行政區政府公報第一組頒佈的第 9/1999 號法律第 73 條修正的《刑事訴訟法典》第 419 條第 2 款的解釋。

有關法律規定：

"二、如中級法院所宣示的合議庭裁判與同一法院或終審法院的另一合議庭裁判互相對立，且不得提起平常上訴，則得根據上款的規定提起上訴，但當該合議庭裁判所載的指引跟終審法院先前所定出的司法見解一致時除外。"

在那一則合議庭裁判中，終審法院認為這一法律規定在提到"如中級法院所宣示的合議庭裁判與同一法院另一合議庭裁判互相對立"，可以允許相當於如今的中級法院的原澳門高等法院的另一個合議庭裁判作為理據的裁判時，前提是在澳門特別行政區《基本法》規定範疇內延續原澳門高等法院所作判決之審判效力。

從未先驗地否定以原澳門高等法院的合議庭裁判作為統一司法見解的可能性。簡單而言，就是任何情況下必須考慮受理相關上訴的要件。

《刑事訴訟法典》第 419 條第 2 款明確規定，把同一中級法院作出的或該法院與終審法院作出的合議庭裁判之間的對立作為刑事程序中確定司法見解的非常上訴之前提，這與《民事訴訟法典》第 583 條第 2 款 d 項規定的不同，這裡規定的民事程序方面統一司法見解的上訴僅僅解決同一終審法院的裁判之間的對立。必須指出，兩項法律規定都是經提到的第 9/1999 號法律修正版本同時提到的。

另一方面，經第 9/1999 號法律第 79 條對第 55/99/M 法令第 2 條第 6 款 b 項所作的、關於原澳門高等法院已作之判例的規定之修訂，只是為了強調這些判例的效力，以便能夠在澳門特別行政區法律範疇內繼續保持其應有的作用。該法律的立法意圖非常清楚，從這裡絕對不能得出澳門特別行政區的立法者欲把原高等法院等同於如今的終審法院的結論。

無論如何，似乎沒有道理允許用終審法院的一個與另一個合議庭裁判、而且是中級法院或原高等法院的合議庭裁判對立的合議庭裁判來統一司法見解。

2. 關於第一個問題—同一法律基本問題的特徵及存在裁判之間的對立。

無論如何，關於原澳門高等法院對第 640 號上訴案所作的合議庭裁判，既不存在法律基本問題的特徵，也沒有裁判之間的對立。

可以肯定，無論是在現上訴合議庭裁判中，還是在第 640 號上訴案中所作的合議庭裁判中，都提出了遺漏審理的問題，而且不約而同地認為只有在法院未審理某個應該審理的問題時才發生該裁判無效的原因。

另一方面，在導致作出現被上訴的合議庭裁判的上訴中提出的遺漏審理問題與擴大上訴之標的（保全措施申請人的非正當性和因欠缺訴訟利益而導致訴訟的自始無用）有關，該上訴中中級法院判決基於嗣後出現訴訟屬無用的情況而終止上訴程序。

在第 640 號上訴案中，遺漏審理問題與預約合同的某項可能導致不履行合同責任的條款相關，且相關訴訟是請求宣告解除有關預約合同及判決返還已經支付的定金。

如此，很明顯面對的不是同一法律的基本問題，因此無法用這兩則裁判來比較，也不可能得出對立的結論。

關於另一個作為理據的原高等法院對第 1243 號上訴案作出的合議庭裁判，同樣也沒有法律問題的特徵。這個案子裡上訴中提到的問題是關於支付執行程序的訴訟費用的責任，其中被執行者支付了被執行的款項。裁判決定是如果該款項已經在提起執行訴訟前完成，將由請求執行人負擔，相反則由被執行人負擔。

3. 關於第二個問題 — 法律基本問題的特徵

對於第二個問題，即上訴人認為存在裁判之間的對立問題，也就是說要知道的問題是執行一則公司的決議是否必然構成中止執行公司決議（或中止效力）的保全訴訟程序終止及歸責被訴人訴訟費用的原因，我們認為面對的不是同一法律基本問題。

事實上，現在被上訴的合議庭裁判和作為理據的終審法院在第 13/2008 號上訴案中所作的合議庭裁判涉及的是不同的法律問題。

被上訴的合議庭裁判中提到的問題是要知道，當被訴公司在執行公司決議，即相關被申請保全措施之標的，且為此確定了嗣後出現訴訟屬無用的情況時，它是否應該負責有關保全程序的訴訟費用，除了還有上訴的可受理性及因遺漏審理導致判決無效等問題。

在作為理據的合議庭裁判中，其中申請人和被申請公司是相同的人，爭論的是因執行被申請人之決議而對各申請人造成巨大損害之要件的證明，這也是採取中止公司決議之保全措施的依據。

這一合議庭裁判中，終審法院認定未能證明所指要件，特別是考慮到被申請公司和申請人前幾年利潤方面的純事實及被申請人為在香港證券交易所組成新上市公司之意圖都不能作為提起對各申請人造成巨大損害的依據。

而從那個訴訟案獲得證明的事實事宜中未載有被申請人的新的附屬公司已經在香港證券交易所上市，這與上訴人在有關上訴的申請書中所指稱的相反。因此"這一個就是根據《民事訴訟法典》第 433 條之規定和效力必須對案件進行審理的事實"之說法不是事實。

如此，很明顯在相關的兩個合議庭裁判中我們面對的不是同一法律的基本問題。

基於此，不得受理統一司法見解的本上訴。

B. 糾正關於訴訟費用之裁判

上訴人認為，判決支付本案的訴訟費用顯示與訴訟的衡平原則不符，請求免除訴訟費用或作出衡平的減少。

在關於請求對訴訟費用作出糾正的合議庭裁判中，因嗣後出現訴訟屬無用的情況造成的訴訟費用責任是向終審法院提起的上訴中的主要問題。

《民事訴訟法典》第572條規定允許就訴訟費用對作出判決之法院申請糾正判決。但應該把這些費用理解為有關審級的訴訟費用，因為考慮到當事人對此反應手段的性質，因為這裡是糾正而不是上訴。

正如 Alberto dos Reis 教授解釋的：

"可認為對於這種簡單的案例，按照一般的規律，對訴訟費用和罰款的法律解釋和適用最好就是對受到損害的訴訟人提供獲得彌補錯誤的快捷、經濟和有效的手段[1]"。

如果一旦裁判之標的正巧是案件的訴訟費用，不能利用糾正關於訴訟費用判決的便捷手段來重新討論上訴之標的，否則將製造多一級的上訴來重新審查相關上訴的本身標的。

決定

綜上所述，不受理統一司法見解上訴，另駁回關於糾正訴訟費用判決的請求。

判決上訴人負擔訴訟費用。

法官：朱健

Viriato Manuel Pinheiro de Lima（利馬）

岑浩輝

2009 年 12 月 17 日

1　Alberto dos Reis 的著作：《*Código de Processo Civil anotado*》，第五卷，科英布拉，科英布拉出版社，1984 年，第 153 頁。

◎ 第一百四十四條

本法的修改權屬於全國人民代表大會。

本法的修改提案權屬於全國人民代表大會常務委員會、國務院和澳門特別行政區。澳門特別行政區的修改議案,須經澳門特別行政區的全國人民代表大會代表三分之二多數、澳門特別行政區立法會全體議員三分之二多數和澳門特別行政區行政長官同意後,交由澳門特別行政區出席全國人民代表大會的代表團向全國人民代表大會提出。

本法的修改議案在列入全國人民代表大會的議程前、先由澳門特別行政區基本法委員會研究並提出意見。

本法的任何修改,均不得同中華人民共和國對澳門既定的基本方針政策相抵觸。

第九章

附則

◎ 第一百四十五條

澳門特別行政區成立時，澳門原有法律除由全國人民代表大會常務委員會宣佈為同本法抵觸者外，採用為澳門特別行政區法律，如以後發現有的法律與本法抵觸，可依照本法規定和法定程序修改或停止生效。

根據澳門原有法律取得效力的文件、證件、契約及其所包含的權利和義務，在不抵觸本法的前提下繼續有效，受澳門特別行政區的承認和保護。

原澳門政府所簽訂的有效期超過一九九九年十二月十九日的契約，除中央人民政府授權的機構已公開宣佈為不符合中葡聯合聲明關於過渡時期安排的規定，須經澳門特別行政區政府重新審查者外，繼續有效。

附件一　澳門特別行政區行政長官的產生辦法

一、行政長官由一個具有廣泛代表性的選舉委員會依照本法選出，由中央人民政府任命。

二、選舉委員會委員共 300 人，由下列各界人士組成：

工商、金融界	100 人
文化、教育、專業等界	80 人
勞工、社會服務、宗教等界	80 人
立法會議員的代表、市政機構成員的代表、澳門地區全國人大代表、澳門地區全國政協委員的代表	40 人

選舉委員會每屆任期五年。

三、各個界別的劃分，以及每個界別中何種組織可以產生選舉委員會委員的名額，由澳門特別行政區根據民主、開放的原則制定選舉法加以規定。

各界別法定團體根據選舉法規定的分配名額和選舉辦法自行選出選舉委員會委員。

選舉委員會委員以個人身份投票。

四、不少於 50 名的選舉委員會委員可聯合提名行政長官候選人。每名委員只可提出一名候選人。

五、選舉委員會根據提名的名單，經一人一票無記名投票選出行政長官候任人。具體選舉辦法由選舉法規定。

六、第一任行政長官按照《全國人民代表大會關於澳門特別行政區第一屆政府、立法會和司法機關產生辦法的決定》產生。

七、二零零九年及以後行政長官的產生辦法如需修改，須經立法會全體議員三分之二多數通過，行政長官同意，並報全國人民代表大會常務委員會批准。

附件一 澳門特別行政區行政長官的產生辦法修正案

（2012 年 6 月 30 日第十一屆全國人民代表大會常務委員會第二十七次會議批准）

一、2014 年選舉第四任行政長官人選的選舉委員會共 400 人，由下列各界人士組成：

工商、金融界	120 人
文化、教育、專業等界	115 人
勞工、社會服務、宗教等界	115 人
立法會議員的代表、市政機構成員的代表、澳門地區全國人大代表、澳門地區全國政協委員的代表	50 人

選舉委員會每屆任期五年。

二、不少於 66 名的選舉委員會委員可聯合提名行政長官候選人。每名委員只可提出一名候選人。

三、第五任及以後各任行政長官產生辦法，在依照法定程序作出進一步修改前，按本修正案的規定執行。

附件二　澳門特別行政區立法會的產生辦法

　　一、澳門特別行政區第一屆立法會按照《全國人民代表大會關於澳門特別行政區第一屆政府、立法會和司法機關產生辦法的決定》產生。

　　第二屆立法會由 27 人組成，其中：

直接選舉的議員	10 人
間接選舉的議員	10 人
委任的議員	7 人

　　第三屆及以後各屆立法會由 29 人組成，其中：

直接選舉的議員	12 人
間接選舉的議員	10 人
委任的議員	7 人

　　二、議員的具體選舉辦法，由澳門特別行政區政府提出並經立法會通過的選舉法加以規定。

　　三、二零零九年及以後澳門特別行政區立法會的產生辦法如需修改，須經立法會全體議員三分之二多數通過，行政長官同意，並報全國人民代表大會常務委員會備案。

附件二

澳門特別行政區立法會的產生辦法修正案

（2012 年 6 月 30 日第十一屆全國人民代表大會常務委員會第二十七次會議予以備案）

一、2013 年第五屆立法會由 33 人組成，其中：

直接選舉的議員	14 人
間接選舉的議員	12 人
委任的議員	7 人

二、第六屆及以後各屆立法會的產生辦法，在依照法定程序作出進一步修改前，按本修正案的規定執行。

附件三 在澳門特別行政區實施的全國性法律

下列全國性法律，自一九九九年十二月二十日起由澳門特別行政區在當地公佈或立法實施。

一、《關於中華人民共和國國都、紀年、國歌、國旗的決議》

二、《關於中華人民共和國國慶日的決議》

三、《中華人民共和國國籍法》

四、《中華人民共和國外交特權與豁免條例》

五、《中華人民共和國領事特權與豁免條例》

六、《中華人民共和國國旗法》

七、《中華人民共和國國徽法》

八、《中華人民共和國領海及毗連區法》

九、《中華人民共和國專屬經濟區和大陸架法》（1999 年 12 月 20 日增加）

十、《中華人民共和國澳門特別行政區駐軍法》（1999 年 12 月 20 日增加）

十一、《中華人民共和國外國中央銀行財產司法強制措施豁免法》（2005 年 12 月 27 日增加）

十二、《中華人民共和國國歌法》（2017 年 11 月 4 日增加）

索引

葡文部分

中文部分（按漢語拼音排序）

G

責任編輯　王昊　徐永文　張明華

書籍設計　a_kun

書　　名	澳門基本法案例彙編（1999-2019）
主　　編	王禹
出　　版	三聯出版（澳門）有限公司
	Sociedade de Publicações Sam Lun (Macau), Limitada
	Joint Publishing (Macau) Co., Ltd.
	澳門荷蘭園大馬路 32 號 G 地下
	No. 32-G, Avenida do Conselheiro Ferreira de Almeida, Macau
發　　行	香港聯合書刊物流有限公司
	香港新界荃灣德士古道 220-248 號 16 樓
印　　刷	美雅印刷製本有限公司
	香港九龍觀塘榮業街 6 號 4 樓 A 室
版　　次	2020 年 12 月澳門第一版第一次印刷
規　　格	特 8 開（210 × 297 mm）408 面
國際書號	ISBN 978-99965-759-4-5
	© 2020 Joint Publishing (Macau) Co., Ltd.
	Published in Macau